甘肃省文化资源名录

（第二十六卷）

文学艺术Ⅰ

文学、艺术

总 主 编：陈　青　王福生
副总主编：马廷旭
总 校 对：刘玉顺
本卷主编：梁仲靖

中国书籍出版社
China Book Press

图书在版编目（CIP）数据

甘肃省文化资源名录. 第二十六卷 / 陈青, 王福生总主编; 甘肃省社会
科学院编. — 北京 : 中国书籍出版社, 2017.9
ISBN 978-7-5068-6484-8

Ⅰ. ①甘… Ⅱ. ①陈… ②王… ③甘… Ⅲ. ①文化遗产—甘肃—名录
Ⅳ. ①K294.2-62

中国版本图书馆CIP数据核字（2017）第228877号

甘肃省文化资源名录　第二十六卷

陈　青　王福生　　总主编
甘肃省社会科学院　编

责任编辑	许艳辉	
责任印制	孙马飞　马　芝	
封面设计	楠竹文化	
出版发行	中国书籍出版社	
地　　址	北京市丰台区三路居路 97 号（邮编：100073）	
电　　话	（010）52257143（总编室）　　　（010）52257140（发行部）	
电子邮箱	eo@chinabp.com.cn	
经　　销	全国新华书店	
印　　刷	三河市顺兴印务有限公司	
开　　本	787毫米×1092毫米　　1/16	
字　　数	510千字	
印　　张	22.75	
版　　次	2017 年 10 月第 1 版　　2017 年 10 月第 1 次印刷	
书　　号	ISBN 978-7-5068-6484-8	
定　　价	204.00元	

甘肃省文化资源普查
和分类分级评估工作领导小组

甘肃省文化资源普查
和分类分级评估工作领导小组办公室及下设机构

主　　　任　　范　鹏

常务副主任　　王福生

副　主　任　　李　珊　　王兰玲　　柳　民

执行副主任　　侯拓野　　马廷旭　　陈月芳　　廖士俊

成　　　员　　杨文福　　丁　禄　　田锡如　　李含荣　　路晓峰　　刘效明
　　　　　　　　　张建胜　　徐麟辉　　马志强　　张春锋　　梁朝阳　　方剑平
　　　　　　　　　黄国明　　王银军　　刘志忠　　李拾良　　王登渤　　赵艳超
　　　　　　　　　席浩林　　王　钢　　刘　晋　　李军林　　王景辉　　邵　斌
　　　　　　　　　杨彦斌　　李素芬　　李才仁加　　王　旭　　王治纲

综合协调组

　　　　组　　长　　王灵凤

　　　　成　　员　　庞　巍　　马争朝　　吴绍珍　　巨　虹　　王彦翔　　唐莉萍
　　　　　　　　　　　　段翠清

普查业务组

　　　　组　　长　　谢增虎

　　　　成　　员　　马东平　　侯宗辉　　马亚萍　　戚晓萍　　魏学宏　　李　骅
　　　　　　　　　　　　买小英　　梁仲靖　　王　屹　　海　敬

技术保障组

　　　　组　　长　　刘玉顺

　　　　成　　员　　胡圣方　　王　荟　　谢宏斌　　张博文　　宋晓琴

专家联络组

　　　　组　　长　　郝树声　　马步升

　　　　成　　员　　金　蓉　　赵　敏

前 言

　　丝绸之路三千里，华夏文明八千年。甘肃是华夏文明的重要发祥地之一，是中华民族重要的文化资源宝库，是国务院认定的"华夏文明传承创新区"。为了保护和传承甘肃恢宏的历史与当代文化资源，使之能够汇总展示给世界，并永久流传，甘肃省从 2013 年 4 月启动了全省文化资源普查工作。在甘肃省文化资源普查和分类分级评估工作领导小组组织下，动员全省各市（州）县（区）、31 个厅局及省直单位的专业人员，数十位专家学者，历时两年，完成了普查和数据录入工作。对于全省文化资源普查成果，甘肃省社会科学院又经过两年时间整理完善、分类编辑、拾遗补阙、校对编排，现在终于有了《甘肃省文化资源名录》的付梓出版。

　　《甘肃省文化资源名录》集中展现了甘肃历史悠久、丰富多样的文化资源。甘肃历史文化遗存位列全国前茅，民族民俗文化特色鲜明，现代文化颇具实力。伏羲文化、大地湾文化、马家窑文化、齐家文化、寺洼文化、彩陶文化、周秦早期文化、长城文化、汉简文化、三国文化、五凉文化、敦煌文化、石窟文化、黄河文化等历史文化资源积淀深厚；道教文化、西夏文化、伊斯兰文化、藏传佛教文化等民族宗教文化资源星罗棋布；大革命文化、根据地文化、长征文化、抗日文化、解放区文化等红色文化资源耀眼夺目；工业文化、科技文化、歌舞文化、大众文化等现代文化资源特色鲜明。可以说，文化资源是历代生活在甘肃的华夏儿女留给这块大地的永不磨灭的最辉煌印记。

　　就甘肃省文化资源的精华而言，截至 2017 年初，全省馆藏可移动文物为195.84 万件，各类不可移动文物 16895 处。有世界文化遗产 7 处，全国重点文物保护单位 131 处，省级文物保护单位 556 处，国家级非物质文化遗产代表性项目68 项。有国家级历史文化名城 4 座，国家级历史文化名镇 7 座，中国历史文化名村 2 座，中国传统村落 36 个。莫高窟、嘉峪关、伏羲庙、麦积山、炳灵寺、阳关、玉门关、锁阳城、崆峒山、拉卜楞寺、中山桥……，都是甘肃文化的历史见证；敦煌汉简、悬泉汉简、铜奔马、牛肉面、剪纸、花儿、皮影、羊皮筏子、黄河水车……，都是甘肃永恒的文化名片；腊子口、哈达铺、会师楼、南梁……，都是甘肃代表性红色文化遗产；酒泉卫星发射中心、刘家峡水电站、玉门油田、《读者》《丝路花雨》《大梦敦煌》……，都是甘肃之所以为甘肃的鲜明标志；祁连山、雪山冰川、河西走廊，大漠戈壁、高原草原、天池梅园……，都是如意甘肃的生动写照。众多的历史、自然和现代文化资源犹如满天繁星，镶嵌在广袤的甘肃大地上熠熠生辉。

《甘肃省文化资源名录》汇总甘肃省文化资源的精华，完成了打造华夏文明传承创新区的基础工作。《名录》将文化资源分为二十大类，分别是：文物；红色文化；重要历史事件与人物；重要历史文献；民族语言文字；非物质文化遗产；自然景观文化；宗教文化；文学艺术；饮食文化；建筑文化；节庆、赛事文化；文化之乡；地名文化；文化传媒；社科研究；文化类高等教育；文化艺术机构团体；文化产业；文化人才。每类文化资源按属性又分若干子分类，每个子分类都有严格的界定。同时，将文化资源级别分为省级和市州级。省级文化资源是指国务院、国家有关部委、甘肃省政府和省直部门已经明确命名、认定、管理（或委托管理）的国家级和省级文化资源，以及甘肃省文化资源普查办公室评估认定并核定公布、报送备案的文化资源。市州级文化资源是指甘肃省各市州、县级政府及其管理部门已经明确命名、认定、管理的市县文化资源，以及甘肃省文化资源普查办公室评估认定并核定公布、报送备案的市县文化资源。甘肃省内世界级文化资源（遗产）纳入省级文化资源管理范围，暂未认定级别和不需认定级别的文化资源统一纳入市州级文化资源范围。

推出《甘肃省文化资源名录》，对于推进华夏文明传承创新区建设、甘肃文化大省建设、丝绸之路黄金段建设意义深远。《名录》不仅仅记录了甘肃文化资源的种类和数量，也使甘肃文化资源的资源类别、品相级别、蕴藏情况、流布地域、传承范围和衍变情况得以准确和清晰化。通过编辑出版《甘肃省文化资源名录》，形成一个科学完整的文化资源数据库、文化资源研究的学术平台、文化资源传承保护和开发利用的指南，有助于更好地挖掘那些具有世界影响、国家价值、显著特点、唯一仅存、开发潜力巨大的代表性文化资源，为文化资源的有效保护提供科学依据，为重点文化资源找到开发的机遇并重塑生长的价值，为文化产业项目的开发利用提供可靠的参考。所以，《名录》的推出，是甘肃省文化资源普查成果面向世界迈出的第一步，是文化实力助推甘肃转型发展的坚实步伐，它为甘肃省今后对文化资源进行保护传承、专题研究、数字展示、市场开发奠定了基础。

甘肃省社会科学院

2017 年 7 月

目　录

甘肃省文化资源名录

第二十六卷 文学艺术Ⅰ

文 学

（一）小说

0001 《青白盐》

作品类别：小说

作　　者：马步升

发表时间：2008-01

发表载体：敦煌文艺出版社

简　　介：《青白盐》讲述了四个家族四代人，恩怨情仇，悲欢离合，百年风云，升降沉浮，主子奴才轮流坐庄；野心勃勃的男人，春色满园关不住的女人，把各自的灵魂和身体在人生的屠宰场上尽情呈现。金钱与道义，肉欲与爱情，献身与背叛，阴谋与阳光，飞升与沉沦，希望与绝望，商场、官场、情场、名利场，场场都是金瓶之色红楼之情，场场都是江湖玄机快意恩仇，回望孽海深处，满眼都是一地落红。一部《青白盐》，一个大舞台，青白是盐的颜色，或青或白，是男人抛给女人的眼色，清白是女人的底色，而盐是女人在男人身上品尝出来的味道。马步升的小说里张扬了高贵的人性，为这个欲望化的时代树立了一种标杆。

0002 《艾布的房子》

作品类别：小说

作　　者：马少青

发表时间：1986

获奖及影响：获全国少数民族文学特别奖和甘肃省敦煌文艺奖。

简　　介：《艾布的房子》以保安族群众艾布修建房屋为主线，反映了不同时期少数民族群众生活境遇的巨大变化，从而真实地反映了包括自己在内的底层民众的生活情态，以及一个独有的民族在特定历史时代中的独特文化景象。作者企图以一个个体的行为，表述一个民族的精神境界。在小说《艾布的房子》中，主人公艾布同样有着作者自己的一些影子。当然，作者对"自己"做了一定的文学修饰，使其更丰满，更具代表性，成为一个复合型人物。这篇不足6000字的作品，跨越了4个特殊的历史时期，应该是作者出生地所在乡村的断代史。主人公艾布由暗转明的命运，折射出整个民族的一段遭际和一个国家的变迁，可谓叙事宏大。

0003 《阿干歌》

作品类别：小说

作　　者：马自祥

发表时间：2008-12

发表载体：甘肃文化出版社

获奖及影响：2009 年荣获甘肃省第五届"少数民族文学奖"一等奖，2010 年再获甘肃省临夏回族自治州"花儿"文学艺术奖一等奖。

简　　介：《阿干歌》"以小说造史"的形式，通过历史复原、艺术想象与文化寻根多元互融的创作构建，再现了五胡十六国时期雄阔瑰奇的西秦历史画卷，浓墨重彩地刻画了乞伏鲜卑卓尔不凡的人物群像，并以荡气回肠的阿干悲歌贯穿始终，多层面演绎了这一古老歌谣与日后传承的民间艺术"花儿"的渊源关系。无论在思想上还是艺术上都取得了较高的成就。

0004 《河套平原》

作品类别：小说

作　　者：任向春

发表时间：2010

发表载体：《长江文艺》

获奖及影响：获得第六届敦煌文艺奖一等奖。

简　　介：小说用魔幻色彩的现实主义手法，恢宏壮阔地描述了中国历史上较大的一次人口迁徙——走西口，以及人们在西口外即河套平原创造的农业文明、水利文明，书写了抗日战争中河套人民的民族气节。展现了河套地区独特的风俗人情和蒙汉杂交文化，向人们开启了一段尘封已久的瑰丽、奇幻、厚重、神秘的历史往事，是 20 世纪前半叶河套人民的精神史诗。《河套平原》的题材涉及草原放垦、河套农业、黄河水利、军阀混战、抗日战争、绥远起义等重大历史题材，是牧业文明的挽歌，也是农耕文化的续曲。作品塑造了一系列鲜活生动的人物形象，尤其是男性社会主体下的女性形象，鲜活，美丽，大度，包容，她们以形态各异的角色形象再现了当时社会的神奇诡谲和万千气象。

0005 《麦客》

作品类别：小说

作　　者：邵振国

发表时间：1984

获奖及影响：获得中国作协颁发的第七届全国短篇小说奖。

简　　介：《麦客》的情节很简单，讲述了两个麦客的故事。吴河东生计艰难，妻子劳累而死，儿子吴顺昌年龄已大，还娶不起媳妇，为了挣钱贴补家用，父子出门赶场，分别受雇于不同县份的两家人。吴河东顺手拿了雇主儿子的一块手表，这是他第一次做贼，在追查时，雇主维护了吴河东的尊严，而吴毅然把手表还给了人家。吴顺昌受雇于水香家，她的丈夫身患残疾，在共同劳动中，她对吴顺昌生出爱慕之情，他却碍于雇主一家待他好，未去赴约，临别，水香给他开了很高的工钱，还送他一双球鞋。父子见面后，父亲怀疑儿子的鞋是偷来的，觉得丢了他的脸，打了儿子。故事很平淡，好似田间地头的小插曲，而艺术的震撼力恰好来自平淡。故事中作者用小说的方式探索和回答了这样一个问题：人的现实价值和文化关怀。而这正是文学所着力表现的一个永恒主题。

0006 《羊群入城》

作品类别：小说

作　　者：叶舟

发表时间：2008

发表载体：《人民文学》

获奖及影响：获得 2008 年度"茅台杯"人民文学奖（优秀中篇小说奖）。

简　　介：《羊群入城》以一则"寓言"的方式，以极富边地风格的口语，深刻地剖析了生与死、悲苦和欢愉、爱与恨等生命的主旨，在细腻温润的叙述中，却经见生命勃发而起的粗犷、力量和嘶吼，又不乏日常生活的趣味和朴素情怀，实则是一阕对生命的赞美曲和祈祷词。叶舟在《人民文学》《收获》《十月》《天涯》等刊物上发表过大量的小说、诗歌和散文作品。

0007 《美与丑》

作品类别：小说

作　　者：益西卓玛

发表时间：1980

发表载体：《格桑花》

获奖及影响：获全国优秀短篇小说奖。

简　　介：《美与丑》对藏族人民独特的性格特征、心理素质、生活方式进行了刻画与描绘，真实再现了藏族人民在新长征路上对科技进步的渴望。由于历史上藏族地区文化发展的独特性和妇女社会地位的低下，在中华人民共和国成立以前，还从来没有出现过一位比较有名的女性作家。20世纪80年代，中国文学以其充满活力的姿态照耀着刚刚从寒冷的季节走出来的人们的心灵。藏族文学也渐渐成为中国文学关注的亮点，在藏区那片神奇的土地上，不仅有特色纷呈的传统文化和风格独特的藏族作家作品，还出现了一支初出茅庐却很有活力的创作队伍，他们用风格各异的笔法，向世人展示着遥远藏地的神奇现实，展示着那片土地上的创造者们的灵性与风采，在那个时候成长起来的一批年轻藏族作家中，就有几个优秀的藏族女性，

她们与其他藏族作家一道，构成了藏族当代文学的亮丽风景。

0008 《草原新传奇》

作品类别：小说

作　　者：赵燕翼

发表时间：1964

发表载体：上海文艺出版社

简　　介：《草原新传奇》是赵燕翼60年代初的一部短篇小说集，他的作品以绚丽的色彩，生动的笔触，描绘了生活在西北高原上的藏族牧民的动人形象，为我国社会主义文学园地增添了光彩。赵燕翼的那些作品，真实地反映了50年代末到60年代初，草原牧民精神面貌的深刻变化。在他的作品里，既没有超凡脱俗的人物，也没有口吐豪言壮语的英雄，都是普普通通的牧民，作者却从他们丰富多彩的生活和劳动中，深入发掘蕴藏在他们心灵里的美好感情，以及纯洁高尚的思想情操，从而塑造出了不少个性鲜明、生动感人、亲切可爱的形象。

0009 《木轮悠悠》

作品类别：小说

作　　者：阿凤

获奖及影响：1999年获第六届全国少数民族文学骏马奖。

简　　介：小说集《木轮悠悠》主要收录了阿凤不同时期的一些具有代表性的作品：《遥远的月亮》《娜木日》《爸爸、妈妈、妹妹和我》《牛们》《五叔和系白纱巾的女人》《姑奶奶》《长大》《那天》《普通人家》《那片甸子》等。作品地域特色鲜明、民族风情浓郁。阿凤的创作具有一种开创意义，她在对本民族文化认同和皈依的同时，进行积极的探索，开掘属于她自己的生活，经过真实地表述自己的审美知觉和文化体验，摆脱了"借别人的生活而发泄自己的想法"的束缚，与她的姐妹们一道探索出了一条达斡尔族文学创作之道。

0010 《喊会》

作品类别：小说

作　　者：柏原

发表时间：1988

发表载体：《青年文学》

获奖及影响：1987—1988年全国优秀短篇小说奖，作品另获甘肃省敦煌文艺奖第一、二、四届文学一等奖。

简　　介：柏原是一位现代小说理念的痴迷者，这种理念的核心是：艺术家不应该是他的人物的评判者，而应该是一个无偏见的见证人。在"作家退场"和零度叙事的鼓舞下，柏原对小说的技术层面无限眷恋，其作品结构严整，语言优美，叙述节奏疾徐有致，人物形象鲜明饱满，细节刻画精细独特，几乎达到了无可挑剔的程度。也正因此，他的许多小说几乎要变成美轮美奂的"玩艺儿"，叙事主体的声音在作品中的沉默，使得形式美覆盖了作品的意义。柏原小说中是有作者的声音的，有时甚至直接用第一人称"我"来介入小说的结构，但这并不意味着"我"要在作品中发出什么有价值的道德命令。

0011 《末代紧皮手》

作品类别：小说

作　　者：李学辉

发表时间：2010-02

发表载体：作家出版社

获奖及影响：曾在《芳草》杂志第2期全文头条刊发。

简　　介：小说的叙事饱含乡愁，淳厚的诗意弥漫于字里行间，作者作为西部乡村的一个观察者、思考者、记录者。他以沧桑而深远的目光锁住了一片土地上半个世纪以来乡土生活记忆。小说表现历史场景，善于化繁为简，以人物激活故事，以故事带动历史。小说语言充满原汁原味的乡土气息，民俗民风、民间幽默随处可拾。作者以回忆的姿势体贴入微地深入乡村生活的各种细节，将笔触探向已经消逝的神秘的故土，以文学的想象最大限度地贴近历史奇特的面貌，李学辉这部长篇小说的创作，体现了一个作家对地域文化的特殊思考。

0012 《八个家》

作品类别：小说

作　　者：王新军

发表时间：2006

发表载体：《上海文学》

获奖及影响：获甘肃省第六届敦煌文艺奖一等奖。

简　　介：《八个家》是进入西部高山草原的寻根之作，按照作者的说法，这个中篇是一曲悠远而苍凉的西部牧歌，是作者游牧民族基因的自我意识、自我确证。实际上，王新军在此前的创作中已经表现出鲜明的西部牧歌风格，其清新优美、诗意盎然的散文化小说特立独行，超凡脱俗，仿佛刻意为消费主义文化树立一个对照物。至《八个家》（《上海文学》2006年7期），王新军的文化寻根走向空前自觉，对西部草原自然风光、风土人情、游牧生活的描写如同优美的抒情诗，堪称现代牧歌。而更值得关注的是，在结束寻根之旅后，他却只能无限悲伤无限眷恋地挥手告别。换句话说，这是一次为了告别的寻根，《八个家》可谓王新军的牧歌绝唱。王新军摈弃世俗，一往情深地追随浪漫的游牧生活，最后却悲伤地发现了：牧—歌—之—死。

0013 《那一排小白杨》

作品类别：小说

作　　者：吴季康

获奖及影响：获第二届全国少数民族文学评奖优秀奖。

简　　介：《那一排小白杨》以大跃进时期黄河岸边一处梨花盛开的小镇——梨花镇为背景，以一个卖书人李昶和少女郝梨花的情感为主线，描绘出了一幅梨花氤氲下的美好画卷，全文情境淡雅，文笔宛如涓涓细流，平和柔美。对人物内心世界的刻画细致入微，恬淡而令人过目难忘。是同一时期少数民族文学当中为数不多的精品力作。

0014 《我们的底牌》

作品类别：小说

作　　者：邹弋舟

发表时间：2010

发表载体：作家出版社

获奖及影响：入选中华文学基金会主办的"21世纪文学之星"。

简　　介：《我们的底牌》独特之处在于：它不仅关注了人物的现实遭遇，还更加关注人物在精神层面遭受的摧残、尊严和人格如何被践踏。所谓"底牌"，其实是人格的底线，有人坚守，有人失守，更有人主动出卖。作者独特的冷幽默彰显出现实的荒诞，字里行间隐藏着对人物深沉的悲悯，对现实无言的愤怒。

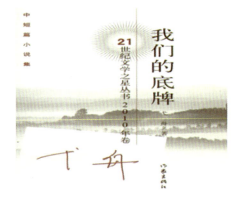

0015 《首席金座活佛》

作品类别：小说

作　　者：尕藏才旦

发表时间：2005-08

发表载体：甘肃文化出版社

获奖及影响：作品获得甘肃省第五届敦煌文艺奖。

简　　介：《首席金座活佛》是藏族作家尕藏才旦的系列长篇小说《吉祥右旋寺》的第一部，集中展示藏传佛教僧侣社团内部生活。通过吉塘仓活佛的风雨经历，向我们奉献出雪域高原藏传佛教格鲁派寺院中各种级别的活佛、不同岗位的僧侣以及与吉祥右旋寺盘根错节、有着千丝万缕联系的各政要、佛父、佛叔、佛兄、根本施主、供养部落、牧师、阿訇、金鹏镇多民族不同行当居民等等，各种人物、各具特色、各领风骚的生活经历和心灵世界。

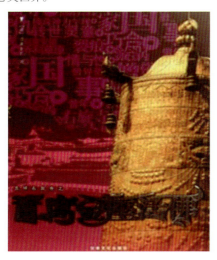

0016 《大漠祭》

作品类型：小说类

作　　者：雪漠

发表时间：2000-10-01

发表载体：上海文艺出版社

获奖及影响：长篇小说《大漠祭》于2000年出版，荣获第三届"冯牧文学奖"和"上海长中篇小说优秀作品大奖"等十多个大奖，入围"第五届国家图书奖"、第六届"茅盾文学奖"，荣登"中国小说学会2000年排行榜"。

简　　介：雪漠，原名陈开红，男，甘肃武威人，生于1963年，中国作协会员，甘肃省文联专业作家，鲁艺文学院"中青年作家首届高研班"学员。荣获"第三届冯牧文学奖"，被授予"甘肃省德艺双馨文艺家"称号。《大漠祭》讲述凉州的农村生活以及对凉州文化、西夏文化的感叹，反映了现实生存的状态。

0017 《双城》

作品类型：小说类

作　　者：王维胜

发表时间：2009-06-01

发表载体：甘肃民族出版社

获奖及影响：2012年3月，长篇小说《双城》荣获第四届"甘肃黄河文学奖"三等奖。

简　　介：《双城》以临夏县古城双城为背景，描写了两个截然不同的生活场景，一个是残忍的，处处充满了血腥；另一个是温馨的，到处是鸟语花香。一百年前，小娃的四个太爷反了朝廷，从血海尸山中一步步走向权力的顶峰，占据城堡，三辈人上演着雄性的"围城"。然而在这个黑暗的世界，杀戮没有带来鲜花，也没有敲响平和的钟声，世界依旧黑暗着。在新一轮恐怖争斗中，小娃的爷爷战败了，被迫逃离，闯进一座像楼兰古城一样的城堡中，这里是女性的天地，到处充满了神秘的色彩。小说通过描绘两座城市中人们的生活，刻画了众多人物形象，展现了人的两面性。

王维胜，男，汉族，1964年11月生。中共党员，甘肃临夏县人，兰州大学汉语言文学大专学历，甘肃省文学院签约作家，甘肃省临夏回族自治州作家协会副主席，临夏回族自治州招商局副局长，出版《黄蜡烛》

《双城》《打马走过草地》《花儿》四部长篇小说,合作出版文化专著《寻古探幽览胜》,传记《胡廷珍传奇》,发表多篇中短篇小说。

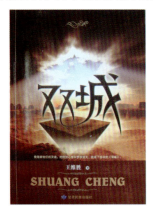

0018 《1号会议室》

作品类型:小说类

作　　者:陈玉福

发表时间:2001-05-01

发表载体:百花文艺出版社

获奖及影响:"获甘肃省第四届敦煌文艺奖"

简　　介:作品通过描写戴着"人大代表"、"劳动模范"、"优秀企业家"桂冠的吕黄秋,打着改革的旗号称霸一方,干着为非作歹的凶残行径,揭示了贪官与黑社会相互勾结、卖官鬻爵、行贿受贿、由钱权交易进而演变为黑权政治的残酷现实。作家陈玉福用他的文学之笔,敲响了"腐败不除,将亡党亡国"的警钟。

0019 《末代土司》

作品类别:小说类

作　　者:张月玲

发表时间:2006-12-09

发表载体:作家出版社

获奖及影响:2007年荣获甘肃省文联、甘肃省作协主办的全省文学创作最高专业奖——"第二届甘肃黄河文学奖三等奖"。

简　　介:张月玲,女,中共党员,生于1969年3月,甘肃省作家协会会员,兰州市第五批专业技术拔尖人才。1997年开始文学创作。由作家出版社出版散文集《寂寂繁花》,长篇历史小说《末代土司》和《传奇将军仁多保忠》,其中《末代土司》荣获甘肃省第二届"黄河文学三等奖"、兰州市第六届"金城文艺奖",《传奇将军仁多保忠》荣获甘肃省第四届"黄河文学优秀奖"和第二届"兰州文艺创作奖——兰山文学奖银奖"。

0020 《绝看》

作品类别:小说类

作　　者:补　丁

发表时间:2008-11-01

发表载体:作家出版社

获奖及影响:作者以小说集和之前的《1973年的三升谷子》作品入选"甘肃小说八骏",并荣获"甘肃省黄河文学奖"、"敦煌文艺奖"。

简　　介:这部短篇小说集,保持了作者一贯的风格,以冷峻的笔调讲述记录了一个时期凉州人(巴子营)的生活状态,从中展示了人性的复杂。从另一个意义上说,堪称是一部"凉州风俗画"。

0021 《坏爸爸》

作品类型：小说类

作　　者：王新军

发表时间：2010-04-10

发表载体：上海文艺出版社

获奖及影响：作品荣获《人民文学》——"优秀奖""甘肃黄河文学奖二等奖"。

简　　介：王新军，男，1970 年出生于甘肃玉门。中国作家协会会员，省文学院签约作家，1988 年开始发表文学作品，先后在《绿洲》《飞天》《小说界》《时代文学》《人民文学》等 30 多家国内文学刊物发表，其中发表长篇小说 1 部，中篇小说 20 部，短篇小说 60 余篇及诗歌、散文百余万字。近年来，王新军的中短篇小说，如《文化专干》《农民》《大草滩》《民教小香》《一头花奶牛》《乡长故事》《好人王大业》《远去的麦香》《俗世》等优秀作品先后被《小说选刊》《中篇小说选刊》《作品与争鸣》《小说月报》《读者》《散文选刊》《新华文摘》等杂志转载评介。除此之外，他的小说还曾入选年度中、短篇小说选本，其中两部中篇小说被改编为影视作品进行拍摄。他以自己扎根西北农村朴实而温情的写作风格，被评论界认为是"第三代西北小说家"群体当中的代表人物。作品曾获第六届"上海长中篇小说优秀作品大

奖"中篇小说奖，第四届"敦煌文艺奖"、首届"黄河文学奖"中短篇小说一等奖，《绿洲》短篇小说奖，一、二届《飞天》"散文征文奖"等文学奖项。2004 年被《读者》杂志和甘肃省文学院联合授予"甘肃省文学院荣誉作家"称号。

0022 《大草滩》

作品类型：小说类

作　　者：王新军

发表时间：2010-04-01

发表载体：上海文艺出版社

获奖及影响：荣获"黄河文学奖一等奖""敦煌文艺奖一等奖"。

简　　介：小说生动再现了故土风物人情的历史画卷，是一部记录在河西大地上人们生活点滴的历史记忆，这是一种值得尝试创作的文本。

0023 《1973年的三升谷子》

作品类别：小说类

作　　者：李学辉

发表时间：2005-10-15

发表载体：作家出版社

获奖及影响：短篇小说集。由作家出版社出版后，荣获甘肃省第二届"黄河文学奖二等奖"。

简　　介：这是"甘肃小说八骏"之一的武威作家李学辉（笔名补丁）出版的第一部短篇小说集。其作品反映了特殊时期凉州人的生活面貌，人物形象鲜明，语言诙谐，格调冷峻，具有一定的艺术价值。

0024 《末代紧皮手》

作品类别：小说类

作　　者：李学辉

发表时间：2010-02-01

发表载体：作家出版社

获奖及影响：该作品先在《芳草》杂志发表，后由作家出版社出版单行本，荣获"汉语女评委奖"、甘肃省"敦煌文艺奖"等，2011年8月参加第八届"矛盾文学奖"评奖。

简　　介：李学辉的长篇小说《末代紧皮手》将现实与魔幻、传统与荒诞、红色岁月与黑色幽默巧妙糅合在一起，书写了一部乡村秘史，塑造了亦人亦神的土地"紧皮手"余土地(大喜)，为色彩绚烂的当代文学人物画廊，增添了新的人物形象。

0025 《海子湖边沙枣情》

作品类别：小说类

作　　者：玛尔简

发表时间：2008-09-04

发表载体：甘肃文化出版社

获奖及影响：获全国第二届文学笔会"优秀作品短篇小说类"一等奖。

简　　介：玛尔简，女，裕固族。2008年出版短篇小说集《海子湖边沙枣情》。《沙枣树下的悲情》获得《小说选刊》全国第二届文学笔会"优秀作品短篇小说类"一等奖。

0026 《河套平原》

作品类别：小说类

作　　者：任向春

发表时间：2010-04-08

发表载体：作家出版社

获奖及影响：获第七届"敦煌文艺奖一等奖"。

简　　介：任向春，1963年出生于河套平原。2000年开始小说创作。在《当代》《中国作家》《十月》《天涯》《作品》《长江文艺》等刊物发表小说一百多万字，被多种选刊选载。著有长篇小说《河套平原》《妖娆》《身体补丁》等五部。出版中短篇小说集《时间漏洞》《向春的小说》等三本。曾荣获"敦煌文艺奖""黄河文学奖""广东金小说奖"等奖项，短篇小说《床》入围《小说月报》十五届"百花奖"，长篇小说《河套平原》荣获第七届"敦煌文艺一等奖"，入围《长篇小说选刊》——"施耐庵文学奖"选载。他个人是鲁迅文学院第二届高级研讨班学员，甘肃"小说八骏"之一，中国作协会员。

0027 《土司和他的子孙们》

作品类别：小说类

作　　者：王国虎（阿寅）

发表时间：2012-01-17

发表载体：作家出版社

获奖及影响：甘肃省第七届"敦煌文艺奖"评选中荣获三等奖。

简　　介：阿寅，原名王国虎，甘肃省作家协会会员、甘肃文学院签约作家、甘肃省临夏回族自治州作家协会副主席、甘肃省永靖县文联主席。在《诗刊》《飞天》《朔方》等报刊先后发表各类文学作品近300件。出版诗集《黄河三峡·牧歌及心灵独白》《黄河三峡恋歌》。主编参与编纂《永靖史话》《黄河三峡》《炳灵石林》等近十部文史著作。近年致力于长篇小说创作，首部长篇小说《土司和他的子孙们》已由作家出版社出版，第三部长篇小说《花儿》入选中国作家协会重点作品扶持项目，获甘肃省第四届"黄河文学奖"、甘肃省第七届"敦煌文艺奖"。小说《土司和他的子孙们》以青藏高原与黄土高原过渡地带的积石山为背景，通过富有诗意的笔触，时空交错的手法，描写了锁南普土司及其后代的传奇故事及坎坷经历，乡土气息浓郁，藏汉风情独特。

0028　《驭手班》

作品类型：小说类

作　　者：张发海

发表时间：1990-02-22

发表载体：1990年《河州》第二期。

获奖及影响：《驭手班》于2008年8月荣获甘南州第四届"格桑花文学奖"优秀奖。

简　　介：作品讲述了80年代的贺兰山军营里，几个喂马的士兵在面对荣誉、爱情及无声的战友时所展示的出不同的人性之光。张发海，1963年10月出生，中共党员，初中学历，甘肃临夏县人，当过兵、农民、广播站编辑员。曾进行过文学创作，部分作品发表、获奖，现为玛曲县选矿厂合同制工人。

0029　《女播音员》

作品类型：小说类

作　　者：张发海

发表时间：2003-08-28

发表载体：2003年《百花园》第八期

获奖及影响：1991年7月获"庆祝建党70周年全国小小说大奖赛鼓励奖"。

简　　介：小说讲述了一个热爱播音的女兵与战友们在贺兰山打坑道期间发生在施工工地上的故事。张发海，1963年10月出生，中共党员，初中学历，甘肃临夏县人。当过兵、农民、广播站编辑员。曾进行过文学创作，部分作品发表、获奖，现为玛曲县选矿厂合同制工人。

0030　《大庇百姓俱欢颜》

作品类型：小说类

作　　者：马步斗

发表时间：2006-11-14

发表载体：广州人民出版社

获奖及影响：获定西市第一届精神文明建设"五个一工程"奖。

简　　介：《大庇百姓俱欢颜》全书20余万字，主人公李雄是生在陇南山区的农家孩子，他以26万元本金起家，经过几十年的拼搏和奋斗，成长为一名优秀的企业家，该书文字朴实，语言流畅，读来感人。

0031 《1943 年的飞刀》

作品类型：小说类

作　　者：张舟平

发表时间：2010 年 2 月

发表载体：《百花园》

获奖及影响：2010 年 8 月被《小小说月刊》转载。

简　　介：《1943 年的飞刀》2010 年 2 月发表在《百花园》上，2010 年 8 月被《小小说月刊》转载。该小说情节新颖，标题立意经典，能够引起人们的阅读兴趣，深受读者喜欢。

0032 《刀下男和女》

作品类型：小说类

作　　者：张舟平

发表时间：2010 年 2 月

发表载体：《百花园》

获奖及影响：2010 年第五期《小小说月刊》转载。

简　　介：《刀下男和女》2010 年 2 月首发于《百花园》，2010 年被《小小说月刊》转载。

0033 《月光下的白杨林》

作品类型：小说类

作　　者：蔡竹筠

发表时间：2010-06-25

发表载体：《北方文学》及其他

获奖及影响：青海省祁连县《祁连山》杂志转载。

0034 《菜贩子吴九》

作品类型：小说类

作　　者：吴万军

发表时间：2008-01-01

发表载体：《北方作家》第四期

获奖及影响：2008 年发表于《北方作家》第四期，2009 年 2 月荣获酒泉市第八届精神文明建设"五个一工程"优秀作品奖。

简　　介：讲述了会计吴九因在个人感情问题上得罪了顶头上司而下岗成了菜贩子的故事，揭露了供销企业在改革中存在的某些弊病。

0035 《大哥》

作品类型：小说类

作　　者：吴万军

发表时间：2011-12-05

发表载体：《北方作家》

获奖及影响：2011 年 7 月《北方作家》建党 90 周年征文之际，《大哥》荣获酒泉市"文联北方作家建党征文奖"，2011 年由中国文联出版社出版并获奖，荣获"中国社会科学院研究院——中国世界华人文艺作家协会""全国建党征文评比"二等奖，在解放区文学研究会、北京写作学会征文、中国共产党成立九十周年系列纪念活动中，荣获"全国征文"二等奖，并编入大型文献《共和国建设档案》。

0036 《淡紫色的曼陀罗》

作品类型：小说类

作　　者：石　凌

发表时间：2013-05-12

发表载体：《边疆文学》杂志

简　　介：《淡紫色的曼陀罗》是一部 1.8 万余字的短篇小说。小说通过少女白小春的视角去审视母亲的生活与命运，反映了一个出身底层的女子玉兰的悲惨命运。玉兰打工时怀上富商的私生子后被抛弃，无奈嫁给善良但腿瘸的山村农民，但他放羊时死于非命，玉兰为供养女儿读书，重新沦入风尘……小说反映的现实具有一定的普遍性，引人深思。

目录
catalog

0037 《虎娃打工》

作品类型：小说类

作　　者：李兴泉

发表时间：2011-11-02

发表载体：《读者》

获奖及影响：该作品在《读者》乡村版第三期发表，受到广大读者好评。

简　　介：作品创作于2011年，之后发表在《读者》乡村版第三期。作品主要讲述了农村青年外出务工，通过学习外地经验，在开阔视野后，回乡创办实业，带领农村青年改变农村生活面貌的动人场故事。

0038 《长烟落日处》

作品类型：小说类

作　　者：雪漠

发表时间：1995-10-05

发表载体：《飞天》

获奖及影响：雪漠的中篇小说《长烟落日处》在《飞天》刊发后，引起了巨大的反响，同时也赢得了文坛的热烈关注。

简　　介：作者以魔幻现实主义手法，描写了在特殊时期西部农村人民的生活方式。作品通过大量变异的现象，展示农民的生存状态，具有很强的寓意。

0039 《晃春风》

作品类型：小说类

作　　者：武强华

发表时间：2013-10-05

发表载体：《飞天》

获奖及影响：《飞天》2013年第10期

简　　介：小说《晃春风》，共15000字，发表于《飞天》2013年第10期。

0040 《阳光照亮她的脸》

作品类型：小说类

作　　者：李城

发表时间：2003-04-27

发表载体：《飞天》

获奖及影响：《阳光照亮她的脸》发表于2003年4月《飞天》，收入《飞天精华本·散文诗歌卷》（2006）、《飞天60年典藏·散文随笔卷》（甘肃文化出版社，2010）。

简　　介：《阳光照亮她的脸》发表于2003年4月《飞天》，收入《飞天精华本·散文诗歌卷》（2006）、《飞天60年典藏·散文随笔卷》（甘肃文化出版社，2010）。李城，汉族，1959年出生于临潭县古战乡，1984年毕业于兰州师专中文系，曾任教师、记者、编辑等职业，有主任编辑职称，现任甘南州文联副主席。业余专注文学，先后有《屋檐上的甘南》《行走在天堂边缘》《叩响秘境之门》等散文集、中篇小说集出版，2006年获甘肃省首届"黄河文学奖"，2009年获"甘南藏族自治州60年文艺成就奖"。2012年出版长篇小说《最后的伏藏》，被认为是"甘肃近年来长篇小说创作的重要收获之一"。李城在这篇文章里将视角和笔触伸向了他在旅途上遇到的普通民众，透过他们的生活与命运，用"驻身旁观"和"间接参与"这两种姿态完成了近距离的体验，他不是以同情和怜悯的心态去关注他们，而是思考着，理解着，感喟着，试图融入他们的生活之河。在阅读过程中，我们看到的是真的背景和真的生活，而不是充斥全篇的关于个体"我"的主观臆断，以及那种矫揉造作的抒情气息，他用真实的感情报道着现实的生活。

0041 《雨天》

作品类型：小说类

作　　者：舒眉（缪丽霞）

发表时间：2009-04-01

发表载体：《飞天》

0042 《婚事》

作品类型：小说类

作　　者：蔡竹筠

发表时间：2002-06-04

发表载体：《飞天》

获奖及影响：《甘泉》转载，多位评论家评论。

简　　介：讲一个已经许配人家的姑娘跟四川小木匠私奔，后引发的一些纠葛和变故。作者把故事编织得委婉细腻，将西部特有的人情世故及西北人在时代变迁中的灵魂蜕变表现得十分到位。

0043 《墓畔的嘎拉鸡》

作品类型：小说类

作　　者：敏奇才

发表时间：2003-07-30

发表载体：《飞天》

获奖及影响：

简　　介：敏奇才，男，回族，出生于1973年，甘肃临潭人，1995年毕业于西北民族大学汉语系，1996年开始发表作品，曾在《民族文学》《飞天》《回族文学》《散文》《光明日报》《甘肃日报》等报刊发表小说、散文60万余字，作品入选多种文集，他本人为甘肃省作家协会会员，现任临潭县文联主席兼作协主席。《墓畔的嘎拉鸡》是一篇富有民族特色的短

篇小说，其中出色的心理描写，是小说最大
的看点。小说刊发于《飞天》2003年第7期，
系头题作品，时任《飞天》主编的陈德宏对
这篇小说推崇有加。穆沙老汉有生之年的最
大心愿就是为死去的老伴搞一次像样的"举
念"，可是"举念"所需的一只鸡，是他几
年都买不起的，这令老汉感受到了生存的压
力与危机，他灵魂深处产生了内疚与负罪感，
无奈之下，他决定去墓畔捕捉嘎拉鸡还愿，
却又发现了待孵的七个小蛋……最终他将嘎
拉鸡放归自然，对亲人的思念，对宗教的虔
诚，与生存的困境形成对比，形成悖反，进
而又发展成与生灵的悖反。正是在这层层递
进的悖反中，我们看到了穆沙老汉"难以承
受的生命之轻"

0044 《女人是火》

作品类型：小说类

作　　者：蔡竹筠

发表时间：2003-09-25

发表载体：《飞天》

获奖及影响：收入《故园》，获首届"金张
掖文艺"二等奖。

0045 《调动》

作品类型：小说类

作　　者：蔡竹筠

发表时间：2002-06-25

发表载体：《阳关》

获奖及影响：编入作者小说集《故园》，获
首届"金张掖文艺奖"二等奖。

0046 《清白》

作品类型：小说类

作　　者：蔡竹筠

发表时间：1995-03-25

发表载体：《飞天》

获奖及影响：收入小说集《故园》，获首届
"金张掖文艺奖"二等奖。

0047 《深山有多深》

作品类型：小说类

作　　者：蔡竹筠

发表时间：2011-10-01

发表载体：《飞天》

获奖及影响：已改编为电影剧本。

0048 《乡村笔记》

作品类型：小说类

作　　者：蔡竹筠

发表时间：2013-10-25

发表载体：《飞天》

获奖及影响：被《焉支山》转载。

0049 《山路悠悠》

作品类型：小说类

作　　者：蔡竹筠

发表时间：2004-11-25

发表载体：《飞天》

获奖及影响：收入《故园》，获首届"金张
掖文艺奖"二等奖。

0050 《根》

作品类型：小说类

作　　者：漆寨芳

发表时间：1994-10-01

发表载体：《飞天》杂志

获奖及影响：1995年第二期《小说选刊》做
了选目。

简　　介：中篇小说《根》描述了20世纪
90年代，初武山县在"土地小调整"后的现
实状况，刻画了农民对土地的渴望。这是一
部批判现实主义的作品。

0051 《爱的纪念》

作品类型：小说类

作　　者：赵淑敏

发表时间：2006-08-15

发表载体：《飞天》杂志

获奖及影响：短篇小说《爱的纪念》获得第二届"黄河文学奖"优秀奖。

简　　介：作品通过一段姐弟恋，描述了这场凄婉的爱情故事及对青春的感伤。

0052 《寻找朱丽叶》

作品类型：小说类

作　　者：赵淑敏

发表时间：2008-04-30

发表载体：《飞天》杂志

获奖及影响：2009年获得第三届"黄河文学奖"二等奖。

0053 《麻娘娘》

作品类型：小说类

作　　者：李城

发表时间：2013-01-01

发表载体：《甘南报》

获奖及影响：《麻娘娘》连载于《甘南报》。

简　　介：大明盛世，洮州出了个贤惠女子，她端庄秀丽，知书达理且精于女红，坊间传言她是七仙女下凡。然而美貌带给她的不是快乐而是烦恼，她不仅常常遭到路人围观，也使钟情于她的男子望而却步。为此，她不得不用宽大的粗布衣裙掩饰身段，用丑陋的麻子面具遮蔽她的容颜，甚至离家出走隐遁乡间，人们又称她为"麻娘娘"。当她终于和心仪之人定下终身，等待媒妁的上门提亲之时，朝廷选美钦差突然驾到，将她带往京城封为皇上贵妃。这是永乐二十二年发生在洮州卫城的真实故事。小说《麻娘娘》以花季少女凤儿的多舛命运为线索，演绎了明王朝在西部边陲移民屯田、实施茶马金牌制度的隐秘历史。

0054 《机关》

作品类型：小说类

作　　者：刘涛

发表时间：2008-04-18

发表载体：《甘肃工商报》

获奖及影响：该作品在《甘肃工商报》发表后，受到广大读者好评。

简　　介：作品创作于2008年，发表在《甘肃工商报》上。作品通过反映机关工作，折射出机关这一社会群体的种种怪相。

0055 《常青河》

作品类型：小说类

作　者：杜建功

发表时间：2010-10-22

发表载体：《甘肃农民报》

获奖及影响：该作品在《甘肃农民报》发表，受到广大读者好评。

简　介：作品创作于2010年，发表在《甘肃农民报》，作品主要描写了主人公"黑河"为下游额济纳旗居延海调水，中游临泽人民为顾大局，义不容辞地执行调水令的动人故事。

0056 《灶保》

作品类型：小说类

作　者：漆寨芳

发表时间：1992-09-11

发表载体：《甘肃农民报》

获奖及影响：破除封建迷信，使山里人对封建迷信中给孩子"抽保状"有了新的认识。

简　介：短篇小说《灶保》，刻画了一位初中二年级学生与父亲在思想上的斗争，灶保出生后多病，于是父亲将他保给了灶王爷，12岁这年要从灶王爷那儿抽回"保状"，这一天灶保和父亲各执一端，最后灶保没有按父亲的意愿去做，而是以实际行动战胜了封建迷信传统。

0057 《虎子敲钟》

作品类型：小说类

作　者：李田夫

发表时间：1975-10-14

发表载体：《甘肃日报》

获奖及影响：短篇小说《虎子敲钟》家喻户晓，曾被介绍到国外，并入选多种教材，成为武威文学这一时期的标志性作品代表。

简　介：小说以不足万字的篇幅，通过敲钟这一事件，表现了"虎子"热爱集体，热爱生活的新少年形象，虽然小说烙有极左时代的印迹，但作者将生活的激情，融入少年阳光般的心态之中，堪称当时凉州文学的代表作品。

0058 《德爷种瓜》

作品类型：小说类

作　者：蔡竹筠

发表时间：1999-08-31

发表载体：《甘肃日报》"百花"文艺副刊

获奖及影响：收入作者小说集《故园》，获首届"张掖文艺奖"二等奖。

0059 《大红对联高高挂》

作品类型：小说类

作　者：蔡竹筠

发表时间：2002-02-11

发表载体：《甘肃日报》"百花"文艺副刊

获奖及影响：获张掖市"廉政文学大赛"一等奖。

0060 《对弈》

作品类型：小说类

作　者：蔡竹筠

发表时间：2000-01-30

发表载体：《甘肃日报》"百花"文艺副刊

获奖及影响：荣获首届"金张掖文艺奖"二等奖。

0061 《二虎》

作品类型：小说类

作　者：蔡竹筠

发表时间：1999-07-25

发表载体：《甘肃日报》"百花"文艺副刊

获奖及影响：荣获首届"金张掖文艺奖"二等奖。

0062 《放羊的孩子》

作品类型：小说类

作　　者：张舟平

发表时间：2012 年 4 月

发表载体：《甘肃日报》百花版

获奖及影响：2012 年 7 月转载于《读者·乡土人文版》。

简　　介：该作品 2012 年 4 月 9 日发表于《甘肃日报》百花版，2012 年 7 月被《读者·乡土人文版》转载

0063 《瓜农与乡长》

作品类型：小说类

作　　者：张舟平

发表时间：2012 年 7 月

发表载体：《甘肃日报》百花版

简　　介：《瓜农与乡长》2012 年发表于《甘肃日报》百花版。

0064 《找红军》

作品类型：小说类

作　　者：张林生

发表时间：2011-03-27

发表载体：《甘肃文苑》

获奖及影响：该作品在《甘肃文苑》发表后，受到广大读者好评。

简　　介：作品创作于 2011 年，发表在《甘肃文苑》上，作品主要讴歌了西路军流落人员生命不息、追求不止的奋斗精神。

0065 《港湾》

作品类型：小说类

作　　者：白　敏

发表时间：2014-04-25

发表载体：《辉煌十年》

简　　介：《港湾》讲述了教师"我"和同学们寻找离家出走学生王小慧的故事，从而告诉人们，良好的家庭环境是孩子健康成长的港湾。白敏，女，1971 年出生，任玉门市第三中学教师，爱好文学，在《玉门文苑》《北方作家》《甘肃农垦》等刊物上均发表过文章，现在系玉门文联作协会员。

0066 《价值三万元的土巴碗》

作品类型：小说类

作　　者：张舟平

发表时间：2012 年 7 月

发表载体：《绝妙小小说》

简　　介：《价值三万元的土巴碗》2012 年 7 月发表于《绝妙小小说》刊物。

0067 《旋耕机》

作品类型：小说类

作　　者：毛韶子

发表时间：2014-08-02

发表载体：《兰州日报》

获奖及影响：被"天津网"转载。

0068 《羊群进城》

作品类型：小说类

作　　者：叶　舟

发表时间：2013-10-05

发表载体：《人民文学》

获奖及影响：《羊群进城》发表后，被《小说选刊》等多家刊物转载，并收入多种选本，被专家和读者评选为 2008 年度排行榜优秀作品。

简　　介：这部中篇小说，通过一个山村放羊人，赶着羊群入城卖羊的场景，表现两种文明的冲突，以及传统文化在现代环境中的尴尬，篇幅虽然不长，但象征意味颇厚，获得了当年《人民文学》年度大奖。

0069 《8000 个日子的守望》

作品类型：小说类

作　　者：漆寨芳

发表时间：2008-04-28

发表载体：《通俗文艺研究》

获奖及影响：获得首届"中国通俗小说原创作品大赛"优秀作品奖。

简　　介：这篇小说讲述了一位代课教师从1984年到2005年之间艰难的生活历程和心路历程，是一部难得的批判现实主义作品。

0070 《挂职干部》

作品类型：小说类

作　　者：刘爱国

发表时间：2002-06-20

发表载体：《文艺报》

获奖及影响：荣获《文艺报》"社会主义文艺大赛"一等奖。

简　　介：创作于2002年，发表在《文艺报》。作品主要讲述了到乡镇挂职的干部深入农村一线体察民情、了解民意后体现出拒腐防变的高风亮节精神。

0071 《桂花树》

作品类型：小说类

作　　者：何其龙（河流）

发表时间：2012-01-26

发表载体：《小说选刊》增刊

获奖及影响：《小说选刊》第二届"全国小说笔会"一等奖。

简　　介：何其龙，笔名河流，男，汉族，永靖县人。从1984年起，在全国、省、州报刊中发表各类文学作品300多件。论文曾获"国家级刊物"一等奖；小说获《山东文学》"征文比赛"优秀奖，散文作品曾获省委"宣传部组织征文"三等奖；小小说《桂花树》获《小说选刊》"全国小说笔会"一等奖，《瘦病》获广河县"党建杯"全国征文二等奖。书法作品在《神州诗书画报》《甘肃法制报》

《甘肃农民报》上发表，多次参加省、州书法比赛并获小奖，有作品被澳大利亚友人收藏。

0072 《狗日的风》

作品类型：小说类

作　　者：王景普

发表时间：2011-01-03

发表载体：《小说选刊》征文大赛

获奖及影响：《小说选刊》"征文大赛中篇小说类"二等奖。

简　　介：作品主要以治理风沙为背景，通过对主人公张良峰一段坎坷人生的叙述，来反映共产党人在面对自然界的狂风、世俗中的歪风、官场上的不正之风时，表现出的毫不退缩、敢于斗争的大无畏精神，描写张良峰在工作中勇于担当、大公无私的奉献精神，塑造了一个为改变家乡环境勇于实践的英雄主人公形象。

0073 《故乡三题》

作品类型：小说类

作　　者：李学辉

发表时间：2005-12-01

发表载体：《小说月报》

获奖及影响：初发于《飞天》，《小说月报》2005年第12期选载，荣获甘肃省"敦煌文艺奖"二等奖。

简　　介：该作品由三个独立的故事组成，三个故事，从不同角度反映了巴子营人的善良及他们对传统文化的热爱和对美好生活的向往。

0074 《向日葵的梦》

作品类型：小说类

作　　者：白　敏

发表时间：2009-01-25

发表载体:《玉门文苑》

获奖及影响:荣获 2008—2011 年《玉门文苑》优秀作品奖。

简　　介:作品描写了年轻女教师小敏因丈夫救一名溺水儿童牺牲,精神抑郁,自我封闭,后来在教师姚军的关爱下走出阴影,重新回到学生身边的故事。告诉人们不管在何种生活状况下,人都要像向日葵一样,永远追求光明与希望。白敏,女,1971 年出生,玉门市第三中学教师,爱好文学,在《玉门文苑》《北方作家》《甘肃农垦》等刊物上均发表过文章,现系玉门文联作协会员。

0075 《父亲与狗》

作品类型:小说类

作　　者:石 凌

发表时间:2013-10-15

发表载体:《中国文学》杂志

获奖及影响:这篇小说通过关注农村空巢老人的养老问题,引发了众多读者的好评及广泛的社会关注。

简　　介:《父亲与狗》是一篇 1.2 万字的短篇小说。小说选取一位农村老人在不小心摔跤导致瘫痪后,到去世前一年的生活经历,反映了农村空巢老人晚年凄惨的生活现状,同时也通过老人三个子女的生活场景反映当前农村中农民存在的普遍性问题,具有一定的深度。

0076 《丁香雨》

作品类型:小说类

作　　者:朱莲花

发表时间:2010-04-21

发表载体:《百花园》

获奖及影响:于 2010 年 4 月首发于《百花园原创版》。

简　　介:《丁香雨》通过描写普通人的爱情故事,体现婚姻生活的不易和执子之手与子携老的温馨。

0077 《这儿有老鼠洞》

作品类型:小说类

作　　者:朱莲花

发表时间:2010-08-21

发表载体:报刊

获奖及影响:2011 年 8 月 21 日《农民日报》刊登,转载《2010 年—2011 年名家微型小说排行榜》《2010 年中国小说精选》《最具中学生人气的励志小小说选》《一块珍藏的经典书系小小说选》《流行歌曲同名小说选》《都市心情书系》等选本,作品《红狐》入选中纪委主办的廉政小说集《正义的眼睛》。

简　　介:朱莲花,女,甘肃省作协会员,百花园杂志社签约作家,作品曾发表在《小说月刊》《百花园》《河北小小说》《农民日报》《天津日报》《新课程报七年级快乐阅读》《新晨报文苑》《中国文学》《新文学》《西凉文学》《武威日报》《西凉晚刊》等全国多家报刊。有多篇作品入选《中外经典微小说大系》及《中国当代闪小说超值经典珍藏书系》。作品《这儿有个老鼠洞》讲述一个田埂上的老鼠洞引发五里槐村的一场浇水风波,事情的结局虽然出人意料,却体现了小山村人的善良和淳朴。

0078 《天明就回家》

作品类型：小说类

作　　者：石　凌

发表时间：2012-05-20

发表载体：北斗杂志

获奖及影响：优秀作品，发表后受到读者好评。

简　　介：《天明就回家》是一篇8千余字的短篇小说。小说选取乡长熊玉明一天一夜的工作生活片段，反映了乡镇干部与农民的血肉联系，塑造了一个虽出身卑微，但做事踏实，保守底线与良知的乡镇干部形象，是一篇弘扬正能量的作品，有一定的代表性。

0079 《风起时，你别走开》

作品类型：小说类

作　　者：王晓玲

发表时间：2011-08-01

发表载体：《北方作家》

获奖及影响：《小说选刊》全国笔会短篇小说一等奖。

简　　介：全新的角度表现了人生和人性。

0080 《女儿谣》

作品类型：小说类

作　　者：毓新（本名张明）

发表时间：2009-04-07

发表载体：北京大众文艺出版社

获奖及影响：这一中短篇小说集，选取了作者自1994年至2008年十五年间刊发于《小说月报》的十五篇作品，均获甘肃省黄河文学奖。其中《羊腥》初发于《飞天》1997年8期，转载于《小说月报》1997年10期，收入《〈飞天〉六十年典藏》，另有多篇作品获白银市凤凰文学奖等。

简　　介：《女儿谣》为中短篇小说集，选集了作者自1994年至2008年十五年间刊发于《小说月报》（选刊版）、《朔方》《飞天》等杂志的中短篇小说十五篇，其内容大多以故乡陇中这片古老而神奇的土地为背景，通过求学、打工及经商踪迹辐射向域外，叙写了父老乡亲的生存状态、精神面貌及理想追求。《女儿谣》由大众文艺出版社以"新世元作家文丛"出版发行。毓新，原名张明。甘肃会宁人，语文教师，业余作者，致力于陇中题材的小说和散文创作，中学高级教师，第二届全国"十佳"教师作家，现在会宁县教学研究室工作。

0081 《红颜罪》

作品类型：小说类

作　　者：洪　玮

发表时间：2013-05-01

发表载体：敦煌文艺出版社

获奖及影响：2013年6月出版敦煌文艺出版社

简　　介：洪玮，女，1991年生于甘肃天水，现就读于兰州理工大学土木工程学院。张家川县作家协会会员。是"非标准"的90

后，甜美乖巧，自幼喜爱读书，最大的兴趣便是写作，享受文字带给人生的平凡与快乐。本书在作者学习之余创作完成，以春秋时期历史故事为题材，书写了范蠡与西施千古绝唱的爱情故事。

0082 《静水流深》

作品类型：小说类

作　　者：铁翎（陈建云）

发表时间：2011-03-01

发表载体：新世界出版社

获奖及影响：2011年3月新世界出版社出版。

简　　介：该小说是一部官场小说，由我县青年作家、省作协会员铁翎创作。

0083 《那年的爱情输给了谁》

作品类型：小说类

作　　者：杨来江

发表时间：2014-05-20

发表载体：中国财富出版社

获奖及影响：小说被《中篇小说选刊》等刊物或报纸转载，入选多种小说选本。诗歌、散文、专栏作品见诸于多种刊物及年选，著有诗集《二十八季》。

简　　介：杨道，本名杨来江，男，汉族，1982年生，天水张家川人。在《文学界》《星火》《飞天》《山东文学》《鸭绿江》《创作与评论》《特区文学》等刊均发表过作品。著有诗集《二十八季》。

0084 《野马河苍生》

作品类型：小说类

作　　者：刘　水

发表时间：2005-07-02

发表载体：作家出版社

获奖及影响：获得敦煌文艺奖。

简　　介：该小说是刘水同志创作的反映建国前发生在陇南山区的一个地主家庭三代人生活变化的一部血泪史，全书计20多万字，由作家出版社出版。

0085 《官票》

作品类型：小说类

作　　者：铁翎（陈建云）

发表时间：2011-09-01

发表载体：光明日报出版社。

获奖及影响：无

简　　介：该小说是我县青年作家、省作协会员铁翎（陈建云）创作的又一部官场题材的小说。

0086 《暗香疏影——桑骥鉴赞小说选》

作品类型：小说类

作　　者：桑骥鉴赞

发表时间：2009-07-10

发表载体：中国文联出版社

获奖及影响：获甘肃省第五届"少数民族文学奖"，获国家级刊物《散文世界》优秀作品奖，获云南省委宣传部、云南作协与《散文世界》联合举办的"建党九十周年和谐杯散文大赛"优秀作品奖

简　　介：桑骥鉴赞，男，藏族，1964年生，甘肃舟曲人，从事文学创作二十年，出版小说集《暗香疏影——桑骥鉴赞小说选》。桑骥鉴赞的写作体裁很广泛，进行的是多样化写作，涉及小说、散文诗歌、新闻、报告文

学等。写作了上百万字的文学作品，已经出了一本小说集，一本散文集，和当地市委宣传部签约一部长篇小说写作，曾获甘肃省第五届"少数民族文学奖"，国家级刊物《散文世界》优秀作品奖，云南省委宣传部、云南作协与《散文世界》联合举办的建党九十周年"和谐杯散文大赛"优秀作品奖。短篇小说集《暗香疏影》是桑骥鉴赞近些年的重要作品，小说内容大多以其老家舟曲的人与事为主，有思考，有批判，有褒扬，具有一定的社会价值。

0087 《半鹤黄日》

作品类型：小说类

作　　者：付有祥

发表时间：2011-08-25

发表载体：《黄河》2011年第6期

0088 《悲情李陵》

作品类型：小说类

作　　者：王晓玲

发表时间：2009-12-25

发表载体：敦煌文艺出版社

0089 《七扇门——扎西才让小说选》

作品类型：小说类

作　　者：扎西才让

发表时间：2013-11-12

发表载体：大众文艺出版社

简　　介：《七扇门——扎西才让小说选》遴选了作者在《西藏文学》《芳草》《甘肃文艺》《甘南日报》《格桑花》等报刊上发表的12篇短篇小说和微型小说，也依据内容的不同分成了七个部分："神之界""灵肉劫""失败记""荒诞事""阴阳错""往年雪""圆满歌"。小说集的内容大多以记述甘南藏族的人与事为主，有思考，有批判，有褒扬，具有一定的社会价值。扎西才让，又名杨晓贤，藏族，1972年生，甘肃甘南人。已在《诗刊》、《民族文学》、《诗歌报月刊》、《星星》、《西藏文学》等国内多个报刊杂志上发表文学作品。曾获"诗神杯"全国诗歌奖、甘肃省"少数民族创作铜奔马奖"、甘肃省第四届"敦煌文艺奖"、"飞天十年文学奖"。中国少数民族作家协会会员、甘肃省作家协会会员、甘南州作家协会副主席、鲁迅文学院第九期少数民族作家培训班学员。

0090 《西北黑人》

作品类型：小说类

作　　者：雷建政

发表时间：2013-09-07

发表载体：甘肃文化出版社

获奖及影响：雷建政短篇小说选《西北黑人》由甘肃文化出版社出版，小说集收录了作家1989年至1999年在《人民文学》《中国作家》《青年文学》等文学期刊上发表的《西北黑人》《缘结》等22篇短篇小说。曾荣获"五四青年文学奖"、甘肃省委省政府"敦煌文艺奖"、甘肃省"优秀作品奖"、甘肃省"敦煌青年文学奖"等8次。

简　　介：作家通过独具风格的语言，去讲述一则则平实艰涩的故事，刻画一个个庸常又耐活的人物。评论家雷达认为，雷建政的部分短篇小说，写出了在严酷的生活状态下人性为生存而战栗，在故事中将复杂情事解析清楚，成为藏汉杂居地区特有的景致。雷建政，男，汉族，河南孟津人，1953年生于甘肃省夏河县，北京师范大学文学硕士研究生，1982年开始发表作品，1990年加入中国作家协会，发表中、短篇小说60余篇（部），主要作品有《天葬》《西北黑人》《劫道》《壮丽光阴》《命兮运兮》等，其中有10余篇次被《新华文摘》《作品与争鸣》《小说月报》等转载，被人民文学出版社、中国青年出版社、中国农村读物出版社等出版的专集收选，被日本《中国现代小说》译载。小说集《劫道》由作家出版社于1992年2月列入全国"文学新星丛书"出版。

0091 《戏恋》

作品类型：小说类

作　　者：钟彩银

发表时间：2006-06-10

发表载体：敦煌文艺出版社

获奖及影响：该作品2007年荣获庆阳市精品图书，2008年荣获庆阳市第六届"精神文明建设五个一工程"一等奖。

0092 《小镇轶事》

作品类型：小说类

作　　者：道吉坚赞

发表时间：2006-05-26

发表载体：甘肃文化出版社

获奖及影响：《小镇轶事》是被《小说月刊》转载的一篇短篇小说，后由甘肃文化出版社将之与其他短篇小说结集后出版发行。2011年，这部小说集中的短篇小说《金顶的象牙塔》被改编成数字电影《拉卜楞人家》，在中央电视台电影频道上映，产生了深远影响。

简　　介：道吉坚赞（1960—2009），男，藏族，甘肃夏河人，中共党员。出版小说集《小镇轶事》，小说《金顶的象牙塔》《小镇轶事》《漂逝的彼岸》等。曾获"全国五省区藏族文学奖"，他本人为甘肃作家协会会员。《小镇轶事》是被《小说月刊》转载的一篇短篇小说，后由甘肃文化出版社将之与其他短篇小说结集后出版发行，是一部带有批判意味的现实主义文学作品。

0093 《阴山》

作品类型：小说类

作　　者：王庆才

发表时间：2008-06-01

发表载体：中国作家出版社

获奖及影响：获白银市第二届"凤凰文艺奖"，文学项一等奖，天津第二十届"文化杯全国梁斌小说长篇"优秀奖。

简　　介：作品 10 章，42 节，30 余万字，以民国时期甘肃经济发展和兴衰为主题，以阶级矛盾和土地分化为线索，讲述了贺氏家族的恩怨情仇，从侧面阐述了外国资本对中国弱小资产的巧取豪夺，通过镇长、二少爷等一系列鲜活人物的对比，影射了新旧思想的矛盾冲突，及在旧制度下，萧条的甘肃经济和颓废的文化。

0094 《最后的伏藏》

作品类型：小说类

作　　者：李城

发表时间：2010-07-26

发表载体：云南人民出版社

简　　介：小说记述了一个历史悠久的游牧部落从强盛走向衰亡的过程，再现了特殊年代里流亡群落的生存状态，以及藏族人对世界、对生命的独特认识。这部反映藏族牧人独特人生观与世界观的长篇小说，采取了图文并茂的方式，共 36 章、32 万多字，50 多幅富有地方民族特色的精美插图。李城，男，汉族，出生于 1959 年，甘肃临潭人，业余专注文学，著有散文集《屋檐上的甘南》、《行走在天堂边缘》中篇小说集《叩响秘境之门》和长篇小说《最后的伏藏》《麻娘娘》。部分散文作品被转载。现任甘南州文联副主席。

0095 《寂寞让我如此美丽》

作品类型：小说类

作　　者：李晓东

发表时间：2006-09-26

发表载体：群言出版社

获奖及影响：新浪文学论坛长篇小说大赛优秀奖

简　　介：李晓东，女，天水《南山诗刊》主编，《秦州文艺》执行主编，《陇右周刊》专栏作家，首届"麦积山文艺奖"获得者，秦州区作协副主席。十六岁创作长篇小说《羁鸟恋》，之后陆续发表文学作品，涉猎体裁主要有散文、评论、小说、现代诗歌、古韵诗词等。著有长篇小说《寂寞让我如此美丽》《婚姻补丁》，长篇历史文化散文《风华国色》，个人散文集《花事·人事》。

0096 《寂寞有痕》

作品类型：小说类

作　　者：祁尚明

发表时间：2012-12-10

发表载体：中国文联出版社

获奖及影响：获得金昌市 2014 年"五个一工程奖"二等奖。

简　　介：祁尚明，1968 年生，本科学历，目前为工程师，供职于甘肃省永昌县供电公司。甘肃省作家协会会员，中国散文家协会会员，金昌市文联作家协会会员，永昌县文联作协副理事长，《骊靬》杂志编委，得永昌深厚的历史文化熏陶，少时养成阅读习惯，二十世纪八十年代末尝试小说、散文创作。1989 年起在《飞天》《短篇小说》《剑南文学》《北方作家》《西北电业》《潜夫山》《西风》《骊靬》《甘肃日报》《贵州民族报》《甘肃电力报》《金昌日报》等报刊杂志发表文学作品，并在《西北文学网》《小说阅读网》《榕树下》等网络平台连载、转载文学作品，先后发表、转载文学作品 200 多篇 250 余万字，出版《寂寞有痕》《幻桥》《岁月的倾诉》《半夜谁在聊天》《心在旅途》等文学专著 5 部。多年来，先后获得各类文学奖项十余项，其中，散文《释缘》获第二届"古风杯"华夏散文大奖赛优秀奖，入选《华夏散文精选》；散文《弯脖柳》获第四届"中原杯"全国文学艺术作品大奖赛二等奖，入选《大风歌》文丛；散文《怅望西园》获 2011 年全国散文作家论坛大赛一等奖；散文选集《心在旅途》获 2013 年金昌市"五个一工程奖"；长篇小说《寂寞有痕》获 2014 年金昌市"五个一工程"奖。

0097 《竞岗》

作品类型：小说类

作　　者：蒋世杰

发表时间：2012-06-12

发表载体：新世界出版社

获奖及影响：获金昌市"五个一工程"奖一等奖。

简　　介：《竞岗》主人公是位人类学研究者，通过描写他与他相关的众多人物在官场、"学术场"和商场之间的奔波及其在社会活动中的言行，热情讴歌了那些有良知和坚守的学者以及那些亲民、清廉、务实为民的各级干部，歌颂了他们身上所表现出来的高尚品德，而对个别在官位主义影响和熏陶下的"官迷"们的行径进行了丑恶无情的挞伐，进一步对传统文化、当代生活、文化建设的迫切性和重大意义进行了较为深刻的反思，具有一定的思想深度。

0098 《九家半人》

作品类型：小说类

作　　者：王寿岳

发表时间：2014-12-24

发表载体：敦煌文艺出版社

获奖及影响：白银市"凤凰文艺奖"一等奖

简　　介：《九家半人》叙述了西北一所乡村中学家属院——原乡政府大院，这个大杂院中住的九家人和一位单身女教师的故事。塑造了众多个性鲜明、血肉丰满的人物形象，述说了他们平凡的生活中不平凡的恩恩怨怨。

0099 《碰瓷》

作品类型：小说类

作　　者：刘宇航

发表时间：2014-10-10

发表载体：出版

获奖及影响：获"牡丹疾控杯中国第三届闪小说大赛"优秀奖。

0100 《雪缘遗梦》

作品类型：小说类

作　　者：南长海

发表时间：2012-10-12

发表载体：中国戏剧出版社

获奖及影响：获得金昌市2014年"五个一工程奖"三等奖。

简　　介：《雪缘遗梦》以西北高原小城的雪景为引，通过穿插叙述的方式，讲述了两代人凄美曲折的爱情故事。小说中女主人公对爱情大胆的向往和无悔的付出，令人敬佩和感慨，而男主人公错失良缘后的困惑、无奈到最后面对现实和勇于担当，又让人感到欣慰。小说从侧面反映了一段真实的社会历史，在爱情面前折射出人性宽容和善良的一面。整个小说既有真实的背景，又有虚幻的描写，情节构思奇特，充满着理想主义色彩。

0101 《寻梦园》

作品类型：小说类

作　　者：彭兵

发表时间：2010年

发表载体：北京燕山出版社

获奖及影响：获甘肃省第四届"黄河文学奖"优秀奖，获酒泉市第一届"飞天文艺奖"。

简　　介：这是新的年代，又是新的世纪。许多学生将奔赴大学，走进象牙塔，充当知识的崇拜者、未来的探索者。主人公黄平，是一名普通的农家子弟，怀揣着向水草更深处涉足的梦，在如花的校园中奔走，他在苦闷中挣扎、徘徊，最后走向成熟。这所大学虽然平凡，但是这里的每个人都在通过自己的努力证明自己的存在，正如人们说的"路是自己走出来的"，他们最终找到了梦的花园。彭兵，生于1981年，毕业于甘肃省河西学院教育系，现在甘肃省玉门市教学，其作品多次在《北方作家》《玉门文苑》上发表，其中诗歌《朋友》在第五届"休闲杯"文学大赛中荣获优秀奖，作品《桔子》在女友杂志社和中国作家杂志社、鲁迅文学院联合主办的第十七届"全国青年征文大赛"中荣获佳作奖，散文《秋天到了》在"春花杯"全国青年文学征文大赛中荣获一等奖。现为酒泉市作家协会、玉门市作家协会会员。

0102 《樱桃》《杏花》

作品类型：小说类

作　　者：李仲清

发表时间：2009-11-01

发表载体：中国作家出版社

获奖及影响：短篇小说《佛心》荣获2014年"南山文学优秀奖"；

组诗《厂魂》获2014年"中华全国总工会"《中国梦·劳动美》三等奖；

散文《住房公积金帮他圆梦》荣获2014年

兰州市文联、兰州住房公积金管理中心、中国人民银行兰州支行联合征文二等奖；

散文《金城关遐想》获 2014 年兰州市文联、丝绸之路杂志社联合举办"毅然杯"丝绸之路兰州文化散文大奖赛优秀奖；

散文《读书，让我梦想成真》获 2014 年中华全国总工会"读书，让我梦想成真"优秀征文奖。

0103 《刀子的温存》

作品类型：小说类

作　　者：任向春

发表时间：2005-12-05

发表载体：春风文艺出版社

获奖及影响：获甘肃省第五届"敦煌文艺奖"。

简　　介：任向春，笔名向春，1963 年出生于河套平原，2000 年开始小说创作，在《当代》《中国作家》《十月》《天涯》《作品》《长江文艺》等刊物发表小说一百多万字，被多种选刊选载。著有长篇小说《河套平原》《妖娆》《身体补丁》等五部，出版中短篇小说集《时间漏洞》《向春的小说》等三本，多次获敦煌文艺奖、黄河文学奖、广东金小说奖等奖项，短篇小说《床》入围《小说月报》15 届百花奖，长篇小说《河套平原》获第七届"敦煌文艺奖"一等奖，入围施耐庵文学奖，《长篇小说选刊》选载。鲁迅文学院第二届高级研讨班学员，甘肃"小说八骏"之一，中国作协会员，现居兰州。

0104 《残局》

作品类型：小说类

作　　者：唐达天

发表时间：2003-06-13

发表载体：春风文艺出版社

获奖及影响：获第四届"敦煌文艺奖"，首届"黄河文学奖"。

简　　介：本书聚焦一个单位，解析其中奥秘，并以广阔的视角辐射到了政府官员、贫困农民、企业老板、色相女子，通过对各色人等的生动描述，于细微处展示了人物的内心世界，挖掘出了人性中的复杂与隐秘，深刻反映了社会转型时期人精神价值的败坏与重塑，灵魂深处的堕落与升华，为我们提供了值得借鉴的人生经验及有关的价值思考。

0105 《桑公坡》

作品类型：小说类

作　　者：蔡竹筠

发表时间：2009-12-25

发表载体：纪念新中国成立六十周年生态文化作品大赛

获奖及影响：获中国林业文学艺术工作者联合会颁发的纪念新中国成立 60 周年全国"生态文学"作品大赛优秀奖。

0106 《乡村教师的爱情》

作品类型：小说类

作　　者：赵三娃

发表时间：2009-09-12

发表载体：大众文艺出版社

简　　介：该书系长篇小说，约 12 万字，2009 年 9 月由大众文艺出版社出版。故事的主人公叫刘一斌，他是一位优秀的乡村教师，他以自己的努力奋斗在学业上不断进步，由一个中专毕业生直到考上研究生，他以他的博爱宽容迎得了领导、同事、学生、家长和社会各界的一致好评，然而他的憨厚朴实在恋爱婚姻上却屡战屡败，难以想象的是他从恋爱到结婚跨度长达十年，先后与近30位姑娘谈婚论嫁，终于在三十五岁时娶妻成婚，然而幸福与幸运有时候是短暂的，一次突发事件——"5·12"大地震，他为了实践一位教师最起码的职责而变成残疾人，但他的生命却因此而大放异彩，坚强的信念和崇高的理想使他以一种更加雄健的身姿出现在人生舞台上……中华大地上，乡村教师是一个庞大而缺乏关注的弱势群体，面对生活中的种种辛酸、苦楚、出路与希望，他们是怎样努力去超越自我的？面对恋爱与婚姻，他们是如何屡战屡败而又重获光明的？面对突如其来的大灾难，他们又是何等的沉着、冷静与果断。本书将带大家走入一个西北山区乡村教师的世界。

0107 《野路》

作品类型：小说类

作　　者：孙志诚

发表时间：2009-04-21

发表载体：大众文艺出版社

获奖及影响：《野路》在1996年《飞天》5期发表，同年《小说选刊》第八期转载，1998年获"敦煌文艺奖"三等奖，2005年获《飞天》十年（1996—2005）文学奖。

2009年作者将自己创作的中短篇小说精心筛选，结集出版，名为《野路》。

简　　介：《野路》作品集选入中篇小说4篇，短篇小说15篇。这些小说正像作者在《自序》中所写的那样，非常忠实地叙说了他"曾守望过的那片田野上庄稼人"的故事，生动真实，具有一定的可读性。孙志诚，原名孙自成，男，汉族，1944年11月生于甘肃省会宁县甘沟驿乡，甘肃民协会员，甘肃作协理事。1972年开始文学创作，先后在省内外刊物发表《蝈蝈的故事》《马牙书包》《野路》等中短篇小说、民间故事及报告文学等50多篇。1990年由敦煌文艺出版社出版长篇小说《浑浊的祖厉河》，并于1991年获省第三届"文学评奖"优秀奖。2000年与王家达合作创作了长篇报告文学《景泰川，难忘的岁月》，该书于2001年获第九届"中国人口文化奖"报告文学二等奖，2002年又获甘肃省"五个一工程"奖。1999年被甘肃省文联授予"德艺双馨"文艺家称号。

0108 《剑横崆峒》

作品类型：小说类

作　　者：仇非

发表时间：1991-04-01

发表载体：敦煌文艺出版社

简　　介：《剑横崆峒》由仇非创作并改编成电视剧，高级导演张中一执导，甘肃省音像出版社和平凉地市联合拍摄。该剧以明末清初为时代背景，以平凉崆峒山传剑弟子玉灵芝的传奇经历为主线，再现了一段江湖儿女荡气回肠的感人故事。以平凉崆峒山、柳湖公园、龙泉寺等风景名胜为背景的画面，使该剧充满了浓郁的西部风情和强烈的视觉冲击，其中全国武术全能冠军，主演过《大刀王五》《海灯传奇》《铁血军魂》等优秀剧目的著名功夫明星赵长军的加盟，更为这部电视剧聚集了极高的人气，他饰演的男一号白虹给观众留下了深刻的印象。

0109 《口唤》

作品类型：小说类

作　　者：钟翔

发表时间：2011-05-08

发表载体：东京文学

获奖及影响：于 2011 年 11 月《小说选刊》举办的第二届全国小说笔会中荣获一等奖。

简　　介：作品通过一段穆斯林婚姻史，细致刻画了男女主人公的心理活动，反映了当下普通农家的平常生活，歌颂了伊斯兰文化对穆斯林家庭的深刻影响，凸显出人物的优秀品质，弘扬了伊斯兰教的精神内涵。

0110 《母亲的红嫁衣》

作品类型：小说类

作　　者：段红芳

发表时间：2009-11-01

发表载体：读者出版集团，甘肃民族出版社

获奖及影响：《母亲的红嫁衣》2009 年出版，并被选入 2009 年甘肃省"农家书屋"文库，2014 年荣获兰州市第二届"文艺创作奖"兰山铜奖。

0111 《悲情李陵》

作品类型：小说类

作　　者：王晓玲

发表时间：2010-12-01

发表载体：敦煌文艺出版社

简　　介：全新诠释了李陵的一生。

0112 《嫁出门的女子》

作品类型：小说类

作　　者：王　琴

发表时间：2012-02-02

发表载体：敦煌文艺出版社

简　　介：作品讲述了农村普通百姓的恩怨爱憎。同时讲述了农村女性的生活状态。

0113 《旋转木马上的米色天堂》

作品类型：小说类

作　　者：李倩茜

发表时间：2008-11-09

发表载体：敦煌文艺出版社

获奖及影响：该小说以莫冰蓝为主角，讲述了一段有关于高考和爱情的真实的高中青春生活。

0114 《敦煌颂》

作品类型：小说类

作　　者：贺晓钟、贺文龙

发表时间：2009-12-18

发表载体：敦煌文艺出版社

获奖及影响：2010 年 12 月 14 日获得兰州市第六届"金城文艺奖"三等奖（文学作品），由中共兰州市委、中共兰州市政府颁发。

简　　介：1900 年（农历五月二十日）八国联军攻下天津，六月二十日攻入北京；二十一日，慈禧太后携光绪皇帝仓皇出逃，北京遭到八国联军打劫，圆明园被焚，《永乐大典》及不少文化典籍散失，五月二十六日凌晨，远距北京四千里外的甘肃敦煌县，密封千年的莫高窟藏经洞重现于世，数万卷古代藏书悄然复出。多事之秋的1900年令人悲喜交加，1907年农历二月，敦煌地方官员强以贱价"采买"农粮，苛剥农户，引发当地抗粮暴动，遭到官府血腥镇压。同年五月，英国考古家兼文化窃贼斯坦因（AurelStrin）到达敦煌，盗走莫高窟藏经洞内古遗书、遗画一万多卷。也是在这一年，在官府的血腥镇压、帝国主义文化强盗的巧取豪夺下，人民生活陷入更加艰难的境地之中。随后，法国、日本、俄国及美国文化窃贼陆续闻风而来，敦煌宝藏大半被劫，损失惨重，文化陷入绝境。贺晓钟、贺文龙父子撰写的影视小说《敦煌颂》，正是敦煌人民愤怒的呐喊。

0115 《浑浊的祖厉河》

作品类型：小说类

作　　者：孙志诚

发表时间：1990-11-27

发表载体：敦煌文艺出版社

获奖及影响：1991年11月在甘肃省第三次文学评奖中获"优秀作品奖"。

简　　介：这是一部描写农村青年爱情悲剧的长篇小说。作者以饱含激情的笔触和富有乡土气息的语言，塑造了一批栩栩如生的人物形象，深刻揭示了他们的内心世界和悲剧产生的历史根源，而那条祖祖辈辈流淌不息

的祖厉河，就是历史的见证。

0116 《祁连儿女》

作品类型：小说类

作　　者：杨孝政

发表时间：2010-11-01

发表载体：敦煌文艺出版社

获奖及影响：《祁连儿女》共32万字，2010年11月由敦煌文艺出版社出版发行。

简　　介：本书讲述了一个颇为完美的历史传奇故事，小说以主人公杨志父子的故事为主线，讲述了发生在两个村寨和杨、穆、阿、司四家的情感纠葛，塑造了穆从善、杨继祖、阿尔丹等祁连儿女的人生历程和情怀。人物角色涉及各个领域，显示了作者深厚的文字功底。

0117 《世间桃源》

作品类型：小说类

作　　者：杨孝政

发表时间：2008-11-01

发表载体：敦煌文艺出版社

获奖及影响：被配送到全省4000个农家书屋，深受农民群众欢迎。

简　　介：该小说讲述了主人公高山从外出乞讨、打工到回乡创业过程中经历的各种挫折、打击、遭遇和成长、爱情，故事情节曲折、引人入胜，表达了农民工对生活的顽强信念和对理想矢志不渝的追求，反映了老百姓对不断提高的生活水平和生存环境的赞美，以及对幸福和谐的讴歌。

0118 《雪葬》

作品类型：小说类

作　　者：范 文

发表时间：2003-02-11

发表载体：敦煌文艺出版社

获奖及影响：获黄河文学奖二等奖。

简　　介：2003年由敦煌文艺出版社出版长篇小说《雪葬》，获甘肃省"黄河文艺奖二等奖""兰州市金城文艺奖一等奖"。2008年8月，上海文艺出版社出版其长篇小说《红门楼》、散文集《半生悟道》，先后在《飞天》杂志及《兰州晚报》《兰州日报》发表散文

等十多万字。参与编写了《游在兰州》《兰州历史文化丛书》。

0119 《最后一个穷人》

作品类型：小说类

作　　者：王新军

发表时间：2008-09-10

发表载体：敦煌文艺出版社

简　　介：当代青年作家，著有《坏爸爸》《八个家》《最后一个穷人》《厚街》等小说多部，曾获上海长中篇小说优秀作品大奖、敦煌文艺奖、黄河文学奖等。连续三届入选"甘肃小说八骏"，现在甘肃省玉门市文联供职。

0120 《丑陋的树根》

作品类型：小说类

作　　者：胥海莲

发表时间：1989-01-01

获奖及影响：获"《文艺报》全函中心"优秀作品奖；作家伟锋在1989年《飞天》第8期发表题为"人性的挽歌"的评论。

0121 《佛心》

作品类型：小说类

作　　者：李仲清

发表时间：2014-05-23

发表载体：兰州市第二届文艺创作

获奖及影响：2014年5月获南山文学优秀奖。

简　　介：通过刻画作品中的人物，充分反映了反腐倡廉的艰巨。告诫人们对于腐败永远不可掉以轻心！作者李仲清，甘肃会宁人，生于1961年，大学文化，现为兰州石化公司三联公司人事科（党委组织科）科长、机关党支部书记、高级政工师、中国石油作家协会理事、甘肃省作家协会会员、兰州市作家协会理事、中国石油作家协会兰州石化分会主席。从1982年起，陆续在《鸭绿江》《地火》《甘肃日报》《党的建设》《中国石油报》《中国石化报》《甘肃工人报》《兰州晨报》《兰州晚报》《兰州日报》等报刊及出版物发表文学作品500多篇，其中《我的邻居》《老兵新歌》《憨老万》《憨老万外传》《小保姆》《奔向奥运的脚步》《厂魂》（组诗）、《佛心》《住房公积金帮他圆梦》《金城关遐想》《读书，让梦想成真》等作品获奖。并出版发行小说集《樱花·杏花及其他》和《李仲清短篇小说集》。

0122 《流浪的蜜月》

作品类型：小说类

作　　者：如一（胥海莲、王君明）

发表时间：1991-01-31

发表载体：《人生与伴侣》

获奖及影响：发表于《人生与伴侣》1991年1期，该文章被《人生与伴侣》杂志社邀请参加1991年7月在青岛举办的全国性笔会。

0123 《骆马情仇》

作品类型：小说类

作　　者：北斗

发表时间：2004-06-30

发表载体：《飞天》

获奖及影响：《小说月报》转载，获2004年甘肃省首届"黄河文学奖"二等奖及《飞天》十年文学奖。

简　　介：北斗，原名彭有权，中国作家协会会员，中国金融作家协会理事，甘肃省金融作家协会副主席，中国古琴学会会员，天水作协副主席。1993年开始在《莽原》《飞天》《小说月报》《散文世界》等报刊发表小说、散文多篇，短篇小说《牛儿哭水》获1999年《飞天》"华浦杯"优秀奖；中篇小说《骆马情仇》获2004年甘肃省首届"黄河文学奖"二等奖及《飞天》十年文学奖；中篇小说《向深处走来》获"全国金融文学大奖赛"一等奖；长篇小说《望天鸟》获天津市第二十届"文化杯"全国梁斌小说优秀奖、第四届"黄河文学奖"、第一届"麦积山文学艺术奖"二等奖。著有六集电视连续剧《信合魂》文学剧本，1998年由作家出版社出版小说集《月亮回家》，2003年由中国文联出版社出版小说集《碎片》，2010年由敦煌文艺出版社出版长篇小说《望天鸟》，2010年其《皮鞭的记忆》入选《新时期甘肃省文学作品选》散文卷；《共度天涯》入选《新时期甘肃省文学作品选》小说卷。

0124 《牛儿哭水》

作品类型：小说类

作　　者：彭有权（北斗）

发表时间：1999-05-30

发表载体：《飞天》

获奖及影响：有一定的影响

简　　介：北斗，原名彭有权，中国作家协会会员，中国古琴学会会员，天水作协副主席，1993年开始在《莽原》《飞天》《小说月报》《散文世界》等报刊发表小说、散文多篇，短篇小说《牛儿哭水》获1999年《飞天》"华浦杯"优秀奖；中篇小说《骆马情仇》获2004年甘肃省首届"黄河文学奖"二等奖及《飞天》十年文学奖；中篇小说《向深处走来》获"全国金融文学大奖赛"一等奖；长篇小说《望天鸟》获天津市第二十届"文化杯"全国梁斌小说优秀奖、第四届"黄河文学奖"、第一届"麦积山文学艺术奖二等奖"。著有六集电视连续剧《信合魂》文学剧本。1998年由作家出版社出版小说集《月亮回家》，2003年由中国文联出版社出版小说集《碎片》，2010年由敦煌文艺出版社出版长篇小说《望天鸟》。2010年《皮鞭的记忆》入选《新时期甘肃省文学作品选》散文卷；《共度天涯》入选《新时期甘肃省文学作品选》小说卷。

0125 《青春雨季》

作品类型：小说类

作　　者：冰河、莲子（王君明、胥海莲）

发表时间：1992-11-30

发表载体：《人生与伴侣》

获奖及影响：发表于《人生与伴侣》1992年11期。

0126 《试用期》

作品类型：小说类

作　　者：胥海莲

发表时间：2014-01-31

发表载体：《飞天》

获奖及影响：发表于《飞天》2014年1期。

0127 《小翠的梦想》

作品类型：小说类

作　　者：李仲清

发表时间：2014-12-26

发表载体：《地火》

获奖及影响：获"中国石油作家协会中国梦石油情小说类征文"三等奖。

简　　介：通过描写一个农村打工妹的艰辛生活，歌颂了人间的真善美。

0128 《艾香》

作品类型：小说类

作　　者：王丽荣

发表时间：2014-07-02

发表载体：黄河出版集团阳光出版社

获奖及影响：出版，改编成三十三集电视连续剧《艾香》。

简　　介：艾香是一位有着美好理想的乡下女孩，但多舛的命运却一次次地把她推向了绝境。艾香出生时已有一个姐姐，便成了父母和长辈们不欢迎的女孩子，生下来时就差点被溺死。10岁被送人，12岁才上学，20岁为人妻，21岁为人母。丈夫是个不务正业的浪子，好吃懒做，常对艾香拳打脚踢，迫使艾香不得已服毒自杀，幸有人相救。不堪忍受屈辱的艾香再一次选择外出打工。打工生涯看似艰苦，却是一段身心得到自由的日子，艾香利用做保姆的便利，饱读老教授家的几书柜藏书，同时刻苦学习电脑打字，终有一技之长。最后在老教授与大学生的帮助下和丈夫离了婚，重新追寻自己的理想。最后在刘文斌的真情感动下，终于同意嫁给刘文斌，过上了幸福美满的快乐生活。命运给予她各种磨难，但有梦想的她始终不放弃，勇敢直面人生，一路拼搏，自强不息，故事感人至深。

0129 《西部青年》

作品类型：小说类

作　　者：曹旭东

发表时间：2013-06-25

发表载体：逐浪网络

获奖及影响：获庆阳市"五一工程"扶持奖。

简　　介：长篇小说《西部青年》主要讲述土生土长在中国西部的安宇选、蓝潇、钱小三、钟如苑四位青年在西城经历生活的重重打击，相继回到凤凰镇，终于找到自己的正确位置和坚持梦想敢于奋斗的青春励志故事。四位青年大学毕业后，从象牙塔步入社会，为了各自的理想努力着，却不料，现实和梦想距离甚远。一次又一次的生活打击，让他们喘不过气，他们经受了爱情的考验和生活的洗礼，迫于现实，相继回到凤凰镇。在李支书、福婶等人的关照下，重新找回自己，开始梦想征程……生活是一条逆流，四位青年是奔跑在这条河流里的鲤鱼，经历风雨，涉足险滩，四位青年已被无情的现实磨蚀得遍体鳞伤，面容沧桑，他们能否有勇气继续生活下去，面对现实，面对挑战，勇敢追梦，一切尽在《西部青年》！

0130 《红森林》

作品类型：小说类

作　　者：张董家

发表时间：1990-06-01

发表载体：《飞天》

获奖及影响：获《飞天》优秀文学作品奖。

简　　介：以武都自然保护区为背景，具有浓郁的乡土气息。

0131 《洁白的银耳环》

作品类型：小说类

作　　者：张董家

发表时间：1980-04-01

发表载体：《飞天》

简　　介：一篇影响深远的小说。

0132 《马步芳的娃娃兵》

作品类型：小说类

作　　者：满全位

发表时间：2009-02-20

发表载体：《飞天》

简　　介：这是永登农民作家、省作家协会会员满全位以亲身经历写的长篇小说，反映了民国时期马步芳的残暴和劳动人民的悲惨生活。这是一部反映民国时期永登地区发生的马家队伍欺压百姓、民不聊生、连小孩都不放过的残暴统治的故事，可以说是一部地方史。对这一小说进行宣传，作为历史史料，在群众中传播，可以让人们认识历史，珍惜现在的美好幸福生活。

0133 《守望明天的女人》

作品类型：小说类

作　　者：雨　声

发表时间：2006-02-01

发表载体：《飞天》

获奖及影响：发表于《飞天》。

0134 《偷袭》

作品类型：小说类

作　　者：雨　声

发表时间：2014-12-05

发表载体：《飞天》

获奖及影响：2013年6月参加首届"陇南市人口文化艺术节作品展"获优秀奖。

简　　介：该小说2005年发表于《飞天》2005第10期，2012年6月参加首届"陇南市人口文化艺术节"作品展，获得优秀奖。

0135 《刘尕娃》

作品类型：小说类

作　　者：毛韶子

发表时间：2004-10-20

发表载体：《甘肃农民报》

获奖及影响：该小说在"春雨杯"小说大赛中荣获三等奖。

0136 《绿如蓝》

作品类型：小说类

作　　者：毓新（本名张明）

发表时间：2011-05-28

发表载体：甘肃人民出版社

获奖及影响：《绿如蓝》获甘肃省重点文艺创作资助项目，入选甘肃省农家书屋工程。甘肃省文联、兰州大学文学院曾在兰州联合主办"毓新长篇小说《绿如蓝》研讨会"，获白银市凤凰文学奖。第二届"全国教师文学专著奖"。

简　　介：《绿如蓝》反映了会宁教育，实际上反映了整个农村基础教育这一重大题材，被列为甘肃省重点文艺创作资助项目。本书颠覆了更多校园题材小说"青春＋言情"的内容和套路，将笔墨重心落在黄土高原中部某教育名县的一所高级中学。同时又通过主人公的特殊身份和经历，联想和想象，不断突破时空限制，转换描写视角，向下深入到贫穷封闭的农村小学和质朴可敬的农家，向上则触及现代都市堂堂的高等学府，成功塑造了一系列典型形象，再现改革开放新时期青年男女艰难曲折的成长历程。全方位地描绘了中小学师生在生活和爱情、学习和工作上的酸甜苦辣与不懈努力，展示了他们的精神面貌及人格魅力。毓新，原名张明，甘肃会宁人，语文教师，业余作者。致力于陇中题材的小说和散文创作，数十万字刊载于《小说月报》（选刊版）、《朔方》《飞天》《小说月刊》《芒种》《短篇小说》《中国校园文学》《华夏散文》《甘肃日报》等报刊，出版中短篇小说集《女儿谣》和校园长篇小说《绿如蓝》，获各类文学奖。中国作家协

会会员，中学高级教师，第二届全国"十佳"教师作家，现在会宁县教学研究室工作。

0137 《邓宝珊将军传奇》

作品类型：小说类

作　　者：黄英

发表时间：2005-05-20

发表载体：甘肃人民出版社

获奖及影响：2010年3月，获得甘肃"黄河文学奖"。

简　　介：这是一部以著名爱国民主人士、甘肃省长、民革中央副主席邓宝珊先生的生平事迹为题材的长篇传记文学。

0138 《沙浪河的涛声》

作品类型：小说类

作　　者：田瞳

发表时间：1979-02-01

发表载体：甘肃人民出版社

获奖及影响：此书写作出版于粉碎四人帮之初，在新时期文学复苏之际，在甘肃文坛引起了较大反响，开了甘肃新时期长篇小说创作的先河。甘肃人民出版社 1978 年 4 月出版，第一次印刷 10 万册，第二次印刷 7 万册。是甘肃人民出版社新中国成立以来出版的第四本长篇小说。甘肃人民广播电台于当年在长篇小说连播节目中播出，1980 年在省第二次文代会上荣获甘肃省"建国三十周年文学创作"二等奖。

简　　介：本书以豫东平原解放前夕的地下斗争为背景，描写了一支地方游击队在豫东敌占区的严酷环境下，展开艰苦卓绝的敌对斗争，场面激烈悲壮，荡气回肠，充满传奇色彩。小说着力塑造了以游击队长沙飞和民间草莽英雄铁明焕为代表的革命战士，人物形象鲜明，血肉丰满，呼之欲出，小说情节围绕游击队的斗争一波三折，悬念丛生，摇曳多姿，读来引人入胜。在艺术上，作者深受我国古典文学的影响，采用传统的表现手法，故事层层展开，丝丝入扣，跌宕起伏，画面丰富多彩。

0139 《蒹葭苍苍》（又名《野花正香》）

作品类型：小说类

作　　者：郭　健

发表时间：2006-08-09

发表载体：甘肃人民出版社

获奖及影响：作品 2006 年交由甘肃和西宁新华书店发行后，连续 4 个月蝉联甘肃新华书店月销售榜首，总发行量达 23000 册，随后被国家图书馆、档案馆、现代文学馆、清华大学等 60 多家馆院收藏，西宁人民广播电台录制成长篇连播小说并在 2011 年 9—11 月连播。随后由辽宁、重庆等两家广播电台连播。2009 年获甘肃省委省政府敦煌文艺奖。

简　　介：郭健，1959 年出生。国家一级作家、西北民族大学客座教授、甘肃省政府采购评审专家、甘肃青年书法家协会主席。长篇小说《蒹葭苍苍》是一部引起巨大轰动的关于环境、悲情以及人生的思考小说，是一部记录悲情的文学史诗，是一部描写规则的力作。

0140 《此人》《官场密码》

作品类型：小说类

作　　者：牛　勃

发表时间：2010-07-16

发表载体：甘肃人民美术出版社

获奖及影响：入选甘肃省农家书屋。牛勃 1986 年开始文学创作，1991 年加入甘肃省作家协会，1997 年加入中国作家协会。在全国各级各类报刊发表各类文艺作品 400 余篇（首），360 多万字，文章入选全国 10 多个选本和 20 余家报刊。出版作品和研究课题先后获"甘肃省优秀出版图书史志类"一等奖、"校点类"三等奖，"甘肃省新创剧目演出"二等奖、编剧二等奖，甘肃省优秀小品奖，天水市五个一工程奖，麦积山文艺奖、天水市科技进步三等奖，甘谷县科技进步一等奖以及作品奖 16 次。

简　　介：牛勃，男，1964 年 6 月生，甘谷县新兴镇人，中共党员，大学学历。中国作家协会会员，中华伏羲文化研究会会员，甘肃省戏剧家协会会员、天水市政协委员、天水市文联委员、天水市作家协会副主席，天水市戏曲学会常务理事，甘谷县政协委员，现任甘谷县文化广播影视局党委副书记、副局长、县文化馆馆长。

0141 《哑女》

作品类型：小说类

作　　者：蔡竹筠

发表时间：2012-08-25

发表载体：甘肃人民美术出版社

获奖及影响：获首届"金张掖网络文学大赛"二等奖。入选《河西当代文学整理与研究》。

0142 《梦醒敦煌》

作品类型：小说类

作　　者：黄英

发表时间：1995-07-20

发表载体：甘肃少年儿童出版社

获奖及影响：1993年8月获得甘肃敦煌文艺奖。

简　　介：这是一部历史传奇小说。

0143 《黄蜡烛》

作品类型：小说类

作　　者：王维胜

发表时间：2002-06-01

发表载体：甘肃省敦煌文艺出版社

获奖及影响：临夏州第一部长篇小说。在西北作家网转载，纳入甘肃省文电局影视计划，获得第五届"北方八省一市优秀图书"二等奖，2004年2月获得第二届政府"五个一工程"奖。

简　　介：王维胜，男，汉族，中共党员，兰州大学汉语言文学大专学历，1964年11月生，甘肃省临夏县桥寺乡大梁村王家嘴人。现为临夏州招商局副局长、甘肃省文学院签约作家，甘肃省作家协会会员，临夏回族自治州作家协会副主席。长篇小说《黄蜡烛》以主人公李成大为线索，描写了民国初年夏州城发生的各种重大事件，并通过这些事件反映了那个岁月政治历史的风云变换，黎民百姓生活在水深火热之中和百姓在压迫中的反抗斗争以及他们对生命生活的追求和热爱。作者历经10年创作完成了40万字的长篇小说《黄蜡烛》，实现了临夏州长篇小说零的突破。2002年7月该小说入选"黄土地"长篇小说系列丛书，由甘肃省敦煌文艺出版社出版。小说一经出版，引起了社会各界的关注，甘肃省电视台"文化风情线"、临夏电视台"这方热土"栏目分别做了专题节目，中国新闻社"海外看中国"、《甘肃日报》《甘肃文艺报》《兰州晨报》《兰州晚报》《民族报》等报刊相继刊发文章和新闻报道，2003年8月该书获得第五届"北方八省一市优秀图书"二等奖，2004年2月获得第二届政府"五个一工程"奖。

0144 《王新军的小说》

作品类型：小说类

作　　者：王新军

发表时间：2014-04-01

发表载体：甘肃文化出版社

获奖及影响：曾获"上海长中篇小说优秀作品"大奖、"敦煌文艺奖""黄河文学奖"等。

简　　介：当代青年作家，著有《坏爸爸》《八个家》《最后一个穷人》《厚街》等小说多部，曾获上海长中篇小说优秀作品大奖、敦煌文艺奖、黄河文学奖等。连续三届入选"甘肃小说八骏"，现在甘肃省玉门市文联供职。

0145 《传奇将军仁多保忠》

作品类型：小说类

作　　者：张月玲

发表时间：2011年3月

发表载体：甘肃文化出版社

获奖及影响：荣获兰山文学奖

简　　介：张月玲是永登知名作家，创作了大量散文、诗歌、小说，《传奇将军仁多保忠》一书以文学故事展现了西夏和北宋在永登地区的争斗与交锋，作为镇守永登红城卓罗和南军司的仁多保忠的血肉形象，展现了那个时期的历史背景，风土人情，人物内心世界、感情、爱情等，本小说获甘肃"黄河文艺奖"。

0146 《枣刺湾》

作品类型：小说类

作　　者：于祖培

发表时间：2009-06-10

发表载体：甘肃文化出版社

获奖及影响：《枣刺湾》由甘肃文化出版社出版，作者于祖培。

0147 《男人女人和羊》

作品类型：小说类

作　　者：张舟平

发表时间：2012-12-09

发表载体：《古今故事报》

获奖及影响：2012年发表于《古今故事报》，2014年转载于《贵州都市报》。

简　　介：2012年发表在《古今故事报》上，2014年转载于《贵州都市报》，小说创意新奇，语言朴素简练，深受读者喜欢。

0148 《台前幕后》

作品类型：小说类

作　　者：翟雄

发表时间：2013-07-02

发表载体：贵州民族出版社

获奖及影响：获金昌市"五个一工程"一等奖。

简　　介：小说的主线是围绕电视台台长宝座的激烈角逐，各色人物粉墨登场，演绎出了不少令人诧异的故事，最终，有得有失，留下了诸多想象空间，让人扼腕叹息，欲罢不能。在这部作品里，当代知识分子和社会精英们的心灵世界、心路历程被淋漓尽致地展现出来，细腻深刻，引人入胜。

0149 《幸福年代》

作品类型：小说类

作　　者：杨华团

发表时间：2011-09-01

发表载体：贵州人民出版社

获奖及影响：获甘肃省第七届"敦煌文艺奖"文学类三等奖。

简　　介：知识青年"上山下乡"运动中有别于插队知青的另一重要群体——回乡知识青年几乎被中国文学遗忘，本书原汁原味再现回乡知青的经历、磨难与感情生活。一个特殊的年代，一段成长的记忆。古老的田园，艰困的生活，凄美的爱情，刻骨的伤痛……风华正茂的回乡知识青年群体、深深打上时代烙印的农村干部、淳朴坚忍而又难逃宿命的主人公一家人、青春美丽柔情似水的女子、亦庄亦谐秉性各异的乡邻，以及来到乡下手足无措的城市下放居民、经改造后释放的"战犯"和曾经的"鸡奸犯"等等，各色人等，以黄土地为共同的舞台，演绎了一段壮阔历史，以此来诠释生活的诡异斑斓。

0150 《发往青春的短信》

作品类型：小说类

作　　者：贾小彦、陆章健

发表时间：2013-05-01

发表载体：河南文心出版社

获奖及影响：获中国第二届"闪小说大赛"优秀奖"，有散文及文学评论入选《朝圣者的姿态》《这些年的故事》《苍生录》《智慧的闪光——心有灵犀评论选》等选本，多篇闪小说入选《中国当代闪小说超值经典珍藏书系》丛书，小小说《师徒情》入选《2012年中国小小说精选》。

简　　介：贾小彦，笔名布衣情怀，甘肃天水人，自由职业者，业余爱好文学写作。现为北京小小说沙龙会员、东北小小说沙龙会员、《梧桐花博客文学》编辑、《精品短小说》签约作者，先后在《天水晚报》《甘肃法制报》《新课程报·语文导刊》《江苏工人报》《涟湖快报·五岛副刊》《北海晚报》《红山晚报》《广厦报》《新农村报道》及《微型小说选刊》《当代闪小说》《北京精短文学》《北方文学》《青少年文学》《当代作家》《人文前川》《华蓥山文艺》《红杜鹃》《蒲阳花》《龙沐湾》《洋浦湾》《柳色》《天涯风》《武山文艺》《家园文苑》《今日库车》《清流》《梧桐花博客文学》《关山文艺》等报刊发表各类文学作品200余篇，闪小说《神奇的PH试纸》获中国第二届"闪小说大赛"优秀奖，有散文及文学评论入选《朝圣者的姿态》《这些年的故事》《苍生录》《智慧的闪光——心有灵犀评论选》等选本，多篇闪小说入选《中国当代闪小说超值经典珍藏书系》丛书，小小说《师徒情》入选《2012年中国小小说精选》，2013年5月出版小小说二人集《发往青春的短信》（国家正规出版，非自费出书），闪小说二人集《一条陌生人的短信》即将出版。

0151 《明天还是星期天》

作品类型：小说类

作　　者：郭文沫

发表时间：1992-02-03

发表载体：华夏青少年写作大赛

获奖及影响：获第二届"华夏青少年写作大赛"优秀奖。

0152 《灯神》

作品类型：小说类

作　　者：万小雪

发表时间：2012-09-11

发表载体：《黄河文学》

获奖及影响：短篇小说《灯神》发表于《黄河文学》。

作者简介：万小雪，甘肃天水人，毕业于甘肃西北师范大学编采系。中国作协会员。九十年代开始写诗歌，先后在《诗刊》《飞天》《诗选刊》《星星诗刊》《绿风》等80多种报刊发表诗歌作品多首。《一场大雪覆盖了什么》入选《2001年中国作协优秀诗选》，《唯一的蓝》入选《中国2003年度最佳诗歌》，《渗透》《落日兀鹫》入选《2012年中国诗歌年选》。1996年荣获台湾作协《新华日报》海外作品银奖，2001年出席甘肃省青年作家代表大会，2005年荣获《飞天》十年文学奖，2009年组诗作《幸福的翅膀》《一厘米的春天》荣获第三、四届甘肃"黄河文学奖"。《沙粒灼热》《沙上的真理》荣获酒泉飞天文艺奖三等级、一等奖，出版诗集四部《蓝雪》《带翅膀的雨》《一个人的河流》《沙上的真理》。2011年出席全国第27届青春诗会，且《沙粒灼热》在《诗刊》出专版头条。2012年开始小说创作，短篇小说《灯神》、中篇小说《水天一色》发表于《黄河文学》，现于甘肃省玉门市文联工作。

0153 《水天一色》

作品类型：小说类

作　　者：万小雪

发表时间：2013-08-15

发表载体：《黄河文学》

获奖及影响：短篇小说《水天一色》发表于《黄河文学》。

简　　介：《水天一色》生动地描述了故乡水泉大地上生动的历史故事，给故事里的主人公一次回家的旅程，感恩并且敬畏生命的繁复和优雅。水可洗尘，水亦可洗人心，百年往事悠悠然然，不绝于耳。

0154 《野苜蓿》

作品类型：小说类

作　　者：程安娜

发表时间：2007-05-14

发表载体：吉林文史出版社

0155 《山路无尽》

作品类型：小说类

作　　者：杨建栋

发表时间：2010-04-21

发表载体：《开拓文学》

获奖及影响：该作品发表于《开拓文学》第四期。

简　　介：该作品作者为杨建栋，发表于《开拓文学》第四期，该作品属于短篇小说。

0156 《一个人的橄榄园》

作品类型：小说类

作　　者：周二军

发表时间：2010-09-16

发表载体：《开拓文学》

获奖及影响：本篇是陇南市武都区首届文学艺术奖一等奖的获奖作品。

0157 《山花的心事》

作品类型：小说类

作　　者：杨建栋

发表时间：2005-02-07

发表载体：《开拓文学》

获奖及影响：该作品发表于《开拓文学》。

简　　介：该作品作者杨建栋，作品发表于《开拓文学》，属于短篇小说，小说内容丰富。

0158 《二牛先生》

作品类型：小说类

作　　者：贾汝恒

发表时间：2012-11-12

发表载体：《飞天》

获奖及影响：贾汝恒，甘肃靖远人。白银市作家协会副主席，靖远县文联主席。

简　　介：其作品文字富有张力，深受广大人民群众喜爱。作者文字功底扎实，多年来累积的创作经验为其文学创作提供了坚实的基础。其文字以人民为题，写人民之所想，写人民所关心的、身边的事，为广大人民提供了优秀的读本。其作品多次被选入省市，乃至国家各大刊物刊登，并被全国各大网站转载。

0159 《梅森散文小说选》

作品类型：小说类

作　　者：巩梅森

发表时间：2012-08-28

发表载体：龙泉文艺奖

获奖及影响：获龙泉文艺二等奖

简　　介：巩梅森本名巩麦生，甘肃省灵台县人，西北师范大学中文系毕业，崇信一中语文高级教师，平凉市作协理事，崇信县作协副主席。著有《梅森散文小说选》等。

0160 《场面》

作品类型：小说类

作　　者：雨声

发表时间：2011-07-05

发表载体：《陇南文学》

获奖及影响：参加陇南市廉政征文大赛，获得优秀奖。

简　　介：该小说作者雨声，2011年发表于《陇南文学》，参加陇南市廉政征文大赛，获得优秀奖。

0161 《分房风波》

作品类型：小说类

作　　者：杨建栋

发表时间：2010-02-17

发表载体：《陇南文学》

获奖及影响：该作品发表于《陇南文学》。

简　　介：该作品作者杨建栋，该作品属于短篇小说，是我县优秀文学作品之一，发表于陇南文学第二期。

0162 《孤独的山麓》

作品类型：小说类

作　　者：王成尧

发表时间：2012-04-15

发表载体：内蒙古出版集团内蒙古人民出版社

获奖及影响：荣获白银市"凤凰文艺奖"二等奖。

简　　介：作者通过一个叫"虎子"的男孩在华南山区失踪、跟他的"虎妈妈"一起生活八年、建立了深厚的母子之情的童话式传奇故事，表达了作者对人类如何与自然和谐共处以及对生命广泛意义的思考。

0163 《守望边缘》

作品类型：小说类

作　　者：周富元

发表时间：2007-12-06

发表载体：内蒙古人民出版社

0164 《一盒饼干》

作品类型：小说类

作　　者：王军华

发表时间：2007-05-11

发表载体：《三峡文学》

获奖及影响：获"黄河文学奖青年文学奖"。

简　　介：2004年从事文学创作以来，部分小说、散文作品发表于《江河文学》《三峡文学》《短篇小说·原创版》《甘肃文艺》《甘肃日报》《丝绸之路》《兰州晚报》等，并三次获"新语丝文学奖""黄河文学奖"等。

0165 《大唐姻亲》

作品类型：小说类

作　　者：窦彦礼

发表时间：2011-03-13

发表载体：陕西旅游出版社

0166 《预约逃离》

作品类型：小说类

作　　者：缪丽霞

发表时间：2012-10-01

发表载体：《延河》

获奖及影响：《延河》是陕西省文联的纯文学刊物，在国内有较大的影响力，发表小说、散文、诗歌。文学作品质量较高。

简　　介：小说《预约逃离》通过讲述曾经在一个宿舍里生活过的几个女生，一次聚会无果的故事，展现了她们步入生活步入工作之后，各自的生活状态和难以从日子中剥离出来的无奈无力。

0167 《背锅爷》

作品类型：小说类

作　　者：王景普

发表时间：2012-12-10

发表载体：首届"全国散文中短篇小说征文大赛"。

获奖及影响：首届"全国散文中短篇小说征文大赛中篇小说一等奖"并获最佳中篇小说奖。

简　　介：作品通过对主人公背锅爷一生坎坷经历的叙述，反映背锅爷一生只爱秋香的爱情经历，赞扬了执着、真心、坚定不移的爱情观。

0168　《北地雪》

作品类型：小说类

作　　者：贺廷雷

发表时间：2012-11-13

发表载体：敦煌文艺出版社

获奖及影响：原人大秘书长，白银市作家协会会员，长篇小说《北地雪》（上下册）。

0169　《三生石》

作品类型：小说类

作　　者：吴卓芳

发表时间：1997-11-12

发表载体：百花文艺出版社

获奖及影响：作品多次被选入省市，乃至国家各大刊物刊登，被全国各大网站转载。

简　　介：吴卓芳，女，甘肃临洮人，中国散文家协会会员，甘肃省作家协会会员，白银市作家协会副主席。有文学作品300多首（篇）在国内各类报刊发表，部分作品在省、市及国家性大赛中获奖。出版有长篇小说《三生石》（敦煌文艺出版社，1997年6月，与姐连芳合著）；散文集《生命的流程》（香港金陵书社，2000年8月，与姐连芳、妹春芳合集）；诗集《洮河涓涓》（中国国际广播出版社，1994年10月，与姐连芳、妹春芳合集），《独立秋风》（香港金陵出版社，2001年8月，与姐连芳、妹春芳合集）。

0170　《天山雪恋》

作品类型：小说类

作　　者：金文兴

发表时间：2004-11-13

发表载体：国际统一出版社

获奖及影响：白银市作家协会会员。长篇小说《天山雪恋》。

0171　《西部国风》

作品类型：小说类

作　　者：武永宝

发表时间：2005-11-12

发表载体：《大家》

获奖及影响：甘肃靖远人。省文学院签约作家、省作协会员、省民协会员、省诗词学会会员、市作协副主席。多次在《飞天》杂志、《大家》杂志上发表小说。累计在全国各报刊杂志发表诗歌、散文、杂文百余篇。出版有长篇小说《黄河远上》（作家出版社，2010年），中篇小说《机关单身》《西部国风》等在《飞天》《大家》杂志发表。《西部国风》（中篇小说）发表于《大家》2004年第4期，获白银市首届"凤凰文艺奖文学类"一等奖，2005年获白银市"五个一工程"奖。

简　　介：其作品文字富有张力，深受广大人民群众喜爱，文字功底扎实，多年来累积的创作经验为其文学创作提供了夯实的基础。文字以人民为题，写人民之所想，写人民所关心的、身边的事，为广大人民提供了优秀的读本。其作品多次被选入省市，乃至国家各大刊物刊登，被全国各大网站转载。

0172　《羊腥》

作品类别：小说类

作　　者：张　明

发表时间：2008-11-12

发表载体：《飞天》

获奖及影响：其作品文字富有张力，深受广大人民群众喜爱，文字功底扎实，多年来累积的创作经验为其文学创作提供了夯实的基础，其文字以人民为题，写人民之所想，写人民所关心的，身边的事，为广大人民提供了优秀的读本。其作品多次被选入省市，乃至国家各大刊物刊登，被全国各大网站转载。

简　　介：笔名毓新，甘肃会宁人，省作协会员，高级中学教师，致力于西部题材的小说和散文创作，作品曾获白银市首届凤凰文艺奖文学类二等奖，出版有中短篇小说集《女儿谣》（大众文艺出版社，2009年4月）；长篇小说《绿如蓝》（甘肃人民出版社，2011年5月）；中篇小说《羊腥》曾被《小说月报》转载。

0173 《阴山》

作品类别：小说类

作　　者：王庆才

发表时间：2008-11-13

发表载体：《白银晚报》

获奖及影响：长篇小说《阴山》，获白银市第二届"凤凰文艺奖"文艺类一等奖。

简　　介：王庆才，男，甘肃省作协会员。作品散见于《飞天》《阳光》《青春》《芒种》《短篇小说》《特区文学》《中国铁路文艺》《解放军文艺》《延安文学》《小说月报》等刊物。

0174 《红狐》

作品类别：小说类

作　　者：朱莲花

发表时间：2011-05-21

获奖及影响：《红狐》收入中纪委主办的廉政小说集《正义的眼睛》。

简　　介：青草湾的老支书利用职权弄虚作假，纪委部门彻查此事，才发现这位坚守在贫困村的老支书，尽他最大的力量，为村子

里的留守孩子，托起了一片蓝天。朱莲花，女，甘肃省作协会员，百花园杂志社签约作家，有作品发表在《小说月刊》《百花园》《河北小说》《农民日报》《天津日报》《新课程报七年级快乐阅读》《新晨报文苑》《中国文学》《新文学》《西凉文学》《武威日报》《西凉晚刊》等全国多家报刊。有多篇作品入选《中外经典微小说大系》《中国当代闪小说超值经典珍藏书系》，2011年8月21日《农民日报》刊登，转载《2010年—2011年名家微型小说排行榜》《2010年中国小说精选》《最具中学生人气的励志小小说选》《一块珍藏的经典书系小小说选》《流行歌曲同名小说选》《都市心情书系》等选本，作品《红狐》收入中纪委主办的廉政小说集《正义的眼睛》。

0175 《天马吟》

作品类别：小说类

作　　者：朱莲花

发表时间：2012-10-21

发表载体：《中外经典微型小说大系动物篇》

获奖及影响：于2012年刊登于《中外经典微型小说大系动物篇》。

简　　介：《天马吟》走进武威，谁不为铜奔马与高超的青铜艺术所折服，但鲜有人知道其背后金戈铁马的英武故事，本小说讲述了铜奔马的前世今生，它和主人并肩驰骋沙

场、抛头颅洒热血的可歌可泣的事迹。

0176 《阳光总在风雨后》

作品类别：小说类

作　　者：朱莲花

发表时间：2011-03-21

获奖及影响：加强了研究与宣传，改编为影视作品。

简　　介：《阳光总在风雨后》里的苇子是一个经历人生坎坷的女孩，也是一个坚强勇敢的女孩，她以百折不挠的精神和直面人生的担当，为自己闯出了一片新天地，谱写了一曲励志之歌。

0177 《黎明前的红月亮》

作品类别：小说类

作　　者：丁志贤

发表时间：2013-09-01

发表载体：《飞天》

简　　介：《黎明前的红月亮》以红西路军在甘肃河西走廊地区的艰苦战斗为创作背景，讲述了一个少女毛丫子在红军革命精神的感召下去当红军的故事，表现了红军战士不畏牺牲的革命精神和河西人民对中国革命事业无私的支持。

0178 《山丹花》

作品类别：小说类

作　　者：杨中义

发表时间：2014-05-10

发表载体：敦煌文艺出版社

获奖及影响：《甘肃日报》2014年5月21日，以《山丹花开红艳艳》为题（作者王忠民）做了2600字的专题报道，《光明日报》《兰州日报》《文艺报》均做了有关报道。

简　　介：本书是以陇东革命老区雄浑壮烈的革命斗争及火热的经济建设为题材而创作

的一部优秀长篇小说。全书以陕甘宁边区革命战争年代，新中国成立和实行改革开放重要历史时期为背景，讴歌了陇东人民在中国共产党领导下，不惧环境艰险，不畏敌人凶残，不怕困难重重，机智勇敢，顽强争斗，前赴后继，无私奉献，从胜利走向胜利的伟大品格。作品主要塑造了菊香妈等为代表的光辉群像，谱写了一曲革命老区人民可歌可泣的英雄赞歌，以其特有的红艳映入后人的精神世界，为了中国革命的胜利他们付出了巨大的牺牲，为了共和国的诞生他们建立了不朽的功勋，为了中国梦的实现他们付出了忠诚。

0179 《小城故事》

作品类别：小说类

作　　者：田瞳

发表时间：2012-05-01

发表载体：香港艺阳出版社

获奖及影响：城市题材的中短篇小说集，收入小说作品30篇，计18万字，由香港艺阳出版社出版发行。

简　　介：作者的城市题材作品，风格不同于其创作的农村题材作品，具有明显的市井文学特色，写得幽默风趣，语言活泼，格调明快，多有喜剧色彩，有些篇章又充满了辛辣的讽刺意味。作品多取材于民间凡人小事，反映了底层人物的生活状况。

0180 《远在天边》

作品类别：小说类

作　　者：田　瞳

发表时间：2012-05-01

发表载体：香港艺阳出版社

获奖及影响：是一本描写边疆盲流生活的系列小说集，总名为《盲流传奇》，包括两个中篇，六个短篇，计8.6万字，2012年由香港艺阳出版社出版。作者青年时代曾在新疆准噶尔度过两年盲流生活，后以那一段生活的特殊经历，创作出这一组充满传奇色彩的盲流系列小说，分别发表于多家文学刊物，最后集结成册。小说题材新奇，情节曲折，故事引人入胜，且塑造了一系列典型人物形象，具有鲜明的艺术特色。

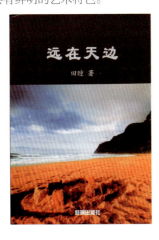

0181 《黄土》

作品类别：小说类

作　　者：田　瞳

发表时间：2012-05-01

发表载体：港艺阳出版社出版

获奖及影响：农村题材的中短篇小说集，收入了作者多年来创作的农村题材的代表作品30余篇，共20万字，香港艺阳出版社出版。

简　　介：作者的小说创作，以农村题材为主，散见于全国各省市文学刊物，并有多篇获省市文学奖，这个集子里的作品，多采用传统手法，风格朴实，故事情节曲折生动，人物形象血肉丰满，生活气息扑面而来，可读性强。

0182 《虹》

作品类别：小说类

作　　者：伊铁铮

发表时间：1963

发表载体：《甘肃文艺》

0183 《坎坷姻缘》

作品类别：小说类

作　　者：刘忠利

发表时间：1985

发表载体：《金城》

0184 《蓝宝石》

作品类别：小说类

作　　者：贾戈

发表时间：1980-1-1

发表载体：《青海湖》

0185 《老槐树下》

作品类别：小说类

作　　者：徐志义

发表时间：1979

发表载体：《甘肃文艺》

0186 《龙珠洲》

作品类别：小说类

作　　者：徐志义

发表时间：1979

发表载体：《甘肃文艺》

0187 《小说吗哈尔》

作品类别：小说类

作　　者：刘忠利

发表时间：1981-1-1

发表载体：《飞天》

0188 《探亲》

作品类别：小说类

作　　者：田生华

发表时间：1965 年

发表载体：《甘肃文艺》

0189 《天山筑路记》

作品类别：小说类

作　　者：李盛芳

发表时间：1959 年

发表载体：《收获》

0190 《苍鬃母狼》

作品类别：小说类

作　　者：达隆东智

发表时间：2013-11-08

发表载体：中国论文网

获奖及影响：获县内"神鹿奖"。

简　　介：达隆东智，男，裕固族。在《文艺报》《诗刊》《飞天》等刊物发表文学作品 50 余篇首。

0191 《牧场谣》

作品类别：小说类

作　　者：杜生贵

发表时间：2008-05-13

发表载体：《黑龙江社会科学》

获奖及影响：获县内"神鹿奖"。

简　　介：杜生贵，男，裕固族。2008 年出版小说集《牧场谣》。

0192 《幽谷鹿鸣》

作品类别：小说类

作　　者：苏怀珠

发表时间：2008-03-10

发表载体：作家出版社

获奖及影响：作者为传承民族文化，弘扬民族精神，从黄土沟壑纵横的泾水流域到祁连深处的党河两岸，从甘青高原到华北平原，心花点点，系党恋泾，鹤鸣故里，将自己所著小说精选出来，集萃编纂成《幽谷鹿鸣》，其中中篇小说 6 篇，短篇小说 20 篇。

0193 《老支书的葱油饼》

作品类别：小说类

作　　者：朱莲花

发表时间：2011-07-21

发表载体：《小说月刊》

获奖及影响：于2011年7月刊登于《小说月刊》。

简　　介：《老支书的葱油饼》里几个血气方刚的年轻人，为理想为事业兢兢业业，脚踏实地埋头苦干，却最终不敌老支书葱油饼中暗藏的权谋计变，不得不感慨"姜还是老的辣"。

0194 《流泪的父亲》

作品类别：小说类

作　　者：邓书俊

发表时间：2013-11-23

发表载体：《天水晚报》

简　　介：邓书俊，女，甘肃武山洛门镇人，天水市作协会员。有作品在《农民日报》《兰州日报》《甘肃农民报》《天水日报》《天水晚报》《新农村报道》《天水广播电视报》《梨乡潮》《甘肃邮电报》《民主协商报》《大唐民间艺术》等发表。

0195 《都市男人》

作品类别：小说类

作　　者：杨华团

发表时间：2008-11-03

发表载体：新华出版社

获奖及影响：获甘肃省第三届"黄河文学奖"。

简　　介：市井小人物安仲熙唐·吉诃德般不自量力，人格分裂性格扭曲却生命力旺盛，工作、家庭、老婆、情人、私生子，庸庸碌碌穷于应付疲于奔命；宦海冲浪的夏能仁对官场潜规则只识其表不知其里，投机钻营却四处碰壁，工于算计却总陷入窘境，自作聪明反误了卿卿性命；风流才子贾潇天生情种广结情缘为情所累，思想新锐行为怪诞天马行空，创造精神财富也亵渎文明，貌似潇洒游戏人生最终被命运嘲弄。

0196 《厚街》

作品类别：小说类

作　　者：王新军

发表时间：2010-09-01

发表载体：新美、新电出版社

获奖及影响：作品真实再现了西部农村"厚街"和广东"厚街"的交相辉映，形成了落后和繁荣的鲜明对比，从中可以理解思想的发展，也是人性的一次发展。荣获第一届酒泉飞天文艺奖一等奖。

简　　介：当代青年作家，著有《坏爸爸》《八个家》《最后一个穷人》《厚街》等小说多部，曾获上海长中篇小说优秀作品大奖、敦煌文艺奖、黄河文学奖等。连续三届入选"甘肃小说八骏"，现在甘肃省玉门市文联供职。

0197 《少女春麦》

作品类别：小说类

作　　者：王新军

发表时间：2009-11-01

发表载体：新美、新电出版社

获奖及影响：《少女春麦》一经发表出版就引起了一致好评，作家以故乡人物春麦的生活经历为切入点，很好地再现了故土和人物之间的纠葛，作家倾注了对故土的热爱之情。

0198 《好人王大业》

作品类别：小说类

作　　者：王新军

发表时间：2012-12-10

发表载体：上海文艺出版社

获奖及影响：2013年5月，《好人王大业》入选由复旦大学文学院院长陈思和先生主编的《中国新世纪文学大系·乡土卷》，10月由上海文艺出版社出版，荣获酒泉第二届"飞天文艺奖"一等奖。

简　　介：当代青年作家，著有《坏爸爸》《八个家》《最后一个穷人》《厚街》等小说多部，曾获上海长中篇小说优秀作品大奖、敦煌文艺奖、黄河文学奖等。连续三届入选"甘肃小说八骏"，现在甘肃省玉门市文联供职。

0199 《上天难欺》

作品类别：小说类

作　　者：蒋世杰

发表时间：2010-05-12

发表载体：新世界出版社

获奖及影响：2012年获甘肃省黄河文学奖，获市"五个一工程"奖一等奖。

简　　介：作品以改革开放三十年的风雨历程为背景，讲述了一个传奇人物传奇的一生。主人公本是一个农家孩子，他生性机敏，聪明灵巧，父母早逝，在兴修水库的工地上放马。一个偶然的机遇，他被视察水库工地的专区大员带下山来，"遗忘"在一个县城的招待所里。凭着他的精明和勤劳，他走上了官场，他苦心经营，官至一个地级市的市委书记。随着职务的升高，他的权力欲和贪欲极度膨胀，于是他在大搞政绩工程的同时，非法敛财，一步步走向罪恶的深渊。正当他春风得意，传言进入省级领导班子之时，发生了群众围攻市委的事件。在调查这次事件的过程中，各级纪检监察部门揭开了他罪恶的一面，随之他堕落为一个死囚，受到法律的严惩。这到底是命运在捉弄人，还是另有玄机？本书形象生动地讲述了此人"成长"的人生轨迹，这个悲剧人物性格的形成和发展，深刻地反映出，在取得辉煌的经济成果的同时，他也付出了沉重的道德文化和社会伦理代价。作品人物个性鲜明，情节丰富、生动、紧凑，语言简洁明快，具有深厚的思想内涵和文化底蕴，读来非常耐人寻味。

0200 《青藏高原的哈萨克》

作品类别：小说类

作　　者：阿排太·肯杰别克

发表时间：2008-02-06

发表载体：北京民族出版社

简　　介：描写新中国成立前东迁哈萨克经过青藏高原的艰难历程。

0201 《幻梦》

作品类别：小说类

作　　者：郭海滨

发表时间：2008-05-01

发表载体：远方出版社

获奖及影响：部分作品获奖。

简　　介：本书包括《细雪》等七篇小说，小说里所形成的虚幻的现实世界，放大了作者的视野，使作者与自己笔下的人物形成了某种深切的关系，作者和他们一起，在一个虚幻的故事里互相斗争，互相搀扶，互相温暖，互相体贴。

0202 《候补局长》

作品类别：小说类

作　　者：蒋世杰

发表时间：2009-08-12

发表载体：远方出版社

获奖及影响：2009 年获"金星奖"一等奖。

简　　介：小说以行政机关生活为背景，细腻逼真地刻画了一组机关人物形象。其中的"官迷"们，围绕选拔某局新局长这一主要事件，沆瀣一气，罔顾党纪国法，与正义力量展开较量，在某市的政治舞台上上演了一出令人不耻的人生闹剧。作者站在正义的立场，深刻揭示了现代官场的潜规则和各类行政机关人物的人格特征。小说紧扣时代脉搏，高扬主旋律，形象地描绘了广阔的社会生活。作者从人类学的视角审视自然生态和社会生态，以引人入胜的故事情节、清新流畅的文笔，真实地展现了诡异莫测的官场风云、独具特色的都市情调、绮丽迷人的西部风光、浓郁淳朴的地域民俗，具有深厚的文化底蕴、深刻的思想内涵和很强的可读性。

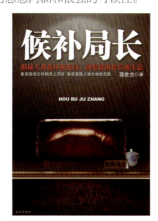

0203 《朋友》

作品类别：小说类

作　　者：徐志义

发表时间：1979-09

获奖及影响：甘肃省庆祝"建国 30 周年文学作品创作奖"。

简　　介：50 年代，在工业建设中，全区范围内一度出现群众性的小说创作活动，1958年后，小说创作水平有所提高。全区各企事业单位以宣传和赞颂好人好事为重点，组织写作人员及业余爱好者，贴近现实，以身边人、身边事为题材写短篇小说和报告文学。

0204 《偷花》

作品类别：小说类

作　者：张舟平

发表时间：2010 年

获奖及影响：小小说《偷花》荣获杂志短小说"农合杯"全国小小说大赛征文二等奖。

0205 《迷失方向的天鹅》

作品类别：小说类

作　者：哈米提·波拉提汗

发表时间：1997-08-06

发表载体：中短篇小说集

获奖及影响：北京民族出版社

简　介：历史改革开放题材小说。

0206 《老碗窑旧事》

作品类别：小说类

作　者：索新存

发表时间：2009-02-01

发表载体：中国社会出版社

获奖及影响：跻身由中央文明办、民政部、文化部、新闻出版总署、国家广电总局和中国作协六部门组织的"情系农家、共创文明"系列公益文化活动中的百部农村作品之列，他本人也跻身全国百名农民作家之列。

简　介：索新存，甘肃作协会员，作品被六部委"情系农家，共创文明"活动选中。

0207 《社火》

作品类别：小说类

作　者：王博艺

发表时间：2009-10-17

发表载体：中国社会出版社

获奖及影响：庆阳市"五个一工程"奖

《社火》以艺术镜头，摄取乡村社火活动的一幅幅奇特景象，以穿越世纪时空的联缀式长篇结构，叠影百年以来洪河川一座黄土村庄的文化生态，塑造出了杜宝泉、张三爷、尤彩彩、崔圆圆等性格各异的农民形象，他们的悲喜歌哭、恩怨情仇，他们的个人苦难与族群兴旺，憧憬幻灭与生命坚守，围绕着一堆永不熄灭的文明之火，高扬了源远流长的民族精神。

0208 《气球》

作品类别：小说类

作　者：刘雁冰

发表时间：2010-07-09

发表载体：中国首届"庐山杯"

获奖及影响：2010 年，小小说《气球》荣获中国首届"庐山杯"文学艺术大奖赛文学类小小说一等奖。

0209 《期年之后》

作品类别：小说类

作　者：成志杰

发表时间：2000-06-06

发表载体：中国文联出版社

获奖及影响：部分篇目获奖。

简　介：小说集《期年之后》共收集了作者在《作家》《芳草》《奔流》《福建文档》《飞天》等刊物发表的小说共 24 篇，其中中篇小说 2

篇，短篇小说 22 篇。

0210 《故园》

作品类别：小说类

作　　者：蔡竹筠

发表时间：2003-02-25

发表载体：中国文联出版社

获奖及影响：获首届"金张掖文艺奖"二等奖。

0211 《青山绿水》

作品类别：小说类

作　　者：田　瞳

发表时间：2006-09-01

发表载体：中国文联出版社

获奖及影响：是作者中篇小说创作的结集，收入中篇小说 8 部，20 万字，2006 年由中国文联出版社出版，《青山绿水》写小县城文工团多姿多彩的生活，格调清新秀丽，读来耳目一新，小说情节轻盈跳荡，人物活灵活现。

简　　介：《两层楼》写一个楼院里四家人的日常生活，有着浓浓的烟火味，大量的生活细节烘托出鲜明的人物形象。《小城小巷》写一条背静小巷里的人和事，采用散文化的白描手法，描写出各色人等的生活景象，是不为人所注目的平民生活的写照。《鸽子》是一篇浓墨重彩描写鸽子生活习性的小说，作者对鸽子的习性极其熟悉，鸽子的故事写得津津有味。当然作者的本意还是通过鸽子来写人，这篇小说独具艺术特色。《号子》则是通过特殊的视角，详写监狱里犯人的日常生活，展示出大墙内独特的生活场景。《乡间小丫》是唯一一篇农村题材的中篇，以细腻的笔法描写了一个乡村女孩的童年生活，作品里透出一缕淡淡的忧伤，有着浓郁的艺术感染力。总体说来，作者的中篇写作和其短篇一样，也是从生活出发，皆有着深厚的生活基础。

0212 《人生路》

作品类别：小说类

作　　者：林茂森

发表时间：2003-03-09

发表载体：中国文联出版社

获奖及影响：部分作品获奖。

简　　介：林茂森 2009 年围绕"农村改革三十年，西部大开发十年，农民增加收入问题、环境保护问题，农民想什么以及怎么生活等问题"而创作的一部长篇小说，语言淳朴自然，充满乡土气息。小说跨度大，空间长。某部副团长文生回到了西部偏远的故乡当村官，立志带领群众艰苦创业拔掉穷根奔富路。文生在老干部老委员的支持下，带领群众尊重规律，保护生态退耕还林还草还湖，迎来了天遂人愿风调雨顺的好年景。小说故事真实曲折，情节跌宕起伏，情感缠绵离奇，场面宏大壮观，以饱满的激情讴歌了改革开放的丰功伟绩和西部大开发的丰硕成果。

0213 《天意》

作品类别：小说类

作　者：田　瞳

发表时间：2004-06-01

发表载体：中国文联出版社

获奖及影响：这是作者的第一部小说结集，编选了作者从1978年走上文坛以来25年间创作的短篇小说，精品35篇，全书25万字，于2004年由中国文联出版社出版。

简　介：作者的小说创作，以短篇小说为主，每年有十余篇在全国各地文学刊物上发表，计有数百篇之多。本书收入全部作品的十分之一，代表了作者前期的创作水平，大体反映出了作者的文学成就。作者的短篇小说创作，以农村题材为主，兼有少量反映城市生活的市井文学作品，收入这本集子的作品，也反映出这种创作格局。其中一些篇目，被选入了多种选本，也获得了多种省市文学奖。作者在短篇小说创作中，坚持从生活中提炼，反映现实生活，作品总是充满生活气息，人物形象真实可感。在艺术上则采用多种多样的写作风格，其作品也映现着多样的艺术特色。

0214 《袖盈年华》

作品类别：小说类

作　者：于忠明

发表时间：2006-09-16

发表载体：中国文联出版社

获奖及影响：崆峒文艺奖。

简　介：于忠明，男，崇信县人，现为崇信县一中教师。

0215 《远去的风景》

作品类别：小说类

作　者：章国玺

发表时间：2006-11-02

发表载体：中国文联出版社

获奖及影响：龙泉文艺奖。

简　介：章国玺，甘肃省崇信县人，爱好文学，发表小说、散文百余篇，数篇获奖。出版有《梦里故乡》《崇信史话》等书籍，《远去的风景》是作者首部散文小说集，作者现为崇信县文学艺术界联合会主席。

0216 《锁阳情》

作品类别：小说类

作　者：吴万军

发表时间：2011-11-28

发表载体：中国文联出版社《散文选刊》

获奖及影响：2011年由中国文联出版社《散文选刊》出版，2011年全国散文作家论坛获奖作品集中国散文学会一等奖。

简　介：作品通过对锁阳的钟情和怀念，唤醒人们热爱家乡热爱大自然的忧患意识，号召人们保护身边的生态资源

0217 《情殇》

作品类别：小说类

作　者：颜国鲁

发表时间：2006-07-05

发表载体：中国文联出版社

简　介：《情殇》是青年作家颜国鲁以爱情和婚姻为话题的长篇小说。《情殇》在结构上采取追忆的手法，内容以爱情和人物的命运贯穿起来，作者运用倒叙、插叙的手法展示了人物的生活场景。通过对人物的语言、动作、心理和外貌的描述，塑造了不同人物的形象。同时，这篇长篇小说故事情节跌宕起伏，环境描写引人入胜，文笔清新、贴近生活，读起来让人颇为动容。

0218 《渭水悠悠》（一、二、三部）

作品类别：小说类

作　者：陈永恒

发表时间：1998-01-27

发表载体：中国文联出版社出版

获奖及影响：长篇小说《渭水悠悠》，历时七年，第一部于1998年由甘肃敦煌文艺出版社出版；第二部于2001年由陕西旅游出版社出版；第三部2005年由中国文联出版社出版。全书将近九十万字。此书出版后在社会各界反响强烈，2013年修改重印。此书被陕西省图书馆、甘肃省图书馆、天水市图书馆收藏；第一、二部于2004年获甘肃省第一届"黄河文学"优秀奖；第一部于2005年被国家文化部"全国文化信息资源共享工程"征集，载入"国家数字文化网"名家名作栏目。

简　介：陈永恒，男，生于1949年3月24日，武山县洛门镇大柳树村人，中学高级教师，甘肃省作家协会会员，武山县政协委员，1983年毕业于陕西教育学院，从教37年，2009年退休。本人从小喜爱文学，因各种原因未能从事专业创作，但数十年来利用业余时间笔耕不辍。有散文、中短篇小说、诗歌、论文散见于省级报刊《甘肃日报》《散文选刊》及市级报刊《渭南日报》《天水日报》《天水文学》《盗火者》。

0219 《阳光下的菜摊子》

作品类别：小说类

作　者：吴万军

发表时间：2011-01-01

发表载体：中国文联出版社

获奖及影响：2010年由中国文联出版社出版，获酒泉市第一届"文艺飞天奖"三等奖，2010年由中国文联出版社《小说选刊》出版，荣获《小说选刊》首届"全国小说笔会"三等奖。

简　介：这是继《吴九》后又一篇反映下岗职工创业的作品，作品的成功在于它告诉人们，人下岗了，心不能下岗

0220 《五味史·三镜篇》

作品类别：小说类

作　者：萧作荣

发表时间：2013-09-01

发表载体：中国文史出版社

获奖及影响：该系列书被权威出版单位、专家喻为反腐倡廉杰作、立身立德立业立言楷模、人文素质教科书、人才培养奠基书等。

简　介：萧作荣，汉族，男，1933年5月生，甘肃武山县洛门镇人。字义先，笔名有萧山等，大专毕业，中教一级，1953年参加工作，工龄40年。幼年寒苦，在放牧中习画，在讨饭中通读《学生新字典》（一套4本）等字课书，以传奇式故事得以进校。在漳县地下党介绍下参加工作，后考入大专，任教中小学，退休后从事考古、文化采访活动，著有《五味史》系列书13册，近300万字，多次获国内国际嘉奖。《孔子精神》《用矛盾的阶段论马克思主义的"三点论"观点》《试析伏羲文化的阶段性》《古今荣辱观》《草器时代》《道德与钱财的关系论》等文与美术作品《恩牛颂》《福鹿》《东方狮》、禽鸟画等，以及美学论文（8篇）已传国际；

传载《共和国名人大典》《中华人民共和国艺术家大典》《世界优秀专家人才名典》《国际知名文艺家大辞典》《世界名人录》等大型图书。

0221 《机关》

作品类别：小说类

作　　者：蒋世杰

发表时间：2006-08-01

发表载体：中国友谊出版公司

获奖及影响：2009 年获甘肃省黄河文学奖，金昌市"金星奖"一等奖。

简　　介：《机关》紧扣时代脉搏，高扬主旋律，形象地描绘了广阔的社会生活，深刻揭示了机关人物的人格特征，真实地展现了独具特色的都市情调、绮丽迷人的西部风光、浓郁淳朴的地域民俗。作者从人类学的视角审视自然生态和社会生态，以引人入胜的故事情节，清新流畅的文笔，细腻逼真地刻画了一个个鲜活的人物形象。其中主要人物以他们独立的人格、鲜明的个性、特殊的思想方法和行为方式，实现着他们的人生价值。

0222 《奇医奇药奇疗效》

作品类别：小说类

作　　者：杜栀璞

发表时间：2011-12-29

发表载体：中国作家创作交流年会

获奖及影响：中国作家创作交流年会交流评比中获一等奖。

0223 《中野人沟》

作品类别：小说类

作　　者：杜栀璞

发表时间：2011-08-29

发表载体：国作家金秋笔会全国征文

获奖及影响：中国作家金秋笔会全国征文评比中获一等奖。

0224 《弥漫烟雾的大地》

作品类别：小说类

作　　者：哈布力哈合·库利篾斯汗

发表时间：1987-02-02

获奖及影响：新疆人民出版社

简　　介：描写哈萨克英雄叶里斯汗反抗盛世塞、马步芳的英雄事迹

0225 《危在旦夕》

作品类别：小说类

作　　者：阿排太

发表时间：2008-07-07

发表载体：《北方作家》

获奖及影响：北京民族出版社

简　　介：描写新中国成立前叫哈布力的哈萨克娃在马步芳监狱里的经历。

0226 《敦煌遗书》

作品类别：小说类

作　　者：冯玉雷

发表时间：2009-09-26

发表载体：作家出版社

获奖及影响：第七届"敦煌文艺奖二等奖"，出版对该书的评论专著、评论文章多篇。

简　　介：冯玉雷，1968 年 10 月出生。毕业于陕西师范大学中文系，中国作家协会会

员，兰州市作家协会副主席。现为西北师范
大学丝绸之路杂志社社长、主编。

0227 《苍山梦》

作品类别：小说类

作　者：沉　静

发表时间：2007-10-13

发表载体：作家出版社

获奖及影响：2009年荣获甘肃省"黄河文学
奖"三等奖。

简　介：《苍山梦》是一部现代长篇小说，
共一百万字，分为上、中、下三部。第一部
描写六十年代三年困难时期；第二部描写"文
革"的世事大动乱；第三部描写三中全会后
人性的回归和生产力的大解放。

0228 《伤花烂漫》

作品类别：小说类

作　者：雷兴荣

发表时间：2012-04-10

发表载体：作家出版社

简　介：《伤花烂漫》是一部长篇青春校
园小说，主要讲述了当代大学生的校园爱情
故事，作品以爱情为主线，以独到的眼光和
文字，向人们讲述了当今大学校园生活的方
方面面，展现了当代大学生的精神风貌。

0229 《六千大地或者更远》

作品类别：小说类

作　者：冯玉雷

发表时间：2010-12-09

发表载体：作家出版社

获奖及影响：获第七届"敦煌文艺奖"二
等奖。

简　介：作者1968年12月12日生，甘肃人，
大学期间开始发表文学作品，毕业于陕西师
范大学中文系。现就职于西北师范大学，副
编审，系中国作家协会会员、中国文学人类
学学会理事、甘肃省敦煌学会会员、兰州市
作家协会副主席、兰州市文联委员、甘肃省
作家协会会员。出版长篇小说《肚皮鼓》《黑
松岭》《敦煌百年祭》《敦煌·六千大地或
者更远》《敦煌遗书》，在《中国比较文学》
《兰州大学学报》等报刊发表学术文章数十
篇。电影《失踪的女神》2006年6月26日
在电影频道播出，与人合著动漫电影剧本《飞
天》获2010年甘肃省委宣传部重点文艺作
品资助项目，小说、影视作品曾获甘肃省政
府第三、五、六届甘肃省委省政府敦煌文艺
奖及第三届黄河文学奖、甘肃省第二届"锦
鸡奖"最佳编剧、兰州市委市政府第三、五、
六届金城文艺奖等。

0230 《龙卷风》

作品类别：小说类

作　者：辛继祖

发表时间：2008-03-15

发表载体：作家出版社

0231 《染坊》

作品类别：小说类

作　　者：薛方晴

发表时间：2014-05-01

发表载体：作家出版社

0232 《人类未来》

作品类别：小说类

作　　者：杨孝政

发表时间：2012-03-01

发表载体：作家出版社

简　　介：《人类未来》科学地描绘了人类的未来，认为未来的人类没有贫困、罪恶、痛苦，全是幸福和欢乐，未来的人类社会，没有物质财富，只有精神财富。劳动和工作不再是人类谋生的唯一手段，而是纯粹的文化娱乐活动，作者艺术地再现了人们对未来幸福生活的美好憧憬和渴望。

0233 《森林小说散文选》

作品类别：小说类

作　　者：林茂森

发表时间：2008-09-08

发表载体：作家出版社

获奖及影响：部分作品获奖。

简　　介：作家林茂森于2008年潜心感受，并以其独特的视野，新颖别致地呈现给我们一本西域风情和平凡人物的故事合集。其作品语言朴实无华，时而抒情，时而议论，时而情理交融，以特写的镜头，用白描的手法，为读者展示了充满地方特色的风俗画卷。本集主要向读者介绍了历史掌故，西域风情，故土神韵，异域情怀，民族情深，人生感悟等，是山丹历史的缩影。

0234 《石泉城》

作品类别：小说类

作　　者：陆荣

发表时间：2005-11-01

发表载体：作家出版社

简　　介：《石泉城》这本书写的是落后山区农民的故事。书中所写的故事发生在某地洪池县石泉城，故事中的人物生活在二十世纪五十年代至八十年代，前后牵扯着两代人，两代人的生活境况以及他们为了摆脱生活的重压所做的努力。作品是通过描写二牛、李双福和翠儿的爱情生活展开的，故事情节复杂，语言采用了西北山区农村的方言，有较强的地方特色，读来饶有情趣。

0235 《天天过年》

作品类别：小说类

作　　者：杨　波

发表时间：2006-12-08

发表载体：作家出版社红袖添香网站

获奖及影响：获得灵台县第一届"皇甫谧文艺奖"。

0236 《燃烧的玉米》

作品类别：小说类

作　　者：苏胜才

发表时间：2011-05-02

发表载体：作家出版社

获奖及影响：获金昌市"五个一工程"奖二等奖。

简　　介：这是一部两卷本的中篇小说集，共收录作者十部中篇小说。这十部小说大多为农村题材，以"川头堡老庄"为背景，从历史的角度，诠释了社会底层人民的命运的不确定与悲怆生活。有着浓郁的抒情韵味，蕴涵着苍凉的意味，从每一位主人公身上，我们都能看到时代的影子，他们是整个社会的缩影。

0237 《重点中学校长》

作品类别：小说类

作　　者：杨华团

发表时间：2010-07-01

发表载体：作家出版社

获奖及影响：获甘肃省第四届"黄河文学奖"三等奖。

简　　介：小说以初中教育为背景，精彩地讲述了围绕择校、收费、尖子班、中考升学等事件所发生的一系列故事。无情地撕开教育黑幕，矛头直指权、钱、色交易。着力塑造许生祥、邵玮两个不同类型的校长形象，刻画了一大批栩栩如生的官员、老师、学生和家长，揭示了中等教育深层次的矛盾和问题。故事情节跌宕起伏，人物形象鲜明生动，语言流畅幽默，读来不忍释卷。

（二）散文

0238 《积石山的路》

作品类别：散文

作　　者：马少青

发表时间：1999

发表载体：甘肃人民出版社

简　　介：《积石山的路》一书中的《保安腰刀》《蛋皮核桃》《艾布的房子》《马六》《关怀》《隆务河缅怀》《积石山的路》《祖父》《伯卜埋杂上的那炷香》和《心曲》等作品，在本民族读者中引起强烈的反响，并受到文学界的好评。这些作品里真实地反映了包括作家自己在内的底层民众的生活情态，以及一个独有的民族在特定历史时代中的独特文化景象。作者以一个个体的行为，表述了一个民族的精神境界。

0239 《残照旅人》

作品类别：散文

作　　者：人邻

获奖及影响：诗歌、散文被选入多种选本。

简　　介：《残照旅人》是人邻散文的代表作之一，该作品收录了人邻2010年以前创作的散文近百篇，这些散文在古今中外各种艺术因素的影响下，在体制上有短小精练隽永的特点，在总体风格上呈现出一种静穆空灵之美。现代的生命意识与古典的生命情调互渗，生命的趣味与生命况味交织，对生命

的悲悯与哲思组成了一幅幅诗意的画卷。从20世纪80年代起，他在《作家》《美文》《青年文学》《天涯》《西部散文家》等杂志发表作品，一些作品入选年度散文选，并获得首届西部散文奖。筚路蓝缕，涓水成河。人邻二十多年的散文创作已结集为《残照旅人》《闲情偶拾》《行旅纸草书》三部散文集，以其独特的精神品格与话语方式建构了魅力独具的艺术世界。

0240 《乡村里的路》

作品类别：散文

作　　者：钟翔

发表载体：大众文艺出版社

获奖及影响：获第十届全国少数民族文学创作"骏马奖"散文奖。

简　　介：《乡村里的路》是作者的第一本散文集，收录作品30多篇，分为"乡土情结""旅痕游踪""柔情慢板"三辑，共计

21 万字，描述了家乡流川河畔的乡村生活，饱含浓浓的故土情怀，文字绵密精细，风格朴素沉静，以"在场"的姿态，表达了对人文乡村和乡村生活的无限敬仰和深度缅怀。我省东乡族作家钟翔，生于 1967 年 8 月，甘肃省康乐县人，现供职于广河县政协文史资料委员会，为中国作协会员、甘肃省作协会员。

0241 《表达》

作品类别：散文

作　　者：习习

发表时间：2012-06-01

发表载体：新疆美术摄影出版社

获奖及影响：获第六届敦煌文艺奖。

简　　介：继散文集《浮现》之后，近日，我省实力派散文家习习的《表达》，作为鲁迅文学院编纂的中国作家前沿丛书·散文卷之一种，由新疆美术摄影出版社出版发行。这是一本装满时光、思索、疼痛和欢愉的书，书里精选的 9 篇散文，均是散文家最新的扛鼎力作，她以诗情画意的笔调，述说西北土地的情味和根脉里深含的文化传承。

0242 《星光下的乌拉金》

作品类别：散文

作　　者：铁穆尔

发表时间：2011-07-12

发表载体：甘肃文化出版社

获奖及影响：获全国少数民族文学创作"骏马奖"（是我国三大文学奖之一）。

简　　介：《星光下的乌拉金》，讲述的是在仅有 1 万多人的裕固族大家庭里，传承着一种裕固族人叫作"腾格里·库克"——"苍天之子"的生活原则。该书对本民族的历史文化追本溯源是创作的线索，不能容忍一个民族的文化被时间湮没是精神动力。把他的散文描述的范围加以概括，他作品的地理版图是以贝加尔湖为中心的整个欧亚大草原。历史上这片草原曾经存在匈奴帝国、突厥汗国、回鹘汗国、蒙古帝国等游牧民族政权。作者历经十数年，漫游在欧亚大草原，其足迹遍及中国北方草原、蒙古国的草原，还到了西伯利亚草地和泰加森林，寻觅祖先迁徙的踪迹和精神的驻牧地。他追溯祖先的苦难历程，咀嚼民族的精神内涵，在牧人的帐房用娴熟的语言交流，凭借稔熟的历史知识，联系本民族的传说和歌谣，修复了一个民族本原的精神世界。

0243 《乡村里的路》

作品类别：散文类

作　　者：钟　翔

发表时间：2010-12-03

发表载体：大象文艺出版社

获奖及影响：《乡村里的路》在2012年9月19日由中国作协、国家民委于国家大剧院举办的第十届"全国少数民族文学创作骏马奖颁奖活动"中，荣获"骏马奖"。

简　　介：钟翔，东乡族，甘肃康乐县人，中国作协会员，系中国诗词协会副主席、中国作家协会会员、中国散文家协会理事、中国诗歌协会会员、中国少数民族作家学会会员、中国西部散文学会理事、甘肃省作家协会会员、甘肃省少数民族作家协会理事、甘肃省临夏州作家协会理事。散文集《乡村里的路》荣获第十届全国少数民族文学创作"骏马奖"。在2012年3月中国西部散文学会举办的第二届"中国西部散文奖活动"中，入围备选作品（共17部）。散文集《乡村里的路》笔法细腻，乡土气息浓郁，地域特征明显，描述了家乡流川河畔的乡村生活。作品触抚乡土情结，文字绵密精细，风格朴素沉静，以"在场"的姿态，表达了对人文乡村和乡村生活的无限敬仰和深度缅怀。读者能从中感受到，作者在实践写作理想的同时，也为都市人们寻访自我，寄放灵魂，在寻找着一条通道。散文《村庄里的路》（外一篇）荣获由中国散文学会、河北省散文学会于2008年6月举办的中国第三届"西柏坡散文"三等奖，在2012年9月19日由中国作协、国家民委于国家大剧院举办的第十届"全国少数民族文学创作骏马奖颁奖"活动中，荣获"骏马奖"。

0244　《半亩黄土地》

作品类别：散文类

作　　者：宗满德

发表时间：2008-10-08

发表载体：敦煌文艺出版社

获奖及影响：获冰心散文奖。

简　　介：中国作协会员、中国散文学会会员、中国报告文学学会会员、甘肃省作协副主席、甘肃文学院荣誉作家、甘肃省中华民族文化促进会常务理事，先后出版了散文集《半碗月亮》《思想补丁》《半亩黄土地》《乡村的颤栗》和报告文学《村情》等。《村情》被诸多著名评论家誉为"具有多种解读价值的不可多得的报告文学力作"，是一部当代西部原生态的乡村农民生活的"展览馆"。散文诗集《乡村的颤栗》于2010年12月荣获兰州市第六届"金城文艺二等奖"。散文集《半碗月亮》2001年分别获得兰州市第四届"金城文艺奖二等奖"和"西北西南十二省市图书装帧设计整体"一等奖，2002年获"敦煌文艺奖"。散文集《半亩黄土地》获"冰心散文奖、华夏散文一等奖"、第三届"甘肃黄河文学奖"和"金城文艺奖"。报告文学《村情》获"甘肃黄河文学奖"，散文《鸽殇》获第十四次中国新闻奖报纸副刊作品铜奖、《炕浴》获第十届"中国新闻奖报纸副刊作品复评暨 2003 全国报纸副刊"作品铜奖和 2003 年"甘肃新闻奖优秀副刊作品奖",《浴之三题》获首届甘肃省"黄河文学奖"。

0245 《村情》

作品类别：散文类

作　　者：宗满德

发表时间：2009-02-08

发表载体：敦煌文艺出版社

获奖及影响：获第六届"敦煌文艺奖文学类"二等奖。

简　　介：中国作协会员、中国散文学会会员、中国报告文学学会会员、甘肃省作协副主席、甘肃文学院荣誉作家、甘肃省中华民族文化促进会常务理事，先后出版了散文集《半碗月亮》《思想补丁》《半亩黄土地》《乡村的颤栗》和报告文学《村情》等。《村情》被诸多著名评论家誉为"具有多种解读价值的不可多得的报告文学力作"，是一部当代西部原生态的乡村农民生活的"展览馆"。

0246 《格桑梅朵》

作品类别：散文类

作　　者：王琰

发表时间：2009-04-09

发表载体：百花文艺出版社

获奖及影响：获省文联"黄河文学奖"一等奖。

简　　介：王琰，中共党员，1976 年 2 月 25 日生于甘肃甘南，祖籍辽宁沈阳，大学本科，1994 年 10 月在兰州市文联参加工作至今。期间，历任科员、组联部副主任、办公室主任、市委市政府督查室督查员等。中国作协会员，出版《格桑梅朵》《天地遗痕》《羊皮灯笼》等著作，作品在《天涯》《散文》《诗刊》《星星》等刊物发表，并收入各种选集。获甘肃省"黄河文学奖"一等奖等奖项。《天

地遗痕》一书获甘肃省委宣传部重点文艺项目资助，《石窟之远》一书获中国作协重点项目扶持，2013 年《美文》杂志开设专栏，连载《石窟之远》一书。

0247 《最乡村》

作品类别：散文类

作　　者：于文华

发表时间：2010-10-01

发表载体：大众文艺出版社

获奖及影响：乡土怀旧散文集《最乡村》由大众文艺出版社于 2010 年 4 月正式出版发行，一经出版即被部分网站转载。中国移动、中国电信及微文学网站有《最乡村》全书的电子读物，移动用户、电信用户可下载阅读。该书发行 3000 册，社会反响良好，后再版 900 册。《最乡村》出版发行后远销国内外各地（部分通过网购至美国、日本等地的华人及文学爱好者），被甘肃省现当代文学馆、古浪县档案局、古浪县图书馆及古浪县各中小学校图书馆（室）收藏。该作品大气厚重、深沉典雅、古朴苍凉、情愫饱满，正如中国作协会员、著名评论家方消蕾在该书题为"一部难得的乡村志书"的序言中所言的，"这是一部颇为难得的河西风貌民俗人情的乡村志书"。

0248 《迎亲车的变化》

作品类别：散文类

作　　者：潘尚秀

发表时间：2008-10-21

发表载体：《党的建设》

获奖及影响：2008年省委《党的建设》杂志社评为一等奖。

简　　介：本作品通过迎亲车的变化，反映了交通运输业大发展、社会经济蒸蒸日上的新气象新面貌。潘尚秀，女，1970年3月出生，甘肃临夏县人，现为临夏州运管局宣传报道员。从小喜欢读书写作，小学四年级因家贫辍学务农。后不断自学，有新闻稿在临夏《民族报》《甘农报》发表，1991年9月，被临夏市广播局聘请为记者，2002年9月调入州运管局从事新闻宣传工作。在新闻岗位上的24个春秋，有1000多篇新闻稿件发表，其中有50多篇获奖，本人先后30多次被评为先进工作者，2012年荣获全州优秀党员称号。

0249 《告别井水时代》

作品类别：散文类

作　　者：徐晓政

发表时间：2009-04-23

发表载体：《党的建设》

获奖及影响：2008年甘肃省新闻出版局主办的"我与改革开放30年"主题征文活动获得三等奖。

简　　介：通过用自来水洗菜的感受，联想到家乡以前喝井水的情景，伴随着父辈挖井的艰辛，对生活的感触很深，农民吃上了干净整洁的自来水，讴歌了改革开放后农村发生的翻天覆地的巨大变化。

0250 《阳关的风吹》

作品类别：散文类

作　　者：方健荣

发表时间：2012-08-23

获奖及影响：散文《阳关的风吹》在2012年8月全国散文作家论坛征文大赛评选中，被中国散文学会、中国散文学会写作中心评为一等奖。

简　　介：被选入2012年12月由线装书局出版的《全国散文作家精品集》（2012年卷），此文是当前抒写阳关题材散文中较有特点的一篇。

0251 《我的电影情结》

作品类别：散文类

作　　者：徐晓政

发表时间：2009-04-22

发表载体：《光芒》

获奖及影响：2009年"甘肃省延安精神研究会主办的新中国成立60周年爱我中华、爱我甘肃"征文三等奖。

简　　介：通过我小时候和同伴们观看露天电影的感受，以及对童年生活的回忆，以小见大的形式，反映了新中国成立后人们的幸福美好生活，讴歌了祖国日新月异的发展变化。徐晓政，女，汉族，1974年3月出生，甘肃临夏县人，中共党员，1996年10月参加工作，本科学历，酷爱写作。作品散见于《民族日报》《光芒》杂志，《甘肃日报》《中国散文家》等，州作家协会会员、中国散文家协会会员，现为临夏县文联副主席。

0252 《故乡情深深几许》

作品类别：散文类

作　　者：赵新平

发表时间：2010

发表载体：2010年"爱我中华、爱我甘肃"征文

获奖及影响：获得甘肃省延安精神研究会举

办的 2010 年"爱我中华、爱我甘肃征文"二等奖。

简　　介：获得甘肃省延安精神研究会举办的 2010 年"爱我中华、爱我甘肃"征文二等奖

0253 《走进哈达铺》

作品类别：散文类

作　　者：赵新平

发表时间：2011

发表载体：2011"陇原之歌"

获奖及影响：荣获"建党 90 周年征文一等奖"。

0254 《那只小手》

作品类别：散文类

作　　者：徐晓政

发表时间：2011-06-10

发表载体：四川新闻网

获奖及影响：2011 年在中央外宣办、网络新闻宣传局主办的"我与地震灾区"和"难忘的记忆"全国网络征文活动中获文字类纪念奖。

简　　介：网络上一张小手的照片，触动内心的情感神经，那只小手一直在我脑海里，忽隐忽现，久久挥之不去，触痛了我心底的善良和母性的柔情，一个小女孩玩耍的情景仿佛在眼前，一场地震打碎了原本幸福美好的生活，如果开发商不利欲熏心，生命就不会被地震夺走，此文引起读者共鸣。

0255 《读书，让人生更加美丽》

作品类别：散文类

作　　者：赵新平

发表时间：2011

发表载体：2011 年"深情迎华诞、读书伴成长"征文活动

获奖及影响：获得甘肃省图书馆学会举办的 2011 年"深情迎华诞、读书伴成长征文活动"成人组一等奖。

0256 《玛曲的蓝》

作品类别：散文类

作　　者：张发海

发表时间：2013-11-26

发表载体：《南方文学》

获奖及影响：荣获"第二届全国人文地理散文大赛"三等奖。

简　　介：张发海，1963 年 10 月出生，中共党员，初中学历，甘肃临夏县人。

0257 《域外风景》

作品类别：散文类

作　　者：张慧灵（笔名石凌）

发表时间：1993-10-28

发表载体：《芳草》《四季匆匆》

获奖及影响：获得"芳草杯"全国精短作品大赛一等奖。

简　　介：《域外风景》，包括"牧歌""沙漠"两篇散文诗，作品以白描手法描述了河西走廊两种自然与人文现象，意境壮美，语言清新。

0258 《桥湾城随想》

作品类别：散文类

作　　者：吴万军

发表时间：2012-12-04

发表载体："时代颂歌"全国诗歌散文大赛

获奖及影响：2012 年"时代颂歌"全国诗歌散文大赛二等奖。

简　　介：歌颂了家乡的美好和对腐败贪官的告诫。

0259 《凉州浆水》

作品类别：散文类

作　　者：邸士智

发表时间：2010-06-06

发表载体："魅力凉州"征文

获奖及影响：在凉州区举办的"魅力凉州"征文活动中获二等奖。

0260 《殷殷敬畏心》

作品类别：散文类

作　　者：苏其智

发表时间：2010-08-23

发表载体：《白银日报》

获奖及影响：荣获白银市第三届"凤凰文艺奖"。

简　　介：《殷殷敬畏心》原载于2010年8月23日《白银日报》，《乌兰杂志》2010年第2期转载，文章列举了中国社会日常生活和生产建设中普遍存在的严重的奢侈浪费现象。作者痛心疾首、不畏世俗，赤心殷殷、以身说法，深情呼吁、真诚劝诫世人敬畏天命，敬畏自然，理性看待富足生活，科学有度生产生活，珍惜粮食、水、电、纸、煤等劳动成果，以及对自然资源要节约等。该文荣获2010年白银市"环保杯"征文三等奖、白银市第三届"凤凰文艺奖"三等奖。苏其智，男，汉族，1975年9月出生，靖远县若笠乡人，任职于中共靖远县委组织部。

0261 《生活之花静悄悄》

作品类别：散文类

作　　者：任雪琴

发表时间：2012-04-09

发表载体：《北方作家》

简　　介：任雪琴，甘肃省作家协会会员，中国散文诗研究会会员，在《飞天》《新文学》《北方作家》《酒泉日报》等刊物发表散文、诗歌。

0262 《一九七二年的几个片断》

作品类别：散文类

作　　者：补　丁

发表时间：2007-01-01

发表载体：《飞天》

获奖及影响：获"甘肃电力杯"全国诗歌散文大赛二等奖。

简　　介：本文以平实的笔调，选取、记录了文革时期农村几个场景，突显了当时的生活画面。

0263 《沙漠里的童年》

作品类别：散文类

作　　者：汪　彤

发表时间：2009-01-01

发表载体：《飞天》

获奖及影响：被《甘肃日报》《西凉文学》等刊物发表及转载。

0264 《我那遥远的家乡的水磨声》

作品类别：散文类

作　　者：漆寨芳

发表时间：1991-05-31

发表载体：《甘肃农民报·花雨》

获奖及影响：入围全国第四届"报纸副刊好作品大赛"。

简　　介：此作品反映的是90年代初期山村的发展变化，立轮水磨退出了生活舞台，继而出现的是磨面机，作品以这一变化讴歌了改革开放的成果。

0265 《格桑花》

作品类别：散文类

作　　者：李　城

发表时间：2013-03-03

获奖及影响：荣获第五届格桑花文学奖

简　介：李城，汉族，1959 年出生于临潭县古战乡，1984 年毕业于兰州师专中文系。历任教师、记者、编辑，主任编辑职称，现任甘南州文联副主席。业余专注文学，先后有《屋檐上的甘南》《行走在天堂边缘》《叩响秘境之门》等散文集、中篇小说集出版，2006 年获甘肃省首届"黄河文学奖"，2009 年获甘南藏族自治州 60 年文艺成就奖，2012 年初出版长篇小说《最后的伏藏》，被认为是"甘肃近年来长篇小说创作的重要收获之一"。

0266 《清新婉约的乡村牧歌》

作品类别：散文类

作　　者：高 潜

发表时间：2003-06-05

发表载体：《华夏情全国诗歌散文精品集》

获奖及影响：2013 年《华夏情全国诗歌散文精品集》由邵建国主编，线装书局出版发行。

0267 《雪落丹霞》

作品类别：散文类

作　　者：舒眉（缪丽霞）

发表时间：2012-08-01

发表载体：《金城》

获奖及影响：刊于《金城》2012 年第三期。

0268 《灯影戏》

作品类别：散文类

作　　者：毛韶子

发表时间：2013-01-17

发表载体：《陇南日报》

获奖及影响：该散文被《丝路文摘》《戏剧网》《读者文摘》转载。

0269 《魂牵梦绕丹霞山》

作品类别：散文类

作　　者：滕建民

发表时间：2011-08-10

发表载体：《美文天下》全国旅游散文征文大赛

获奖及影响：在"美文天下"全国旅游散文征文大赛中荣获二等奖。

0270 《接过父亲的草捆子》

作品类别：散文类

作　　者：李天喜

发表时间：2014-06-07

发表载体：《平凉日报》

获奖及影响：获"中原文化网互动征文大赛散文随笔类"一等奖。

0271 《永远的故园》

作品类别：散文类

作　　者：胡美英

发表时间：1995-05-01

发表载体：《青年文学》

获奖及影响：《永远的故园》获首届"古风杯"华夏散文大奖赛优秀奖，此文入选《华夏散文精萃》丛书、大学语文课外选读本等。

简　　介：《永远的故园》以清新灵动的笔触、优美洒脱的文字，描绘出了一幅幅温暖的画卷，为我们的心灵找到片刻栖息的家园。在城镇化的进程中，这种心灵迁徙中的寻找，被越来越多的人体会和感悟，体现了作者超越时代的思维意识和心灵体悟。

0272 《霸王祭》

作品类别：散文类

作　　者：杨立中

发表时间：2012-06-14

发表载体：《全国散文作家精品集》

获奖及影响：全国散文作家论坛征文大赛一等奖（中国散文学会、华夏博学国际文化交流中心）。

0273 《阅读大师》

作品类别：散文类

作　　者：胡美英

发表时间：2009-04-03

发表载体：《散文百家》

获奖及影响：《阅读大师》获甘肃省第四届"黄河文学奖"。

简　　介：《阅读大师》以冷峻的笔触，通过合理的想象，生动地描写了一些文学大师远离功利远离尘埃，不被世俗红尘所污染的崇高思想境界，揭示出时代社会愈是浮躁就愈是需要思想、文化、信念的坚守的深刻哲理。作品在《散文百家》上发表后，先后被《读者》《广州文艺》等十几家刊物转载，并在网络上广泛流传，深受读者喜爱。

0274 《儿时的学校》

作品类别：散文类

作　　者：王怀民

发表时间：2011-04-26

发表载体：《散文世界》

获奖及影响：2011年获得《散文世界》杂志社举办的"散文世界杯"全国散文入围奖。

0275 《春风》

作品类别：散文类

作　　者：王玉良

发表时间：2014-04-03

发表载体：《散文选刊》

获奖及影响：2014年4月《散文选刊》转载。

简　　介：王玉良，男，现供职于两当县金洞乡政府，正科级干部。两当县作家协会会员，近年来作品曾多次在省、市级刊物上发表并获奖。

0276 《亲近官鹅沟》

作品类别：散文类

作　　者：雨　声

发表时间：2011-07-05

发表载体：《散文选刊》

获奖及影响：散文《亲近官鹅沟》荣获中国大众文学学会和《散文选刊》杂志社举办的"美文天下"首届全国旅游散文大赛二等奖。

简　　介：荣获中国文学学会和《散文选刊》杂志社举办的"美文天下"首届全国旅游散文大赛二等奖。

0277 《拉卜楞行记》

作品类别：散文类

作　　者：汪　彤

发表时间：2009-03-01

发表载体：《丝绸之路》

获奖及影响：获得甘肃省第四届"黄河文学奖"三等奖。

简　　介：拉卜楞寺，是一处要用双脚丈量才能寻到它的圣神和神秘的地方。大夏河仿佛也生有缠绕土地的双腿，它潺潺奔腾蜿蜒而来，在拉卜楞寺身边流淌，仿佛一条守护河。

0278 《家园》

作品类别：散文类

作　　者：刘爱国

发表时间：1998-06-17

发表载体：《飞天》

获奖及影响：该作品先后发表在《丝绸之路》《飞天》，2002 年 9 月获《飞天》"花卉杯"征文优秀作品奖，首届"金张掖文艺奖"二等奖，受到广大读者好评。

简　　介：创作于 1998 年，先后发表在《丝绸之路》《飞天》，2002 年 9 月号，并获《飞天》"花卉杯"征文优秀作品奖，首届"金

张掖文艺奖"二等奖。《家园》民俗系列反映了板桥羊台山、仙姑庙、平彝堡、明沙堡一带的历史民俗文化。

0279 《故乡的笛歌》

作品类别：散文类

作　　者：郭文沫

发表时间：1992-04-28

发表载体：《未来作家》

获奖及影响：在第四届"未来杯"全国大中学生文学创作大奖赛中，荣获高中组一等奖。

简　　介：通过对家乡笛子的描写，反映了对家乡的热爱之情。

0280 《雨中泪》

作品类别：散文类

作　　者：郭文沫

发表时间：1991-06-15

发表载体：《未来作家》

获奖及影响：在第二届"未来杯"全国大中学生文学创作大奖赛中，荣获高中组一等奖。

简　　介：父亲在儿女成长中的关怀。

0281 秋风贴（一）（二）

作品类别：散文类

作　　者：任雪琴

发表时间：2012-09-09

发表载体：《温暖的时光》

获奖及影响：被收录《温暖时光》后由中国文联出版社出版。

简　　介：任雪琴，甘肃省作家协会会员，中国散文诗研究会会员，在《飞天》《新文学》《北方作家》《酒泉日报》等刊物发表散文、诗歌。

0282 《那山那树那水》

作品类别：散文类

作　　者：赵永全

发表时间：2014-08-20

发表载体：《文学月刊》

0283 《马嵬坡的落日》

作品类别：散文类

作　　者：滕建民

发表时间：2014-08-07

发表载体：《文苑西部散文家》

0284 《古槐沧桑》

作品类别：散文类

作　　者：赵永全

发表时间：2014-09-25

发表载体：《文苑西部散文》

0285 《春天来了》

作品类别：散文类

作　　者：赵新平

发表时间：2009

发表载体：《西部散文家》

简　　介：该作品发表于《西部散文家》，是一篇优秀作品。

0286 《茫茫祁连迎巨龙》

作品类别：散文类

作　　者：滕建民

发表时间：2012-04-05

发表载体：西部散文家

简　　介：滕建民，女，笔名漠北雪莲，生于二十世纪六十年代，甘肃民乐县人。高中毕业后在小学教书，后为个体经营者。2007年开始写作，先后在《网络作品》《西部散文家》《圣地诗刊》《作家天地》《祁连风》《汉江文学》《张掖电视报》等刊物上发表文章，在外省、市举办的征文比赛中多次获奖。现为西部散文学会会员，中国散文家协会会员。

0287 《荒原行》

作品类别：散文类

作　　者：唐　宏

发表时间：1997-07-30

发表载体：《写作》

获奖及影响：在中国写作学会、武汉大学写作研究所、《写作》杂志社举办的全国微型小说、诗歌、散文大奖赛中获得优秀奖。

0288 《夜的回馈》

作品类别：散文类

作　　者：孔令莲

发表时间：1992-06-22

发表载体：《星星的旋律》

获奖及影响：选入由甘肃省教委、甘肃省中专语文教学研究会编辑出版的《星星的旋律》（甘肃省中专学生优秀作文选），在全省大中专院校学生中引起一定的关注。

0289 《校园钟声》

作品类别：散文类

作　　者：蔡竹筠

发表时间：2003-01-07

发表载体：《张掖日报》"甘泉"文艺副刊

获奖及影响：获首届"金张掖文艺奖"二等奖。

0290 《春雨春草看桃花》

作品类别：散文类

作　　者：紫凌儿

发表时间：2012.7

发表载体：《中国工人》《飞天》《酒泉日报》

简　　介：紫凌儿，玉门市作协理事，甘肃省作家协会会员，从事文学创作十余年，发表作品数百篇，有部分作品获奖。

0291 《理想伴着"神舟"飞》

作品类别：散文类

作　　者：许曙明、卢昕

发表时间：2014-10-14

发表载体：《中国金融文学》

获奖及影响：作品在《中国金融文学》发表，并于2014年11月29日获得"中国金融文学奖"。

0292 《捧出一颗心来，才能获得救命稻草》

作品类别：散文类

作　　者：张永峰

发表时间：2012-08-08

发表载体：《中国散文》

获奖及影响：获《中国散文》中国散文大赛二等奖。

0293 《橘州印象》

作品类别：散文类

作　　者：徐树喜

发表时间：2012-12-01

发表载体：《中国散文大系》

获奖及影响：散文《橘州印象》于2012年12月荣获中国散文学会颁发的"当代最佳散文创作奖"。

简　　介：《橘洲印象》是一篇旅游散文，通过对湖南省著名的旅游胜地——橘洲公园的景物描写，呈现给读者一帧展示风情的画、一座承接历史的桥。文章把描述与议论、历史与现在有机地融合在一起，结构张弛有致，读来轻松自然，文笔优美，富有启迪意义。

0294 《宜兴，我的初恋之恋》

作品类别：散文类

作　　者：杨立中

发表时间：2014-07-25

发表载体：《中国书画作家代表作文库》

获奖及影响：获《中国书画作家代表作文库》编委会特等奖。

0295 《东千佛洞和八仙》

作品类别：散文类

作　　者：李旭东

发表时间：2011-06-01

发表载体：中国文联出版社

获奖及影响："时代的强音·中国作家作品集"二等奖。

简　　介：东千佛洞一个老人用自己的诚实换来八仙的赞美，从传说角度勾勒了独特的辛勤劳动美。

0296 《乡路情思》

作品类别：散文类

作　　者：李俊梅

发表时间：2004-08-22

发表载体：《白银日报》

获奖及影响：2004年8月22日《白银日报》

"周末·阅读"刊登。2012年被县志办收编入该年度《会宁年鉴》"百姓亲历"栏目，2013年《白银文学》第3期转载，2013年5月由白银市文联推荐入选《献礼十八大——陇原发展点滴印记》文学类作品征集目录。

简　　介：李俊梅，笔名梅真，出生于1969年，祖籍甘肃省会宁县韩家集乡，现居于会宁县会师镇。有散文、散文诗、诗歌散见于《农村青年》《青海日报》《白银文艺》《白银文学》《白银广播电视报》《白银文化报》《白银日报》《白银周刊》等报刊杂志。白银市作协会员、会宁县作协成员、会宁县摄协会员。

0297　《我行我诉》

作品类别：散文类

作　　者：杜进明

发表时间：2008-11-13

发表载体：作家出版社

获奖及影响：甘肃靖远人，供职于靖煤公司红会一矿监察审计部，市作协会员。20世纪90年代开始文学创作，散文集《我行我诉》，获白银市首届"凤凰文艺奖"文学类二等奖。

0298　《相遇在古垒》

作品类别：散文类

作　　者：曾维群

发表时间：2008-11-13

发表载体：东方出版中心

获奖及影响：甘肃岷县人，供职于市政府办公室，中国当代文学学会理事，中国散文学会会员，省民俗研究会、省民协会员，市民协副主席。1980年开始文学创作，早期涉猎于小说、诗歌、散文、民俗研究、文学评论，后期专攻散文创作与民俗研究。已发表各类文学作品30多万字，出版有散文集《走向真诚》（中国文史出版社，2009年9月），民俗研究《洮迭民俗手札》（中国文联出版社，2009年9月），《相遇在古垒》（散文）获白银市首届"凤凰文艺奖"文学类一等奖，在《中国作家》第二届"金秋之旅"征文评选中获散文二等奖。

0299　《远去的飞鹰》

作品类别：散文类

作　　者：杨立中

发表时间：2013-02-23

发表载体：北京华夏博学国际文化交流中心网站

获奖及影响：第十一届"中华颂"全国文学艺术大赛一等奖（中国老年报书画院、华夏博学国际文化交流中心）。

0300　《触摸紫色的草穗》

作品类别：散文类

作　　者：完玛央金

发表时间：2008-12-28

发表载体：甘肃文化出版社

获奖及影响：《触摸紫色的草穗》，散文集，完玛央金著，甘肃文化出版社 2008 年 12 月出版。

简　　介：完玛央金，女，藏族，1962 年生，甘肃卓尼人。毕业于西北民院汉语言文学系，现供职于甘肃甘南州文联，《格桑花》执行主编，州文联副主席、甘肃省十二次党代会代表、政协甘南州十三届委员会常委、中国少数民族文学学会会员、甘肃作协会员。1982 年起发表诗歌、散文作品，入选《她们的抒情诗》《中国当代女诗人诗选》《西部的抒情》《藏族当代诗人诗选》等专集，著有诗集《日影·星星》《完玛央金诗选》散文集《触摸紫色的草穗》，多次获得省级以上奖励。

0301 《红尘往事》

作品类别：散文类

作　　者：王小忠

发表时间：2011-12-10

发表载体：阳光出版社

简　　介：王小忠，男，藏族，1980 年生于甘南藏族自治州临潭县，中国作协会员。

0302 《岁月的声音》

作品类别：散文类

作　　者：鞠勤

发表时间：2012-03-25

发表载体：敦煌文艺出版社

0303 《田园之外》

作品类别：散文类

作　　者：唐秀宁

发表时间：2012-05-03

发表载体：敦煌文艺出版社

获奖及影响：部分作品曾获奖。

简　　介：唐秀宁，系成县文化馆干部，甘肃省作协会员。共收录散文作品 22 篇，计140 千字，是以亲情、友情、爱情为题材的抒情散文，情感细腻、文风质朴。

0304 《我心蒙昧》

作品类别：散文类

作　　者：茹久恒

发表时间：2014-09-03

发表载体：作家出版社

获奖及影响：曾获第四届"黄河文学奖"

0305 《行走在天堂边缘》

作品类别：散文类

作　　者：李城

发表时间：2008-06-25

发表载体：内蒙古人民出版社

简　　介：李城，男，汉族，出生于1959年，甘肃临潭人，业余倾心文学，著有散文集《屋檐上的甘南》《行走在天堂边缘》，中篇小说集《叩响秘境之门》和长篇小说《最后的伏藏》《麻娘娘》。部分散文作品被转载，现任甘南州文联副主席。

0306 《尘落尘飞起》

作品类别：散文类

作　　者：李姬燕

发表时间：2013-08-20

发表载体：中国文联出版社

获奖及影响：获金昌市"五个一工程"奖。

简　　介：本书是作者将历年来所写散文整理出版的散文集，内容涉及情感经历、生活阅历等方方面面，语言婉约优美，不失为一部心灵大餐。

0307 《浮现》

作品类别：散文类

作　　者：任 红

发表时间：2006-01-01

获奖及影响：获冰心散文奖，入选中国作协二十一世纪"文学之星"丛书。

0308 《花事人事》

作品类别：散文类

作　　者：李晓东

发表时间：2012-10-26

发表载体：中国作家网

获奖及影响：公开发行。

简　　介：李晓东，女，天水《南山诗刊》主编，《秦州文艺》执行主编，《陇右周刊》专栏作家，首届"麦积山文艺奖"获得者，秦州区作协副主席。十六岁创作长篇小说《羁鸟恋》，之后陆续开始发表文学作品。涉猎体裁主要有散文、评论、小说、现代诗歌、古韵诗词等。著有长篇小说《寂寞让我如此美丽》《婚姻补丁》，长篇历史文化散文《风华国色》，个人散文集《花事·人事》。

0309 《泥土的声音》

作品类别：散文类

作　　者：白尚礼

发表时间：2011-10-01

发表载体：中国文联出版社

获奖及影响：2011 年 10 月由中国文联出版社出版发行，该书共收录作品 60 篇近 18 万字。由行走乡土、情感驿站、人生百味、阅读手记、史海钩沉、喃喃呀语六个栏目组成。

简　　介：白尚礼，甘肃天水人，早在 2002 年起，就陆续写下了近 50 多万字的散文。他喜爱文学，勤奋努力，笔耕不辍，对事业、对写作有着不懈的追求。他利用繁忙的工作间隙不断进行文学创作，用文学滋养和表达自己，用文字发现和表现生活。先后在 80 多种报刊上，发表散文、诗歌等作品近 200 余篇，有作品被十余种大型期刊选载（编），并先后荣获国家和省市三十余种奖项，现系甘肃省作家协会会员、中国散文家协会会员、天水市秦州区作协副秘书长。

0310 《樱花漫》

作品类别：散文类

作　　者：邢娟娟

获奖及影响：以丛书的形式公开正式出版发行。

简　　介：邢娟娟，笔名颜如月，中国散文家协会会员。曾在《中国散文家》《中国诗歌》《诗歌月刊》《天津文学》《华夏诗词》《世界华文作家》《天水日报》《陇右周刊》《天水晚报》《草根诗刊》《新民文化》等省内外报刊杂志发表散文、诗歌百余篇（首）。散文《轩窗听雨》获 2013 年天水"德堃"杯散文诗歌大赛特等奖。著有散文集《樱花漫》。现供职于天水市某文化单位。

0311 《我的村庄》

作品类别：散文类

作　　者：北　辰

发表时间：2010-10-10

发表载体：敦煌文艺出版社

获奖及影响：获第四届"甘肃省黄河文学奖"优秀奖，当年被列入甘肃省农家书屋采购书目，2012 年由甘肃省教育厅列入中小学生课外读物，2013 年被国家新闻出版广电总局列入全国农家书屋采购书目。

简　　介：张北辰，笔名北辰，甘肃省天水市甘谷县人，1966 年生，2004 年调入兰州市文艺创作研究中心，从事理论研究工作，先后编撰《兰州文化事业志》《甘肃省文化志》等大型地方史志，报告文学《风雨沧桑五十年》获金城文艺奖一等奖，2003 年参与创作长篇报告文学《守望平安》，由甘肃人民出版社出版；2003 年参与编纂《兰州历史文化丛书》，独立完成《表演艺术》专著；2010 年，出版长篇散文《我的村庄》，获第四届黄河文学奖优秀奖；2013 年，专著《兰州太平鼓》获甘肃民间文艺"百合花奖·首届学术理论奖"三等奖。2009 年以来，主编《兰州非物质文化遗产丛书》，第一辑《兰州太平鼓》《永登高高跷》《黄河大水车》《兰州鼓子》由甘肃美术出版社出版，第二辑《兰州泥塑》《兰州牛肉面》《耿家脸谱》由敦煌文艺出版社出版。1989 年以来，在省内外报刊发表随笔散文、学术文章 50 余万字。

0312 《幸福是只青鸟》

作品类别：散文类

作　　者：董文婷

发表时间：2010-06-26

发表载体：《天水日报》

获奖及影响：多次被转载。

简　　介：董文婷，甘肃秦安人，毕业于兰州大学新闻系。现就职于甘肃秦安文广局，业余时间从事文学创作，其作品以散文见长，曾多次荣获国家省市县文学创作作品奖项。著有散文集《幸福是只青鸟》，系中国散文协会会员。

0313 《赛仓文集》

作品类别：散文类

作　　者：赛仓·罗桑华丹

发表时间：2009-06-30

发表载体：民族出版社

获奖及影响：其中，国家级课题《西北少数民族高等师范教育办学模式的理论与实践》项目获国家级教学成果一等奖，其余 20 项课题获省厅级科研成果奖。赛仓·罗桑华丹，甘肃民族师范学院教授，副校长，著名的藏学家，国务院特殊贡献奖和甘肃"十佳教学名师"奖获得者。

0314 《兰之语》

作品类别：散文类

作　　者：刘勇勤

发表时间：2013-08-01

发表载体：北京艺术与科学电子出版社

简　　介：兰叶子，女，本名刘勇勤，曾用

网名缥缈孤鸿，甘肃天水人，著有个人诗集《兰之语》（2006年北京艺术与科学电子出版社出版）、散文诗集《春天的秘语》（2012年中国文联出版社出版）。系中国散文家协会会员、天水市作家协会会员、天水市诗词学会会员、秦州区作协副主席，《南山诗刊》《情诗》副主编。

0315 《母亲河》《灵斋墨缘》《生命的年轮》

作品类别：散文类

作　　者：张钧

发表时间：2011-11-11

发表载体：敦煌文艺出版社

获奖及影响：出版散文集3部，《生命的年轮》被甘肃省教育厅再版，更名为《成长印迹》。其艺术成果国内多家报刊有专版介绍。

简　　介：张钧，甘肃省作家协会会员，笔名高原雪，别署千佛灵斋，1956年1月1日出生于甘肃省灵台县一个叫寺底塬的小村子。1974年毕业于陕西省麟游县中学，高中文化，曾下乡当过3年"知青"，当过文化馆的创作员，在县文联任过职，干过文化局的行政工作。1986年开始在国内《人民日报（丹青引）》《北京日报》《甘肃日报》《美术报》《书法报》《中国书画报》《书法导报》《散文》《散文选刊》《延河》和在中国香港、

马来西亚等海内外多家文学刊物发表诗歌、散文、评论、书法作品，有些作品被翻译成英文。

0316 《洪水河的涛声》

作品类别：散文类

作　　者：王振武

发表时间：2013-11-26

发表载体：敦煌文艺出版社

获奖及影响：多次发表在国家省、市级报刊

简　　介：王振武，笔名雪峰，1965年10月出生，男，汉族，甘肃省民乐县人，中共党员，大学本科学历。甘肃省作家协会会员，民乐县文联主席。

0317 《故乡三记》

作品类别：散文类

作　　者：薛石云

发表时间：2010-08-26

发表载体：《飞天》

简　　介：薛石云，甘肃省作家协会会员，民乐县文联副主席。

0318 《祭青》

作品类别：散文类

作　　者：薛石云

发表时间：2011-07-06

发表载体：《散文选刊》

获奖及影响：发表在《散文选刊》上，并入选《读者》合集。

简　　介：薛石云，甘肃省作家协会会员，民乐县文联副主席。

0319 《孟澄海散文选》

作品类别：散文类

作　　者：孟澄海

发表时间：2012-01-16

发表载体：《延安文学》

获奖及影响：发表在 2012 年 1 期《延安文学》杂志上。

简　　介：孟澄海，甘肃山丹人，生于二十世纪六十年代，现居祁连山麓，在一个高原古城从事教学工作，喜欢仰望雪山，思考人生，用文字的花朵为自己编织梦想。自八十年代开始，先后在《散文》《福建文学》《山东文学》《西部散文选刊》《延安文学》等刊物发表作品 50 多万字。现为中国散文家协会会员，甘肃省作家协会会员。

0320 《大地上的事》

作品类别：散文类

作　　者：杨天斌

发表时间：2012-07-25

发表载体：大众文艺出版社

获奖及影响：其中部分作品获奖。

简　　介：《大地上的事》是作者近年来描写农村生活的专著，全书分为四辑，文中所选文章以质朴的语言、鲜活的人物形象，描写了农事田园、乡村大地，是作者多年农村生活的映象记录。语言优美，乡情浓郁，是不可多得的农村风情赞歌。

0321 《春声荡漾》

作品类别：散文类

作　　者：鱼树雄

发表时间：2011-07-15

发表载体：大众文艺出版社

简　　介：写散文是很个人性化的一种精神体验，散文集《春生荡漾》收录在由林飞主编的《中国散文家文库第三辑》中，按照内容分为《人生感悟》《春声荡漾》《仇池风絮》《山水留影》《感恩世界》五个部分。作者用朴素的语言和艺术手法向人们展现了陇南山乡独有的秀美风景以及质朴憨厚的风土人情，从生活的各个方面表现了对人生的思考和对生活的热爱。面对一时浮躁的社会现象敢于直面人生、直面社会，并且以一个普通人的思维去感悟生活、感恩社会。以一颗赤子之心坚守着文学这块精神阵地，向社会传播着正能量，阐释着生活的真谛。

0322 《低处的声音》

作品类别：散文类

作　　者：李新立

发表时间：2014-04-01

发表载体：大众文艺出版社

获奖及影响：获平凉崆峒文艺奖二等奖。

简　　介：李新立，1967年生，甘肃静宁县人，大专文化程度。打工谋生，业余写作。2005年以来，散文、小说作品散见于《散文》《散文百家》《中华散文》《美文》《作品》《飞天》《鸭绿江》《黄河文学》《西南军事文学》《当代小说》《岁月》《安徽文学》《山东文学》《天津文学》《鹿鸣》《文学港》等文学刊物，作品收入《2008年中国精美短文精选》《2010中国散文年度佳作》《2012中国随笔年度佳作》等多种年度选本，有作品被《散文选刊》选载。曾获《人民文学》举办的纪念朱自清诞辰"背影"同题散文征文奖。出版散文集《低处的声音》，甘肃省作家协会会员。

0323 《桐花镇》

作品类别：散文类

作　　者：杜旭元

发表时间：2011-09-12

发表载体：大众文艺出版社

获奖及影响：崆峒文艺奖。

简　　介：杜旭元，男，崇信县人。

0324 《阳光能穿透多厚的墙》

作品类别：散文类

作　　者：张艳玲

发表时间：2010-01-13

发表载体：大众文艺出版社

获奖及影响：获金昌市第七届"金星奖"。

简　　介：书中将人生的一切挫折与遭遇暗喻为厚厚的墙。在作者看来，人生在感受风雨、凝聚精神、化解阻碍……接受磨砺、超越伤害后，依然有热爱生活、感恩生活直至回馈生活的能量，就在于人们为生而聚的阳光有多少热度、有多强的穿透能力。本书意在透过性格、事件、环境等一些区别于群体的个体因素，以及因个人遭遇所折射出的精神内涵，以一种追述历史的记录手法，用散文的形式细腻地诠释人生。

0325 《铜城的迎春花》

作品类别：散文类

作　　者：王道云

发表时间：2010-11-18

发表载体：当代散文家代表作品集

获奖及影响：散文创作优秀奖。

0326 《歌唱生命的小草》

作品类别：散文类

作　　者：赵新平

发表时间：2008-05-01

发表载体：《读者·乡土》

获奖及影响：该作品获得第二届"宕昌文艺奖"文学作品银奖。

简　　介：该作品发表于《读者·乡土》2008年5月刊，获得第二届"宕昌文艺奖"文学作品银奖，是我县优秀文学作品之一。

0327 《此情、此景》

作品类别：散文类

作　　者：牛　勃

发表时间：2006-07-10

发表载体：敦煌文艺出版社

获奖及影响：参加北京书展、长沙书展，被专家誉为"开创了为乡镇作传的新的文本体例"，受到评论界好评，在全国各级各类报刊发表各类文艺作品 400 余篇（首），360 多万字，文章入选全国 10 多个选本和 20 余家报刊。出版作品和研究课题先后获甘肃省优秀出版图书"史志类一等奖""校点类三等奖"、甘肃省"新创剧目演出二等奖""编剧二等奖""甘肃省优秀小品奖""天水市五个一工程奖""麦积山文艺奖""天水市科技进步三等奖""甘谷县科技进步一等奖"以及作品奖 16 次。编辑《大像山志》《姜维重出武术集锦》等 8 部。《华夏第一县与甘谷县文化定位研究》《杨家将与甘谷县旅游资源开发研究》在学术界产生了较大影响。

简　　介：牛勃，男，1964 年生，甘谷县新兴镇人，中共党员，大学学历。中国作家协会会员，中华伏羲文化研究会会员，甘肃省戏剧家协会会员，天水市政协委员、天水市文联委员、天水市作家协会副主席、天水市戏曲学会常务理事、甘谷县政协委员，现任甘谷县文化广播影视局党委副书记、副局长、县文化馆馆长。

0328 《乡村女孩的童年四季》

作品类别：散文类

作　　者：胥海莲

发表时间：2004-10-31

发表载体：《飞天》

获奖及影响：《飞天》2004 年 10 月发表，2005 年 1 月《散文海外版》转载，获《飞天》10 年文学奖，入选《飞天》50 年散文卷。

0329 《水色高台》

作品类别：散文类

作　　者：鞠勤

发表时间：2014-05-12

获奖及影响：入选《文韵高台》一书。

0330 《奔向奥运的脚步》

作品类别：散文类

作　　者：李仲清

发表时间：2008-11-01

获奖及影响：获得甘肃省委宣传部甘肃省文学艺术界联合会联合征文三等奖。

简　　介：通过申奥的成功歌颂了祖国的强大，以大量的数据传播了正能量。李仲清，甘肃会宁人，生于 1961 年，大学文化，现为兰州石化公司三联公司人事科（党委组织科）科长、机关党支部书记、高级政工师、中国石油作家协会理事、甘肃省作家协会会员、兰州市作家协会理事、中国石油作家协会兰州石化分会主席。从 1982 年起，陆续在《鸭绿江》《地火》《甘肃日报》《党的建设》《中国石油报》《中国石化报》《甘肃工人报》《兰州晨报》《兰州晚报》《兰州日报》等报刊及出版物发表文学作品500多篇，其中《我的邻居》《老兵新歌》《憨老万》《憨老万外传》《小保姆》《奔向奥运的脚步》《厂魂》（组诗）、《佛心》《住房公积金帮他圆梦》《金城关遐想》《读书，让梦相成真》等作品获奖。并出版发行小说集《樱花·杏花及其它》和《李仲清短篇小说集》。

0331 《穿越时空的华音》

作品类别：散文类

作　　者：单永生

发表时间：2009-09-06

获奖及影响：获甘肃省"五个一工程"奖。

0332 《读书，让我梦想成真》

作品类别：散文类

作　　者：李仲清

发表时间：2014-11-24

发表载体：《光明日报》

获奖及影响：2014年11月获中华全国总工会《读书，让我梦想成真》征文大赛优秀奖。

简　　介：通过自己的亲身经历，阐述了读书的好处和知识对人的作用。

0333 《读书成就了我的人生》

作品类别：散文类

作　　者：李仲清

发表时间：2015-03-16

获奖及影响：获得光明日报与澳门特别行政区联合举办的征文三等奖。

简　　介：作者通过典型事例讲述了读书对人生的影响。

0334 《金城关遐想》

作品类别：散文类

作　　者：李仲清

发表时间：2014-11-01

获奖及影响：2014年11月获"兰州市文联丝绸之路毅然杯丝绸之路"兰州文化散文大奖赛优秀奖。

简　　介：通过对金城关故事的描绘，歌颂了兰州的发展变化。

0335 《清水河：白鹤来兮》

作品类别：散文类

作　　者：胥海莲

发表时间：2009-05-05

发表载体：《飞天》

0336 《这是一片神奇的土地》

作品类别：散文类

作　　者：高自刚

发表时间：2011-12-10

发表载体：宁县史志网

获奖及影响：《这是一片神奇的土地》获甘肃省委宣传部"党旗陇原红"博文二等奖。

0337 《我家的传家宝》

作品类别：散文类

作　　者：李仲清

发表时间：2015-01-15

获奖及影响：获"甘肃省节俭养德征文大赛"一等奖。

简　　介：通过我的传家宝歌颂了勤俭持家的好传统，弘扬了艰苦奋斗、厉行节约的时代精神。

0338 《广播，我特别的情、我特别的爱》

作品类别：散文类

作　　者：王卫权

发表时间：2011-11-30

发表载体：环球网

获奖及影响：获"中央人民广播电台"征文三等奖。

简　　介：王卫权，男，汉族，生于1965年12月，甘肃正宁县人，县文广局副局长、广播电视台台长。散文《广播，我特别的情，特别的爱》获得中央人民广播电台举办的"我与人民广播"征文三等奖。

0339 《母亲进城》

作品类别：散文类

作　　者：王卫权

发表时间：2013-06-30

获奖及影响：获全国第二届"华夏母亲"征文三等奖、第二届"金阳杯"全国精短文学大赛征文优秀奖。

简　　介：作者通过母亲四次进城，四次掏钱为儿子买楼，支持孙子念书，给自己看病的真实经历，全篇用翔实的细节、朴实的语言向读者展示了母亲的伟大形象。母亲爱子看似平淡无奇，不露声色，却让人能够感受到作者对母亲深深的怀念和难以掩饰的愧疚，那是压在心头的一笔"爱的债务"。文章语言平朴，凝练，且具有浓厚的地方特色，同时借用人物行动的内在矛盾性来揭示人物性格，体现人物品质，以写人来反映群体命运，影射社会变迁，以爱和愧疚作为结束语，引人共鸣和深思。母亲的胆小不经事与刚强坚忍，极度节俭与极度大度表面上看是矛盾的，但在爱儿子这一面大旗下又是统一的。鲜明的对比突显了人物的真实性，也体现了母亲伟大的牺牲精神。作为一个母亲，她的形象是一个综合体，饱满而立体，是这一代母亲的一个范本。该文刊出后深受读者喜爱和好评！

0340 《我生命中的文化记忆》

作品类别：散文类

作　　者：曹焕荣

发表时间：2012-04-30

发表载体：华夏出版社

获奖及影响：获《中国作家》"绵山杯"笔会优秀奖；全国散文奖三等奖。

简　　介：曹焕荣，男，汉族，现年64岁，中共党员，正宁县周家乡人，中专文化，副研究馆员职称，中国民间文艺家协会会员，中国诗歌学会会员、省作协会员、市作协常务理事。

0341 《阳关，大风》

作品类别：散文类

作　　者：方健荣

发表时间：2007-10-17

发表载体：《诗刊》

获奖及影响：天津市第十九届"文化杯"全国鲁藜诗歌奖一等奖。

简　　介：阳关古道上春天的沙尘、西域高地上的一匹马、一张流过泪水的脸、一张绿水环绕的村庄……这些西域古道上的景物，苍凉、古朴，仍保有昔时的特有风韵。作者踏往阳关的脚步，是寻源，是觅踪，是想抒写西部景色的浩瀚与苍茫。我们能读出作者的用意，也分享了作者的精心吟哦，同时也欣赏到作者所描述的意境。显而易见，作者的这组诗是用心步了边塞诗的韵脚。

0342 《荒原行》

作品类别：散文类

作　　者：唐　宏

发表时间：1997-07-08

发表载体：《写作》

获奖及影响：在中国写作学会、武汉大学写作研究所、《写作》杂志社举办的全国微型小说、诗歌、散文大奖赛中获得优秀奖。

简　　介：本作品书写了荒原的空阔、博大、人在荒原中的渺小，对自然进行了深刻反思和体悟，有很强的时代性。

0343 《游走帖》

作品类别：散文类

作　　者：任　红

发表时间：2011-05-08

发表载体：《中国作家》

获奖及影响：获第七届"敦煌文艺奖"三等奖。

简　　介：笔名习习，女，1967年生，甘肃兰州人，中国作家协会会员，鲁迅文学院第十三届中青年作家高研班学员。作品见于《人民文学》《中国作家》《十月》《天涯》《青年文学》《散文》《美文》《散文海外版》《中国国家地理》等刊。数十篇散文入选各类选本。著有散文集《浮现》（入选"二十一世纪文学之星"丛书）、《讲述：她们》《表达》等，获第三届"冰心散文奖"，新散文论坛新散文奖；《浮现》《讲述：她们》连续两届获甘肃省"黄河文学奖"一等奖。

0344 《沙漠里的童年》

作品类别：散文类

作　　者：汪　彤

发表时间：2009-01-01

发表载体：《飞天》

获奖及影响：被《甘肃日报》《西凉文学》转载发表。

0345 《"通途"让我迷上了文学》

作品类别：散文类

作　　者：毛韶子

发表时间：2003-12-30

发表载体：《甘肃法制报》

获奖及影响：该散文荣获"我与《通途》有奖征文"三等奖。

0346 《渴望读书的年代》

作品类别：散文类

作　　者：邸士智

发表时间：2010-04-19

发表载体：《甘肃工人报》

获奖及影响：在上海市新闻出版局举办的"外教社杯·我的城市我的书"征文活动中获纪念奖，并被收入上海文艺出版社《我的城市我的书》。

0347 《憾事》

作品类别：散文类

作　　者：何其龙（河流）

发表时间：2006-07-27

发表载体：甘肃广播电台

获奖及影响：获"我看到的五年全省十五成就回顾征文"三等奖。

0348 《敦煌四月八》

作品类别：散文类

作　　者：李旭东

发表时间：2012-04-20

发表载体：甘肃美术出版社

获奖及影响：全国二等奖。

简　　介：从唐代开始，人们在四月八相约赴石窟浴佛，至今盛而不衰，形成一道美丽的风景。

0349 《若水如兰》

作品类别：散文类

作　　者：刘宏远

发表时间：2013-10-11

发表载体：甘肃民族出版社

获奖及影响：集子中多篇文章转载于《兰州日报》《兰州晨报》《甘肃日报》《人民日报》等。

0350 《故事暂无主题》

作品类别：散文类

作　　者：唐　宏

发表时间：1994-04-25

发表载体：甘肃人民广播电台

获奖及影响：在共青团甘肃省委、甘肃人民广播电台、甘肃省学生联合会举办的全省大中学生社会实践征文活动中获得一等奖。

简　　介：该作品对农村青年婚姻进行了反思，对束缚农村青年婚姻的现状进行了理性分析，并进行了深刻谴责。

0351 《百年移民村》《生命之旅》《羊奶角》

作品类别：散文类

作　　者：孙　平

发表时间：2005-06-13

发表载体：《甘肃日报》

获奖及影响：被市级报刊转载。

简　　介：一个村子由人烟辐辏到人迹全无，荒芜一片，其沧桑巨变令人震惊，也令人十分的怀念。《生命之旅》，通过动物界的大迁徙，反映出生命的顽强、牺牲精神和永恒的信念，引人深思。作者创作的大部分散文都具有真情和哲理的特点。

孙平，男，汉族，党员，1966年3月生，大学本科毕业，从事新闻宣传工作多年。2000年开始发表文学作品，在省、市报刊发表《百年移民村》《生命之旅》《融入的困境》等散文、报告文学、文学评论30余篇，其中在《甘肃日报》等省级刊物发表《百年移民村》《生命之旅》等散文6篇。

0352 《高台黄河灯阵》

作品类别：散文类

作　　者：孙登平

发表时间：2011-02-11

发表载体：《甘肃日报》

获奖及影响：在《甘肃日报》文化版二条位置刊登，同时获甘肃省文化局"我身边的文化遗产征文大赛"三等奖。

0353 《黄沙难掩血与火的记忆》

作品类别：散文类

作　　者：孙登平

发表时间：2012-04-18

发表载体：《甘肃日报》

获奖及影响：在《甘肃日报》文化版头条位置刊登，于同年年底获张掖市红西路军精神研究会征文三等奖。

0354 《家乡的麦索》

作品类别：散文类

作　　者：邸士智

发表时间：2004-05-24

发表载体：《甘肃口报》

获奖及影响：收藏《十年精华文丛之心灵家园（A卷）珍藏版》辑录《心灵家园》栏目。

0355 《见证，哈达铺》

作品类别：散文类

作　　者：赵新平

发表时间：2006年

发表载体：《甘肃日报》

获奖及影响：该作品获得陇南市首届文艺奖文学类提名奖。

简　　介：赵新平，2006年获得陇南市首届文艺奖文学类提名奖。

0356 《老家的五月五》

作品类别：散文类

作　　者：常琦彪

发表时间：2014-06-11

发表载体：《甘肃日报》

获奖及影响:《老家的五月五》在《甘肃日报》百花版头条发表以后,被《白银日报》《甘肃粮食工作》等报刊转载,受到广泛好评。

简　　介:常琦彪,男,汉族,1973 年 10 月生。爱好新闻、文学、摄影创作,已在《农民日报》《中国特产报》《中国粮食经济》《粮油市场报》《飞天》《甘肃日报》《甘肃粮食工作》《光芒》《西凉文学》《白银文学》《白银日报》等十余家市级以上报刊发表文学作品 100 余篇(首),报告文学 2 篇,新闻 4000 多篇,论文 6 篇,各类摄影作品 400 多幅。有新闻、文学、摄影作品获市级以上奖励。现为甘肃省作家协会会员,甘肃省摄影家协会会员、甘肃省延安精神研究会会员,多家新闻媒体的特约通讯员,合著有《图说三军大会师》一书。有作品入选《甘肃红色故事作品集》《故土风情》《当代网络作家诗人作品精选》等。

0357 《收音机的故事》

作品类别:散文类

作　　者:雨　声

发表时间:2001-03-07

发表载体:《甘肃日报》

获奖及影响:发表于甘肃日报。

0358 《踏雪楼庄村》

作品类别:散文类

作　　者:张　军

发表时间:2008-03-12

发表载体:《甘肃日报》

获奖及影响:荣登《高台文艺》创刊号目录。

简　　介:张军,甘肃省张掖市甘州区沙井镇中心学校教师,甘肃省作家协会会员,张掖市文联、作协会员,甘州区作协理事,甘州区诗词学会理事。《东山峡谷》等 4 首诗歌入选 2010 年中国文化出版社出版的《当代诗歌精品选粹》,《沿着黑河走》等 27 首诗歌入选 2010 年《中华当代汉语诗歌典藏(二十人卷)》。《回望甘州》等 4 篇散文、故事被选入《悦读甘州》丛书。曾获各种文学奖项 10 余次。2012 年被《文学月刊》聘为“签约作家”,2013 年被《甘州教育》聘为文学编辑。20 多年来,笔耕不辍,先后在《甘肃日报》《语文报》《北方作家》《野草》(增刊)、《文学月刊》《中国文学》《甘肃工人报》《甘肃农民报》《星星诗刊》《轨道》《党河源》《远方》《农村青年》《教师报》《生命树》《金张掖周刊》《张掖日报》等各级刊物发表诗歌、散文、小说、故事等作品近 300 余篇(首)。

0359 《我走过的教育路》

作品类别:散文类

作　　者:邸士智

发表时间:2009-07-24

发表载体:《甘肃日报》

获奖及影响:2009 年 12 月 28 日,在省委宣传部、省文学院、省作家协会、甘肃日报社联合举办的庆祝新中国成立 60 周年“爱我中华·颂我陇原”征文活动中获三等奖。

0360 《爱有多深》

作品类别:散文类

作　　者:李　萍

发表时间:2010-02-10

发表载体:甘肃省敦煌文艺出版社

获奖及影响:2010 年 2 月获甘肃省第四届“黄河文学奖”优秀奖,2012 年 10 月 31 日获天津市第二十一届“东丽杯”全国孙犁散文集三等奖。

简　　介:李萍,女,汉族,1995 年 8 月至目前在临夏州民族日报社从事编辑、记者工作,现任编辑部副主任。中国西部散文学会甘肃分会副主席，甘肃省作家协会会员，临夏州作家协会会员。散文集《爱有多深》，以细腻的情感，真实的细节和饱含的深情展示了人生的悲欢和岁月的酸甜。作品观察入微、细节真实、情感细腻、以小见大、文笔流畅，突出人物的描写，充满了对生活的体味和对人生的感悟，反映了临夏的自然景观、风土人情和对爱最朴实的理解，彰显了广大群众在生生不息的生命历程中，赞美自然、热爱生活的思想精髓和不屈不挠、奋发向上的精神。

0361 《屯庄记忆》

作品类别：散文类

作　　者：舒眉（缪丽霞）

发表时间：2013-08-01

发表载体：《甘肃省红色故事作品选》

获奖及影响：《甘肃红色故事作品选》由省文联主席马少青主编，内容共分两辑："散文卷·那些往事中不曾沉淀的红色光阴"和"诗歌卷·大地之血点燃的激情与火焰"，《屯庄记忆》入选散文卷。

0362 《心若琴弦》

作品类别：散文类

作　　者：汪彤

发表时间：2011-12-01

发表载体：甘肃省美术出版社

获奖及影响：《心若琴弦》中单篇散文《拉

卜楞行记》获得第四届"黄河文学奖"。

简　　介：甘肃是汪彤成长和工作的地方，没有去过甘肃的人，想象中那里可能是荒凉的山岭，一望无际的大漠黄沙，其实，那里是一块宝地，是老祖宗伏羲女娲生活过的地方，是中华文化的发祥地之一。伏羲演八卦的卦台山，女娲补天的大地湾，唐代诗圣杜甫到过的南郭寺，甘南藏传佛教圣地拉卜楞寺，一幅幅绚丽多彩的历史画卷历历在目。还有女孩子们七夕"乞巧"；去觥筹交错的酒宴，领略奇特的天水"酒歌"；到天祝藏胞的帐篷，品尝浓香的酥油茶；到凉州天马广场，听盲艺人们演唱"贤孝"，浓浓的民族风情，会让你陶醉其间。

0363 《关于读书的随笔》

作品类别：散文类

作　　者：杜曼·扎斯达尔

发表时间：2012-08-22

发表载体：甘肃省图书馆学会读书有感征文活动

获奖及影响：在甘肃省图书馆学会"深情迎华诞，阅读伴成长"读书有感征文活动中获得成人组三等奖。

简　　介：杜曼·扎斯达尔，男，裕固族，散文《关于读书的随笔》获得甘肃省图书馆学会"深情迎华诞，阅读伴成长"读书有感征文活动成人组三等奖，《一个人的部落》获得"西域佛都张掖大佛寺"征文活动优秀奖。

0364 《情满家园》

作品类别：散文类

作　　者：徐小英

发表时间：2011-11-14

发表载体：甘肃文化出版社

获奖及影响：2011年获首届"仇池文艺奖"。

简　　介：《情满家园》全书辑为四个部分。

第一部分是思念篇即《思念父亲》《婆婆》《哥哥临行前后的日子里》《苹果园就是你的家》《瓜宝儿》五篇，是对已故亲人的思念。第二部分是亲情篇。即《妈妈的热炕头》《妈妈的遗憾》《婆家小路》《我家有个梨园》《亲情》《儿子成长》《我的女儿》七篇，表述亲人之间的至爱深情和对乡村生活的美好回忆。第三部分是感悟篇。即《嘉陵江漂流记》《庐山归来话秋天》《久违的雨声》《短信里的这里》《退休后海阔天空》《公交车上》六篇。《一封"情书"》《那个猪年的哭声》两篇，是对那个年代伤痕的真实记述，启示人们要更加珍惜改革开放后的美好生活。

0365 《谎花》

作品类别：散文类

作　　者：蔡竹筠

发表时间：2006-06-25

发表载体：甘肃文化出版社

获奖及影响：入选《行走大地》散文集。

0366 《花椒沟往事》

作品类别：散文类

作　　者：王鹏

发表时间：2012-08-20

发表载体：《甘肃文苑》

获奖及影响：是我区首篇在文学专业期刊上发表的作品。

0367 《桃花源杂记》

作品类别：散文类

作　　者：李诚

发表时间：2013-01-15

发表载体：《格桑花》

简　　介：《桃花源杂记》载于《格桑花》，千百年来，勤劳勇敢、淳朴智慧的临潭各族人民，在这片热土上创造了辉煌灿烂的历史文化、先进的农耕文化、特色的地域文化和独特的民俗文化，保留了江淮遗风和淳朴的民俗风情。一批富有创造性的诗人、作家在这片土地上坚持"二为"方向，"双百"方针和"三贴近"原则，以喜闻乐见的形式，谱写时代的发展，讴歌改革开放以来临潭发生的巨大变化和取得的辉煌成就，全面展现了全县文化事业的蓬勃发展。

0368 《十分选择，十分自由》

作品类别：散文类

作　　者：汪彤

发表时间：2010-01-07

发表载体：《广州日报》

获奖及影响：被《北京青年报》转载。

0369 《父亲的那块地》

作品类别：散文类

作　　者：南生祥

发表时间：2008-03-08

发表载体："和谐家庭大家谈定西"征文活动

获奖及影响：《父亲的那块地》荣获 2008 年 3 月定西市妇联、定西市文明办、《定西日报》社、建行定西市分行联合举办的"建行杯和谐家庭大家谈"征文一等奖。

简　　介：南生祥，男，汉，出生于 1966 年 3 月 23 日，系甘肃省定西市凤翔镇西 20 铺村农民。2000 年开始发表文学作品，甘肃省作协会员（待批），甘肃省杂文学会会员，定西市作协会员，《定西商会》优秀通讯员，安定区文化馆名誉馆员，《安定文化》特邀撰稿人，定西市作协第二届代表大会代表。

0370 《村口那棵树》

作品类别：散文类

作　　者：任萧烨

发表时间：2012-12-04

发表载体：《湖州日报》

获奖及影响：被广东省揭阳市编入高考试题，进入高考阅读试题库。

0371 《关于死亡的幽默》

作品类别：散文类

作　　者：尚德琪

发表时间：2007-07-01

发表载体：《环江杂志》

0372 《流失沉淀》

作品类别：散文类

作　　者：冯瑞涛

发表时间：2014-03-30

发表载体：《环江杂志》

0373 《陇东方言之猴下山》

作品类别：散文类

作　　者：路岗

发表时间：2007-07-01

发表载体：《环江杂志》

0374 《陇东方言之焦尾巴》

作品类别：散文类

作　　者：路岗

发表时间：2007-07-01

发表载体：《环江杂志》

0375 《陇东方言之磨镰水》

作品类别：散文类

作　　者：路岗

发表时间：2007-07-01

发表载体：《环江杂志》

0376 《三表婶轶事》

作品类别：散文类

作　　者：梁德全

发表时间：2008-06-30

发表载体：《环江杂志》

0377 《山庄那迷茫的晨雾》

作品类别：散文类

作　　者：樊晓兰

发表时间：2008-06-30

发表载体：《环江杂志》

0378 《随便》

作品类别：散文类

作　　者：尚德琪

发表时间：2007-07-01

发表载体：《环江杂志》

0379 《我跟四叔抬担架》

作品类别：散文类

作　　者：李景绚

发表时间：2007-07-01

发表载体：《环江杂志》

0380 《写在母亲七七祭日》

作品类别：散文类

作　　者：杜清湘

发表时间：2014-03-30

发表载体：《环江杂志》

0381 《行者》

作品类别：散文类

作　　者：谷秀娟

发表时间：2014-03-30

发表载体：《环江杂志》

0382 《游龙凤山记》

作品类别：散文类

作　　者：杨树岳

发表时间：2008-06-30

发表载体：《环江杂志》

0383 《站在大唐太宗皇帝身后的长孙皇后》

作品类别：散文类

作　　者：黄志远

发表时间：2008-06-30

发表载体：《环江杂志》

0384 《谒烈士陵园》

作品类别：散文类

作　　者：胡　红

发表时间：2007-07-01

发表载体：《环江杂志》

0385 《吃油》

作品类别：散文类

作　　者：黄志远

发表时间：2007-07-01

发表载体：《环江杂志》

0386 《鸟》

作品类别：散文类

作　　者：周爱军

发表时间：2007-07-01

发表载体：《环江杂志》

0387 《盼》

作品类别：散文类

作　　者：张彩琴

发表时间：2007-07-01

发表载体：《环江杂志》

0388 《情感碎片》

作品类别：散文类

作　　者：胡　红

发表时间：2007-07-01

发表载体：《环江杂志》

0389 《如斯歌者》

作品类别：散文类

作　　者：周爱军

发表时间：2007-07-01

发表载体：《环江杂志》

0390 《山峁上的地平线》

作品类别：散文类

作　　者：张志怀

发表时间：2007-07-01

发表载体：《环江杂志》

0391 《童年匪事》

作品类别：散文类

作　　者：王　军

发表时间：2007-07-01

发表载体：《环江杂志》

0392 《预备生》

作品类别：散文类

作　　者：王　军

发表时间：2007-07-01

发表载体：《环江杂志》

0393 《壮哉，苏良嗣》

作品类别：散文类

作　　者：解凌涛

发表时间：2007-07-01

发表载体：《环江杂志》

0394 《崂山游记》

作品类别：散文类

作　　者：龚建立

发表时间：2007-07-01

发表载体：《环江杂志》

0395 《农金员》

作品类别：散文类

作　　者：胡　红

发表时间：2007-07-01

发表载体：《环江杂志》

0396 《冬雪的记忆》

作品类别：散文类

作　　者：张　芳

发表时间：2008-06-30

发表载体：《环江杂志》

0397 《漂亮表姐的红颜薄命》

作品类别：散文类

作　　者：张　芳

发表时间：2008-06-30

发表载体：《环江杂志》

0398 《住房》

作品类别：散文类

作　　者：向文剑

发表时间：2008-06-30

发表载体：《环江杂志》

0399 《第一场春雨》

作品类别：散文类

作　　者：周爱军

发表时间：2007-07-01

发表载体：《环江杂志》

0400 《放歌十月》

作品类别：散文类

作　　者：唐　宏

发表时间：1995-03-30

发表载体：获奖作品集

获奖及影响：在梁斌文学研究会、天津市教育局举办的"梁斌杯"校园文学国庆征文大赛中获得一等奖。

0401 《兴隆山情韵——红叶》

作品类别：散文类

作　　者：彭巨彦

发表时间：2008-12-30

发表载体：获奖作品集

获奖及影响：荣获由中共兰州市委、兰州市政府举办的"纪念改革开放三十周年我爱兰州征文"三等奖。

简　　介：彭巨彦，男，汉族，1960年1月出生，大专文化，榆中县文化馆党支部书记、副研究馆员，榆中县领军人才，一直从事群众文化工作。业余时间创作诗歌、散文、小说、报告文学、民间文学、戏剧、影视脚本、歌曲等文艺作品逾百万字，分别发表于《青年文学》《剧本》《飞天》《陇苗》《金城》等刊物，小说《死狗》《广东红》曾被《小说报》和《小小说选刊》转载。部分作品获得市级以上奖励。现为兰州市文联委员、兰州市作家协会理事、甘肃作家协会会员、甘肃民间文艺家协会会员、甘肃群众文化学会会员。

0402 《人文武山》

作品类别：散文类

作　　者：王换成

发表时间：2010-12-30

发表载体：吉林大学出版社

获奖及影响：《人文武山》散文集出版后，被《甘肃日报》《兰州日报》《天水日报》甘肃新闻网等多家媒体报道和评价，部分篇章被《散文世界》《重庆日报》《兰州日报》等报刊转载。

简　　介：该书共60万字，分别由感世抒怀、江山览胜、民俗风情、亲情牵魂、人物春秋、岁月回望、书林絮语、文化视野、域外游记等九辑组成，收入了103位作者的185篇散文作品。该书所入选的作者既有省、市知名作家学者，也有20世纪80年代操笔且已有一定成就的裴正学、陈永恒、杨景等作家，还有近年来初试锋芒已崭露头角的杨建全、陈晓明、党玉明、何辉、夏子文、聂中民等青年作家，更有新世纪初涉文苑的文学新人丁强、董赋斌、董春晖等人。该书装帧精美，读来令人如入佳境，难以释卷。历史云烟，沉思浩叹，火热的建设场面，丰硕的劳动业绩，浓缩成如诗如歌的文字，凝结成如花似锦的卷帙。《人文武山》是武山发展的缩影，是武山前进的见证，是武山新貌的颂辞。该书的出版，填补了武山县近几年文学作品选集的空白，同时，也是对武山本土文学工作者多年来创作成果的一次集中检阅和展示，对进一步激发武山广大文学艺术工作者的创作热情必将产生积极的作用。

0403 《游牧青藏》

作品类别：散文类

作　　者：陈　拓

发表时间：2000-03-01

发表载体：兰州大学出版社

获奖及影响：散文集《游牧青藏》获甘肃省第四届"敦煌文艺奖"三等奖，2000年3月由兰州大学出版社出版发行。

简　　介：《游牧青藏》是甘南历史上第一本正式出版的散文集，也是一本具有较高文化品位的散文集。《游牧青藏》分三集，即《岁月莽原》《游牧青藏》《梦里家园》三部分，收录了作者多年散发于各种报刊的51篇散文作品。其中第一辑收录的"文成，文成""聆听诗歌""水祭""绿草地之祭""阿尼玛卿雪山之祭"；第二辑"穿过析支河曲""有一个地方名叫青藏""皮袋马尾度黄河""鸟儿，向巴彦卡喇河谷飞去""游牧青藏""山雕""眺望黑河""寻觅一只白羊""野马冰河入梦来""河源断章""遨游九曲黄河第一湾"；第三辑"一首洮州的歌""帽子之歌""在那遥远的小山村""走出那个三月""姐姐"等，多为精篇佳构和大气、大思、大情之作。是作者心路历程的写真，也是献给甘南草原广大读者的春风化雨、浸透灵魂之作。

0404 《走近西夏国寺》

作品类别：散文类

作　　者：鞠　勤

发表时间：2012-12-19

获奖及影响：该文获甘肃省"旅游美文评比"优秀奖。

0405 《童年趣事》

作品类别：散文类

作　　者：杨建栋

发表时间：2009-12-11

发表载体：《开拓文学》

获奖及影响：该作品发表于开拓文学。

简　　介：该作品发表于开拓文学，属于我县优秀文学作品之一。

0406 《云及飞鹰》

作品类别：散文类

作　　者：李廷瑞

发表时间：2008-11-12

发表载体：《飞天》

获奖及影响：李廷瑞笔名季延端、听蕊，供职于白银监狱报社，白银市作家协会副秘书长兼办公室主任。1992年开始发表作品，发表10万多字的散文和小说，《云及飞鹰》（散文）发表在《白银文学》2006年第一期、《飞天》2004年第八期，获白银市首届"凤凰文艺奖文学类"三等奖。

简　　介：其作品文字富有张力，深受广大人民群众喜爱。作者文字功底扎实，多年来累积的创作经验为其文学创作提供了坚实的基础。其文字以人民为题，写人民之所想，写人民所关心的、身边的事，为广大人民提供了优秀的读本。其作品多次被选入省市，乃至国家各大刊物刊登，被全国各大网站转载。

0407 《郎木寺二章》

作品类别：散文类

作　　者：唐亚琼

发表时间：2013-01-30

发表载体：《格桑花》

获奖及影响：被转载于《中国女诗人·诗歌特辑》

简　　介：《郎木寺二章》含《静静的午后》《达仓郎寺》。唐亚琼，女，藏族，生于甘南迭部，作品散见于《诗刊》《民族文学》《飞天》《格桑花》《中国诗歌》等，在甘南的女性作家群里，唐亚琼是一个独具才情、个性鲜明的诗人。她近年来的创作已经成为甘南诗歌一个重要的现象，引起了越来越广泛的关注。她的诗歌文本所呈现出来的生命意识、感情世界等，是对甘南地域文学色彩的一种补充，也是对甘南文化资源的某种新的开掘。

0408 《孙平散文集》

作品类别：散文类

作　　者：孙　平

发表时间：2012-11-12

简　　介：其作品文字富有张力，深受广大人民群众喜爱。文字功底扎实，多年来累积的创作经验为其文学创作提供了坚实的基础。其文字以人民为题，写人民之所想，写人民所关心的、身边的事，为广大人民提供了优秀的读本。其作品多次被选入省市，乃至国家各大刊物刊登，被全国各大网站转载。

0409 《雪舞》

作品类别：散文类

作　　者：王小忠

发表时间：2013-02-05

发表载体：《洮州文学》

获奖及影响：《雪舞》，一组散文，共14组，载于《洮州文学》特别推荐部分。用优美的语言抒发着自己的情感。

简　　介：王小忠，男，藏族，1980年生于甘南临潭县长川乡，先后在多种报刊发表作品400余篇，作品《甘南草原》（3章）获2005全国首届"校园文学大赛"教师组银奖；《甘南草原》（6章）入选《2006年全国最佳散文诗选》。

0410　《动词的母亲》

作品类别：散文类

作　　者：葛峡峰

发表时间：2013-01-31

发表载体：《格桑花》

获奖及影响：荣获全国公安现代诗歌网络大赛二等奖。

作品类别：散文类

简　　介：葛峡峰，男，汉族，1974年生，甘肃渭源人。有诗歌、散文300余篇（首）散见于《诗刊》《飞天》《绿风》《甘肃日报》《中国文学》《青海文学》等报刊杂志。已出版诗集《葛峡峰诗选》，获甘肃省黄河文学奖。甘肃省作家协会会员、甘南州青年诗歌学会副会长。《葛峡峰诗选》分《草地颂词》《天空的心事》《春天的诗》《温暖人生》《警营记忆》《乡土乡音》等六个部分，该书收录作者近年来创作的280多首诗歌作品。由甘肃作家、诗人李诚作序，著名诗人高平、大卫、叶匡政等名家点评。每一首诗都是诗人用真诚的心感悟生活、感悟生命、感悟大自然孕育的美丽花朵。

0411　《塬上的碑》

作品类别：散文类

作　　者：宋育红

发表时间：2008-11-12

发表载体：《白银日报》

获奖及影响：笔名雨虹、独石。1953年11月出生，甘肃靖远人，白银市作家协会副主席，白银区原文联主席。1973年开始创作发表作品，发表作品40余万字，写作涉猎小说、诗歌、散文等领域，作品散见于《飞天》《甘肃日报》《白银日报》等。出版有散文集《故乡流过一条河》（华夏文化艺术出版社，2009年10月），诗歌集《凤凰山放歌》（华夏文化艺术出版社，2010年11月）。散文《塬上的碑》获白银市第一届"凤凰文艺奖"文学类三等奖。

简　　介：其作品文字富有张力，深受广大人民群众喜爱，文字功底扎实，多年来累积的创作经验为其文学创作提供了坚实的基础。其作品多次被选入省市，乃至国家各大刊物刊登，被全国各大网站转载。

0412　《阳光天使》

作品类别：散文类

作　　者：蒲朝晖、阎虎林

发表时间：2014-04-30

发表载体：兰州大学出版社

0413　《观儿下的耀眼光芒》

作品类别：散文类

作　　者：毛韶子

发表时间：2014-08-09

发表载体：《兰州日报》

0414　《苦水玫瑰赋》

作品类别：散文类

作　　者：祁重泰

发表时间：2012-05-18

发表载体：《兰州日报副刊》

获奖及影响：这是一篇在全省征文大赛中获奖的二等奖作品，以赋体形式写了苦水玫瑰文化，语言优美，格调高雅，深得评委和广大读者好评。

简　　介：苦水是驰名全国的玫瑰之乡，这篇赋赋予了玫瑰文化更深的内涵。在玫瑰生态园中做文化品牌语，进行玫瑰文化的宣传，推动了旅游业发展。

0415 《武胜文华赋》

作品类别：散文类

作　　者：祁重泰

发表时间：2013-08-23

简　　介：这是以丝路文化名镇武胜驿为背景的赋体文章，发表后在永登引起很大反响，武胜驿镇将其镌刻在文化广场，以增加文化品位。对历史文化名镇以赋体形式全面反映，有很好的宣传效果和文化传承作用，提升了古镇的文化品位。

0416 《药王神泉虹鳟赋》

作品类别：散文类

作　　者：祁重泰

发表时间：2010-05-07

发表载体：《兰州日报副刊》

获奖及影响：这是一篇以永登虹鳟鱼为题材的优美文章，精彩的文笔反映了虹鳟鱼在永登的引种、成长、发展，博引丰富，文采飞扬。在兰州市"纪念改革开放三十周年征文"中获一等奖。

简　　介：这是一篇非常精彩优美的赋，通过此文增加了虹鳟鱼的文化内涵和宣传影响。

0417 《住房公积金赋》

作品类别：散文类

作　　者：祁重泰

发表时间：2013-07-18

发表载体：《兰州住房公积金》

获奖及影响：在全国建行杯征文中获得二等

奖，以优美的文采展示了住房公积金对社会的巨大作用。

简　　介：文章优美，曲调高雅，语言流畅，作为推介宣传住房公积金的优秀文章，在单位做成墙体文化栏。

0418 《非常体验》

作品类别：散文类

作　　者：南生祥

发表时间：2010-05-01

发表载体：廉政文学

获奖及影响：《非常体验》荣获2010年5月中共定西市纪委、定西市监察局举办的"廉政文学作品征集评选活动"（成人组）二等奖。

简　　介：南生祥，汉，出生于1966年3月23日，系甘肃省定西市凤翔镇西20铺村农民。2000年开始发表文学作品，甘肃省作协会员（待批），甘肃省杂文学会会员，定西市作协会员，《定西商会》优秀通讯员，安定区文化馆名誉馆员，《安定文化》特邀撰稿人，定西市作协第二届代表大会代表。

0419 《刻进生命中的一抹瓦蓝》

作品类别：散文类

作　　者：杨小梅

发表时间：2013-01-07

发表载体：《灵台文艺》

0420 《梦中流淌的小河》

作品类别：散文类

作　　者：雨声

发表时间：2011-04-01

发表载体：《陇南日报》

获奖及影响：参加建党90周年第一届"和谐杯"全国散文大赛，获得优秀奖。

简　　介：该散文，2011年发表于《陇南日报》，参加建党90周年第一届"和谐杯"

全国散文大赛，获得优秀奖。

0421 《年夜饺子》

作品类别：散文类

作　　者：杨建栋

发表时间：2008-02-14

发表载体：《陇南日报》

获奖及影响：该作品发表于陇南日报。

简　　介：该作品属于我县优秀文学作品，具有一定的文学价值。

0422 《人间有真爱》

作品类别：散文类

作　　者：文 川

发表时间：2012-05

发表载体：《陇南日报》

获奖及影响：该作品获得2012年第一届"中南百草原全国文学艺术大赛"文学金奖。

0423 《心灯为你点亮》

作品类别：散文类

作　　者：王京林

发表时间：2010-10-15

发表载体：内蒙古人民出版社

简　　介：以诗歌的手法拓展散文的意象空间，展现出家乡的山山水水，一草一木，散发着浓郁的怀旧情结，传达耐人寻味的文化意识。

0424 《大野之香》

作品类别：散文类

作　　者：郭海滨

发表时间：2012-04-01

发表载体：宁夏人民出版社

获奖及影响：部分作品获奖。

简　　介：本书是作家的散文作品集，作品分五部分，以"山风吹过峡谷""河西是个风筒子""人与物""迎风站立的虚空""石头歌唱"五个篇名辑录了作家的40余篇散文作品。散文紧贴土地与底层，以深切的感受，独到的视角，关注表现平民生活。作者以一腔柔情，描摹了这些人的生活场景、言行举止，用恓恈之心触摸他们的内心，向读者展示了社会平民群体的真实生活。

0425 《载大哥的感觉》

作品类别：散文类

作　　者：邸士智

发表时间：2010-03-01

发表载体：农信通征文

获奖及影响：获得由甘肃省移动总公司、甘肃省文学艺术家联合会举办的"改革开放30年，移动改变生活"农信通征文大赛二等奖。

0426 《听山》

作品类别：散文类

作　　者：石 凌

发表时间：2010-04-25

发表载体：《平凉日报》、全国散文作家论坛

获奖及影响：《听山》首发《平凉日报》得到读者好评，后被几家民刊转载，并获得当年中国散文学会征文二等奖。

0427 《山味》

作品类别：散文类

作　　者：魏怀凌

发表时间：2006-05-08

发表载体：青海文苑出版社

简　　介：作者用他那饱蘸深情的笔，把自己对这片土地的眷恋，尽情地抒发出来，勾起了读者对故乡的无限乡情。

0428 《南城根：一个中国城中村的背影》

作品类别：散文类

作　　者：王　选

发表时间：2014-01-01

发表载体：清华大学出版社

获奖及影响：获《人民文学》新人奖，获第二届全国产业工人大奖，《环球人物》244期报道，入选凤凰好书榜，入选2014年度中国好书榜，入选江苏、贵州等全民阅读推荐数目名单。

0429 《守望家园》

作品类别：散文类

作　　者：王存贵

发表时间：2009-02-10

发表载体：庆阳市委市政府"五个一工程"奖

获奖及影响：庆阳市第六届"精神文明建设五个一工程"三等奖。

简　　介：王存贵，男，汉族，20世纪50年代中期生于陇东合水县肖咀塬一个农民家庭，毕业于兰州教育学院中文系。有散文百余篇发表于各类报刊，出版散文集《流年屐痕》《静静的马莲河》等。《流年屐痕》为作者第一部散文集，曾获庆阳市"五个一工程"文学类奖项，全书共分三辑，一百余篇散文佳作，由作家出版社于2007年出版发行，深受群众喜爱。

0430 《乡村年味》

作品类别：散文类

作　　者：滕建民

发表时间：2010-11-18

发表载体：《全国散文精品集》

获奖及影响：全国散文作家征文大赛二等奖。

简　　介：滕建民，女，笔名漠北雪莲，生于二十世纪六十年代，甘肃民乐县人。高中毕业后在小学教书，后为个体经营者。2007年开始写作，先后在《网络作品》《西部散文家》《圣地诗刊》《作家天地》《祁连风》《汉江文学》《张掖电视报》等刊物上发表文章。在外省、市举办的征文比赛中多次获奖。现为西部散文学会会员，中国散文家协会会员。

0431 《家有两会》

作品类别：散文类

作　　者：南生祥

发表时间：2012-05-28

发表载体：人口文化艺术展

获奖及影响：《家有"两会"》荣获 2012 年 5 月定西市文化出版局，定西市委宣传部、定西市人口委、定西市广电局联合举办的"人口文化艺术作品展"文学类三等奖。

简　　介：南生祥，男，汉，出生于 1966 年 3 月 23 日，系甘肃省定西市凤翔镇西 20 铺村农民。2000 年开始发表文学作品，甘肃省作协会员（待批），甘肃省杂文学会会员，定西市作协会员，《定西商会》优秀通讯员，安定区文化馆名誉馆员，《安定文化》特邀撰稿人，定西市作协第二届代表大会代表。

0432 《风沙飞扬的村庄》

作品类别：散文类

作　　者：唐仪天

发表时间：2002-08-23

发表载体：《人民文学》

获奖及影响：一个极其朴实的农民，运用富有哲理性的语言，讲述了一个村庄生态变迁的故事。

0433 《拜谒贺敬之先生》

作品类别：散文类

作　　者：文　川

发表时间：2012-07-14

发表载体：《人文科学》

获奖及影响：该作品获得第三届"陇南文艺奖"优秀奖。

简　　介：该作品 2012 年 7 月获得第三届陇南"文艺奖优秀奖"，2012 年 9 月刊于国家级刊物《人文科学》。

0434 《针线情思》

作品类别：散文类

作　　者：舒眉（缪丽霞）

发表时间：2006-10-01

发表载体："甘肃电力杯"全国诗歌散文大奖赛

获奖及影响：参加由省文联《飞天》编辑部与甘肃省电力公司联合举办的《飞天》"甘肃电力杯"全国诗歌散文大奖赛并获奖。

简　　介：由省文联《飞天》编辑部与甘肃省电力公司联合举办的《飞天》"甘肃电力杯"全国诗歌散文大奖赛，于 2006 年 5 月 1 日启动，历时 7 个月，共有 500 名作者的 1500 多篇（首）稿件参赛，参赛作者大多为近年来全国活跃在散文、诗歌创作领域里的佼佼者，舒眉散文《针线情思》获优秀奖。

0435 《某书记二三事》

作品类别：散文类

作　　者：陈　革

发表时间：1979

发表载体：《甘肃日报》

0436 《盼望春天》

作品类别：散文类

作　　者：唐义天

发表时间：2002-09-10

发表载体：《飞天》

获奖及影响：获"新兴花卉杯"散文大奖赛三等奖。

0437 《全家乐》

作品类别：散文类

作　　者：石　磊

发表时间：1979

发表载体：《甘肃文艺》

0438 《山魂》

作品类别：散文类

作　　者：黄　涛

发表时间：1984

发表载体：《甘肃日报》

0439 《殷虚行》

作品类别：散文类

作　　者：黄　涛

发表时间：1988

发表载体：《职工文化》

0440 《油厂之歌》

作品类别：散文类

作　　者：吕宏声

发表时间：1963

发表载体：《甘肃日报》

0441 《在幽深的小巷里》

作品类别：散文类

作　　者：张　毅

发表时间：1980

获奖及影响：获第二届"雪莲杯精品作品大赛"三等奖。

0442 《一树一树花儿开》

作品类别：散文类

作　　者：马慧梅

发表时间：2002-07-09

发表载体：甘南文学创作笔会

获奖及影响：出版有散文集《每一颗草都美丽》，有多篇散文、诗歌发表在报刊、杂志上。

简　　介：马慧梅，甘肃冶力关人，汉族，大学文化，教师，热爱生活中美好的一切，喜欢在阳光下奔跑，坚信生命要以花开的姿态来迎接，花儿开了，就会有清香飘溢，幸福在花瓣上驻足，生活因此而美好。

0443 《我的书屋》

作品类别：散文类

作　　者：邓书俊

发表时间：2012-02-01

发表载体：《甘肃农民报》

获奖及影响：进入"义乌市我的书屋·我的梦"征文活动获奖名单。

简　　介：邓书俊，女，甘肃武山洛门镇人，天水市作协会员。有作品在《农民日报》《兰州日报》《甘肃农民报》《天水日报》《天水晚报》《新农村报道》《天水广播电视报》《梨乡潮》《甘肃邮电报》《民主协商报》《大唐民间艺术》等发表。

0444 《做个美丽的女子》

作品类别：散文类

作　　者：周晓珍

发表时间：2007-10-24

发表载体：《散文百家》

获奖及影响：《做个美丽的女子》入选《散文百家》十年精选，被《河北生活报》《甘肃经济日报》《张掖日报》《甘肃省道路运输》等转载。

简　　介：周晓珍，女，汉族，甘肃省高台县人，甘肃省作家协会会员，现供职于高台县安信汽车运输公司。2000年开始文学创作，作品曾在《散文百家》《丝绸之路》《甘肃经济日报》等报刊杂志发表，旅游散文《海南印象》在全国旅游散文大赛中获二等奖。散文《做个美丽的女子》入选《散文百家》十年精选。旅游散文《初识鼓浪屿》《印象海南》在全国旅游散文大赛中获奖。

0445 《飘逝的云》

作品类别：散文类

作　　者：韩军吉

发表时间：2013-12-25

简　　介：韩军吉，男，汉族，生于1963年，甘肃省张家川县连五乡中心村人，中学语文高级教师，1982年毕业于天水师院中文系，1996年至1998年进修天津教育学院中文系专升本班。从1982年至今，一直在张家川县第一中学从事高中语文教学工作，先后获得过"天水市十佳教学能手""甘肃省师德模范标兵"荣誉称号。2010年被评为"陕西师范大学首届免费师范实习生——天水市优秀指导教师"，2011年被聘为陕西师范大学中文系兼职副教授。他尽心于教育，曾在国家省市级刊物发表教学论文十余篇，被山西师大《中学语文教学研究》聘为研究员。喜爱文学，先后在各级各类刊物发表诗歌散文十余篇，现为张家川县作家协会理事。

0446 《我的家园》

作品类别：散文类

作　　者：玛尔简

发表时间：2008-12-10

发表载体：民族出版社

获奖及影响：获得甘肃省"黄河文学奖"。

简　　介：玛尔简，女，裕固族，2008年出版散文集《我的家园》（民族出版社）获得甘肃省"黄河文学奖"，散文《心儿在沙枣花上开放》等分别获得甘肃省"黄河文学奖"、"金张掖"文艺奖等奖项。2012年3月，被甘肃省委组织部、甘肃省委宣传部、甘肃省文联联合评选表彰为"甘肃省德艺双馨文艺工作者"荣誉称号。2013年6月被国家人社部、中国文联联合表彰为"全国文联系统先进个人"称号，享受省部级劳动模范待遇，连续三年获得张掖市文联系统先进工作者称号。

0447 《小川》

作品类别：散文类

作　　者：洪梅

发表时间：2008-12-01

获奖及影响：荣获甘肃省第五届"少数民族文学奖"三等奖。

简　　介：洪梅，笔名小川，女，蒙古族，籍贯辽宁沈阳市，中国作家协会会员，鲁迅文学院第十七期中青年作家高级研讨班学员，中国少数民族作家协会会员，中国电力作家协会会员，甘肃省作家协会会员，甘肃省永靖县作协副主席，现供职国网公司刘家峡水电厂。1995年由成都出版社出版诗集《飘过季节的风》。2008年12月由中国文联出版社出版散文集《小川》，在2009年9月获甘肃省第五届"少数民族文学奖"三等奖。散文集《小川》的第一部分重点描述了作者童年随父母举家迁徙大西北支援水电建设，饱蘸深情，生动记录了父辈和水电职工艰苦创业的奋斗历程，用孩提的眼睛，展现所有电力创业者的事迹。这个长白山的女儿，带着黑土地的底蕴与厚重，带着对生活的求索，一路走来，诚如书中所言，她自幼"伴着水电站的成长而成长"。散文集的第二部分，通过都市故事、机关故事、品读品看以及生活篇、时尚篇、教育篇等，记载了如火如荼的生活，也体现了作者长期以来不染尘嚣、独饮寂寞、一襟和风的执着与追求。

0448 《星光下的乌拉金》

作品类别：散文类

作　　者：铁穆尔

发表时间：2005-03-11

发表载体：《海燕》

获奖及影响：获甘肃省第二届"黄河文学奖"二等奖。

简　　介：铁穆尔，男，裕固族，散文集《星光下的乌拉金》，获甘肃省第二届"黄河文学奖"二等奖，散文集《北方女王》荣获甘肃省第五届"少数民族文学一等奖"。

0449 《白羽毛》

作品类别：散文类

作　　者：哈利办·恩特汗

发表时间：2003-04-15

发表载体：北京民族出版社

0450 《土狗铃铃的故事》

作品类别：散文类

作　　者：邓书俊

发表时间：2014-02-16

发表载体：《兰州日报》

简　　介：邓书俊，女，甘肃武山洛门镇人，天水市作协会员。有作品在《农民日报》《兰州日报》《甘肃农民报》《天水日报》《天水晚报》《新农村报道》《天水广播电视报》《梨乡潮》《甘肃邮电报》《民主协商报》《大唐民间艺术》等都有发表。

0451 《散文老君山》

作品类别：散文类

作　　者：邓书俊

发表时间：2014-08-01

发表载体：《民主协商报》

0452 《湾湾村的"小银行"》

作品类别：散文类

作　　者：邓书俊

发表时间：2013-04-13

发表载体：《农民日报》

0453 《向北的路》

作品类别：散文类

作　　者：马浩瑜

发表时间：2013-05-01

发表载体：转载《散文诗中国·21世纪十年经典》

获奖及影响：荣获第五届甘肃黄河文学奖

简　　介：马浩瑜，女，回族，甘肃天水张家川回族自治县人，甘肃省作家协会会员，出版散文诗集《一棵不该开花的树》《向北的路》，在《黄河文学》《散文诗》《散文诗世界》《中国诗人》《人民代表报》《甘肃日报》《黄河诗报》等报刊杂志发表作品百余篇，其作品被收录进《中国当代散文诗回顾与年度大展》《大美中华》《大诗歌》。

0454 《地火奔涌》

作品类别：散文类

作　　者：石　凌

发表时间：2014-04-12

发表载体：《散文世界》

获奖及影响：《散文世界》在全国范围内发行，这篇散文受到《散文世界》的力推，在封面重点推介。

简　　介：《地火奔涌》一文记述了石凌在北京听当代著名人文学者钱理群，作家林非、井瑞、苏伟关于文学与时代精神的讲座后产生的震动与感想，感情炽烈，富有真知。

0455 《听麦》

作品类别：散文类

作　　者：石　凌

发表时间：2013-12-20

发表载体：《散文世界》

获奖及影响：在第二届"散文世界杯全国散文评奖"中获得三等奖。

简　　介：作品以质朴的语言记述了自己在收麦过程中的所见、所闻、所思，反映了改革开放三十年来农村农民对土地的看法以及农民生活的本质，是一篇接地气的散文，发表后曾受到多地读者的好评。

0456 《外婆·泉》

作品类别：散文类

作　　者：张玉霞

发表时间：2011-04-10

发表载体：《散文世界》

获奖及影响："建党90周年第一届和谐杯全国散文大赛"入围奖。

简　　介：《外婆·泉》以深情的笔触怀念一位慈祥的外婆以及外婆勤劳朴实、善良的优秀品质，怀念外婆家乡的清泉，以借物喻人的手法，衬托出外婆的优良品质对作者人生的深刻启示。张玉霞，笔名幺丹伶官，1969年12月生，甘肃临夏县人，本科学历，爱好文学，曾从事财会及化验工作，现为中学教师。有论文《找切口让学生走进历史》曾获国家级一等奖，《参与式教学点滴》获国家级二等奖、省级一等奖，系临夏州作家协会会员，作品散见于《创新教育》《民族日报》《双城》《河州》《献给母亲的特殊礼物》《新文学》《大文豪》等，部分散文曾获奖。

0457 《初始庐山真面目》

作品类别：散文类

作　　者：杨建栋

发表时间：2011-07-05

发表载体：《散文选刊》

获奖及影响：荣获中国文学学会和《散文选

刊》杂志社举办的"美文天下"首届"全国散文大赛"二等奖。

0458 《温家庄笔记》

作品类别：散文类

作　　者：石凌

发表时间：2014-05-08

发表载体：《散文选刊》

获奖及影响：温家庄笔记分别在《散文世界》《散文选刊》发表。

简　　介：《温家庄笔记》是纪实类散文，通过对中国西北偏僻山区一个叫温家庄的村里五户农民家庭生活现状的描述，反映了最底层农民的生活与精神状态，农民普遍关注的问题，农村普遍存在的问题，提出的问题引人深思。是一篇接地气的散文。

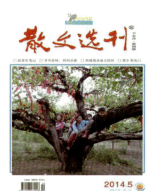

0459 《村庄被羊群撕开了一条口子》

作品类别：散文类

作　　者：曹国魂

发表时间：2012-10-15

发表载体：《散文选刊》

0460 《站在统计的列车上一路踏歌而行》

作品类别：散文类

作　　者：任萧烨

发表时间：2012-10-20

发表载体：灵台统计局

获奖及影响：获得"建国六十年统计征文"三等奖。

0461 《土地深处的痛》

作品类别：散文类

作　　者：石凌

发表时间：2012-08-26

发表载体：盛大文学网云中书城

获奖及影响：这篇评论获得首届"白金书评人"奖。

0462 《天边的敦煌》

作品类别：散文类

作　　者：方健荣

发表时间：2011-10-18

发表载体：首届全国旅游散文大赛

获奖及影响：在美文天下首届"全国旅游散文大赛"中荣获一等奖。

简　　介：散文《天边的敦煌》被选入2013年6月由甘肃人民美术出版社出版的《大美敦煌精选本》一书。此前，此文曾被选入2011年10月由读者出版集团、甘肃人民美术出版社出版的史小溪主编的《中国西部散文精选》（第一卷），作为抒写敦煌的代表性作品，此文还曾被选入2009年7月由读者出版集团出版的《敦煌印象》一书。此文作者对敦煌饱含深情，曾写过一系列敦煌题材散文，在省内外有一定影响力。

0463 《北方的槐》

作品类别：散文类

作　　者：高财庭

发表时间：2010-11-13

发表载体：甘肃人民出版社

获奖及影响：荣获全国"联坛百强殊荣"

简 介：高财庭，男，1963年5月生，甘肃靖远人，中共白银市委党史研究室主任，甘肃省作家协会会员，甘肃省诗词学会会员，甘肃楹联学会理事，中国国学研究会研究员，中华诗词学会会员，中国楹联学会会员，中国楹联文化研究会研究员。作品散见于《白银文艺》《白银日报》《兰州晚报》《民主协商报》《团结报》《飞天》《光明日报》等报刊杂志。主编出版《中国西部历史文化名城——靖远》、《靖远放歌》、《中国共产党白银历史》（第一卷）、《烛光——张克让先生风采录》等。出版有《浅草集》《槐花集》《楹联漫话》，诗集《槐英轩诗稿》（2003年），《槐英轩联稿》，《槐英轩文稿》（2009年），散文集《北方的槐》（甘肃人民出版社，2010年）。

0464 《红歌会师楼》

作品类别：散文类

作 者：苏黎明

发表时间：2008-11-13

发表载体：作家出版社

获奖及影响：作品曾获"河西学院杯"《飞天》全国大学生征文优秀奖，白银市第二届"凤凰文艺奖"文学类二等奖等。

简 介：苏黎明，女，八零后，甘肃会宁人，甘肃省作家协会会员。少儿时期即开始发表习作，迄今在《甘肃广播电视报》《飞天》

《黄河文学》《散文百家》《西北军事文学》《甘肃日报》等省级报刊发表诗歌散文书评等60余篇（首）。

0465 《蝴蝶飞舞》

作品类别：散文类

作 者：王道云

发表时间：2010-11-13

发表载体：中国文联出版社

获奖及影响：笔名冷月，女，生于60年代末，现任白银区文联副主席，市作协理事，中国散文学会会员。出版有散文集《蝴蝶飞舞》。

0466 《黄豆飘香》

作品类别：散文类

作 者：孙宪武

发表时间：2011-09-12

发表载体：甘肃民族出版社

获奖及影响：河南襄城人，教授职称。中国散文学会会员，省作协会员，中国写作学会会员。已发表作品百万字，内容包括教育论文、红学、文学评论、散文、随笔、杂文。作品散见于《光明日报》《书屋》《飞天》《甘肃日报》等报刊。出版有《维勤文选》（陕西人民教育出版社，1999年10月），《黄豆飘香》（2011年9月），《我与公刘的邂逅情缘》（散文）获中国作协文艺报社二等奖，人民日报出版社一等奖，《飞天》征文三等奖，获白银市首届凤凰文艺奖文学类三等奖。

简 介：其作品文字富有张力，深受广大人民群众喜爱，文字功底扎实，其作品多次被国家各大刊物刊登，被全国各大网站转载。

0467 《家乡的楼车》

作品类别：散文类

作 者：李升

发表时间：2008-11-12

获奖及影响：获白银市首届"凤凰文艺奖文学类"二等奖。

简　　介：其作品文字富有张力，深受广大人民群众喜爱，文字功底扎实，其作品多次被国家各大刊物刊登，被全国各大网站转载。

0468 《刻的方式》

作品类别：散文类

作　　者：周志权

发表时间：2012-11-13

发表载体：大众文艺出版社

获奖及影响：男，1966年3月生，甘肃会宁人，甘肃省作家协会会员。自1986年开始在省内外报刊《飞天》《阳关》《甘肃日报》等十多家刊物发表诗歌100多首，小小说、散文十多篇。出版有《刻的方式》。

0469 《明月心印》

作品类别：散文类

作　　者：李　慧

发表时间：2010-11-13

获奖及影响：女，原名桂兰，生于内蒙古丰镇市三义泉乡，市作协会员，市诗联协会会员，市摄协会员，出版有散文集《明月心印》。

0470 《泥土集》

作品类别：散文类

作　　者：张慧源

发表时间：2006-11-13

发表载体：大众文艺出版社

获奖及影响：白银市作家协会会员。致力于散文、杂文创作，有散文诗集《泥土集》

0471 《治园说》

作品类别：散文类

作　　者：张明显

发表时间：2012-11-12

获奖及影响：获白银市首届"凤凰文艺奖文学类"二等奖。

0472 《走过季节》

作品类别：散文类

作　　者：徐长峰

发表时间：2012-11-13

发表载体：兰州大学出版社

获奖及影响：迄今已在《光明日报》等20余种报刊上发表文学作品。

简　　介：男，1963年10月出生，甘肃庆城人，白银日报社副总编，甘肃省作家协会会员，甘肃省摄影家协会会员，中国摄影家协会会员。

0473 《栀紫幽兰》

作品类别：散文类

作　　者：杜　鹏

发表时间：2004-11-13

发表载体：中国文联出版社

0474 《大渭河》

作品类别：散文类

作　　者：寇筱茜

发表时间：2014-08-01

获奖及影响：深受渭源人民喜爱。

简　　介：《大渭河》介绍渭河的历史文化，于史册中寻求渭河的历史价值。

0475 《无助的孤独》

作品类别：散文类

作　　者：寇筱茜

发表时间：2014-08-01

获奖及影响：深受渭源人民的喜爱。

简　　介：孤独的栖居是一种简朴的生活。这是原生态散文的代表作。主要写了作者独居生活的各种状态。

0476 《高振茂散文》

作品类别：散文类

作　　者：高振茂

发表时间：2012-11-13

获奖及影响：笔名字茂、雨茂，甘肃平川人，供职于靖远师范学校，市作协会员，靖远县作协理事，高级讲师。作品曾获白银市首届"凤凰文艺奖"文学类三等奖、全国"八喜杯"优秀奖、"文天祥杯"优秀奖。

0477 《我眼里的鲁迅》

作品类别：散文类

作　　者：何定昌

发表时间：2008-11-13

发表载体：《甘肃日报》

获奖及影响：散文《我眼里的鲁迅》于2010年10月被评为市委市政府颁发的"凤凰文艺奖"文学类二等奖；文学评论《浅谈编辑的修养》于2010年10月被评为市委市政府颁发的"哲学社会科学优秀成果奖"二等奖。

简　　介：何定昌，男，甘肃会宁人，甘肃省作家协会会员、甘肃省民间文艺家协会会员，市作家协会会员，现就职于白银市文联。2009年曾获白银市"德艺双馨"优秀文艺工作者称号。先后在《中国文化报》《飞天》《丝绸之路》等国家级、省级、市级报刊上发表文章60多篇（首）。

0478 《母亲就是家》

作品类别：散文类

作　　者：张彩凤

发表时间：2008-11-13

发表载体：和讯网

获奖及影响：张彩凤，甘肃西和人，甘肃省作协会员、省民间文艺家协会会员，现为《白银文学》编辑部主任。1994年开始文学创作活动，期间陆续有文学作品在地市级以上报刊发表并获奖，作品曾获白银市首届凤凰文艺奖文学类三等奖、"宁波杯"微型小说大奖赛优秀奖、"王府杯"女作者征文鼓励奖、"李白杯"文学作品征文优秀奖。

0479 《远逝的民歌》

作品类别：散文类

作　　者：祁重泰

发表时间：2004-05-18

发表载体：《丝绸之路》

获奖及影响：本文对永登流传久远的民歌进行了深入研究，以优美的笔调抒写了民间歌曲的动人旋律。是对地方民歌具有深度研究性的文章。

简　　介：永登民歌丰富多彩，流传广泛而且久远，在民间曾产生过重要影响。保护和开发民歌在当代十分迫切，本文就是对保护民歌的呼吁，唤起人们的保护和传承意识。本文在当地媒体或文化部门传阅，引起了工作人员的重视。

0480 《时空回眸》

作品类别：散文类

作　　者：秦　铭

发表时间：2010-12-30

发表载体：四川文艺出版社

简　　介：《时空回眸》所展现的，正是作者秦铭所要担当的。从"岁月之河"走来的，是文字栽植的记忆，犹如颜色厚重的庄稼，唤醒的不仅是饥饿的酸楚，还有美食的愉悦；不仅是传承已久的耕读乐，还有厚德载物的精气神。

0481 《不能陪伴你》

作品类别：散文类

作　　者：沈艺秀

发表时间：2010-12-10

发表载体：太白出版社

获奖及影响：2012年2月庆阳市第九届"精神文明建设五个一工程"三等奖。

简　　介：沈艺秀，女，汉族，甘肃省合水县文联干部，甘肃省作家协会会员，合水县作协秘书长。先后出版散文集《不能陪伴你》，收录了作者近年来散文精品力作一百多篇，由太白文艺出版社于2011年出版发行2000册，深受读者喜爱，社会反响良好，该作品集曾获庆阳市"五个一工程"文学类三等奖。

0482 《一滴滋润》

作品类别：散文类

作　　者：苏　黎

发表时间：2004-05-06

发表载体：天马图书有限公司

获奖及影响：部分作品获奖。

简　　介：本书由《感恩亲情》《这山那水》《一滴滋润》三部分组成，书中写了人与人之间的亲情、友爱和面对大自然的细声的歌唱，这是她的抒情主体。她的散文往往是一事、一人、一景的触动，有感而发，不虚，不媚不俗，字里行间闪烁着对人的关怀，对美的赞扬和对丑的鞭笞。

0483 《依恋》

作品类别：散文类

作　者：邸士智

发表时间：2009-03-18

发表载体：《天水日报》

0484 《山情》

作品类别：散文类

作　者：徐化民

发表时间：2011-01-01

获奖及影响：散文《野花儿赞》《九月面蛋红满山》获定西地区优秀文学奖，剧本《关家庄》《渭水盟》获定西地区"五个一工程"奖和创作一等奖。

简　介：这本书内容丰富，有散文、小说、报告文学、诗词、对联、文史、传说等。

0485 《党旗在我们心中》

作品类别：散文类

作　者：江长胜

发表时间：2011-11-11

发表载体：《陇原党旗红》

获奖及影响：2012年8月20日获第五届冰心散文奖单篇奖。

简　介：《党旗在我们心中》歌颂中国共产党建党90年来的丰功伟绩，通过改革开放30多年来的沧桑巨变，来展现全国各族人民在党的领导下团结奋斗共建美好家园的精神风貌，抒发了共产党员全心全意为人民服务的美好情怀。

0486 《古往今来》

作品类别：散文类

作　者：江长胜

发表时间：2010-09-01

发表载体：《中国散文家代表作集》。

获奖及影响：2010年9月1日获中国当代散文奖。

简　介：通过对石英散文集——第57本文学作品集的阅读和分析，总结出这本书深刻厚重、精炼隽永、题材广泛、时空博大的艺术特征，得出散文创作是有难度、有高度、有深度的结论。

0487 《清明时节话清明》

作品类别：散文类

作　者：曹斌锋

发表时间：2012-04-06

发表载体：《未来导报》

0488 《秦地烟云》

作品类别：散文类

作　者：李玉明

发表时间：2013-07-01

发表载体：甘肃人民出版社

简　介：李玉明，男，回族，张家川回族自治县人，生于1964年11月。1985年7月毕业于西北民族大学政治系，法学学士。1985年分配在县人民政府办公室。1989年下基层工作。2007年4月任张家川县广播电视台台长，策划调整栏目与频道包装，以"关注民生、服务经济"为栏目理念，将张家川新闻改版为《今日张家川》，形成融时政、经济、民生为一体的综合性新闻资讯栏目，节目的可视性与娱乐性增强，逐步形成了独具民族特色的自办广播电视节目体系。2007年，参与甘肃省广播电影电视局、甘肃省民族事务委员会和甘肃省广播电视总台联合拍摄的大型人文电视纪录片《长河星辰·中国西部少数民族·回族篇（第二集）生活习俗与宗教信仰》的摄制。2013年完成报告文学《秦地烟云》并出版，策划编导八集文化专题《陇坂纪事》，获得2013年度甘肃省广播影视节目二等奖。2014年拍摄完成纪录片《上坟》，并担任甘肃省丝绸之路研究会理事、天水市广播电视协会理事、张家川县收藏协会名誉会长、张家川摄影协会副主席等社会职务。

0489 《四旧书屋的老李》

作品类别：散文类

作　　者：汪彤

发表时间：2013-03-01

发表载体：《芳草》

获奖及影响：在文学界有一定影响。

0490 《我要飞》

作品类别：散文类

作　　者：彭戈

发表时间：2005-08-10

发表载体：歌曲

获奖及影响：2005年10月获得"天河年轮杯"全国青年歌手电视大奖赛甘肃赛区天水分赛区通俗组优秀奖，"十佳新人奖"。

简　　介：歌曲歌颂了年轻人追求梦想、不断努力的精神。

0491 《叩响文字的门扉》

作品类别：散文类

作　　者：梁建升

发表时间：2014-04-21

发表载体：中国·环县网

获奖及影响：获陇东报和庆阳市图书馆联合举办的世界读书日"我阅读，我精彩"读书征文比赛三等奖。

0492 《威武雄风雄风武威》

作品类别：散文类

作　　者：阎德伦

发表时间：2014-03-02

发表载体：《武威日报》

0493 《静波轩雏集》（第四卷）

作品类别：散文类

作　　者：史征波

发表时间：2010-11-06

发表载体：西安出版社

简　　介：《静波轩雏集》共四卷，第一卷为教育教学卷，第二卷为散文小说诗歌卷，第三卷为学术卷，第四卷为散文诗卷。第四卷收集了作者所有的散文诗作品，由"看看关山风景""见见父老乡亲""问问人生灵魂""听听如歌爱情""走走人间风情"五部分构成。诗人对华亭风光给予了热烈的讴歌，对劳动人民的生存面貌给予了强烈的关注，对人生做了非常哲理而深刻的思考，表达了鲜明的爱憎观，展现了祖国大好河山的壮观与美丽。

0494 《坐听蝉声宽怀》

作品类别：散文类

作　　者：姚展雄

发表时间：2009-08-09

发表载体：西安出版社、百花洲出版社

获奖及影响：散文作品被中外报刊转载，入编多部书籍，入选香港《高中语文》课本。曾获"世界华文创作成就奖""中华新好散文联展""陕西省网络文学十佳散文家"等多种奖项。

0495 《大河西流》

作品类别：散文类

作　　者：姜兴中

发表时间：2010-10-15

发表载体：《西部散文家》

获奖及影响：长篇散文《大河西流》发表于《西部散文家》，进入2012年度西部散文榜。

简　　介：作者为省作协会员，在《飞天》《绿洲》《雨花》《长城》《北方作家》《六盘山》《雪莲》《鹿鸣》《延安文学》《中国青年报》《中国税务报》《联谊报》《甘肃日报》《甘肃经济日报》《党的建设》《酒泉日报》等50多家报刊杂志发表小说、散文、理论等约260万字。出版《姜兴中小说选》一部，长篇小说《税务局长》被税务报刊连载。

0496 《故乡把我的心给你》

作品类别：散文类

作　　者：赵新平

发表时间：2010-02-03

发表载体：《西部散文家》

获奖及影响：该作品发表于《西部散文家》。

简　　介：该作品语言文字优美。

0497 《思念是一棵树》

作品类别：散文类

作　　者：赵新平

发表时间：2008-03-06

发表载体：《西部散文家》

获奖及影响：被评为当地县区优秀作品后发表于《西部散文家》。

简　　介：该作品为我县优秀文学作品之一，2008年发表于《西部散文家》。

0498 《问道崆峒》

作品类别：散文类

作　　者：石　凌

发表时间：2009-01-20

发表载体：《西部散文家》

获奖及影响：获得第三届"西柏坡散文节"优秀奖。

简　　介：《问道崆峒》在描述崆峒山自然与人文风光的过程中表现了强烈的主体意识。

0499 《向幸福的每一天说声感谢》

作品类别：散文类

作　　者：赵新平

发表时间：2011年

发表载体：《西部散文家》

获奖及影响：该作品发表于《西部散文家》。

0500 《静穆苏武山》

作品类别：散文类

作　　者：邸士智

发表时间：2011-02-11

发表载体：《西部散文家》

获奖及影响：选入甘肃人民出版社出版，民勤县委党校编写的"农村基层党员干部教育培训教材"《向全面小康迈进》。

0501 《人生苦旅》

作品类别：散文类

作　　者：郭荣生

发表时间：2005-02-28

发表载体：香港天马图书有限公司

0502 《笔底长河》

作品类别：散文类

作　　者：田　瞳

发表时间：2012-05-01

发表载体：香港艺阳出版社

获奖及影响：历史文化随笔集，共收入叙写历史文化的各类散文随笔88篇，全书12万字，由香港艺阳出版社出版发行。

简　　介：作者所在的河西古城张掖，是国务院公布的历史文化名城，文物古迹遍布，历史事件和历史人物众多。作者回眸历史，遍览典籍，陆续写出了大量有关张掖历史的散文随笔，在报刊分散发表之后又编印成册。共分七辑，分别为"历史长河""河西古迹""甘州名胜""昨夜星辰""历史文化""西路悲歌""丝路传说"七个部分，分别对张掖的名胜古迹、历史轨迹、历史人物、历史事件、历史传说以及红西路军征战河西的史迹进行了透视。史料翔实，角度新颖，且融入了对历史的深沉思考。作品行文流畅，简洁明快，文中洋溢着文学色彩，读来趣味横生，雅俗共赏。

0503 《文学风景》

作品类别：散文类

作　　者：田　瞳

发表时间：2012-05-01

发表载体：香港艺阳出版社

获奖及影响：艺阳出版社2012年出版。

简　　介：作者从事文学创作四十年来，在小说写作之余，还写出各类散文作品数百篇，收入此集的近百篇文章，囊括了作者散文作品的精华。集子里所选作品，题材多样，内容丰富，涉及作者视野的方方面面。作者所见、所感、所思，皆有文字表述，走遍天下的足迹、人生路程的回眸、社会风云的变幻、人生的感悟和思考，还有生活浪花、点滴记趣、人生百态、自然风光，使本书构成了五彩缤纷的文学风景。

0504 《放歌十月》

作品类别：散文类

作　　者：唐　宏

发表时间：1995-03-01

发表载体：选入获奖作品集

获奖及影响：在梁斌文学研究会、天津市教育局举办的"梁斌杯"全国校园文学征文大赛中，获得大学散文组一等奖。

简　　介：作品以诗的语言，书写我国历史的发展，文字厚重，意味深远，贯穿了美学、哲学思想，获得大学组散文一等奖。

0505 《小山庄的变迁》

作品类别：散文类

作　　者：晏继祖

发表时间：2011-10-01

发表载体：中国电影出版社

简　　介：晏继祖，笔名雨燕，男，汉族，1969 年 7 月出生于康乐县八松乡龚庄 6 社。毕业于兰州教育学院中文系汉语言文学专业，现执教于康乐县八松中学，兼任语文教研组组长，中学一级教师。在教学之余喜欢文学创作，是康乐县教育局、县广播电视台、县委宣传部和《民族日报》《未来导报》通讯员，康乐县作家协会理事，临夏州作家协会会员，临夏州政协文史资料专辑特邀撰稿人，甘肃省作家协会会员。从 1987 年至 2014 年先后在《莲花山》《天籁》《双城》《河州》《临夏教育之窗》《民族日报》《五四月刊》《未来导报》《甘肃农民报》《甘肃邮电报》《甘肃黄埔》《民主协商报》《新农村报道报》《神麒》《凝聚》等报刊杂志上发表各类作品多篇。并于 1999 年至 2001 年连续三年被康乐县广播电视局、县委宣传部评选为优秀通讯员，受到表彰奖励。2011 和 2012 年连续两年被临夏州教育局评选为"全州教育系统先进宣传工作者"，受到特别嘉奖。《小山庄的变化》发表于 2011 年 10 月，描写了家乡的变化，是对家乡的赞歌。

0506 《静静的马莲河》

作品类别：散文类

作　　者：王存贵

发表时间：2010-08-11

发表载体：银河出版社

简　　介：王存贵，男，汉族，20 世纪 50 年代中期生于陇东合水县肖咀塬一个农民家庭，大学中文系本科毕业。有散文数百篇发表于各类报刊，已出版散文集两部。《流年履痕》获中国庆阳民俗文化节优秀作品奖，《守望家园》获市委市政府"五个一工程"文学奖，省文学院签约作家。《守望家园》收录了作者从教期间散文作品三百余篇，文笔细腻、感人，深受广大读者喜爱。

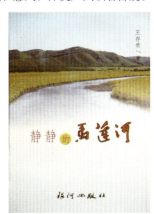

0507 《一个人的世界》

作品类别：散文类

作　　者：杨河林

发表时间：2005-12-11

发表载体：银河出版社

获奖及影响：庆阳市首届"香包节图书精品展销"三等奖。

简　　介：杨河林，男，1941 年 9 月生于甘肃省平凉市，中共党员，高中文化，中教一级教师，曾任政协合水县二至五届委员。任中小学教师近 40 年，业余爱好文学，有散文、论文百余篇，发表于省市报刊。本人事迹收入 1998 年红旗出版社的《鲜红的党旗》一书。于 2000 年退休，《一个人的世界》为作者第一部散文集，收录了作者多年来从事文学创作的散文佳作 200 余篇，《一个人的世界》反映了作者用心和一个人交流，与平凡交流，与崇高对话！

0508 《毛泽东诗词的杂文味》

作品类别：散文类

作　者：杨柏枰

发表时间：2001-11-13

发表载体：《语文报》

获奖及影响：在中学生、中小学教师中有影响。

0509 《变迁》

作品类别：散文类

作　者：李发玉

发表时间：1998-02-19

简　介：《变迁》描写改革开放二十年人民生活生产发生了翻天覆地的变化。

0510 《九寨沟的关键词》

作品类别：散文类

作　者：杨先

发表时间：2013-01-19

发表载体：转载《中国作家·诗人眼中的旅游名胜景点》

获奖及影响：获《人民文学》征文优秀奖。

简　介：杨先，男，20世纪70年代生，甘肃省作协会员。有作品发于《人民文学》《飞天》《西北军事文学》《青海湖》《中国校园文学》《青年文学家》《短篇小说》《少年文艺》《野草》《岁月》等刊物，其中《九之酒》获甘肃省文联、省作协"九文化"征文一等奖。短篇小说《天凉好个秋》获中国

回教文化教育基金会主办的第六届新月文学奖二等奖，《父亲的房子》获《飞天》征文三等奖，短篇小说《那山那狼》获国家林业局森防总站主办的"天人生态杯"全国"啄木鸟"系列生态文学有奖征文"三等奖"，《九寨沟的关键词》获《人民文学》征文优秀奖，《秋天里的阳关三叠》获《少年文艺》"周庄"杯短篇小说征文优秀奖。《九寨沟的关键词》从九寨沟的"水""五花海""生命""净土""幸福"入手，写出九寨沟的神奇，笔触细腻，语言凝练，"作品质量上乘，乃不可多得"（评委评语）。

0511 《泥土的芳香》

作品类别：散文类

作　者：程士荣

发表时间：1997-06-15

获奖及影响：于1997年在《驼铃》杂志第六期发表，文章对永登著名诗人张国宏的乡土诗歌以及乡土情怀进行了透彻的分析，在甘肃及省外产生了重要的影响。

简　介：这是由甘肃省文联主席、著名剧作家、一级编导程士荣先生写的散文，长达五千多字。这是一篇评析永登诗人以及永登乡土文化的优美散文，对研究永登乡土文化具有很高的价值。

0512 《读书让人更美丽》

作品类别：散文类

作　者：赵新平

发表时间：2011

发表载体：征文大赛

获奖及影响：2011年度甘肃省图书馆"纪念建党90周年"征文大赛成人组一等奖。

0513 《红色殿堂》

作品类别：散文类

作　　者：常琦彪

发表时间：2011-11-20

发表载体：中国甘肃网《甘肃红色故事作品选》

获奖及影响：荣获由中共甘肃省委宣传部、中共甘肃省委对外宣传办公室举办的甘肃省庆祝建党90周年"陇原党旗红博文大赛"一等奖，2013年9月入选《甘肃红色故事作品选》。

简　　介：常琦彪，男，汉族，1973年10月生。爱好新闻、文学、摄影创作，已在《农民日报》《中国特产报》《中国粮食经济》《粮油市场报》《飞天》《甘肃日报》《甘肃粮食工作》《光芒》《西凉文学》《白银文学》《白银日报》等十余家市级以上报刊发表文学作品100余篇（首），报告文学2篇，新闻4000多篇，论文6篇，各类摄影作品400多幅。有新闻、文学、摄影作品获市级以上奖励。现为甘肃省作家协会会员，甘肃省摄影家协会会员，甘肃省延安精神研究会会员，多家新闻媒体的特约通讯员。合著有《图说三军大会师》一书。有作品入选《甘肃红色故事作品集》《故土风情》《当代网络作家诗人作品精选》等。

0514　《率性人生》

作品类别：散文类

作　　者：何　勇

发表时间：2013-12-29

发表载体：中国工人出版社

获奖及影响：《率性人生》一书内容丰富，情节动人，语言流畅，在华亭煤业集团职工中影响较大。

0515　《含盐而行》

作品类别：散文类

作　　者：田治江

发表时间：2005-05-05

发表载体：中国广播电视出版社

简　　介：《含盐而行》，诗歌散文合集，创作于1988年至2004年，该书于2005年5月由中国广播电视出版社出版，共印1000册。收录其中的诗歌有80多首，散文60多篇。分为散文篇和诗歌篇。

0516　《时光流影》

作品类别：散文类

作　　者：许贵祥

发表时间：2014-09-01

发表载体：中国国际文化出版社

获奖及影响：推动了陇西散文的发展，为陇西文学创作注入了新的活力。

0517　《我的婆婆》

作品类别：散文类

作　　者：王道云

发表时间：2012-10-18

发表载体：文史出版社

获奖及影响：入编《中国散文大系·女性卷》并荣获"当代最佳散文创作奖"。

简　　介：

0518 《走马观花看瀑布》

作品类别：散文类

作　　者：杜清湘

发表时间：2012-08-12

获奖及影响：荣获 2012 年全国散文作家论坛征文大赛三等奖。

0519 《挺拔的柿子树》

作品类别：散文类

作　　者：杨建栋

发表时间：2010

发表载体：中国首届"庐山杯"

获奖及影响：2010 年，散文《挺拔的柿子树》荣获中国首届"庐山杯"文学艺术大奖赛文学类散文一等奖。

0520 《追寻者的梦》

作品类别：散文类

作　　者：滕建民

发表时间：2009-11-03

发表载体：中国文化出版社

简　　介：滕建民，女，笔名漠北雪莲，生于二十世纪六十年代，甘肃民乐县人。高中毕业后在小学教书，后为个体经营者。2007 年开始写作，先后在《网络作品》《西部散文家》《圣地诗刊》《作家天地》《祁连风》《汉江文学》《张掖电视报》等刊物上发表文章。在外省、市举办的征文比赛中多次获奖。现为西部散文学会会员，中国散文家协会会员。

0521 《青山绿水浪柴沟》

作品类别：散文类

作　　者：吴万军

发表时间：2012-12-03

发表载体：中国文联出版社、《散文选刊》杂志社

获奖及影响：荣获《散文选刊》全国散文奖三等奖。

简　　介：家乡就是一幅美丽的西部风情画。

0522 《朴素的农事》

作品类别：散文类

作　　者：杨天斌

发表时间：1993-08-11

发表载体：中国文联出版社

获奖及影响：被文化部文化共享资源数字化。

简　　介：《朴素的农事》，该散文集别具一格，语言特色鲜明，其文风朴素，关注现实民情。不论是写农事之艰、乡土之情、草虫之趣，都真切感人，富有浓郁的地域特色，饱含鲜活的当代生活气息。

0523 《天斌散文精选》

作品类别：散文类

作　　者：杨天斌

发表时间：2008-07-12

发表载体：中国文联出版社

获奖及影响：2009年8月获甘肃省"黄河文学奖"三等奖；2012年6月获陇南文艺奖银奖。

简　　介：《天斌散文精选》收录作者近年来最有影响力的散文随笔100篇，分五个章节。作者以自己亲历、亲见、亲感、亲悟为蓝本，以真挚的情感，流畅的文笔，表现了对生活、工作的激情，饱含了浓郁的生活气息。

0524 《花开有声》

作品类别：散文类

作　　者：李艳艳

发表时间：2011-07-15

发表载体：中国文联出版社

获奖及影响：白银市第三届"凤凰文艺奖"三等奖。

简　　介：作者是中学教师，近几年，她陆续在《杂文报》《德育报》《教师报》《讽刺与幽默》《甘肃日报》《飞天》等省内外报刊杂志发表300多篇散文、教育随笔和杂文，这部《花开有声》是作者从中遴选90多篇文章结集而成的。

0525 《静静流淌的岁月》

作品类别：散文类

作　　者：齐鸿天

发表时间：2004-06-01

发表载体：中国文联出版社

获奖及影响：该散文集出版后，得到业界好评，曾有数十位国内知名评论家撰文推介。

简　　介：该散文集约20万字，由中国文联出版社出版。该作品格调高雅，充满了青春的活力，以极富抒情的笔调，表达了作者对生活的热爱和对人生的思考。

0526 《如水的眷恋》

作品类别：散文类

作　　者：叶桂兰

发表时间：2010-06-14

发表载体：中国文联出版社

简　　介：《如水的眷恋》是作者多年来利用教学之余创作的一部散文随笔集，作者长期生活在城乡接合部，有机会与社会亲近，因而这部作品写得细腻、优美、富有真情。为读者讲述了一个又一个感人的故事，自然平实的文风，让人咀嚼和回味。

0527 《唐仪天散文集》

作品类别：散文类

作　　者：唐仪天

发表时间：2013-05-23

发表载体：中国文联出版社

获奖及影响：全书四十多万字，分两个小辑，收录了唐仪天先生多年来的心血之作。他的散文以饱含热情的语言，对他生存的唐家湾子进行了极具灵性的表述。文字很有张力，既是乡土生活的文本，又是百姓生活的记录，字里行间充满了生存的智慧和哲理。

0528 《行走的芦苇》

作品类别：散文类

作　　者：于凌鹏

发表时间：2014-04-01

发表载体：中国文联出版社

获奖及影响：《行走的芦苇》出版后，先后有辽宁、山东、广东、湖南、新疆、青海、内蒙等省和自治区，以及甘肃省内外两百多名文学爱好者和作家索取。大家一致认为，《行走的芦苇》，模样清秀，只看封面，总疑心是林风眠的画作，读他的文章，需得备了好茶，在袅袅的茶香里，读一段文字，啜

一口清茶，方觉得过瘾。他的文风，有点小清新，落笔轻盈，却力透纸背，让人不忍释卷！

简　　介：《行走的芦苇》是作者十几年散文创作中，摘部分发表于报刊的精华散文编辑而成的。2014年4月由中国文联出版社出版，著名作家、鲁迅文学奖获得者、享受国务院特殊津贴的葛水平先生作序。全书分为四个部分：第一部分"素履独行"，编撰了作者游历省外风景名胜景点、风土人情的散文7篇；第二部分"春篪秋埙"描写了故乡风物、传统习俗的散文12篇；第三部分"吉光片羽"描写了生活中的一些人和事，他们的喜怒哀乐，幸福的，或者不幸的事情，以人为主，以事为辅，编有文章16篇；第四部分"蠡测管窥"写了个人对文学、音乐、绘画、茶艺、道德等的感受，抒发了作者的某种倾向性。

0529 《在别处》

作品类别：散文类

作　　者：李春风

发表时间：2008-11-14

发表载体：中国文联出版社

获奖及影响：2007年获甘肃省"同桌杯"文学大奖赛二等奖；2010年获"仇池文艺奖"；2014年获中国小说学会主办"文华杯"短篇小说大赛二等奖。

简　　介："青春"是一个已近写滥的主题，但其仍然是个年代文学话题，没有相同的青

春，正如没有相同的个人一样。这是一场布满伤痛、破败和真实的青春，如果这个青春恰恰带有浓郁的乡愁，那么你能够从这里找到一点共同的担当和关怀，或许这就是文学的某种目标。文学永远有力量，多年以后作者不会再用过多的时间和精力关注青春，但生活里却是永葆青春。

0530 《留在时光里》

作品类别：散文类

作　　者：王秋霞

发表时间：2013-12-01

发表载体：中国文联出版社

简　　介：《留在时光里》像一部微电影，记录了作者童年在农村生活的细小片段，她以孩童的目光描写了童年时代的生活图景，展示了 20 世纪 70 年代农村生活的真实画卷。

0531 《三言两语》

作品类别：散文类

作　　者：赵三娃

发表时间：2012-12-12

发表载体：中国文联出版社

简　　介：该书系文学评论集，约 15 万字，2012 年 12 月由中国文联出版社出版。文学评论集从诗歌、散文、小说、影视戏剧等五部分对 40 多位作家作品进行了点评赏读。该文学评论集被推荐为甘肃省文艺评论家协会指定读物。中国作家协会会员、国家一级作家、甘肃省作家协会原主席高平先生为文学评论集做点评。

0532 《射向矿山的星光》

作品类别：散文类

作　　者：赵伟国

发表时间：2008-08-02

发表载体：中国文联出版社

获奖及影响：获金昌市"五个一工程"奖。

简　　介：《射向矿山的星光》共收录作者公开发表并获奖的作品 110 篇，从四个方面反映亲情、乡亲、友情、矿山情。作品主要反映了中国矿山企业的历史，矿工的生活，写出了普通工人在长期的劳动过程中与矿山融为一体的血肉关系。

0533 《闲适之家》

作品类别：散文类

作　　者：石巨福

发表时间：2013-09-06

发表载体：中国文联出版社

获奖及影响：获平凉市"崆峒文艺奖"三等奖。

0534 《闲适之居》

作品类别：散文类

作　　者：石巨福

发表时间：2013-06-25

发表载体：中国文联出版社

获奖及影响：平凉市"崆峒文艺奖"三等奖

0535 《焉支行》

作品类别：散文类

作　　者：杨桂平

发表时间：2012-09-01

发表载体：中国文联出版社

获奖及影响：获上海《少年文艺》全国征文一等奖。

简　　介：杨桂平的散文以土地为对象，说丰收，说贫穷，说富饶，说甘甜与苦涩，说疼痛与幸福，这些交织错综在这块土地上繁衍生长。作品中所选的故乡题材的散文，反映了乡土文学美学上的泥土气息、泥土滋味。无论是写故乡的现代文明、历史踪迹，还是自然风物、民俗民风，都浸透着她对故乡的认识及获得的人生感悟，蕴含着一种超越故乡的社会普遍价值的美和善，散文婉约而深沉，真切而美丽。文字朴实纯洁，炽烈如火。

0536 《走进方块字》

作品类别：散文类

作　　者：张淞

发表时间：2012-07-01

发表载体：中国文联出版社

获奖及影响：在山丹文学领域有一定的影响。

简　　介：所收文章篇幅很短，言简意赅，主要用《易经》之理科学诠释汉字，道理浅显易懂，语言直白通晓，作品以网友和朋友测字为主，收集成册。一是给爱好者提供学习的资料，二是引发读者热爱灿烂的中华文化。

0537 《昨天》

作品类别：散文类

作　　者：郭勇

发表时间：2012-11-12

发表载体：中国文联出版社

获奖及影响：部分作品获奖。

简　　介：2012年郭勇收集多年创作成果精心编纂出版散文集《昨天》，收集散文七十余篇，小说十余篇，是作家几十年如一日平凡的心路历程。作品采用以小见大的手法，多视角再现了备受社会广泛关注的诸多民生问题，虽缺乏对重大题材的深入挖掘和知性思考，以及对社会生活史诗般的广角镜头式的艺术关照，但作品中也不乏细微缜密而冷峻深入的艺术思考，看后给人带来心灵的抚慰和震撼。

0538 《静静的马莲河》

作品类别：散文类

作　　者：刘政

发表载体：中国文联出版社

发表时间：2006-08-10

0539 《敦煌旅伴》

作品类别：散文类

作　　者：李茂锦

发表时间：2000-03-06

发表载体：中国文联出版社

获奖及影响：荣获第三届酒泉地区精神文明建设"五个一工程"奖。

0540 《落梅》

作品类别：散文类

作　　者：史卫东（史前）

发表时间：2014-09-01

发表载体：中国文联出版社

获奖及影响：推动了陇西文学的繁荣与发展，带动起一大批文学人才和文学爱好者的创作激情。

简　　介：《落梅》一书为史前（史卫东）所著，2007年9月1日由中国文联出版社出版，全国新华书店经销，全书438页，包含45篇散文作品。

0541 《月牙泉边的月夜》

作品类别：散文类

作　　者：方健荣

发表时间：2012-11-20

发表载体：中国文联出版社

获奖及影响：荣获中国散文学会评选的"当代最佳散文创作奖"。

简　　介：散文《月牙泉边的月夜》被选入由著名作家石英主编的《中国散文大系》（旅游卷），此书于2012年11月由中国文联出版社出版，此书是中国散文学会重点文学工程。以浪漫诗意的笔调抒写了作者夜游月牙泉的真实感受，是作者诗化散文代表性作品。此文还曾在《中国文物报》等报刊发表。

0542 《来自孤岛的歌》

作品类别：散文类

作　　者：史征波

发表时间：2005-11-06

发表载体：中国文史出版社

获奖及影响：本作品集出版 2000 册，在平凉地区产生了较大影响。

简　　介：本书为诗人的散文诗集。全书由"追问灵魂、品味爱情、回望家园"三部分构成。在这本书里，已明显体现了诗人对人生的冷静态度和人生追求上的严肃性及悲剧意义。诗人对爱情的态度显然已不再是热烈的讴歌，而是给予更多的理性而复杂的思考，并通过爱情题材侧面反映对社会现实中不良现象的强烈不满。诗人除了对乡村风光的赞美之外，也开始真切关注社会弱势群体的生存面貌。

0543 《且行且吟》

作品类别：散文类

作　　者：张惠灵（石凌）

发表时间：2008-10-10

发表载体：中国文史出版社

获奖及影响：其中多一半散文在文学期刊或报纸文艺副刊发表过，《域外风景》获"芳草杯"全国精短作品大赛一等奖，《问道崆峒》获第三届"西柏坡散文节优秀奖"，四篇散文入选各类文集。

简　　介：《且行且吟》由中国文史出版社出版，该书系中国作家杂志社图书编辑室策划编辑的"守望文丛"中的一册。作者张惠灵，笔名石凌，文学学士。曾做过中小学教师、记者、编辑，业余从事文学创作，作品散见于《北京文学》《当代小说》《芳草》《教育艺术》《平凉日报》等报刊。《且行且吟》收录了作者四年来创作的散文随笔 81 篇，分为 3 个专辑："草根夜话""域外风景""往事匆匆"。其中游记散文把摹景、抒情与哲思融为一体，文笔流畅，率性自然；叙事散文富有黄土气息，不少篇章对家园、亲情和底层人物的人性光辉进行了讴歌。文字清新素洁，富有哲思，个性鲜明。

图书在版编目（CIP）数据

且行且吟 / 张惠灵著. -- 北京：中国文史出版社，2008.10
（守望文丛 / 李秀国主编）
ISBN 978-7-5034-2299-7

I. ①且… II. ①张… III. ①散文-作品集-中国-当代 IV. ①I267

中国版本图书馆CIP数据核字（2008）第155304号

0544 《独步黑河边》

作品类别：散文类

作　　者：张　军

发表时间：2013-11-15

发表载体：《中国文学》

获奖及影响：张军，张掖市甘州区农村教师，系甘肃省作家协会会员、甘州区作协理事、诗词学会理事。其作品《东山峡谷》等 4 首诗歌入选 2010 年中国文化出版社出版的《当代诗歌精品选粹》，《沿着黑河走》等 27 首诗歌入选 2010 年《中华当代汉语诗歌典藏（二十人卷）》。《回望甘州》等 4 篇散文、故事被选入《悦读甘州》丛书。曾获各种文学奖项 10 余次。2012 年被《文学月刊》聘为"签约作家"，2013 年被《甘州教育》聘为文学编辑。20 多年来，笔耕不辍，先后在《甘肃日报》《语文报》《北方作家》《野草》（增刊）、《文学月刊》《中国文学》《甘肃工人报》《甘肃农民报》《星星诗刊》《远方》《农村青年》《教师报》《生命树》《金张掖周刊》等各级刊物发表诗歌、散文、小说、故事等作品近 300 余篇（首）。

0545 《守望崆峒》

作品类别：散文类

作　者：石　凌

发表时间：2011-11

发表载体：《中国文学》

获奖及影响：获得全国散文论坛征文二等奖。

简　介：《守望崆峒》以独特的视角描述崆峒，写出了崆峒的雄毅与秀美，凸显了崆峒山独特的自然与人文风光。同时写出了作者对崆峒文化的独立思考，有一定的推广价值。

0546 《故乡记忆》

作品类别：散文类

作　者：赵开山

发表时间：2009-07-29

发表载体：中国戏剧出版社

简　介：《故乡记忆》是一本散文集，作者用文笔优美的游记和笔记，立体式描写了故乡金塔山川的壮丽、历史的悠久、文化的厚重和民风的淳朴，反映了金塔特有的地域文化和人文精神。

0547 《三友行》

作品类别：散文类

作　者：罗六元、石巨福

发表时间：2011-01-29

发表载体：中国戏剧出版社

0548 《素蓝如瓦》

作品类别：散文类

作　者：石凌（张惠灵）

发表时间：2012-09

发表载体：中国戏剧出版社

获奖及影响：《素蓝如瓦》一书中多半文字在纸质文学报刊上发表过，部分作品获得过不同级别的奖项。

简　介：石凌散文集《素蓝如瓦》一书由中国戏剧出版社正式出版，该书由青年评论家、《散文世界》执行主编苏伟、知名散文作家姚展雄作序，林非（中国散文界学会会长）、孙郁（中国人民大学文学院院长）等名家题词。全书共分六辑：《素蓝如瓦》《真水无香》《倾听天籁》《难忘恩师》《命若琴丝》《流年似水》。石凌，原名张惠灵，在《北京文学》《文艺报》《散文世界》《思维与智慧》《教育艺术》《北斗》等报刊发表文学作品一百余篇，2008 年出版散文随笔集《且行且吟》。近年来，石凌饱读诗文，勤奋笔耕，关注底层，行走边缘，自觉书写身边的社会和人事。石凌的散文有鲜明的文化批判精神，道义承担责任，文字旷达深沉，情感灼热，体现出个性化的艺术风格。

0549 《曲阜散记》

作品类别：散文类

作　　者：方健荣

发表时间：2012-05-30

发表载体：中国徐霞客游记文学奖

获奖及影响：荣获首届"中国徐霞客游记文学奖"优秀作品奖。

简　　介：《曲阜散记》真实记录了作者游历孔子家乡曲阜的所见所闻，所思所想。通过《朝圣孔子庙》《在杏坛的遐想》《一位好学生》《孔府见闻》《孔子墓前的沉思》《快乐行走的圣者》等六篇散文，缅怀了孔子伟大的一生和他对中国文化的巨大影响，是获奖作品中篇幅最长的一篇。

0550 《呵护莲花台》

作品类别：散文类

作　　者：朱　平

发表时间：2011-08-17

发表载体：中国作家网

获奖及影响：该作品在光明网、中国作家网、《平凉日报》等多种网站和报刊转载发表，特别是在平凉市内影响深远。

0551 《玉门发展的又一个春天》

作品类别：散文类

作　　者：张学文

发表时间：2009-08-11

发表载体："中华魂优秀文学作品"征文

获奖及影响：获"中华魂优秀文学作品征文"二等奖。

简　　介：张学文，男，汉族，1960 年 10 月出生于甘肃玉门，大学文化，1978 年参加工作，1992 年入党，讲师职称。曾先后在玉门二中、玉门市委党校、市政协工作，先后任市政协文史学宣委副主任，党校副校长，现任玉门市档案局书记、市文联作家协会理事。1980 年开始发表作品，在《人民文学》《党的建设》《学习导刊》《甘肃日报》等报刊发表文章近百篇。曾参与《中学地理歌谣》《高中地理范例解析》《现代企业管理》22 集电视连续剧《王进喜》《永远的丰碑铁人王进喜》《百年酒泉》《酒泉文史资料》7—8 辑、《玉门文史资料》8—9 辑等编写工作。1999 年被中国管理科学院聘为特约知识经济研究员。2000 年被国家人事部专家服务中心《中国专家大辞典》收录。报告文学《绿荫》获《人民文学》优秀奖，获酒泉市委第六届"五个一工程"奖，报告文学《赤金娃》获全国第四届时代人物征文二等奖，报告文学《党旗映红风电人》获时代风采金奖，散文《玉门发展的又一个春天》获时代风采二等奖。

0552 《关山风景线》

作品类别：散文类

作　　者：史征波

发表时间：2001-12-06

发表载体：珠江出版社

获奖及影响：本作品出版 2000 册，在平凉地区产生了较大影响。

简　　介：此书为诗人的散文诗集，全书由"思想的风景、生活的风景、爱情的风景"三部分构成。诗人以深邃的笔调，揭示了许多人生哲理，体现了诗人积极的人生价值取向；以热烈的情怀，描绘了关山的旖旎风光，展示了关山区域劳动人民的生活画面；以优美的文字，赞美了人类至高无上的爱情，揭示了美好爱情的丰富内涵。

0553 《多奇散文集》

作品类别：散文类

作　　者：崔多奇

发表时间：2006-11-03

发表载体：珠江文艺出版社

获奖及影响：部分作品获奖。

简　　介：作品抒写了自己的情感、亲情、理想、读书、写作等。作品大部分以叙事的手法回顾了自己过去的时光。文笔简练、细腻，情感真挚，对了解山丹历史有一定的文献价值。

0554 《梦悟与幻象》

作品类别：散文类

作　　者：杨百平、何智龙、裴学庆

发表时间：2013-08-03

发表载体：作家出版社

获奖及影响：在陇原大地反响强烈。

简　　介：本书以国内外美学、心理学理论为指导，观照艺术作品。作者打通了"经验"与"超验"、"形下"与"形上"，将被人为割裂即"二元化"的世界整合为统一的生活世界，并且为人们在这一充满矛盾的生活世界中的合理生存提供了"正常思维"。该书把心理学的原理淋漓尽致地运用到文学阅读和欣赏之中，体现了格式塔心理学"整体大于部分之和"的心理描述，使思维超越文本本身的限制，通过文学艺术的阅读与欣赏培养创造性思维的先范。该书审查于物，别异比类，慧然独悟。该书让美的思维呈现一种自然造化的灵光，是心灵世界绽放的美丽的花朵。美的思维涌现在艺术创造的源头活水之中，涌现在艺术家园为自己创造的审美理想之中。美的思维最后浓缩为人生哲学信念的慧解，是对人生安身立命的终极关怀。

0555 《我坐在秋天的田埂上》

作品类别：散文类

作　　者：吴建华

发表时间：2010-12-11

发表载体：作家出版社

简　　介：吴建华，男，甘肃省庆阳市合水县西华池镇人，现为合水县文广局局长，合水县影视家协会主席。从小爱好诗歌，曾在省市报刊、杂志发表诗歌二十余首。《我坐在秋天的田埂上》为处女作，由作家出版社2010年出版发行，收录了作者近百篇散文精品佳作，深受群众喜爱，社会反响良好。

0556 《寂寂繁花》

作品类别：散文类

作　　者：张月玲

发表时间：2003-01-28

发表载体：作家出版社

获奖及影响：获"金城文艺奖"。

0557 《人生旅程的倾诉》

作品类别：散文类

作　　者：薛方晴

发表时间：2010-05-04

发表载体：作家出版社

简　　介：《人生旅程的倾诉》是一本小说散文选。其中包括六篇中短篇小说，六篇文史、人物散文，六篇祭文。作者抓住了社会的一些要害弊端，通过巧妙构思，结章成篇，鞭笞假恶丑，颂扬真善美。小说《在儿子的婚宴上》《风雪除夕夜》将最美的东西撕得粉碎，抛向带血的牙齿。《算命》《救驾》入木三分地揭示了落后愚昧现象，号召人们树立科学观念。《两个女人的婚变》具有当代普遍的社会意义，不少农村打工妹外出打工，毁坏了自己家园中的幸福家庭，原以为可以步入荣华富贵，但多数却以不幸结尾，以悲剧收场。作者痛心地告诫她们：要珍惜属于自己的幸福，不可轻信扭曲变形的人性，那更多的是险情，是罪恶。《人生旅程的倾诉》是作者简易的自传体小说，我们可以从中了解作者的思想、理想、性格、人格等诸多方面。几篇散文向我们展示的是亲情美，是人性美，是知识美，是奉献美。它呼唤人们热爱美，追求美，为世界的大美而努力工作而勇于献身。

0558 《幸福是只青鸟》

作品类别：散文类

作　　者：董文婷

发表时间：2010-11-29

发表载体：作家出版社

简　　介：由作家出版社出版发行的散文集《幸福是只青鸟》，按照创作时间的顺序，分成了"冬天的记忆、生命之痛、走失的村庄、孤独雪飘、散章"等五辑。在这些记录着故乡、乡情、亲情等心路历程的文字中，作者从记忆的素材库里，提取了过去生活的片段与场景，以真实情感和自然流畅、隽永清新、干净利落的语言作为支点，用第一人称回望的方式，充满诗意地追忆了过往生活中的世事变迁、苦痛磨难、即将消失的岁月以及生活种种。字里行间透露出岁月流逝的淡淡感伤，对未来充满理性思考的启迪。

（三）诗歌

0559 《红灯照墨》

作品类别：诗歌

作　　者：古马

发表时间：2009-01

发表载体：敦煌文艺出版社

获奖及影响：曾被甘肃作协推荐参加第五届"鲁迅文学奖"。

简　　介：《红灯照墨》内容包括：柴、焉支花、磷火、春秋、重上景阳冈、小陶罐里的七朵花、寄自丝绸之路某个古代驿站的八封私信、向西等内容。古马把西北民歌的神韵及一些特有的抒情方式，与现代诗的技巧糅和、化用得那么和谐、自然、贴切、流畅，从而形成了一种民歌韵味十足又很简约含蓄，富有暗示张力的个人语言风格。

0560 《玉门诗抄》

作品类别：诗歌

作　　者：李季

发表时间：1955-04

发表载体：作家出版社

获奖及影响：甘肃历史上最具代表意义的著名诗歌作品之一，在中国当代诗歌史上享有广泛的声誉。

简　　介：《玉门诗钞》兼顾时代性和政治性，是产生于甘肃玉门的中国石油诗的代表作。是中国石油文学、工人阶级文学的重要成果，在文学史上具有标志性的价值。李季曾任中国作协副主席、书记处常务书记，第五届全国政协委员，作为甘肃作家协会的早期领导，为甘肃当代文学艺术事业奠定了坚实的基础。

0561 《侏儒酒吧》

作品类别：诗歌

作　　者：何来

发表时间：1995

发表载体：成都出版社

简　　介：《侏儒酒吧》是何来介入现实最著名的长诗。书中充满了尖锐的嘲讽、轻蔑的指责、喝问以及不容置疑的断言。原本是新闻性的事件通过反复讲述、描绘和挖掘，变成了人类生存状况的某个侧面，作者主观的态度也显得异常丰富。愤怒？蔑视？叹息？呼吁？这一切在不确定间交织得复杂而生动。

0562 《复仇的火焰》

作品类别：诗歌

作　　者：闻捷

发表时间：1959

发表载体：作家出版社

获奖及影响：《复仇的火焰》与郭小川的《将军三部曲》成为十七年文学中叙事诗的代表作，为自由体或半自由体诗歌与民歌等中国传统因素结合做出了贡献。

简　　介：《复仇的火焰》是一部一万字数千行的辉煌史诗，是闻捷先生诗歌创作上的一座丰碑，也是我国新诗发展史上的新的突破和收获，被茅盾称为叙事长诗的"另一种形式""代表"。长诗以中华人民共和国成立初期粉碎新疆东部巴里坤草原的叛乱为题材，写人民解放军贯彻中国共产党的民族政策，教育、团结受蒙蔽群众，军事进剿结合政治争取，孤立了哈萨克民族中的反动派，取得了平叛的胜利。长诗力图从较广阔的历史背景来表现这场复杂的斗争，几条情节线索的并行与交错，社会各个阶层的众多人物的刻画，使长诗具有宏伟的史诗性质。一些主要人物都各有特色。在第一部中，性格鲜明并具有一定深度的是青年牧民巴哈尔形

像。长诗刻画了这一人物性格的复杂性，并表现他最后走向觉悟的过程，另外，巴里坤草原的风光，哈萨克民族的生活习俗，在长诗中也有出色的描绘。

0563 《羚之街》

作品类别：诗歌

作　　者：丹真贡布

发表载体：湖南文艺出版社

获奖及影响：《羚之街》不仅是甘肃少数民族诗歌史上的代表作，也是藏族文学史上具有里程意义的作品。

简　　介：《羚之街》是作者的第一本诗集，作品主要为作家对民族、地域和个人情感的表达，在这本55页的诗集中，集中收录了作家在80年代前后创作的一些精品力作。数量不多，但篇篇堪称精品。作为一位优秀的民族诗人，丹真贡布的诗把民族性与艺术性融于一体，成为当代诗歌在民族化道路上开拓前进的一个典范。丹真贡布的诗，"在表现民族生活的同时，融进了严肃的思考，表现了对祖国、民族未来命运的关注"（《甘肃当代文艺五十年》评语）。他的作品构思新巧，语言自然流畅，形成了工巧自然而又意味深长的艺术特色。

0564 《断山口》

作品类别：诗歌

作　　者：何来

发表时间：1988

发表载体：甘肃人民出版社

获奖及影响：获甘肃省第一至第四届文学创作奖。

简　　介：《断山口》是诗人创作高峰期的又一力作。作品中体现出迥异于其他诗人的特质，即理性的思辨色彩。何来的诗风从狭窄走向空阔，由黏滞趋于灵动，以它丰富而多层次的人生体验和对人的现实世界的理解与把握而引入联想，进入一种浩瀚苍茫的精神世界领域里。从"现实—历史"这样的情结中挣脱出来，飞向了更为深邃浩渺的思想空间，使他的诗生出新的因素。

0565 《野诗全集》

作品类别：诗歌

作　　者：老乡

发表时间：2003-11

发表载体：敦煌文艺出版社

获奖及影响：获中国作协第三届鲁迅文学奖。

简　　介：《野诗全集》是夺人耳目的美学书简，也是洞悉灵魂、颖悟天启的神奇串索，亦是拥有深邃根须和超越花花草草高度的大树，更是丰饶富赡的精神宝库。老乡在当代诗坛，凭借"浪漫的阿凡提"或"卓别林"式精神，接续了现代诗歌的喜剧传统，标举着健康的自嘲与反思习惯，成为当代诗坛迎风招展的一面旗帜。

0566 《字纸》

作品类别：诗歌

作　　者：牛庆国

发表时间：2012-05

发表载体：敦煌文艺出版社

获奖及影响：大部分作品发表在《诗刊》《星星》《绿风》等国内一流刊物并被多家刊物选载。

简　　介：《字纸》是诗人牛庆国近年来的一部诗集，收录诗人2010年前后创作的大量作品，其中绝大部分发表在《诗刊》《星星》《绿风》等国内一流刊物并被多家刊物选载。《字纸》中的作品大多"散发着泥土和汗水的气息，艰难挣扎中的生命，又有它的庄严和高贵"。牛庆国的诗都来源于他的生命，他的气息、他的血脉都与故乡紧紧联系在一起，故乡对他来说不是梦，而是他的生存现场，源于生命本真的悲悯情怀、朴素真诚的表达方式，这些使得牛庆国的诗具有强大的穿透力。

0567 《阳飏诗选》

作品类别：诗歌

作　　者：阳飏

发表载体：甘肃人民出版社

获奖及影响：多年来，阳飏以其独特的诗歌方式得到全国诗界的注目，继1999年获得读者投票评选出的"星星诗刊跨世纪诗歌奖"之后，又获得"星星年度诗人奖"，这是甘肃诗歌创作的又一收获。

简　　介：阳飏是新时期甘肃庞大的诗歌创作队伍中具有代表性的作家之一。他的诗歌作品风格鲜明、质量上乘、数量巨大，能在美术、文学等多个艺术领域自由穿梭，某种程度上发挥了地方文学风尚引领的作用。他主持的刊物也成为我省的一个重要文化阵地，广聚国内一流诗歌人才，成为业界较为认同的艺术平台。他创作的大量诗歌作品，以甘肃或者说广义的西部为背景，最大限度地宣传了甘肃，把苍劲雄浑、九曲不回的西部气象和甘肃精神通过文学的形式传递给了外界。对甘肃省的文化大省建设、旅游产业宣传、新区建设、正能量传递、陇人形象塑造、民族风情宣扬，起到了不可低估的作用。

0568 《伊丹才让藏族诗歌系列》

作品类别：诗歌

作　　者：伊丹才让

获奖及影响：歌舞剧剧本《拉卜楞节日》(合作)被评为全国专业歌舞优秀节目，诗歌《捧送阳光的人》《母亲心授的歌》分获全国第一、二届少数民族文学创作一等奖，组诗《山海奏鸣曲》获五省区藏族文学一等奖，诗集《雪狮集》获全国少数民族优秀诗集奖，《雪域集》获甘肃省文学评奖优秀作品奖，长篇抒情诗《生命沉浮的韵律》等在全国和省区获奖20余次。

简　　介：伊丹才让是思想最活跃、写作最勤奋、影响最广泛的藏族当代诗人，也是藏族四大最著名的用汉语写作的老诗人之一。是新中国成立后成长起来的第一代用汉文写作的藏族诗人。他勤奋耕耘，努力创作，他的诗歌内容丰富，感情饱满，哲理性强，且比喻俊雅，文字优美。由于他善于汲取藏民族悠久的历史文化，因而在他大量的汉文诗中很好地反映了藏民族优秀的传统文化。读他的诗能够体会到浓郁的藏族特色。伊丹的诗创作，除了特别注意思想的深度，尽量透过事物的表面现象，挖掘事物的内核本质之外，还在诗的表达形式上有所追求，他本来对藏族民歌的各种表达方式非常熟悉，写起来得心应手。用他自己的话说，说是"揣摩雪狮咏啸的神韵"。

0569 《唐祈诗选》

作品类别：诗歌

作　　者：唐祈

发表时间：1948

发表载体：人民文学出版社

简　　介：《唐祈诗选》以独特的牧歌意绪揭示了一位南方诗人对于北方人民生活的体验，由此体现出中国诗歌文化的南北融合，这种融合在唐祈的作品中主要体现为以南方人的心态和眼光打量北方风情、建构了独特的抒情话语，在情绪内涵上则是沉思、迷惑与希望的交织。唐祈的诗属于中国现代诗歌，主要指新体诗，是一种现代文学体裁，是五四运动以来的诗歌。现代诗歌用白话语言写作，形式上灵活自由，没有旧诗词格律的束缚。特点是：有高度的概括性、鲜明的形象性、浓烈的抒情性以及和谐的音乐性，形式上分行排列。

0570 《水磨坊》

作品类别：诗歌

作　　者：汪玉良

发表时间：2005

发表载体：《飞天》

获奖及影响：获第七届全国少数民族文学骏马奖。

简　　介：东乡族著名诗人汪玉良将自己的短诗结集为《水磨坊》，献给他深深挚爱的祖国和人民。《水磨坊》中的诗歌短小精悍，感情真挚，饱含浓郁的民族特色和地方风情。歌唱了民族翻身解放的欢欣，歌唱了伟大的祖国。诗人往往从生活中撷来一枝一叶，融进独立的人格精神和审美理想，显示出思想和哲理的深度。

0571 《伊犁风情》

作品类别：诗歌

作　　者：杨文林

发表时间：1986

发表载体：《诗刊》

获奖及影响：获甘肃省第一届优秀文学作品奖。

简　　介：《伊犁风情》以新疆伊犁为背景，歌颂了新中国人民建设祖国、讴歌美好河山的豪情壮志。诗歌形式新颖，语言活泼，感情真挚。是一部不可多得的优秀作品。杨文林是中国作家协会（第七届）名誉委员，中国作家协会兰州分会副主席，甘肃省文联副主席，编审。中国作家协会第四届理事，第五届、第六届名誉委员。曾获中国作家协会全国文学期刊编辑荣誉奖，中国作协、国家新闻出版署文学老编辑和老出版工作者荣誉证书。

0572 《阿信的诗》

作品类别：诗歌

作　　者：阿信

发表时间：2008-06

发表载体：新疆美术摄影出版社

获奖及影响：作品先后多次获得敦煌文艺奖等国内有较高知名度的奖项。

简　　介：《阿信的诗》收入作者精选诗歌一百六十首，随笔及相关评论二十余篇。著名诗人林莽、人邻分别作序，著名出版人、作家王族出任责任编辑。阿信是甘南诗歌的代表作家，也是个甘肃诗歌和西部诗歌的代表作家，以其独特优美的写作风格在国内文坛享有广泛声誉。他的作品具有较大的社会影响，作品先后多次获得敦煌文艺奖等国内有较高知名度的奖项。创作潜力巨大，可利用价值较高。

0573 《村小：生字课》

作品类别：诗歌

作　　者：高凯

发表时间：2000-10

发表载体：《诗刊》

获奖及影响：被《诗刊》第四次转载。该诗

被中央电视台《东方书城》节目、浙江师范大学等单位改编成同名诗剧。并入选《中国文库》《新中国60年文学大系》《改革开放三十年的中国儿童文学》等60余种选本选刊和《儿童文学选》等全国高等师范院校通用教材和阅读教材。

简　　介：这首诗给人一种清新质朴的感觉，简简单单，却勾勒出一幅山里孩子快乐学习的场景。通篇看来每一处词语都来自孩子的生活经验，都与孩子的世界息息相关。形式方面，这首诗只有五个小节，每个小节都以一个汉字的组词形式展开，而这正是小学语文课上最常见的情景。简单的五个字，将乡村孩子的生活与向往尽收其中，极具典型意义。让人们感受到了一种热烈的渴望，一种发自内心的向上的力量，一种在任何环境中都不放弃追求的精神。

0574 《镜中之象》

作品类别：诗歌类

作　　者：肖河

发表时间：2001-01-01

发表载体：《白银文艺》

简　　介：当代新诗潮和后新诗潮的诗歌创作中，我们会看到诗人对于人的内宇宙的钟情。青年诗人肖河的组诗《镜中之象》就为我们提供了这种表现大于再现，顺化大于同化的实例。这组诗包括了《气球》《观镜》《太阳》《月夜》《句子》五首诗。掩卷长思，我们从诗人凝定的形式与文本中，不难体味出作者对人性的解读和对人生价值的苦苦追寻，体味出作者在现实的生存机制中，去通过观照生活产生出的精神追问及这种追问中思辨的分量与睿智的内涵，上帝与撒旦同在，真理与谬误同源。

0575 《娜夜诗选》

作品类别：诗歌类

作　　者：娜　夜

发表时间：2003-04-08

发表载体：敦煌文艺出版社

获奖及影响：获第三届"鲁迅文学奖"。

简　　介：娜夜，女，满族，祖籍辽宁兴城，在西北成长，南京大学中文系毕业。1985年开始诗歌创作，出版多部诗集。国家一级作家，现任甘肃省作家协会副主席，甘肃省文学院荣誉作家，甘肃省民盟盟员，兰州市作家协会副主席，兰州市政协委员。作品为国内外报刊广泛转载。部分作品被翻译成英、法、日、意大利等多种文字。曾获人民文学奖、中国当代杰出民族诗人诗歌奖，"新世纪十佳青年女诗人"等国家级奖项和荣誉称号；获得"甘肃省文化宣传系统拔尖创新人才"、甘肃省第四届和第五届"敦煌文艺奖"特别贡献奖、"首届甘肃省中青年德艺双馨文艺工作者"、甘肃省文艺突出贡献奖、"甘肃省领军人才"、甘肃省少数民族创作荣誉奖等省级奖项和荣誉称号。2005年，《娜夜诗选》获第三届"鲁迅文学奖"。

0576 《胡杨诗选》

作品类别：诗歌类

作　　者：胡杨（胡文平）

发表时间：2013-03-01

发表载体：《诗刊》《人民文学》

获奖及影响：甘肃省第七届"敦煌文艺奖"二等奖。

简　　介：这是胡杨发表在《诗刊》《人民文学》《中国诗歌》等国内重点刊物中重点栏目的作品，作品以西部题材为重点，深受广大读者喜爱。

0577 《诗十八首》

作品类别：诗歌类

作　　者：胡杨（胡文平）

发表时间：2009-12-01

发表载体：《诗刊》《人民文学》

获奖及影响：2009 年 12 月荣获第三届"甘肃黄河文学奖"一等奖。

简　　介：这是胡杨发表在《诗刊》《人民文学》《中国诗歌》等国内重点刊物中重点栏目的作品，这些作品以西部题材为重点，深受广大读者喜爱。

0578 《梁积林的诗》

作品类别：诗歌类

作　　者：梁积林

发表时间：2004-02-03

发表载体：花艺出版社

获奖及影响：获甘肃省第六届"敦煌文艺奖"三等奖。

0579 《青草一样匍匐在大地上的生灵》

作品类别：诗歌类

作　　者：谦才华

发表时间：2012-04-04

发表载体：《荒原》

获奖及影响：天津市第十九届"文化杯"全国鲁藜诗歌奖三等奖；第四届"黄河文学奖"。

简　　介：谦才华，中国少数民族作家学会会员、甘肃省作家协会会员。作品散见于《诗刊》《星星》《民族文学》《散文诗》《飞天》《延河》《青年文学》等刊物。作品收入《新时期甘肃文学作品选》《中国诗歌、二十一世纪十年精品选编》《新时期中国少数民族文学作品精选·藏族卷》等 20 多个选本。荣获木兰围场"风电杯"全国诗歌大赛三等奖、第十九届"文化杯"全国鲁藜诗歌奖、第四届"甘肃黄河文学奖"等奖项。出版诗集《阳光部落》《藏地谣》。

0580 《寂远的牧歌》

作品类别：诗歌类

作　　者：玛尔简

发表时间：2008-07-27

发表载体：作家出版社

获奖及影响：获得甘肃省"黄河文学奖"。

简　　介：玛尔简，女，裕固族。2008 年出版诗歌集《寂远的牧歌》（作家出版社）、《马莲花开》（组诗）获得甘肃省"黄河文学奖"。

0581 《幸福的翅膀》

作品类别：诗歌类

作　　者：万小雪

发表时间：2009-07-08

发表载体：《诗刊》

获奖及影响：第三届"黄河文学奖"。

简　　介：万小雪，甘肃天水人，毕业于甘肃西北师范大学编采系，中国作协会员。九十年代开始写诗歌，先后在《诗刊》《飞天》《诗选刊》《星星诗刊》《绿风》等 80 多种报刊发表诗歌作品多首。其作品《一场大雪覆盖了什么》入选《2001 年中国作协优秀诗选》《唯一的蓝》入选《中国 2003 年度最佳诗歌》《渗透》《落日兀鹫》入选《2012 年中国诗歌年选》。1996 年荣获台湾作协《新华日报》海外作品银奖，2001 年出席甘肃省青年作家代表大会，2005 年荣获《飞天》十年文学奖，2009 年组诗作《幸福的翅膀》《一厘米的春天》荣获第三届、第四届"甘肃黄河文学奖"，《沙粒灼热》《沙上的真理》荣获酒泉飞天文艺奖三等级、一等奖。出版诗集四部《蓝雪》《带翅膀的雨》《一个人的河流》《沙上的真理》。2011 年出席全国第二十七届"青春诗会"，且《沙粒灼热》在《诗刊》出专版头条。2012 年开始小说创作，短篇小说《灯神》、中篇小说《水天一色》发表于《黄河文学》，现于甘肃省玉门市文联工作。

0582 《金口哨》

作品类别：诗歌类

作　者：邵小平

发表时间：2003-09-09

发表载体：华艺出版社

获奖及影响：获首届甘肃"黄河文学奖"二等奖。

简　　介：《金口哨》2003年由华艺出版社出版，主要收集作者2000年前后创作发表的诗歌100多首。本诗集被收入作为中国作协诗刊社重点推出的创作品牌"金马车"诗库。李小雨作序说："从村庄，他的精神由此漫无边际地游荡，显示模糊的运行轨迹，由村庄而风土，由风土而山野，由山野、自然而文化。由黄河，道教名山崆峒山，完成了他的诗歌从土到山的上升，我看到由此运行而写出的诗，则鲜明而灵敏，好句子不断。"

0583 《感恩和朝圣》

作品类型：诗歌类

作　者：魏旭

发表时间：2007-12-12

发表载体：中国文联出版社

获奖及影响：2009年获甘肃省"陇南市文艺奖"银奖；2009年获甘肃省"黄河文艺奖"优秀奖。

简　　介：《感恩和朝圣》是一部乡村知识分子思考生活，书写心灵，充满时代气息、生活气息，融乡土气息和知识分子品格于一体的诗文集。

0584 《流淌的歌声》

作品类型：诗歌类

作　者：高志俊

发表时间：2004-06-12

发表载体：中国文联出版社

获奖及影响：作品曾获甘肃省第四届文学奖，甘肃省少数民族文学评奖"铜奔马"奖，甘肃省第五届"少数民族文学奖"，临夏州第一届"花儿"文学奖，临夏州首届、二届精神文明建设"五个一工程"奖等奖励。

简　　介：高志俊，回族，1968年9月生，甘肃省临夏市人，中共党员，大专文化。现任甘肃省临夏回族自治州文联党组成员、副主席，《河州》杂志主编，系中国诗歌学会会员，甘肃省作家协会理事。《流淌的歌声》诗歌集由中国文联出版社出版，高志俊是甘肃省诗坛有代表性的一位少数民族诗人，他长期在临夏回族自治州文联担任文学刊物的编辑工作，熟悉临夏各族人民的生活。诗人致力于探求西部诗歌独特的审美情调和时代氛围，其诗歌有着浓郁的西部气息，擅长描绘瑰丽神奇的西部天地与西部人的精神世界。诗集《流淌的歌声》共收入作者近10年来创作的诗歌作品100余首，感情充沛，气概恢宏，受到了甘肃省文学界的关注。

0585 《黄河三峡恋歌》

作品类型：诗歌类

作　　者：王国虎（阿寅）

发表时间：2010-10-19

发表载体：中国文联出版社

获奖及影响：获第四届甘肃"黄河文学奖"二等奖。

简　　介：阿寅，原名王国虎，甘肃省作家协会会员、甘肃文学院签约作家、甘肃省临夏回族自治州作家协会副主席、甘肃省永靖县文联主席。先后在《诗刊》《飞天》《朔方》等报刊发表各类文学作品近300篇。出版诗集《黄河三峡、牧歌及心灵独白》《黄河三峡恋歌》。主编或参与编纂文史著作《永靖史话》《黄河三峡》《炳灵石林》等近十部。《黄河三峡恋歌》是阿寅继《黄河三峡、牧歌及心灵独白》后的又一部诗集，诗集分《初恋》《你是山》《你是水》，《那时的爱情》四章，充分展现了永靖黄河三峡唯美的乡土风情和人文景观。阿寅的诗展现了一种纯美，一种纯情，是人们的灵魂所需要的那种善良的渗透。正如甘肃著名诗人高平所说："看阿寅的诗，无论是直抒胸臆，还是借题发挥，都会使你感觉到他心中有述不完的情，写不尽的爱。"

0586 《二〇〇七年的河流》

作品类型：诗歌类

作　　者：李　丽

发表时间：2008-12-08

获奖及影响：获省文联第三届"甘肃省黄河文学奖"青年奖。

简　　介：《二〇〇七年的河流》（组诗）发表于2007年《人民文学》11期，共包括《二〇〇七年的河流》《当我们老了》《深爱》《在废墟深处》《我的左手和右手》《烧烤》《已经是秋天了》《钝器》《静静的河流》《顺从》10首约180行。整组诗歌以亲情、乡情、爱情为基调，取生活的平常景象，描写了作者内心深处的感伤及感恩之情。诗意来源于生活，来源于人心，这组诗歌最大的亮点在于：作者通过自己的左手右手、夜幕下街边的烧烤、充满泥土气息的乡下老家、老屋里逝去的亲人留下的印迹……朴素无华的语言像贫瘠的土地上并出的动人的果实。《二〇〇七年的河流》被称为定西地区新中国成立以来在《人民文学》上第二次发表的作品，具有重要的历史意义。既获定西市第二届"马家窑文艺文学类奖"一等奖，又获甘肃省第三届"黄河文学奖"青年奖。

0587 《敦煌的诗》

作品类别：诗歌类

作　　者：方建荣

发表时间：2013-07-28

发表载体：甘肃人民美术出版社

简　　介：我们新诗作者，效仿我们的前人，以诗歌的方式向敦煌顶礼膜拜，这是一种文化的传承，它是近百年来中国新诗应该具有的文化的一部分。《敦煌的诗》的编者方健荣、郑宝生，将它们搜集整理，编辑成册，是对中国新诗与敦煌文化的贡献。与前人相比，我们的诗歌还有更大的空间，我们所做的还有很多的不足，我们的新诗还需做出更多的努力。

0588 《咏白玉兰》

作品类别：诗歌类

作　　者：周静

发表时间：2010-07-01

发表载体：首届"首先杯全国诗歌散文大赛"

获奖及影响：2010 年 7 月，《咏白玉兰》等两首诗作荣获首届"首先杯全国诗歌散文大赛"优秀奖。

简　　介：周静，笔名月沐风吟，男，1968年 7 月生，甘肃省天水市麦积区新阳镇人，天水市麦积区统计局干部，中共党员，本科学历。天水市作家协会、天水诗词学会会员，麦积山诗社副秘书长，《中国现代诗人》《甘肃诗人》《麦积诗苑》等多家诗刊编委，先后任红袖添香、中华诗词、中华风雅颂、中国诗歌会、中国现代诗人、中国当代诗人、诗选刊、读者、听风赏月、星光文学、甘肃诗人、华讯论坛等数十家网站古韵诗词版版主。已在《飞天》《天水文学》《天水印象》《天水晚报》等省内外刊物发表文学作品 300 多篇。2010 年 7 月，《咏白玉兰》等两首诗作荣获首届"首先杯全国诗歌散文大赛"优秀奖。2012 年 11 月，出版诗词理论兼作品专著《月沐学堂——格律诗写作入门》。2014年 1 月，创建月沐学堂（诗词曲联）QQ 交流群。

0589 《寻找一个人》

作品类别：诗歌类

作　　者：潘汉东

发表时间：2007-12-15

发表载体："我是警察"征文活动

获奖及影响：2007 获甘肃全省公安系统与《甘肃法制日报》联合举办的"我是警察"征文诗歌比赛二等奖。

简　　介：潘汉东，字礼，自号木言君，笔名西岩。生于 1967 年 5 月，大学文化程度，党员，定西市安定区公安局主任科员，甘肃省作家协会会员。在《诗刊》《星星》诗刊、《甘肃日报》《甘肃公安报》《阳关》杂志、《甘肃公安》杂志、《人民之声报》《交通安全报》《白银文学》《黄土地》《定西日报》《岷州文学》《叠臧河》《安定文化》等报刊杂志发表诗歌等文学作品三百余首（篇）。出版诗集《诺亚方舟》，有作品入选《新时期甘肃文学作品选》《警察文化丛书》《陇中青年诗选》等多种选本。《让生命突出重围》于 2008 年获《星星》诗刊全国文学艺术大赛征文诗歌奖，《寻找一个人》于 2007年获甘肃全省公安系统与《甘肃法制日报》联合举办的"征文诗歌"比赛二等奖。

0590 《任雪琴的诗》

作品类别：诗歌类

作　　者：任雪琴

发表时间：2014-07-06

发表载体：《北方作家》

获奖及影响：一组抒情诗，抒发对生活、对生命的思考。

简　　介：任雪琴，甘肃省作家协会会员，中国散文诗研究会会员。在《飞天》《新文学》《北方作家》《酒泉日报》等刊物发表散文、诗歌。

0591 《村庄》

作品类别：诗歌类

作　　者：王永刚

发表时间：2003-04

发表载体：《飞天》

获奖及影响：2003年4月发表于《飞天》杂志。

0592 《浮世里的光影》（组诗）

作品类别：诗歌类

作　　者：武强华

发表时间：2014-03-05

发表载体：《飞天》

简　　介：《飞天》2014年第三期发表《浮世里的光影（组诗）》，包括《羚城之夜》《傍晚经过米拉日巴佛阁》《红尘》《在拉卜楞寺大经堂听午课》《尕海》《玛曲的早晨》六首。

0593 《马莲河》（外一首）

作品类别：诗歌类

作　　者：张志怀

发表时间：2000-12-12

发表载体：《飞天》

获奖及影响：在甘肃省作协主办的杂志《飞天》上发表。

0594 《往事》（组诗）共3首

作品类别：诗歌类

作　　者：樊海霞

发表时间：2012-12-10

发表载体：《飞天》

获奖及影响：2013年《西凉文学》第一、二期及《武威日报》转载

0595 《西宁以西》（外二首）

作品类别：诗歌类

作　　者：武强华

发表时间：2012-01-05

发表载体：《飞天》

0596 《沿着黑河行走》（组诗）

作品类别：诗歌类

作　　者：武强华

发表时间：2012-07-05

发表载体：《飞天》

获奖及影响：《飞天》2012年第7期甘肃诗歌专号。

0597 《春柳抚摸的村庄》

作品类别：诗歌类

作　　者：阎虎林

发表时间：1992-01-30

发表载体：《飞天》

获奖及影响：获甘肃省首届"文学期刊联合评奖"优秀作品奖。

0598 《岁月的钟》（外三首）

作品类别：诗歌类

作　　者：任雪琴

发表时间：2012-07-08

发表载体：《飞天》

获奖及影响：本组诗歌描写生活的片段，感触生活的真善美。

简　　介：任雪琴，甘肃省作家协会会员，中国散文诗研究会会员。在《飞天》《新文学》《北方作家》《酒泉日报》等刊物发表散文、诗歌。

0599 《桃花红、梨花白》

作品类别：诗歌类

作　　者：包容冰

发表时间：2007-11-14

发表载体：《飞天》

获奖及影响：获得定西市第二届"马家窑文艺奖"文学类三等奖。

简　　介：诗歌《桃花红、梨花白》2007年发表于《飞天》，获定西第二届"马家窑文艺奖"三等奖。

0600 《夏天，我爱》

作品类别：诗歌类

作　　者：任雪琴

发表时间：2013-08-08

发表载体：《飞天》

获奖及影响：刊载于陶乐第一小学校报《放飞》第13期。

简　　介：任雪琴，甘肃省作家协会会员，中国散文诗研究会会员。在《飞天》《新文学》《北方作家》《酒泉日报》等刊物发表散文、诗歌。

0601 《生活的诗》

作品类别：诗歌类

作　　者：党化昌（花盛）

发表时间：2010-08-10

发表载体：《飞天》

简　　介：花盛（党化昌），男，1978年生，甘肃临潭人，作品散见《诗刊》《民族文学》《青年文学》《诗选刊》《星星诗刊》《飞天》等刊。曾获"全国十佳散文诗人奖"、第五届甘肃省少数民族文学奖、第五届"中国散文诗天马奖"等多个奖项。著有诗集《一个人的路途》，散文集《岁月留痕》，现为甘肃省作家协会会员，《洮州》文学季刊编辑，组诗《生活的诗》是花盛的代表作品，诗人写了大量以"漫游"为主题的诗，给我们呈现了一个"人在途中"的抒情形象。而实际生活中的花盛，曾经是一个乡村中学的教师，如同热爱诗歌一样热爱着他的这份职业，而且，他把这份工作当作一首诗来写。这组诗意象的选择是精确的，意象的密度、次序也恰到好处，如同行云流水般带动了诗的节奏。组诗充满了明丽的色彩，跃动的旋律，明晰的情感。

0602 《玉带河上的牧羊汉》

作品类别：诗歌类

作　　者：曹国魂

发表时间：2006-01-01

发表载体：《飞天》

获奖及影响：荣获《飞天》"兰州旅游杯·魅力兰州"全国诗歌散文大奖赛优秀作品奖。

简　　介：曹国魂，男，生于1969年，甘肃甘州人，农民诗人。1996年高中毕业后回到农村务农，务农之余勤于文学创作，擅长现代诗与散文的创作。代表作有《大河向西》《大西北》《玉带河上的牧羊汉》。作品经常在《星星诗刊》《农民文学》《收获》《飞天》等刊物上发表。

0603 《阎虎林的诗》

作品类别：诗歌类

作　　者：阎虎林

发表时间：2010-11-30

发表载体：《甘肃的诗》

0604 《槐花，我的新娘》

作品类别：诗歌类

作　　者：张舟平

发表时间：2014-05-06

发表载体：《甘肃日报》

获奖及影响：2014年5月6日发表于《甘肃日报》。

0605 《祁连山下》

作品类别：诗歌类

作　　者：万有文

发表时间：2009-04-19

发表载体：《甘肃日报》

获奖及影响：获得甘肃省委宣传部、《甘肃日报》社举办的"爱家乡，颂陇原"征文大赛优秀奖。

0606 《世纪交响曲》

作品类别：诗歌类

作　　者：丁居红

发表时间：2000-02-16

发表载体：《甘肃日报》百花副刊

获奖及影响：该作品在《甘肃日报》百花副刊发表，受到广大读者好评。

简　　介：作品反映了二十世纪临泽大地改革开放和现代化建设取得的成就，并展望新世纪临泽的美好未来。

0607 《驰援舟曲、主心骨唯党是瞻》

作品类别：诗歌类

作　　者：刘可通

发表时间：2010-09-21

发表载体：《甘肃文史》

简　　介：弘扬了抗洪救灾精神。

0608 《关山风景线》

作品类别：诗歌类

作　　者：史征波

发表时间：2001-12-30

发表载体：珠海出版社

0609 《村姑》

作品类别：诗歌类

作　　者：孙鸿歧

发表时间：2009-02-28

发表载体：《环江》

0610 《父辈》

作品类别：诗歌类

作　　者：李浩杰

发表时间：2009-02-28

发表载体：《环江》

0611 《环江，我永远的眷恋》

作品类别：诗歌类

作　　者：谷朋利

发表时间：2008-06-30

发表载体：《环江》

0612 《环江巨变》

作品类别：诗歌类

作　　者：王 军

发表时间：2008-06-30

发表载体：《环江》

0613 《环县咏》

作品类别：诗歌类

作　　者：文 景

发表时间：2009-02-28

发表载体：《环江》

0614 《流浪》

作品类别：诗歌类

作　　者：吴存军

发表时间：2009-02-28

发表载体：《环江》

0615 《陇东大地吹过和谐清新的风》

作品类别：诗歌类

作　　者：胡 红

发表时间：2008-06-30

发表载体：《环江》

0616 《你和你们——献给为环县建设作出贡献的人们》

作品类别：诗歌类

作　　者：龚建立

发表时间：2008-06-30

发表载体：《环江》

0617 《为了心中这个爱》

作品类别：诗歌类

作　　者：王占虎

发表时间：2009-02-28

发表载体：《环江》

0618 《故乡之歌——黄土情》

作品类别：诗歌类

作　　者：孙忠富

发表时间：2014-09-01

发表载体：《金沟史话》

简　　介：黄土情巍巍高原山，沟壑纵横险。千古蕴化机，是华夏人文园。

0619 《故乡之歌——江山多娇》

作品类别：诗歌类

作　　者：孙忠富

发表时间：2014-09-01

发表载体：《金沟史话》

简　　介：江山多娇，奇峰峻岭千山秀，山涧小溪万古流。轻雾缭绕似云海，身在仙境画中游。

0620 《关山问章》

作品类别：诗歌类

作　　者：杨立明

发表时间：2014-09-01

发表载体：《金沟史话》

获奖及影响：描写了关山美景，引人入胜。

简　　介：造化千秋绕白云，神枝神叶连神根。百代信子荫下坐，成就仙佛有几人？

0621 《关山行》

作品类别：诗歌类

作　　者：任震英

发表时间：2014-09-01

发表载体：《金沟史话》

获奖及影响：描述了关山美景，暂无获奖。

简　　介：《关山行》五十六年岁月驰，金城腾飞染新姿，轻车飞度关山道，胜过骑驴上岭时，峰峦叠翠拥龙虎，山北山南处处峰，锁钥南门天设险，壮哉峻岭起长龙。

0622 《走进金沟》

作品类别：诗歌类

作　　者：瞿学景

发表时间：2014-09-01

发表载体：《金沟史话》

获奖及影响：描写了金沟现在百姓的幸福生活。

0623 《喜迎十八大》

作品类别：诗歌类

作　　者：文　川

发表时间：2013-01-20

发表载体：《今日文艺报》

简　　介：《喜迎十八大》作者文川，2013年1月20日该作品在《今日文艺报》上发表。在国家级刊物上也曾发表。

0624 《春天组诗3首》

作品类别：诗歌类

作　　者：樊海霞

发表时间：2012-05-10

发表载体：发表的3首诗歌2013年《西凉文学》第一、二期及《武威日报》转载。

0625 《莲的独白》组诗5首

作品类别：诗歌类

作　　者：樊海霞

发表时间：2013-01-10

发表载体：《绿风》

0626 《天上的西藏》

作品类别：诗歌类

作　　者：缪丽霞（舒眉）

发表时间：2014-01-01

发表载体：《绿风》

0627 《回望中国航天梦》

作品类别：诗歌类

作　　者：黄　俊

发表时间：2012-12-01

发表载体：《全国诗歌散文精品大观》

获奖及影响：2012年12月获得全国诗歌评选二等奖，选载《全国诗歌散文精品大观》。

简　　介：回顾中国航天事业发展历程，表达对中国航天人的赞美之情。

0628 《甘南草原》

作品类别：诗歌类

作　　者：王小忠

发表时间：2004-08-27

发表载体：《散文》《民族文学》《大家》等

获奖及影响：小说、散文和诗歌见于《散文》《民族文学》《大家》《诗刊》《星星》《青年文学》《北京文学》《山花》《长江文艺》等刊，参加过全国散文诗笔会，两次入围华文青年诗人奖。

简　　介：王小忠，男，藏族，毕业于西北民族师范学院。在校期间开始文学创作，著有诗集《甘南草原》《小镇上》，散文集《红尘往事》。临潭县文联秘书长，中国作协会员。

0629 《深呼吸》

作品类别：诗歌类

作　　者：武强华

发表时间：2014-03-10

发表载体：《散文诗》

获奖及影响：发《散文诗》2014年第3期。

0630 《石中石》（组诗）

作品类别：诗歌类

作　　者：武强华

发表时间：2013-12-25

发表载体：《山东文学》

获奖及影响：发《山东文学》2013年12期。

简　　介：包括《樱桃》《雪在分娩安静》《芦花雪》《盘旋》《石中石》五首。

0631 《这幸福的白天和夜晚》（组诗）

作品类别：诗歌类

作　　者：紫凌儿

发表时间：2014

发表载体：《诗》

简　　介：韩紫凌，笔名紫凌儿，玉门作协理事，甘肃作家协会会员。从事文学创作十余年，发表作品数百篇，有部分作品获奖。出版作品集《春天的紫凌儿》，供职玉门油田。

0632 《焉支峡及其他》（组诗）

作品类别：诗歌类

作　　者：武强华

发表时间：2012-12-07

发表载体：《诗潮》

获奖及影响：发《诗潮》2012年12期。2013年10月第二十二届"东丽杯"全国鲁藜诗歌奖，组诗《焉支峡及其他》获新人及单篇三等奖。

简　　介：包括《山林》《焉支峡》《淘沙记》《西大河暮色》《正午：和一块汉代子母砖的耳语》《胸腔外科病房》《梨花白》《午间》8首。

0633 《山林》

作品类别：诗歌类

作　者：武强华

发表时间：2014-06-10

发表载体：《诗歌月刊》

简　　介：《诗歌月刊》2014年全国诗歌民刊社团专号，选发《甘肃诗人》上发表的诗歌《山林》。

0634 《马力小镇》

作品类别：诗歌类

作　者：吉晓武

发表时间：2012-12-29

发表载体：《诗歌月刊》《陇右周刊》《风》

获奖及影响：《马力小镇》以诗意的笔触勾画马力这个古镇的风貌，写作数十首，曾被几家杂志和报纸转载发表。

简　　介：吉晓武，男，1982年生于武山，自小喜好文学，勤于书法绘画。散文和诗歌发表于《天水晚报》《天水日报》《太原日报》《天水文学》《甘肃诗人》《诗歌周刊》《诗歌月刊》《绿风诗刊》。最近在写作诗歌之余，正在完成一部《北堡子，一座消失的村庄》的长篇散文，和本县的两名诗人创办了一份纯文学民间诗刊《几分钟诗刊》，获得好评。

0635 《偶数》等四首

作品类别：诗歌类

作　者：武强华

发表时间：2013-09-20

发表载体：《诗刊》

简　　介：包括《百年枣园》《偶数》《流浪者的胡子》《手》。

0636 《收获》（组诗）

作品类别：诗歌类

作　者：李丽

发表时间：2009

发表载体：《诗刊》

简　　介：《收获》（组诗）发表于《诗刊》2010年7月下半月重点推荐栏目"青年机动车"，共包括《黄昏》《蓝色呼吸》《秋天来了》《哭泣，像无数条钉子》《起风的时候》《余地》《树的语言》《气息》《朗诵》《花色》10首约200行。诗歌主要以亲情为基调，写黄昏时旧马路上心怀感激的老妇人，穿蓝色校服的儿子，秋天里萧瑟的草和瓦砾，起风的时候人间各种各样的语言和神秘的交谈。写母亲身上散发的老年气息，园中盛开的花色，既艳丽又充满矛盾。采用白描的手法，意境平常却感人至深。

0637 《贴近高原》

作品类别：诗歌类

作　　者：张志怀

发表时间：1995-06-06

发表载体：《诗刊》

获奖及影响：在中国文联《诗刊》发表。

0638 《乳晕》

作品类别：诗歌类

作　　者：武强华

发表时间：2014-07-20

发表载体：《诗刊》

获奖及影响：《乳晕》等六首发《诗刊》2014年7月（下半月）"发现"栏目。

0639 《乡野》（组诗）

作品类别：诗歌类

作　　者：马兆玉

发表时间：1996-10-01

发表载体：《诗刊》

简　　介：作品以浓浓的香韵，图画一样再现了乡野本真之美，与游子对泥土的无尽情怀，其纯美与灵动，丰润了游子的精神家园。马兆玉，笔名叶林，甘肃靖远县人，从事诗歌写作近三十年。有诗先后于《诗刊》《星星》《诗选刊》《诗潮》《中国诗歌》《大河》《西南军事文学》《诗林》《诗歌报》《飞天》《绿洲》《绿风》《甘肃日报》三十多家报刊发表。出版诗集《多情胡杨》《辽阔的饮马滩》两部；诗作收入《中国当代爱情诗选》《中国爱情》《在中国长大》《飞天60年典藏·诗歌卷》《新时期甘肃文学作品选》《敦煌诗选》《玉门新市志》《甘肃农垦志》等数十种诗文选本。系甘肃省作家协会会员，玉门市作协副主席。

0640 《秋的续曲》3首

作品类别：诗歌类

作　　者：樊海霞

发表时间：2013-01-10

发表载体：《诗林》

0641 《代价》

作品类别：诗歌类

作　　者：樊海霞

发表时间：2012-12-10

发表载体：《诗屋》

0642 《雪落大地》（组诗十一首）

作品类别：诗歌类

作　　者：小　米

发表时间：2014-01-01

发表载体：《诗选刊》

0643 《心坎滋生的蓬麻草》

作品类别：诗歌类

作　　者：彭军选

发表时间：1997-05-25

发表载体：《诗友联谊报》

获奖及影响：获《星星》诗刊和《诗友联谊报》联办的全国"新星杯"诗歌大赛佳作奖。

0644 《隐喻的景色》（组诗）共5首

作品类别：诗歌类

作　　者：樊海霞

发表时间：2012-11-10

发表载体：《朔方》

获奖及影响：发表的5首诗歌2013年由《西凉文学》第一、二期及《武威日报》转载。

0645 《寂寞花园》

作品类别：诗歌类

作　　者：彭军选

发表时间：2012-04-18

发表载体：《天水日报》教育周刊

获奖及影响：被广泛转载。

0646 《赏花》

作品类别：诗歌类

作　　者：彭军选

发表时间：2014-03-08

发表载体：《天水晚报》

0647 《看夜色怎样慢慢发芽》外三首

作品类别：诗歌类

作　　者：紫凌儿

发表时间：2014-06

发表载体：《西北军事文学》

简　　介：韩紫凌，女，笔名紫凌儿。玉门作协理事，甘肃省作家协会会员，从事文学创作十余年，发表作品数百篇，出版作品集《春天的紫凌儿》，有部分作品获奖。

0648 《三千年的桃花鱼温暖》

作品类别：诗歌类

作　　者：紫凌儿

发表时间：2014-06-20

发表载体：《西北军事文学》

简　　介：对人生和环境的赞叹！

0649 《武强华的诗六首》

作品类别：诗歌类

作　　者：武强华

发表时间：2013-01-05

发表载体：《西南军事文学》

获奖及影响：发《西南军事文学》2013年第一期。

简　　介：包括《小雨》《身体以外的城市》《俯冲》《山林》《淘沙记》《红柳林中》。

0650 《十指》

作品类别：诗歌类

作　　者：武强华

发表时间：2013-07-25

发表载体：《西南军事文学》

获奖及影响：发《西南军事文学》2013芦山救灾特刊。

简　　介：《西南军事文学》2013芦山救灾特刊，发《十指》一首。

0651 《吴伟的天空》

作品类别：诗歌类

作　　者：朱晓卉

发表时间：2011-12-11

发表载体：《小说选刊》

获奖及影响：第二届"全国笔会三等奖"。

0652 《钢琴》（外二首）

作品类别：诗歌类

作　　者：武强华

发表时间：2013-01-05

发表载体：《星星》

0653 《误入城市的麻雀》

作品类别：诗歌类

作　　者：张舟平

发表时间：2014-03-09

发表载体：《杂文选刊》

获奖及影响：被《甘肃日报》百花版转载。

简　　介：《误入城市的麻雀》作者为宕昌县张舟平，2014年3月27日发表在《杂文选刊》上，转载于《甘肃日报》百花版。

0654 《无题》

作品类别：诗歌类

作　　者：张思温

发表时间：1946-01-01

发表载体：《张思温诗集》

获奖及影响：河口境内较知名。

简　　介：张思温，字玉如，著名诗人，书法家、史学家、作家，生前任甘肃省文史馆副馆长，这首诗表达了河口的自然景象。

0655 《吸风灶》

作品类别：诗歌类

作　　者：孙登平

发表时间：2012-02-19

发表载体：《张掖日报》

简　　介：撷几棵戈壁上的干柴，取一粒雷台上的火种，趁着河西走廊的长风，把阳关的烽火传到金城。捡一个大地湾的残陶，舀满五百年一澄清的黄河水，下上些甘南的羊肉，天水的枸杞，陇南的花椒，庆阳的当归，煮一锅丝绸之路的文明。

0656 《纳木措：蓝》（组诗）

作品类别：诗歌类

作　　者：武强华

发表时间：2012-01-05

发表载体：《中国诗歌》

获奖及影响：发《中国诗歌》2012年第1期。

0657 《红柳林中》

作品类别：诗歌类

作　　者：武强华

发表时间：2013-11-15

发表载体：《中国诗歌地理：女诗人诗选》

获奖及影响：诗歌《红柳林中》入编郭思思主编的《中国诗歌地理：女诗人诗选》

0658 《低处的灯盏》

作品类别：诗歌类

作　　者：冯立民

发表时间：2013-07-25

发表载体：转载《诗选刊》

获奖及影响：获庆阳市"五个一工程"奖。

简　　介：冯立民，男，汉族，1973年生，正宁县周家乡人，大专学历，中共党员，甘肃省作家协会会员，政协正宁县第七、第八届委员会委员。1992年参加工作，1999年调入县文联工作至今。出版文学作品集3部，发表诗文若干，两次获庆阳市"五个一工程"奖。

0659 《干净》

作品类别：诗歌类

作　　者：冯立民

发表时间：2013-06-25

获奖及影响：获庆阳市"五个一工程"奖。

简　　介：冯立民，男，汉族，1973年生，正宁县周家乡人，大专学历，中共党员，甘肃省作家协会会员，政协正宁县第七、第八届委员会委员。1992年参加工作，1999年调入县文联工作至今。出版文学作品集3部，发表诗文若干，两次获庆阳市"五个一工程"奖。

0660 《布谷鸟与胡麻地》

作品类别：诗歌类

作　　者：田志清

发表时间：2009-10-01

发表载体：《白银文学》

获奖及影响：《白银文学》"大地杯"庆祝建国 60 周年征文三等奖。

简　　介：田志清，男，农民，市作协会员，爱好文学，业余时间边打工边写作。2004 年以来，先后在《阳关》《甘肃农民报》《北方作家》《白银文学》发表，有五首入选《甘肃农民报》创刊五十五周年文学作品集《春雨》，组诗《布谷鸟与胡麻地》获 2009 年《白银文学》"大地杯"庆祝建国 60 周年征文三等奖。

0661 《非常国企》

作品类别：诗歌类

作　　者：冯焱鑫

发表时间：2008-11-13

获奖及影响：字灵学，号学子，笔名郁洁，甘肃会宁人。市作协会员，中国城市诗歌艺术创作研究员。自 1988 年以来，坚持业余文学创作，著有诗集《希望在痛楚中降临》，《非常国企》（组诗）获白银市首届"凤凰文艺奖"文学类三等奖、"西部的太阳——中国诗人西部之旅"全国诗歌大赛三等奖。

0662 《秋后算账》

作品类别：诗歌类

作　　者：李云飞

发表时间：2005-11-13

获奖及影响：甘肃会宁人，供职于会宁县委组织部，省作协会员，市作协会员。20 世纪 80 年代末开始发表文学作品。《秋后算账》（组诗）2005 年发表于《飞天》，获白银市首届"凤凰文艺奖"文学类二等奖。

0663 《随风而逝》

作品类别：诗歌类

作　　者：刘海英

发表时间：2008-11-13

简　　介：笔名蓝冰，甘肃定西人，省作协会员，市作协会员。自 1994 年开始从事文学创作活动，有多部作品获省市级文学奖项。《随风而逝》（组诗）刊发于《飞天》2006 年 10 月号，获白银市首届"凤凰文艺奖文学类"三等奖。

0664 《一目四行》

作品类别：诗歌类

作　　者：王　瑜

发表时间：2008-11-13

发表载体：转载《特别推荐》

获奖及影响：笔名冷雪，甘肃景泰人，省文学院首届签约作家，省作协会员，中国散文诗学会会员，中国诗歌学会会员。出版有散文诗集《飘香的怀念》（中国文联出版社，2003 年 2 月），诗集《景泰诗笺》（作家出版社，2007 年 12 月），其中诗歌《一目四行》于 2007 年获白银市首届"凤凰文艺奖"文学类二等奖、《星星》诗刊首届"乐山杯"全国文学作品大赛优秀奖。

0665 《片羽小吟》

作品类别：诗歌类

作　　者：张　铎

发表时间：1989-01-01

获奖及影响：获中国合作经济报"全国文学创作大赛"荣誉奖。

简　　介：1989 年，张铎的杰作《片羽小吟》，获中国合作经济报"全国文学创作大赛"荣誉奖。

0666 《张掖湿地杂咏六首》

作品类别：诗歌类

作　　者：宋进林

发表时间：2013-05-08

发表载体：中国张掖网

获奖及影响：由中国萧军研究会、北京市写作学会、世纪百家国际文化发展中心联合主办的2014年"东方美"全国诗联书画大赛评选中《张掖湿地杂咏六首》荣获诗词类银奖。

简　　介：宋进林，笔名芳草，生于1964年8月，中共党员。甘肃省民间文艺家协会会员、甘州区作家协会副主席、甘州区摄影家协会会员、甘州区诗词学会理事，业余新闻通讯员，现供职于甘肃省张掖市甘州区乌江镇人民政府。

0667 《沿着黑河走》（组诗）

作品类别：诗歌类

作　　者：张　军

发表时间：2008-03-15

发表载体：《北方作家》

简　　介：张军，张掖市甘州区农村教师。系甘肃省作家协会会员、甘州区作协理事、诗词学会理事。《东山峡谷》等4首诗歌入选2010年中国文化出版社出版的《当代诗歌精品选粹》，《沿着黑河走》等27首诗歌入选2010年《中华当代汉语诗歌典藏（二十人卷）》，《回望甘州》等4篇散文、故事被选入《悦读甘州》丛书。曾获各种文学奖项10余次，2012年被《文学月刊》聘为"签约作家"，2013年被《甘州教育》聘为文学编辑。20多年来，笔耕不辍，先后在《甘肃日报》《语文报》《北方作家》《野草》（增刊）《文学月刊》《中国文学》《甘肃工人报》《甘肃农民报》《星星诗刊》《远方》《农村青年》《教师报》《生命树》《金张掖周刊》等各级刊物发表诗歌、散文、小说、故事等作品近300余篇（首）。

0668 《一个叫黄石头的村庄》

作品类别：诗歌类

作　　者：王永刚

发表时间：2010-01-25

发表载体：《北方作家》

获奖及影响：该作品刊于《北方作家》。

0669 《魅力陇西·美文卷》

作品类别：诗歌类

作　　者：魅力陇西编委会

发表时间：2012-08-01

发表载体：北京日报报业集团，同心出版社

简　　介：该卷以古诗文、现代诗歌散文为收录内容，以淋漓酣畅的文字来领略陇西悠久的历史、灿烂的文化和陇西人民辉煌的发展历程。

0670 《七绝感事》

作品类别：诗歌类

作　　者：武建东

发表时间：2007-09-20

获奖及影响：在由北京驰讯文化传媒、中华当代文化学会、诗词世界杂志社联合举办的

"天籁杯"全国诗词创作大赛中荣获一等奖，并被评为"中国百名卓越诗词艺术家"称号。

0671 《秋别》

作品类别：诗歌类

作　　者：武建东

发表时间：2013-01-20

获奖及影响：2013年，在由光明日报社、中华书局、中央电视台、中华诗词研究院、中华诗词学会和中国移动共同举办的"中国诗·中国梦"——首届"诗词中国"传统诗词创作大赛中获一等奖。

简　　介：2013年，在由光明日报社、中华书局、中央电视台、中华诗词研究院、中华诗词学会和中国移动共同举办的"中国诗·中国梦"——首届"诗词中国"传统诗词创作大赛中共获得六个奖项，其中《五律·秋别》获一等奖，《五排·塞上怀远》《古风·太白吟》和《古风·相思》分别获二等奖，《七律·秋寄》和《七律·无题》分别获优秀奖。

0672 《画梦录》

作品类别：诗歌类

作　　者：李满强

发表时间：2013-04-01

发表载体：长江文艺出版社

获奖及影响：《文艺报》新华社、中国新闻网等多家媒体曾报道和刊发评论文字。"红高粱诗歌奖"入围（国家级）；第四届"崆峒文艺奖"一等奖。

简　　介：李满强，男，汉族，1975年生于甘肃静宁。中学时代开始诗歌写作，诗作散见于《人民文学》《诗刊》《中国作家》《青年文学》《飞天》《红岩》等刊，入选《甘肃文学50年》《中国年度诗歌精选》等数种选本。公开出版有诗集《一个人的城市》（2000）、《个人史》（2007）、《画梦录》

（2013），随笔集《尘埃之轻》（2007）。参加诗刊社24届青春诗会，曾获甘肃省"黄河文学奖"等多种奖项。毕业于鲁迅文学院第十九届"中青年作家高级研修班"，中国作协会员。

0673 《阿信的诗》

作品类别：诗歌类

作　　者：阿　信

发表时间：2006-08-08

发表载体：新疆美术摄影出版社

获奖及影响：《阿信的诗》出版于2006年8月，由新疆美术摄影出版社出版。

简　　介：这部诗集总共分为6卷，正如他对每一卷的命名，每一卷的诗都分别表达不同的诗情。阿信的诗中总是充满了风、雪、草原以及寺庙，对草原的热爱、对西部的歌唱以及对于生存在这片土地上的人们的深切关怀是他创作的主旨。他的诗语言朴素、通俗易懂，但在朴素中却蕴含着深深的诗意。

0674 《葛峡峰诗选》

作品类别：诗歌类

作　　者：葛峡峰

发表时间：2012-06-25

简　　介：葛峡峰，男，汉族，1974年生，甘肃渭源人。有诗歌、散文300余篇（首）

散见于《诗刊》《飞天》《绿风》《甘肃日报》《中国文学》《青海文学》等报刊杂志。已出版诗集《葛峡峰诗选》，获甘肃省"黄河文学奖"。甘肃省作家协会会员、甘南州青年诗歌学会副会长。《葛峡峰诗选》分《草地颂词》《天空的心事》《春天的诗》《温暖人生》《警营记忆》《乡土乡音》等六个部分，该书收录作者近年来创作的280多首诗歌作品。由甘肃作家、诗人李诚作序，著名诗人高平、大卫、叶匡政等名家点评。每一首诗都是诗人用真诚的心感悟生活、感悟生命、感悟大自然蕴育出的美丽花朵。

0675 《黄河源的彩虹》

作品类别：诗歌类

作　　者：贡保甲

发表时间：1992-07-10

发表载体：甘肃民族出版社

获奖及影响：《黄河源的彩虹》是贡保甲的诗歌集，诗选中收录了他近三十年来创作的近80首优秀作品，为了适应当代快节奏的生活和年轻读者的欣赏情趣，大部分诗歌抒发了诗人对雪域草原的热爱之情，表现了诗人的浪漫主义情怀。可以说，这部诗集是诗人的代表作，对于诗歌写作者来说，具有重要的学习借鉴意义。

简　　介：贡保甲，男，藏族，1953年生，甘肃夏河人。1978年毕业于北京中央民族学院政治系，后从事理论教学，并担任过不同岗位的领导工作。1981年开始发表诗作，主要有《祖国颂》《通往北京的大路》《黄河源头的歌》《阿尼玛卿雪山的抒怀》《远行的驮牛》，其中《远行的驮牛》选入《中国现代千家短诗萃》一书。中国少数民族作家学会会员。

0676 《季节》

作品类别：诗歌类

作　　者：成志杰

发表时间：2013-01-01

简　　介：成志杰，笔名兰夫，1968年生于甘肃省成县。著有小说集《期年之后》，传奇故事集《西狭汉风》，文学理论集《文学作品鉴赏》，现任成县文化馆副馆长。作品包含了作者在《星星诗刊》《诗神》《诗歌报》《飞天》等刊物发表的诗作共178首。诗集分为"思想季节""爱情季节""青春季节"和"长诗"四个部分。

0677 《灵台意象》

作品类别：诗歌类

作　　者：邵小平

发表时间：1995-05-05

发表载体：《飞天》

获奖及影响：获首届"平凉市崆峒文艺奖"。

简　　介：作者把自己对故土的热爱倾注笔端，变成一幅幅充满黄土气息的陇东风俗画，《灵台意象》是一本诗集，作者本身也是一个有深意的"灵台意象"，因为"众妙之门"集中暗示了诗人从生命意义上感悟自然、感悟人生的思维方式上的特征。

0678 《六个人的青藏——甘南诗人散文诗精选》

作品类别：诗歌类

作　　者：牧　风

发表时间：2013-07-10

发表载体：长江文艺出版社

获奖及影响：牧风主编的《六个人的青藏——甘南诗人散文诗精选》，由长江文艺出版社出版发行。该书由著名诗人兼诗评家耿林莽作序（《甘南草原上的一束繁花》），《中国年度散文诗》主编邹岳汉、《中国散文诗精选》主编王剑冰、《散文诗》主编冯明德三位著名作家共同推荐。该集子收录了甘南著名诗人牧风、扎西才让、王小忠、花盛、瘦水和陈拓六人创作的与青藏有关的散文诗，是散文诗人的合集，是甘南州文学创作队伍整体茁壮的一个标志，也是甘南诗人在散文诗创作方面取得的重要成果。

简　　介：牧风，原名赵凌宏，藏族。已在《诗刊》《星星诗刊》《诗神》《诗歌月刊》等报刊发表作品多篇（首）。曾获甘肃省第五届少数民族文学奖、第四届格桑花文学奖、建国60周年甘肃州文艺成就奖等奖项。甘肃省作家协会会员。现任州文广新局副局长。

0679 《绿书》

作品类别：诗歌类

作　　者：李志勇

发表时间：2011-06-18

发表载体：重庆大学出版社

简　　介：李志勇，汉族，1969年生，甘肃临潭人。1988年开始在《诗刊》《诗歌月刊》《星星诗刊》《诗歌报月刊》《汉诗》等国内报刊发表诗歌作品，并被《本草集》《经典情诗99首》和一些诗歌年度选本等选载，曾获《诗歌月刊》"第三届爱情诗、探索诗大赛"探索诗特等奖。著有诗集《绿书》，现任甘南州政法委员会副主任。在诗集《绿书》中，李志勇的创作，在甘南乃至甘肃都是一个异数，更为重要的是，他在一定程度上完成了对甘南诗歌的超越和提升。他不是简单地描摹草原和藏地的生活，而是直接进入事物的内部和背后，揭示存在的意义和真相。他喜欢"在事物背后的院子里散步""甚至走入过桌上杯子背后、墨水瓶背后的院子里"（《散步》）。在他的笔下，一切存在都有了灵魂和意识。他不仅是从文本上，更是从宗教和哲学的意义上逼近了一个诗人所面对的现实，他超常的想象能力和变形能力，让我们看到了西方哲学和现代艺术与本地文化在一个诗人身上很好的融合。

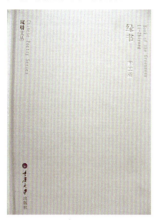

0680 《七扇门——扎西才让散文诗选》

作品类别：诗歌类

作　　者：扎西才让

发表时间：2010-07-30

发表载体：大众文艺出版社

获奖及影响：《七扇门——扎西才让散文诗选》由大众文艺出版社出版，该诗集收录了作者1992—2010年所创作的90首散文诗。

简　　介：诗集由"边缘人""孤寂者""甘南行""伤心人""双亲泪""生命花""今生事"七部分组成，故名《七扇门》。作品对民族认同、寂寞内心、故土恋情、爱情悲歌、亲人憾恨、生命体验、人生琐事等方面做了个人体验式的表白。诗风独特，情调忧伤，内容涉及面广，情感抒发婉约，是具有一定学习借鉴意义的诗歌集子。扎西才让，又名杨晓贤，藏族，1972年生，甘肃临潭人。已在《诗刊》《民族文学》《诗歌报月刊》《散文诗》《诗选刊》《星星诗刊》《散文诗世界》

《西藏文学》等国内报刊杂志上发表文学作品近四十万字。曾获甘肃省"少数民族文学创作铜奔马奖"、甘肃省第四届"敦煌文艺奖"、甘肃省第五届"少数民族文学奖"、《飞天》十年文学奖、《西藏文学》年度作品奖。作品入选多部诗歌年选和总结性诗集。甘肃省作协会员。

0681 《闪光的思维》

作品类别：诗歌类

作　　者：希多才让

发表时间：1994-05-08

发表载体：中央民族出版社

获奖及影响：多次获得国家级和省级文学奖项。

简　　介：《闪光的思维》是诗人的第一部诗集。希多才让的诗歌受藏族民间文学传统的滋养，以及当代西方现代文学和国内现代汉语诗歌的深入影响，诗人在西藏、圣域、拉萨、高原、大草原、雪山、布达拉宫等等辉煌的"境界"前行走，视他的创作之路为一种个人觉醒的历程。诗人的诗歌一方面体现着悠久灿烂的藏族诗性历史全面转型之后的延续性和主体性；另一方面也诠释了全新的历史叙事模式和个人的文化书写体系。

0682 《天鹅翅下的冬不拉》

作品类别：诗歌类

作　　者：肯杰别克·扎尔合木

发表时间：2011-09-02

发表载体：哈萨克民族诗歌集

获奖及影响：生动地展示了一个有着悠久历史的游牧民族哈萨克的文化、风情和真实生活，以及改革开放以后人民的幸福生活。

0683 《溪流集》

作品类别：诗歌类

作　　者：丹真贡布

发表时间：1994-03-24

发表载体：西藏民族学院学报

获奖及影响：丹真贡布的诗集《羚之街》和《溪流集》，被广大文学爱好者视为珍品。

简　　介：丹真贡布（1934—1996），男，藏族，甘肃夏河人，中共党员。1955年开始文学创作。

0684 《相知的鸟》

作品类别：诗歌类

作　　者：敏彦文

发表时间：2008-06-25

发表载体：《天水日报》

获奖及影响：诗集《相知的鸟》是敏彦文诗歌作品精选集，书中收录了他从事诗歌创作20年来发表的500多首诗歌中具有代表性的170首佳作。

简　　介：敏彦文，男，回族，1968年生，甘肃临潭人。1991年毕业于西北师范大学政治系，1987年开始发表作品，在《诗刊》《星星》《民族文学》《飞天》《绿风》等国内数十家报刊发表散文、诗歌和文学评论600多首（篇），著有诗集《相知的鸟》和散文集《生命的夜露》，曾获甘肃省首届黄河文学奖、甘肃省少数民族文学创作奖等，作品入选《当代大学生抒情诗选》《第四代诗人诗选》《1949—1999甘肃文学作品选萃》等多种文学选本，任甘南州政府《甘南发展》编辑部副主任。诗集《相知的鸟》是敏彦文诗歌作品精选集，书中收录了他从事诗歌创作20年来发表的500多首诗歌中具有代表性的170首佳作，集中反映了他生命和情感历程中特别的所思所想、所慕所望及渴望人性和谐，人与自然和谐，人与宇宙精神和谐的理念与情怀。

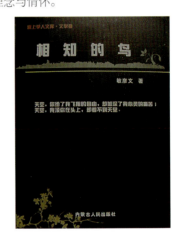

0685 《雪域独歌》

作　　者：白华英

发表时间：2008-09-18

发表载体：转载甘南汉语文学书籍

获奖及影响：《雪域独歌》，华达尔（白华英）著，甘肃民族出版社，诗选中收录了他近三十年来创作的近150首优秀作品。

简　　介：诗选中收录了他近三十年来创作

的近150首优秀作品，为了适应当代快节奏的生活和年轻读者的欣赏情趣，作者在诗选中多选了一些短诗和抒情诗，这些大多是作者在马背上写就的。同时，为了让现代年轻人从多角度了解被极"左"路线长期笼罩下的时代，作者特意选择了一些那个时期的作品，以袒露他在特殊时期的心声。白华英，又名华达尔，藏族，甘肃夏河人。1940年出生，从西北民族学院毕业后，长期在甘南州工作，曾任甘南编译局局长等职。作品获甘肃省文学期刊联合评奖优秀作品奖、甘肃省少数民族文学奖，著有诗集《雪夜独歌》。

0686 《雪域情韵》

作品类别：诗歌类

作　　者：葛·嘉洋益喜

发表时间：1994-08-10

发表载体：藏族《当代诗人诗选》

获奖及影响：1996年世界华文诗歌大赛中荣获优秀奖并授予"十佳新星"诗人

简　　介：葛·嘉洋益喜，又名何世昌，男，藏族，1946年生，甘肃舟曲人，1966年毕业于西北民族学院，在《诗刊》《民族文学》等报刊发表文学作品多篇（首），已出版《献给圣地的歌》《葛·嘉洋益喜诗文选集》《诱惑的高原》《雪域情韵》等诗文集。曾

任甘肃省白龙江林业管理局副局长、甘南州农林局党委书记等职，现已退休。《雪域情韵》是诗人的第四本诗集，共收录诗歌作品54首，大部分诗歌抒发了诗人对雪域草原的热爱之情，表现了诗人的浪漫主义情怀。可以说，这部诗集是诗人的代表作，对于诗歌写作者来说，具有重要的学习借鉴意义。

0687 《鹰啸》

作品类别：诗歌类

作　　者：肯杰别克·扎尔合木

发表时间：2011-08-05

发表载体：阿克塞县委、县政府出版

获奖及影响：其作品有歌颂爱情，歌颂家乡，歌颂伟人，歌颂伟大的民族精神等。

0688 《冰河吟稿》

作品类别：诗歌类

作　　者：王君明

发表时间：2007-03-31

发表载体：作家出版社

0689 《冰河吟稿二集》

作品类别：诗歌类

作　　者：王君明

发表时间：2011-10-31

发表载体：香港文艺出版社

0690 《赤子情怀》

作品类别：诗歌类

作　　者：张海明

发表时间：2001-05-10

发表载体：新华出版社

获奖及影响：在2007年"庆阳端午节香包民俗文化节优秀图书展上"获得三等奖。

0691 《大河》

作品类别：诗歌类

作　　者：张海明

发表时间：2007-06-15

发表载体：新华出版社

获奖及影响：在2010年兰州市第六届"金城文艺奖评奖"中获得文学二等奖。

0692 《风起兮》

作品类别：诗歌类

作　　者：张向阳

发表时间：2005-12-14

发表载体：甘肃人民美术出版社

获奖及影响：获敦煌文艺奖一等奖。

0693 《关山风景线》

作品类别：诗歌类

作　　者：史征波

发表时间：2001-12-28

发表载体：华亭县文体局

简　　介：该诗集收集了史征波先生创作的诗歌50首16万字。

0694 《缪斯的眼泪》

作品类别：诗歌类

作　　者：缑建丽

发表时间：2012-08-27

简　　介：女，生于1969年10月4日，甘肃省天水市秦安县人，本科学历。曾先后在

《东方烟草报》《橄榄叶诗报》《天水日报》《秦州文艺》《大地湾文学》等报纸刊物上发表过作品。2012年12月出版个人诗集《缪斯的眼泪》。现就职于甘肃烟草工业有限责任公司天水卷烟厂，先后从事过党务、工艺质量、人力资源、纪检监察等相关管理工作。

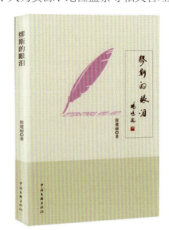

0695 《中秋遐思》

作品类别：诗歌类

作　　者：祁山龙

发表时间：2014-09-10

发表载体：中国诗歌网

获奖及影响：获《诗中国》、中国文化义工、中国青年诗歌协会联合举办的庆三节征文一等奖。

0696 《厂魂》

作品类别：诗歌类

作　　者：李仲清

发表时间：2014-01-06

发表载体：中国工人出版社

获奖及影响：2014年获中华全国总工会"中国梦·劳动美"全国职工征文大赛三等奖。

简　　介：作品通过典型的人和事，歌颂了劳动者的坚强、勇敢和无私奉献精神。传播了正能量，弘扬了主旋律。李仲清，甘肃会宁人，生于1961年，大学文化程度，现为

兰州石化公司三联公司人事科（党委组织科）科长、机关党支部书记、高级政工师、中国石油作家协会理事、甘肃省作家协会会员、兰州市作家协会理事、中国石油作家协会兰州石化分会主席。从1982年起，陆续在《鸭绿江》《地火》《甘肃日报》《党的建设》《中国石油报》《中国石化报》《甘肃工人报》《兰州晨报》《兰州晚报》《兰州日报》等报刊及出版物发表文学作品500多篇，其中《我的邻居》《老兵新歌》《憨老万》《憨老万外传》《小保姆》《奔向奥运的脚步》《厂魂》（组诗）、《佛心》《住房公积金帮他圆梦》《金城关遐想》《读书，让梦相成真》等作品获奖。并出版发行小说集《樱花·杏花及其它》和《李仲清短篇小说集》。

0697 《源流》

作品类别：诗歌类

作　　者：加华加

发表时间：2008-10-08

发表载体：甘肃出版社

简　　介：《源流》筛选了诗人120首短诗，这些诗歌都是诗人献给藏民族的深沉的赞歌，诗歌内容既有对藏族历史的观察，更有对历史上众多人物的深度透视，也有对藏族人现状的反思和思考，更多的诗歌，诗人直接抒发了对雪域的热爱，对藏民族的热爱，对同族民众的热爱，以及对其他民族人民的欣赏和认知。

0698 《静》

作品类别：诗歌类

作　　者：万有文

发表时间：2013-03-17

获奖及影响：获得全省网络美文征文大赛优秀奖。

0699 《古城》

作品类别：诗歌类

作　　者：万有文

发表时间：2013-10-14

获奖及影响：获全省网络美文征文优秀奖。

0700 《北凉国的那些事》（组诗）

作品类别：诗歌类

作　　者：万有文

发表时间：2011-11-20

发表载体：中国文联出版社

获奖及影响：获全国第一届"新一代"文学作品大奖赛三等奖。

0701 《结束或者开始》

作品类别：诗歌类

作　　者：王安民

发表时间：2011-02-11

发表载体：甘肃人民美术出版社

获奖及影响：获兰州市"兰山文学奖"。

0702 《扁都口黄花节开幕感赋》（二首）

作品类别：诗歌类

作　　者：张　珍

发表时间：2006-11-13

发表载体：作家出版社

获奖及影响：2006年11月发表在《首届"盛世杯"中华民族风情诗词艺术大赛金榜集》。

简　　介：张珍，1948年生，甘肃省民乐县南丰乡炒面庄村人，现为海潮诗社社员，张掖诗词学会会员，全球中华诗词联盟友会会员，作者十多年坚持唐诗宋词的学习创作，所创作的诗歌作品遵循诗词创作规律，立足民乐风情，描写家乡近年来的发展变化。

0703 《草原行》

作品类别：诗歌类

作　　者：张　珍

发表时间：2007-10-26

发表载体：中国文联出版社

获奖及影响：2007 年 10 月发表于《"百花齐放"首届百花奖中华诗词大赛优秀作品集》。

0704 《草原竹枝词.过祁连草原一瞥》

作品类别：诗歌类

作　　者：张　珍

发表时间：2006-11-13

发表载体：首届"盛世杯"中华民族风情诗词艺术大赛金榜集

获奖及影响：2006 年 11 月发表在《首届"盛世杯"中华民族风情诗词艺术大赛金榜集》。

简　　介：张珍：1948 年生，甘肃省民乐县南丰乡炒面庄村人，现为海潮诗社社员，张掖

诗词学会会员，全球中华诗词联盟友会会员。

0705 《春》

作品类别：诗歌类

作　　者：张　珍

发表时间：2007-10-26

发表载体：中国文联出版社

获奖及影响：2007 年 10 月发表在《"百花齐放"首届百花奖中华诗词大赛优秀作品集》。

0706 《登岳阳楼读范公诗篇感赋》

作品类别：诗歌类

作　　者：张　珍

发表时间：2007-10-26

发表载体：中国文联出版社

获奖及影响：2007 年 10 月发表于《"百花齐放"首届百花奖中华诗词大赛优秀作品集》。

0707 《改革三十年》

作品类别：诗歌类

作　　者：张　珍

发表时间：2007-02-26

发表载体：中国文联出版社

获奖及影响：2009 年 2 月发表在《2008 年度中华诗词华表奖获奖作品集》。

简　　介：所创作的诗歌作品遵循诗词创作

规律，立足民乐风情，描写家乡近年来的发展变化。

0708 《过开发区新村》

作品类别：诗歌类

作　　者：张　珍

发表时间：2009-02-26

发表载体：中国文联出版社

获奖及影响：2009年2月发表在《2008年度中华诗词华表奖获奖作品集》。

0709 《炊烟中的牧笛》

作品类别：诗歌类

作　　者：刘　垠

发表时间：2008-08-06

发表载体：中国文联出版社

简　　介：刘垠，中共民乐县委宣传部副部长。

0710 《古体诗两首》

作品类别：诗歌类

作　　者：王振武

发表时间：2008-08-06

简　　介：王振武，笔名雪峰，1965年10月出生，男，汉族，甘肃省民乐县人，中共党员，大学本科学历。现任民乐县文联主席，多年来坚持散文写作。已有多部作品在各类刊物上发表。

0711 《水调歌头·观看神州七号载人飞船发射》

作品类别：诗歌类

作　　者：张真学

发表时间：2008-08-06

发表载体：甘肃省科学技术协会出版

获奖及影响：入编《迎奥运庆祝中国科协五十周年甘肃省科协书法绘画摄影诗词作品集》。

简　　介：张真学，民乐县水务局干部，水务学会会员。

0712 《我们牵着春天的手·纪念改革开放三十周年》

作品类别：诗歌类

作　　者：李中峰

发表时间：2008-08-06

发表载体：甘肃省科学技术协会《大众科普》出版

获奖及影响：入编《迎奥运庆祝中国科协五十周年甘肃省科协书法绘画摄影诗词作品集》。

简　　介：李中峰，民乐县原人大副主任，甘肃省作家协会会员。

0713 《可爱的深圳人》

作品类别：诗歌类

作　　者：王瑞玉

发表时间：2010-08-21

发表载体：大奖赛参赛

获奖及影响：获《中国音乐文学会》、中国广播电视协会、世界华人文化名人协会、北京卫视国际文化传播公司、中国音乐网等六家联办的"二十一世纪世界华人音乐"奖二等奖。

0714 《部落》

作品类别：诗歌类

作　　者：梁积林

发表时间：2012-02-03

发表载体：大众文艺出版社

获奖及影响：诗集里的作品被很多大刊物转载，部分诗作获奖。

简　　介：这是他对于时间、空间的富有魄力的想象，他立体和大气的思维能力和诗歌水准，使他的诗歌豪放而不至矫情，深入而不失于雷同。

0715 《染指》

作品类别：诗歌类

作　　者：文立冰

发表时间：2013-03-12

发表载体：大众文艺出版社

获奖及影响：获得山丹县第二届"焉支山文艺奖"三等奖。

简　　介：《染指》是文立冰2013年出版的一部诗集，诗集分为心壁的河流，"红豆·红尘""脉脉的马蹄声"三部分。诗集由辽宁大学文学院的张立群、毕时岩教授作序，诗集中关注最多的是地域牧场，怀旧记忆，现实理想。诗歌比喻奇特，想象夸张，时而直抒胸臆，时而婉转陈词，以虚壮实，自言自语，都以真诚做底色，真情为基调，给人以强烈的心灵震撼，具有较强的艺术感染力。

0716 《晴窗绿影》

作品类别：诗歌类

作　　者：王长春

发表时间：2011-08-05

发表载体：大众文艺出版社

0717 《松雪轩诗选》

作品类别：诗歌类

作　　者：王守智

发表时间：2011-03-06

发表载体：大众文艺出版社

0718 《西北偏北》

作品类别：诗歌类

作　　者：梁积林

发表时间：2009-09-03

发表载体：大众文艺出版社

获奖及影响：获甘肃省第四届"黄河文学奖"。

简　　介：《西北偏北》是梁积林2009年出版的个人诗集，所选诗歌有较强的地域特色，诗歌以诗人所生活的故乡为背景，摹写了自己所关注的一草一木，一河一谷，比喻奇特，想象大胆，节奏分明，感情强烈充沛，是一部个人生活印记的反刍之作。

0719 《东山峡谷》（外四首）

作品类别：诗歌类

作　　者：张　军

发表时间：2010-02-15

发表载体：中国文化出版社

获奖及影响：诗词学会理事，《东山峡谷》等4首诗歌入选2010年中国文化出版社出版的《当代诗歌精品选粹》。《沿着黑河走》等27首诗歌入选2010年《中华当代汉语诗歌典藏（二十人卷）》。

简　　介：张军，张掖市甘州区农村教师。系甘肃省作家协会会员、甘州区作协理事。《回望甘州》等4篇散文、故事被选入《悦读甘州》丛书。曾获各种文学奖项10余次（主要有2003年诗歌《教师情怀》获《语文报》全国"教师杯"诗歌大赛三等奖；2007年散文《戈壁边沿的村庄》获张掖市"节水杯"散文大赛二等奖；2008年诗歌《梨园口日暮（三首）》获张掖市"印河杯"诗歌征文大赛二等奖；2009年诗歌《电工之歌》获张掖市

"供电杯"诗歌征文二等奖；2009年诗歌《梨园口日暮（外二首）》获"金张掖文艺奖"诗歌组三等奖）。2012年被《文学月刊》聘为"签约作家"，2013年被《甘州教育》聘为文学编辑。20多年来，笔耕不辍，先后在《甘肃日报》《语文报》《北方作家》《野草》（增刊）、《文学月刊》《中国文学》《甘肃工人报》《甘肃农民报》《星星诗刊》《远方》《农村青年》《教师报》《生命树》《金张掖周刊》等各级刊物发表诗歌、散文、小说、故事等作品近300余篇（首）。出版散文集《岁月遗痕》。

0720 《建党九十三周年感赋》

作品类别：诗歌类

作　　者：穆明祥

发表时间：2014-07-01

发表载体：党建网

获奖及影响：获优秀奖。

简　　介：歌颂党的光荣伟大，祖国的繁荣昌盛，人民的幸福安康。

0721 《父亲去打工》

作品类别：诗歌类

作　　者：常瑞林

发表时间：2013-09-01

发表载体：《甘肃工人报》

获奖及影响：第四届"義之杯"全国诗书画邀请赛二等奖。

简　　介：2013年3月发表于《甘肃工人报》。描写了现代农村人们打工的现状。

0722 《波眠乡村诗选》

作品类别：诗歌类

作　　者：波　眠

发表时间：2008-10-11

发表载体：敦煌文艺出版社

获奖及影响：获得"陇南万象文艺奖"铜奖。

简　　介：《波眠乡村诗选》是作者第一本选集，诗人华海评："波眠的诗从乡村，从中国传统文化出发，表现对乡土的发现和正在消失的宁静。"诗人孙文涛评："波眠的诗诗风醇和、质朴，但坚挺有骨的乡土关怀是广义的，有为农民言说的真诚。"

0723 《沙上的真理》

作品类别：诗歌类

作　　者：万小雪

发表时间：2012-11-08

发表载体：敦煌文艺出版社

获奖及影响：作品以慈悲的情怀，叙述博大的河西山川，浮尘般的影象，完成了一次次与万物神灵精神高地的对接，一个人的幸或者不幸，爱或者被爱，沉潜到沙尘暴的狂飙之中，做到无欲无念，无望无谶，福祉连绵，大象无痕。2012 年 11 月，《沙上的真理》由敦煌文艺出版社出版，并且在读者中引起广泛好评。2014 年荣获酒泉"飞天文艺奖"一等奖。

简　　介：万小雪，甘肃天水人，毕业于甘肃西北师范大学编采系，中国作协会员，九十年代开始写诗歌，先后在《诗刊》《飞天》《诗选刊》《星星诗刊》《绿风》等 80 多种报刊发表诗歌作品多首，《一场大雪覆盖了什么》入选《2001 年中国作协优秀诗选》，

《唯一的蓝》入选《中国 2003 年度最佳诗歌》，《渗透》《落日兀鹫》入选《2012 年中国诗歌年选》，1996 年荣获台湾作协《新华日报》海外作品银奖。2001 年出席甘肃省青年作家代表大会，2005 年荣获《飞天》十年文学奖，2009 年组诗作《幸福的翅膀》《一厘米的春天》荣获第三届、四届甘肃"黄河文学奖"，《沙粒灼热》《沙上的真理》荣获酒泉飞天文艺奖三等级、一等奖，出版诗集四部《蓝雪》《带翅膀的雨》《一个人的河流》《沙上的真理》。2011 年出席全国第 27 届青春诗会，且《沙粒灼热》在《诗刊》出专版头条。2012 年开始小说创作，短篇小说《灯神》、中篇小说《水天一色》发表于《黄河文学》，现于甘肃省玉门市文联工作。

0724 《印象金塔》

作品类别：诗歌类

作　　者：胡志鸿

发表时间：2009-09-10

发表载体：敦煌文艺出版社

获奖及影响：荣获酒泉市第九届"文艺精品飞天奖"三等奖。

简　　介：《印象金塔》分《诗文随笔》《笔墨丹青》和《光影存真》三册，题材范围广，时空跨度大，文艺形式多。总共选编诗词、歌赋、散文、随笔 181 篇，楹联 119 幅，书法、美术、摄影、篆刻作品 283 幅（方），是一部宣传金塔、推介金塔的优秀作品。

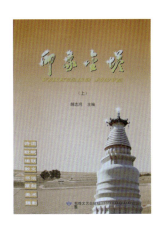

0725 《大地》

作品类别：诗歌类

作　　者：张海明

发表时间：2014-10-12

发表载体：敦煌文艺出版社

简　　介：张海明，男，汉族，出生于1967年10月，庆阳市环县人，甘肃省作家协会会员，兰州市作家协会会员，出版文学、论文作品七部。

0726 《诗人的糖果》组诗

作品类别：诗歌类

作　　者：邵小平

发表时间：2003-06-06

发表载体：《诗刊》

获奖及影响：被中国作协编入《2003年诗歌精品》。

0727 《西藏的雪》

作品类别：诗歌类

作　　者：林　染

发表时间：1985-08-22

发表载体：中国诗歌网

获奖及影响：荣获《人民文学》长沙杯优秀诗歌奖。

0728 《想你也是虚拟的》组诗10首

作品类别：诗歌类

作　　者：邵小平

发表时间：2010-06-25

发表载体：《北方作家》

获奖及影响：被多家杂志转载。

简　　介：一组优美的爱情诗歌。

0729 《一条河总想上岸》组诗

作品类别：诗歌类

作　　者：邵小平

发表时间：2007-05-05

发表载体：现代出版社

获奖及影响：获平凉市第三届"崆峒文艺奖"。

简　　介：描写西部山川河流的组诗，意象新奇，语言简洁优美。

0730 《安文海的诗》

作品类别：诗歌类

作　　者：安文海

发表时间：2012-08-22

发表载体：《北方作家》

0731 《飞天》

作品类别：诗歌类

作　　者：秦国顺

发表时间：2009-06-05

发表载体：《飞天》

0732 《奇迹诞生在他那布满老茧的手中》

作品类别：诗歌类

作　　者：李仲清

发表时间：2014-12-26

发表载体：《靖江日报》

获奖及影响：获中国石油作家协会"中国梦石油情诗歌类征文"优秀奖。

简　　介：通过对一个老劳模用手，磨出了世界上仅有三个国家才能生产出的烟气轮机的叶片的事迹，歌颂了劳动者的伟大。李仲清，甘肃会宁人，生于1961年，大学文化程度，现为兰州石化公司三联公司人事科（党委组织科）科长、机关党支部书记、高级政工师、中国石油作家协会理事、甘肃省作家协会会员、兰州市作家协会理事、中国石油

作家协会兰州石化分会主席。

0733 《祁连山下》

作品类别：诗歌类

作　　者：万有文

发表时间：2009-11-02

发表载体：《甘肃日报》

获奖及影响：获甘肃省委宣传部与《甘肃日报》联合举办的"爱家乡、颂陇原"征文优秀奖。

0734 《乡村物语、苍茫大地》

作品类别：诗歌类

作　　者：富永杰

发表时间：2013-04-19

获奖及影响：富永杰，男，系甘肃省作协会员，1987年生于甘肃省平凉市华亭县上关乡水联村，爱好诗歌，偶有作品发表或转载于《北京文学》《诗刊》《中国诗歌》《诗潮》《诗选刊》《少年文艺》《人民日报》《青年作家》《飞天》等杂志报刊，曾获得第三届"中华校园诗歌奖"、第二届"全国教师文学奖"一等奖、第四届"崆峒文艺奖"、第三届"莲花台文艺奖"等奖项，出版诗集《果然》，代表作《乡村物语》《苍茫大地》。

0735 《一个老石油工的情愫》

作品类别：诗歌类

作　　者：李仲清

发表时间：2015-03-16

获奖及影响：获得全国总工会第二届"中国梦劳动美征文"优秀奖。

简　　介：通过讴歌一个老石油工的奉献精神，歌颂了劳动者的伟大，弘扬了正能量。

0736 《兰州鼓子》

作品类别：诗歌类

作　　者：彭巨彦
发表时间：2009-12-12
发表载体：《甘肃日报》
获奖及影响：在庆祝新中国成立60周年"爱我中华、颂我陇原"征文中获得奖励，由甘肃省委宣传部文艺处、甘肃省文学院、甘肃省作家协会、甘肃日报社副刊部联合评奖。

0737 《曲径》

作品类别：诗歌类
作　　者：李天喜
发表时间：2004-08-20
发表载体：《小小说月刊》
获奖及影响：获得第三届"黄河杯"全国文学艺术作品大赛优秀奖。

0738 《守望》

作品类别：诗歌类
作　　者：曹焕荣
发表时间：2013-03-25
发表载体：《诗刊》
获奖及影响：获《诗刊》中国西部诗人优秀诗歌奖。
简　　介：曹焕荣，男，汉族，现年64岁，中共党员，正宁县周家乡人，中专文化程度，副研究馆员职称，中国民间文艺家协会会员，中国诗歌学会会员，省作协会员，市作协常务理事。本诗刊共43首，诗集《守望》中的145首诗，收集的是曹焕荣先生2004年至2008年的作品。

0739 《红寺坡的夜》

作品类别：诗歌类
作　　者：万有文
发表时间：2014-02-27
发表载体：《飞天》
获奖及影响：获得全省网络美文征文优秀奖。

0740 《春天的黑河》

作品类别：诗歌类
作　　者：万有文
发表时间：2009-02-14
发表载体：《飞天》
获奖及影响：选入诗集《故地》。

0741 《遥望祁连》

作品类别：诗歌类
作　　者：万有文
发表时间：2014-02-14
发表载体：《甘泉》
获奖及影响：获全省祁连山生态文化优秀奖。

0742 《沙漠》

作品类别：诗歌类
作　　者：万有文
发表时间：2014-05-27
发表载体：《甘肃日报》
获奖及影响：获得全省网络美文征文优秀奖。

0743 《我是一个歌者》

作品类别：诗歌类
作　　者：万有文
发表时间：2009-04-19
发表载体：《甘肃日报》
获奖及影响：在各网站转载。

0744 《憾》

作品类别：诗歌类

作　　者：谢宗通

发表时间：1997-11-10

发表载体：《内蒙古作家报》

获奖及影响：1997年全国大学校园文学征文中获佳作奖。

简　　介：1995年秋写于陕西澄城，在现实生活中，我们总有一种感悟：理想很丰满，生活却很骨感，在实现梦想的路上，我们一直坚守信念并为之努力，但付出努力并不等于一定会有回报。正如诗中所说"是狼吃了我的羊毁了我的草场"，诗中以物喻理想和努力后的失望，使诗歌具有了意义上的丰富性和多层次性，不同层面的读者也就有了不同感触。谢宗通，男，汉族，1977年5月生，甘肃省临夏县人，本科学历，中共党员，中学一级教师。2014年2月任中学副校长；1989年开始写诗，诗作散见于《河州》等刊物；1997年，诗作《憾》在《青年作家报》和《内蒙古作家报》联办的全国大学生征文大奖赛中获佳作奖并刊发；诗作《回眸》在1999年《中国校园文学》（庆国庆专号）刊发；2000年毕业后先后在路盘学区、三角中学、土桥中学从事语文教学工作。

0745 《历史的光辉》

作品类别：诗歌类

作　　者：万有文

发表时间：2008-06-29

发表载体：《张掖日报》

获奖及影响：2011年获得省委宣传部举办的"陇原党旗红"征文优秀奖。

0746 《革命先驱张一悟》

作品类别：诗歌类

作　　者：彭巨彦

发表时间：2005-01-05

发表载体：《甘肃日报副刊》

获奖及影响：荣获由兰州市委、兰州市政府颁发的兰州市第五届"金城文艺奖"三等奖。

简　　介：彭巨彦，男，汉族，1960年1月出生，大专文化，榆中县文化馆党支部书记、副研究馆员，榆中县领军人才。一直从事群众文化工作，业余时间创作诗歌、散文、小说、报告文学、民间文学、戏剧、影视脚本、歌曲等文艺创作，逾百万字。分别发表于《青年文学》《剧本》《飞天》《陇苗》《金城》等刊物，小说《死狗》《广东红》曾被《小说报》和《小小说选刊》转载，部分作品获得市级以上奖励，现为兰州市文联委员、兰州市作家协会理事、甘肃作家协会会员、甘肃民间文艺家协会会员、甘肃群众文化学会会员。

0747 《乾陵写意》

作品类别：诗歌类

作　　者：冯立民

发表时间：2013-06-07

发表载体：《飞天》

获奖及影响：获庆阳市"五个一工程"奖。

简　　介：冯立民，男，汉族，1973年生，正宁县周家乡人，大专学历，中共党员，甘肃省作家协会会员，政协正宁县第七、第八届委员会委员。1992年参加工作，1999年调入县文联工作至今。出版文学作品集3部，发表诗文若干，两次获庆阳市"五个一工程"奖。

0748 《各人有各人的世界》（组诗）

作品类别：诗歌类

作　　者：张志怀

发表时间：2007-01-16

发表载体：《飞天》

获奖及影响：在甘肃省作协主办的杂志《飞天》上发表。

0749 《梦中的小木屋》（组诗）

作品类别：诗歌类

作　　者：张志怀

发表时间：2002-11-12

发表载体：《飞天》

获奖及影响：在甘肃省作协主办的杂志《飞天》上发表。

0750 《月亮就在头顶上》（组诗）

作品类别：诗歌类

作　　者：张志怀

发表时间：2004-04-06

发表载体：《飞天》

获奖及影响：在甘肃省文联《飞天》上发表。

0751 《高处的鸟鸣》（组诗）

作品类别：诗歌类

作　　者：万小雪

发表时间：1996-06-15

发表载体：《飞天》

获奖及影响：作品在《飞天》发表后，荣获甘肃十年文学奖。

简　　介：万小雪，甘肃天水人，毕业于甘肃西北师范大学编采系，中国作协会员，九十年代开始写诗歌，先后在《诗刊》《飞天》《诗选刊》《星星诗刊》《绿风》等80多种报刊发表诗歌作品多首，《一场大雪覆盖了什么》入选《2001年中国作协优秀诗选》，《唯一的蓝》入选《中国2003年度最佳诗歌》，

《渗透》《落日兀鹫》入选《2012年中国诗歌年选》，1996年荣获台湾作协《新华日报》海外作品银奖。2001年出席甘肃省青年作家代表大会；2005年荣获《飞天》十年文学奖。2009年组诗作《幸福的翅膀》《一厘米的春天》荣获第三届、四届甘肃黄河文学奖；《沙粒灼热》《沙上的真理》荣获酒泉飞天文艺奖三等级、一等奖。出版诗集四部《蓝雪》《带翅膀的雨》《一个人的河流》《沙上的真理》。2011年出席全国第27届青春诗会，且《沙粒灼热》在《诗刊》出专版头条，2012年开始小说创作，短篇小说《灯神》、中篇小说《水天一色》发表于《黄河文学》。现于甘肃省玉门市文联工作。

0752 《玫瑰吟》

作品类别：诗歌类

作　　者：张国宏

发表时间：2014-04-23

发表载体：《飞天》

获奖及影响：作品被录入艺术玫瑰文化宣传诗歌汇编

简　　介：这是永登知名的农民诗人、全国作家协会会员张国宏在全兰州市玫瑰文化节征文中的优秀作品，后发表于《飞天》杂志。作品被录入苦水玫瑰文化宣传诗歌汇编中，进行更广泛的宣传。

0753 《石榴》（诗二首）

作品类别：诗歌类

作　　者：王永刚

发表时间：2006-12-08

发表载体：《飞天》

获奖及影响：2006年12月发表在《飞天》杂志上。

简　　介：诗歌语言优美，节奏欢快。

0754 《情系官鹅沟》

作品类别：诗歌类

作　者：李　玥

发表时间：2004-09-06

发表载体：飞天文化出版社

获奖及影响：该作品发表于飞天文化出版社。

简　介：该作品是我县文学方面优秀作品之一，具有一定价值。

0755 《五月的玫瑰川》

作品类别：诗歌类

作　者：张国宏

发表时间：2012-10-11

发表载体：《飞天》

简　介：张国宏是永登知名的农民诗人，是中国作家协会会员，在永登苦水玫瑰旅游节期间创作的这首诗获二等奖，后在《飞天》杂志发表，很好地宣传了玫瑰和苦水。

0756 《党、爷爷和王进喜》

作品类别：诗歌类

作　者：孙登平

发表时间：2011-09-01

发表载体：《甘泉》

获奖及影响：2011年9月获张掖市"庆祝建党九十周年征文大赛"三等奖。

0757 《七月的中国》

作品类别：诗歌类

作　者：孙登平

发表时间：2011-09-01

发表载体：《甘泉》

获奖及影响：入选"庆祝建党九十周年"征文专号。

0758 《永远的情殇》

作品类别：诗歌类

作　者：杨立中

发表时间：2010-01-23

发表载体：《大地湾》

获奖及影响：第一届"新一代"全国文学大赛优秀奖（甘肃省文学社团联合会等）。

0759 《九粮歌赋》

作品类别：诗歌类

作　者：杨立中

发表时间：2011-07-13

发表载体：甘肃九粮液集团官方网站

获奖及影响："九"文化全国征文大赛二等奖（甘肃省文联、甘肃九粮液集团）。

0760 《青春季节》

作品类别：诗歌类

作　者：吴万良

发表时间：2003-08-15

发表载体：甘肃民族出版社

获奖及影响：被一些文学爱好者传抄、网上转载。

0761 《垂钓繁星》

作品类别：诗歌类

作　者：顾鸿亮

发表时间：2012-05-09

发表载体：甘肃民族出版社

简　介：永登诗人顾鸿亮，生于1966年，师范毕业从事山区教学多年，后供职于永登报社，担任记者、编辑。从事文学创作30多年，创作了大量优秀诗歌、散文，在省市刊物发表600多篇首，是永登实力派的青年诗人。《垂钓繁星》收录了创作的诗歌200多首，对推动永登文学创作、宣传永登文化具有重要作用。正如《序》中写的顾炎武呼吁文章"有益于天下，有益于将来"一样，这本书将有益于永登文学的繁荣，有益于永登文化的传播。

0762 《西部之恋》

作品类别：诗歌类

作　　者：蒋录基

发表时间：2002-04-25

发表载体：甘肃民族出版社

简　　介：这是永登籍诗人蒋录基对家乡深情赞美的诗集，全部录入100多首创作的精品诗作，由中国知名诗人、文学评论家郭建模作序。将这本诗集在永登广泛传播，可以让更多的人欣赏诗歌艺术和永登文化、风景。

0763 《荧烛集》

作品类别：诗歌类

作　　者：路兴国

发表时间：2010-03

发表载体：甘肃民族出版社

获奖及影响：获金城文艺奖。

简　　介：路兴国是永登县知名作家、诗人，创作了近500首诗歌、散文，在省内有一定的影响力，担任永登县文联秘书长。对其诗歌创作给予一定的补贴，对作品出版申请专项经费，这使其作品的发行量、读者群增加，推动和繁荣了永登的诗歌艺术。

0764 《秋天》（外一首）

作品类别：诗歌类

作　　者：毛韶子

发表时间：2013-08-29

发表载体：《甘肃青年诗刊》

获奖及影响：获甘肃青年诗刊社第一届"网络笔会三等奖"。

0765 《通往故乡的小路》

作品类别：诗歌类

作　　者：焦红原

发表时间：1984-09-01

发表载体：《甘肃青少年文史报》

获奖及影响：入选人民日报出版社出版的《中学生诗选》。

简　　介：现代诗。

0766 《流星吟》

作品类别：诗歌类

作　　者：姚雅星

发表时间：1995-02-01

发表载体：甘肃人民出版社

获奖及影响：在中国艺术研究院当代文学研究室举办的"文坛新人写作经验探讨会"中，荣获全国大赛一等奖

0767 《场院周围》

作品类别：诗歌类

作　　者：李继宗

发表时间：2007-07-01

发表载体：甘肃人民美术出版社

获奖及影响：获第五届甘肃省"少数民族文学奖"二等奖。

简　　介：李继宗，回族，1968年出生于甘肃张家川。1990年开始发表文学作品。诗歌收入《92年全国诗歌报刊集萃》《1949—1999甘肃文学作品选粹·诗歌卷》等多种选本，著有散文集《人们的梦》。其诗歌中人与自然处于一种相互激发的状态，李继宗通过自己的意象系列将本来地方色彩颇浓的西部情上升到一种具有普遍意义的人文境界，创造了自己沉稳凝练的诗风。当我们走入李继宗的诗歌境界就会发现：场院周围、空巢、落日、陇西、西梁山、秦家塬、丹麻梁上的月色、蛛网、寺湾……这一个个寄寓着诗人内心世界的诗歌意象是质朴裸露的。这不仅表现在意象色彩的冷色调，情绪的明暗交融

以及象征寓意的多元多维层面上，更为重要的是诗中的意象是作者主观情愫外化的产物，涵纳着强烈的个性感悟和人文意蕴，从而使原本容易流于单调呆板而又难以驾驭的意象，幻变得极富情感冲击力和审美感召力。

0768 《李满天下》诗文卷

作品类别：诗歌类

作　　者：李震岗

发表时间：2014-08-06

发表载体：甘肃人民美术出版社

0769 《雪山擦拭的生活》

作品类别：诗歌类

作　　者：谢荣胜

发表时间：2009-10-14

发表载体：甘肃人民美术出版社

获奖及影响：2009 年甘肃美术出版社出版

简　　介：精选了 1988 年至 2005 期间创作的 206 首诗歌，主要是对自己的生活地理，渭水之滨陇西和雪山之下的凉州自然风情的记录和抒写。展现对山水草木虔诚的顶礼膜拜，对至真美善苦苦追寻的足迹。

0770 《海在山外》

作品类别：诗歌类

作　　者：潘　勤

发表时间：2008-06-25

发表载体：甘肃人民美术出版社

获奖及影响：2012 年获中国煤炉文学"乌金奖"。

0771 《梨园口日暮》（外二首）

作品类别：诗歌类

作　　者：张　军

发表时间：2008-02-28

发表载体：《甘肃日报》

获奖及影响：荣获"金张掖文艺奖"诗歌组三等奖。

简　　介：张军，张掖市甘州区农村教师。系甘肃省作家协会会员、甘州区作协理事、诗词学会理事。2008 年诗歌《梨园口日暮(三首)》获张掖市"印河杯"诗歌征文大赛二等奖；2009 年诗歌《电工之歌》获张掖市"供电杯"诗歌征文二等奖；2009 年诗歌《梨园口日暮（外二首）》获"金张掖文艺奖"诗歌组三等奖）。2012 年被《文学月刊》聘为"签约作家"，2013 年被《甘州教育》聘为文学编辑。20 多年来，笔耕不辍，先后在《甘肃日报》《语文报》《北方作家》《野草》

（增刊）、《文学月刊》《中国文学》《甘肃工人报》《甘肃农民报》《星星诗刊》《远方》《农村青年》《教师报》《生命树》《金张掖周刊》等各级刊物发表诗歌、散文、小说、故事等作品近300余篇（首）。出版散文集 《岁月遗痕》。

0772 《献给彭德怀司令员》

作品类别：诗歌类

作　　者：孙万全

发表时间：1979-02-08

发表载体：《甘肃日报》

获奖及影响：在拨乱反正的年代，代表了人民群众对彭总的深切缅怀。

简　　介：共三首，缅怀彭德怀总司令。

0773 《在黑水国遗址》

作品类别：诗歌类

作　　者：张 军

发表时间：2010-09-13

发表载体：《甘肃日报》

0774 《早春》

作品类别：诗歌类

作　　者：张 军

发表时间：2010-03-01

发表载体：《甘肃日报》

0775 《矗立在国门的丰碑》

作品类别：诗歌类

作　　者：毛韶子

发表时间：2003-11-01

发表载体：甘肃省国防教育征文

获奖及影响：该诗歌在甘肃省国防教育征文活动中荣获二等奖、第五届"滕王阁杯"全国文学艺术作品大奖赛中获优秀奖。

0776 《陇西文学作品选》

作品类别：诗歌类

作　　者：陇西文学作品选编辑委员会

发表时间：2014-04-01

发表载体：甘肃省内部图书

获奖及影响：《陇西文学作品选》的出版，为陇西地区文艺百花园增添了一朵美丽的奇葩，既是陇西两个文明建设的重大成果，也是献给共和国50华诞和改革开放20周年的一份厚礼。

简　　介：《陇西文学作品选》既是在新的历史条件下对陇西历代文学创作的回顾，也是对新中国成立以来日益繁荣的社会主义文学创作的检阅。

0777 《莲花山与莲花山花儿》

作品类别：诗歌类

作　　者：丁作枢

发表时间：2002-05-02

发表载体：甘肃省人民出版社

获奖及影响：2003 年获甘肃省"飞天杯"一等奖。

简　　介：全面系统地讲述了莲花山花儿的产生、发展、流布、传承、调式、章法、歌手及历史文化背景等民俗活动。

0778 《故乡》组诗

作品类别：诗歌类

作　　者：高仲选

发表时间：1992-05-08

发表载体：甘肃省文联

获奖及影响：甘肃省首届"文学期刊联合评比"优秀奖。

简　　介：高仲选，男，汉族，甘肃省合水县人，中共党员，大专文化程度，当过中小学教师、研究院、甘肃省作协会员，甘肃省民俗协会会员，庆阳市知识分子拔尖人才，庆阳市原文联委员，合水县文化馆馆长，高

仲选组诗《故乡》是一首反映陇东黄土高原家乡的抒情诗，该作品于 1992 年 5 月被甘肃省文联评为甘肃省文学期刊联合评奖优秀奖。

0779 《西南诗草》

作品类别：诗歌类

作　　者：毛菁文（回族）

发表时间：2009-09-09

发表载体：甘肃省文联

获奖及影响：甘肃省第五届"少数民族文学奖"。

简　　介：毛菁文，中华人民共和国杰出书画艺术家最高荣誉成就奖获得者。现为国史编辑委员会诗书画院理事、中国艺术学会常务委员会委员、北京东方翰林书画院副院长、中国少数民族作家协会、音乐家协会、甘肃省作家协会、音乐理事或主席等。

0780 《高台黄河灯阵》

作品类别：诗歌类

作　　者：孙登平

发表时间：2010-06-12

发表载体：甘肃省文物局门户网站

获奖及影响：在"我身边的文化遗产"征文活动中获三等奖。

0781 《望月怀远》等 2 首

作品类别：诗歌类

作　　者：文　川

发表时间：2013-03-20

发表载体：《甘肃诗词》

简　　介：主要内容《望月怀远》《忆江南望月》，2013 年 3 月在甘肃刊物上发表。

0782 《夏日登高等》3 首

作品类别：诗歌类

作　者：文 川
发表时间：2014-05-01
发表载体：《甘肃诗词》
简　介：主要内容《有感于当下浪费风》
《中秋》，2014年五月在省级刊物上发表。

0783 《带着相思回家》

作品类别：诗歌类
作　者：张粉丽
发表时间：2003-12-10
发表载体：甘肃文化出版社

0784 《绿洲新韵》诗文集

作品类别：诗歌类
作　者：柴永贤
发表时间：2014-09-05
发表载体：甘肃文化出版社
简　介：《绿洲新韵》是一部以绿洲读书
人自己的眼光反映民勤绿洲和西部生活的诗
文集，多角度地呈现了西部特别是绿洲民勤
的自然地理、风俗人情、人物故事、时代风
尚以及生存状况等。诗、词、曲老瓶新酒，
清韵传情；散文新颖别致，厚重有味。

0785 《师榕诗选》

作品类别：诗歌类
作　者：潘 勤

发表时间：2013-06-25
发表载体：甘肃文化出版社
获奖及影响：平凉市第四届"崆峒文艺奖"
三等奖。

0786 《吴兴保思墨文集》

作品类别：诗歌类
作　者：吴兴保
发表时间：2009-03-17
发表载体：甘肃文化出版社
简　介：《吴兴保思墨文集》共分《鉴史
星歌》《怀古吟今》《故乡之歌》《浩瀚放歌》
《咏芳俪歌》五辑，收集了近年来作者创作
的诗词歌赋共一百余篇。作品或韵致高远、
意境悠长，或豪放飘逸、格局大气，或清新
温婉、笔触细腻，或气韵沉雄、凝练厚重，
颇具艺术感染力。

0787 《四家诗》

作品类别：诗歌类
作　者：丁永海等四人
发表时间：2010-06
发表载体：甘肃文联出版社
获奖及影响：丁永海、王仁武、苏裕民、陈
辉是永登比较有名的诗人，他们四人的诗集
《四家诗》《四家吟》在永登及兰州地区的
文学界有一定的影响力。四位诗人热心于诗

歌创作，均创作时间在 20 年以上，发表了大量优秀作品，对永登文化和精神做了很好的宣传。

0788 《落叶归根》

作品类别：诗歌类

作　者：任萧烨

发表时间：2011-12-09

发表载体：甘肃文学社团杂志

获奖及影响：第一届"新一代"文学作品大奖赛获 70 后一等奖。

0789 《感悟牛僧孺》

作品类别：诗歌类

作　者：任萧烨

发表时间：2011-12-10

发表载体：《甘肃文艺》

0790 《皇甫谧文化园》

作品类别：诗歌类

作　者：任萧烨

发表时间：2011-12-10

发表载体：《甘肃文艺》

0791 《皋兰之歌》

作品类别：诗歌类

作　者：张克复、宗满德

发表时间：2008-03-10

简　介：《皋兰之歌》是为弘扬地方文化，展示皋兰风采而编辑的一部诗词楹联集。自古而今，皋兰这块热土吸引着无数社会人士，创作了大量的诗词歌赋。2007年省诗词学会、省文学院、省市文联的著名诗人、摄影家及县内文学爱好者到什川梨园参观游览、采风抒怀，创作了不少诗词。《皋兰之歌》的出版发行，对宣传皋兰新成就、展示皋兰新形象、提高皋兰知名度，具有重要的历史和现实意义，必将有力推动全县的精神文明建设，是皋兰文化建设史上的一件大事。

0792 《风雪邮人》

作品类别：诗歌类

作　者：王怀民

发表时间：2013-12-01

发表载体：《光明日报》

获奖及影响：2013 年获得《光明日报》社举办的"邮政情缘"征文一等奖。

0793 《青春红云》

作品类别：诗歌类

作　　者：吴万良

发表时间：1997-05-07

发表载体：广西民族出版社

获奖及影响：被一些文学爱好者传抄、网上转载。

简　　介：选编诗歌81首。

0794 《大河向西》

作品类别：诗歌类

作　　者：曹国魂

发表时间：2011-09-10

发表载体：国际"大雅风"文学奖比赛

获奖及影响：获国际"大雅风"文学奖比赛提名奖。

简　　介：曹国魂，男，生于1969年，甘肃甘州人，农民诗人。1996年高中毕业后回到农村务农，务农之余勤于文学创作，擅长现代诗与散文的创作。代表作有《大河向西》《大西北》《玉带河上的牧羊汉》，作品经常在《星星诗刊》《农民文学》《收获》《飞天》等刊物上发表。

0795 《多情胡杨》

作品类别：诗歌类

作　　者：马兆玉

发表时间：1996-10-01

发表载体：华侨出版社

简　　介：作品以西部地域风物为精神指向，以胡杨的精神为生命的行走树立了方向。

0796 《苦乐斋诗词》

作品类别：诗歌类

作　　者：任世杰

发表时间：2014-11-01

发表载体：华夏翰林出版社

简　　介：全书293页，包含抒怀篇、行吟篇、桑梓篇、亲谊篇、题咏篇5个篇目，共292首诗词。

0797 《大河之畔》

作品类别：诗歌类

作　　者：张海明

发表时间：2007-07-01

发表载体：《环江》

0798 《狗年的环北》（外一首）

作品类别：诗歌类

作　　者：徐玉金

发表时间：2007-07-01

发表载体：《环江》

0799 《母亲》

作品类别：诗歌类

作　　者：吴存军

发表时间：2007-07-01

发表载体：《环江》

0800 《你重要，我也重要》

作品类别：诗歌类

作　　者：谷朋利

发表时间：2007-07-01

发表载体：《环江》

0801 《情绪》（外一首）

作品类别：诗歌类

作　　者：杨三波

发表时间：2007-07-01

发表载体：《环江》

0802 《守望家园》（组诗）

作品类别：诗歌类

作　　者：陈希贤

发表时间：2007-07-01

发表载体：《环江》

0803 《望春》（外二首）

作品类别：诗歌类

作　　者：许亚东

发表时间：2007-07-01

发表载体：《环江》

0804 《东湖公园游记》

作品类别：诗歌类

作　　者：银开源

发表时间：2013-09-24

发表载体：嘉峪关政协

0805 《早春的第一朵幸福》

作品类别：诗歌类

作　　者：樊海霞

发表时间：2013-08-06

发表载体：《江南时报》

获奖及影响：23位甘肃诗人集体亮相，并被凤凰网、搜狐网、诗生活网等媒体转载。

0806 《农村诗稿》

作品类别：诗歌类

作　　者：王永刚

发表时间：2010-02-08

发表载体：《金银滩》

0807 《骆驼城十八首》

作品类别：诗歌类

作　　者：孙登平

发表时间：2007-10-01

发表载体："金张掖河印杯"征文大赛

获奖及影响：2007年十月获"金张掖河印杯"诗词、散文、歌曲征文大赛优秀奖。

0808 《咏官鹅沟》等2首

作品类别：诗歌类

作　　者：文　川

发表时间：2014-12-05

发表载体：《今日文艺报》

获奖及影响：国家级刊物

简　　介：该作品包含《咏官鹅沟》《忆江南·感怀杜甫》。

0809 《露水点灯》

作品类别：诗歌类

作　　者：响　流

发表时间：2010-11-01

发表载体：九州出版社

获奖及影响：响流，1979年7月生，甘肃静宁县人，诗歌作品散见于《诗刊》《星星诗刊》《绿风》《中国诗歌》《飞天》《青海湖》等刊物。现供职于县文明办。

0810 《黄昏，一只小虫在飞》

作品类别：诗歌类

作　　者：赵新平

发表时间：2011年

发表载体：《开拓文学》

获奖及影响：该作品发表于《开拓文学》。

0811 《炊烟》

作品类别：诗歌类

作　　者：薛　兴

发表时间：1996-05-10

获奖及影响：《洮州文学》

简　　介：薛兴，男，藏族，生于1971年，毕业于甘南畜牧学校，长期从事新闻与宣传工作，在工作之余创作了大量的散文和诗歌。

0812 《记忆被风吹到天上》

作品类别：诗歌类

作　　者：昝海龙（与戈）

发表时间：2014-08-27

发表载体：第二届"母爱情深·父爱如山"征稿

获奖及影响：刊有诗文百余首发表于省内外报刊杂志。

简　　介：昝海龙（与戈），男，汉族，毕业于西北民族大学，现在临潭县术布乡工作，工作之余，创作大量的诗歌。其诗歌多描写童年和一些秘密的幻想。

0813 《唐亚琼的诗》

作品类别：诗歌类

作　　者：唐亚琼

发表时间：2011-12-09

发表载体：《飞天》

获奖及影响：作品散见于《诗刊》《民族文学》《飞天》《中国诗歌》等。

简　　介：唐亚琼，女，藏族，生于甘南迭部。作品散见于《诗刊》《民族文学》《飞天》《中国诗歌》等。

0814 《乡土》

作品类别：诗歌类

作　　者：彭世华

发表时间：1993-08-05

获奖及影响：《乡土》是作者寄托个人情感的诗，因诗歌对每一个人来说可能价值体现的方式不一样，但是它始终是以一种文化而存在。

简　　介：彭世化，男，汉族，生于1972年，临潭县古战乡人，毕业于甘南师范学校，在校期间开始创作诗歌和散文作品。他的诗歌短小精悍，富有哲理性，读之能启迪人的心灵和思想，能给人以教育意义。

0815 《阿角沟，烟雨蒙蒙》（外一首）

作品类别：诗歌类

作　　者：薛兴

发表时间：2014-08-19

发表载体：《格桑花》

获奖及影响：入选《格桑花》2013年第三期目录、封面。

简　　介：薛兴，男，藏族，1972年8月出生于临潭县古战乡，现任甘南州青年诗歌协会副会长。其作品曾在州内外发表400余篇，代表作品诗歌《灰鸽子》《孤独的探戈》《白云飘过》《格桑花》，长期从事新闻与宣传工作，在工作之余创作了大量的散文和诗歌，《洮州文学》编委。

0816 《甘南》（诗组）

作品类别：诗歌类

作　　者：彭世华

发表时间：2013-03-27

发表载体：《甘肃日报》

简　　介：《甘南》（组诗）包含《甘加：八角城》《古战：牛头城》《冶力关：千年睡将军》。彭世华，男，汉族，生于1972年，临潭县古战乡人。毕业于甘南师范学校，在校期间开始创作诗歌和散文作品。他的诗歌短小精悍，富有哲理性，读之能启迪人的心灵和思想，能给人以教育意义。主要作品有诗歌《甘南草原》《人到中年》等。

0817 《平安镇》

作品类别：诗歌类

作　　者：唐亚琼

发表时间：2013-3

发表载体：《格桑花》

简　　介：唐亚琼，女，藏族，生于甘南迭部，作品散见于《诗刊》《民族文学》《飞天》《格桑花》《中国诗歌》等。在甘南的女性作家群里，唐亚琼是一个独具才情、个性鲜明的诗人。她近年来的创作已经成为甘南诗歌一个重要的现象，引起了越来越广泛的关注。她的诗歌文本所呈现出来的生命意识、感情世界等，是对甘南地域文学色彩的一种补充，也是对甘南文化资源的某种新的开掘。

0818 《秋天的信笺》

作品类别：诗歌类

作　　者：葛峡峰

发表时间：2013-02-25

发表载体：《洮州文学》

简　　介：《秋天的信笺》（组诗）包含《秋天的信笺》《果实》《青春》。葛峡峰，男，汉族，1974年生，甘肃渭源人。有诗歌、散文300余篇（首）散见于《诗刊》《飞天》《绿风》《甘肃日报》《中国文学》《青海文学》等报刊杂志。已出版诗集《葛峡峰诗选》，获甘肃省黄河文学奖。《葛峡峰诗选》分《草地颂词》《天空的心事》《春天的诗》《温暖人生》《警营记忆》《乡土乡音》等六个部分，该书收录作者近年来创作的280多首诗歌作品。由甘肃作家、诗人李诚作序，著名诗人高平、大卫、叶匣政等名家点评。每一首诗都是诗人用真诚的心感悟生活、感悟生命、感悟大自然蕴育的美丽花朵。

0819 《康县放歌》

作品类别：诗歌类

作　　者：石政杰

发表时间：2010-03-06

发表载体：康县文化系列丛书

0820 《秦王川赋》

作品类别：诗歌类

作　者：祁重泰

发表时间：2012-03-28

发表载体：《兰州日报副刊》

简　介：这是永登作家、省作家协会会员祁重泰在兰州新区建设前作于永登秦王川之赋，意境高远、引今博古、雄厚壮美，在全兰州引起很大反响，被众多媒体转载。

0821　《武胜驿赋》

作品类别：诗歌类

作　者：祁重泰

发表时间：2013-11-28

发表载体：《兰州日报副刊》

简　介：这是永登作家、省作家协会会员祁重泰对永登武胜驿的赋诗，全诗长达 60 句，意境优秀、高亢、雄厚，在永登引起很大反响。

0822　《哈达铺》

作品类别：诗歌类

作　者：王　鹏

发表时间：2012-11-02

发表载体：《陇南日报》

0823　《母亲的瓦房》

作品类别：诗歌类

作　者：王瑞玉

发表时间：2009-09-11

发表载体：《陇南日报》

获奖及影响：获市级奖励，优秀奖。

0824　《陇南美景赋》

作品类别：诗歌类

作　者：陈郑云

发表时间：2010-08-21

发表载体：陇南市"赞美陇南诗词曲赋"征文。

获奖及影响：获陇南市"赞美陇南诗词曲赋"

征文二等奖。

0825　《陇南的明天更美好》

作品类别：诗歌类

作　者：崔志刚

发表时间：2010-08-29

发表载体：陇南市文艺会演

获奖及影响：陇南市文艺会演三等奖。

0826　《爱的约定》

作品类别：诗歌类

作　者：陆　承

发表时间：2012-05-30

发表载体：《玫瑰杂志》

简　介：这是一首在全兰州市玫瑰文化节上征文中永登青年作家、现调入省文联的陆承的优秀作品。将其诗录入永登玫瑰文化集中，并在玫瑰园中进行展示，让人们欣赏诗歌艺术和玫瑰文化。

0827　《大美画卷》

作品类别：诗歌类

作　者：陆　承

发表时间：2012-05-30

发表载体：《玫瑰杂志》

简　介：这是永登知名青年作家、现调入省文联的陆承在全兰州市玫瑰文化节上的优秀作品，将其诗录入永登苦水诗歌汇编，并在风情园中展示，更大范围传播诗歌和玫瑰文化。

0828　《大西北心疼的玫瑰》

作品类别：诗歌类

作　者：满自文

发表时间：2012-05-30

发表载体：《玫瑰杂志》

简　介：这是兰州市全市玫瑰节上征文优

秀奖作品，作者是永登县诗词学会副主席、省诗词学会会员，在永登诗词创作中成果丰硕。将这一首诗录入永登诗歌汇编，在社会广泛传播，让人欣赏诗歌艺术，推动玫瑰文化传播。

0829 《放歌玫瑰川》

作品类别：诗歌类
作　　者：满全位
发表时间：2012-05-30
发表载体：《玫瑰杂志》
简　　介：这是兰州市全市玫瑰文化节上征文优秀奖，作者是永登知名诗人，省诗词学会会员，本诗意境优美，节奏丰富，高亢动人。将这首诗录入永登诗词汇编中，在社会上传播，让更多的人欣赏。

0830 《苦水，灼热了世界的目光》

作品类别：诗歌类
作　　者：曾耘黎
发表时间：2012-05-30
发表载体：《玫瑰杂志》
简　　介：这是在全市玫瑰诗歌大赛中获得一等奖的诗，在全市产生了重要影响。将这一首诗在苦水玫瑰旅游节中朗诵，并录入苦水玫瑰文化资料中，在社会上传播，让人们欣赏。

0831 《苦水风物咏四首》

作品类别：诗歌类
作　　者：路兴国
发表时间：2012-05-30
发表载体：《玫瑰杂志》
获奖及影响："玫瑰节征文"中荣获优秀奖。
简　　介：这是苦水籍诗人路兴国对苦水风物的咏赞，语言高雅，格律优美，在玫瑰节征文中获优秀奖。

0832 《苦水玫瑰》

作品类别：诗歌类
作　　者：王仁武
发表时间：2012-05-30
发表载体：《玫瑰杂志》
简　　介：这是永登知名诗人、省诗词学会会员、永登一中退休教师王仁武的诗作，在全兰州市玫瑰节上征文的优秀作品。将其诗录入永登玫瑰诗集中，并在苦水玫瑰风情园中进行展示，让游客欣赏诗歌艺术和玫瑰文化。

0833 《苦水玫瑰情》

作品类别：诗歌类
作　　者：董国彦
发表时间：2012-05-30
发表载体：《玫瑰杂志》
简　　介：这是全兰州市玫瑰节征文中的优秀作品，作者是兰州知名作家。本诗意境优美，节奏丰富。将这首诗录入永登玫瑰诗歌汇编，在社会广泛传播，让人们欣赏诗歌艺术和玫瑰文化。

0834 《苦水玫乡变奏曲》

作品类别：诗歌类
作　　者：祁重泰
发表时间：2012-05-30
发表载体：《玫瑰杂志》
简　　介：这是永登县作家协会秘书长、省作家协会会员在全兰州市征文中的优秀作品，以诗歌的形式介绍了苦水玫瑰之乡的变化，语言优美，意境幽远。将这一首诗作为苦水玫瑰之乡重大变化的记录，在苦水民间传播，让人们热爱家乡，建设家乡。

0835 《苦水之上》

作品类别：诗歌类

作　　者：梁卫忠

发表时间：2012-05-30

发表载体：《玫瑰杂志》

简　　介：这是兰州市的知名作家梁卫忠在全兰州市玫瑰节征文中的优秀作品，在全市有很好的影响。将这一首诗录入永登苦水玫瑰文化诗歌汇编中进行广泛传播。

0836 《玫瑰、玫瑰》

作品类别：诗歌类

作　　者：张海明

发表时间：2012-05-30

发表载体：《玫瑰杂志》

获奖及影响：兰州市全市玫瑰节征文中荣获三等奖。

简　　介：作者是市级作家协会会员，在诗歌创作中成果丰硕。将这一首诗录入永登诗歌汇编，在社会上传播，让人欣赏诗，了解玫瑰文化，推动苦水玫瑰旅游业发展。

0837 《玫瑰川交响诗》

作品类别：诗歌类

作　　者：岳逢春

发表时间：2012-02-29

发表载体：《玫瑰杂志》

简　　介：这是兰州市作家协会副主席在苦水玫瑰节上的诗作，在兰州玫瑰节及玫瑰文化传播中产生了重要影响。将这一首诗以碑刻形式在苦水玫瑰园中展示，并录入苦水玫瑰文化宣传册中，供更多的读者欣赏，成为宣传玫瑰文化的重要佳作。

0838 《玫瑰情》

作品类别：诗歌类

作　　者：丁永海

发表时间：2012-05-30

发表载体：《玫瑰杂志》

简　　介：这是永登知名诗人、省诗词学会会员、永登一中高级语文老师丁永海在全兰州市玫瑰节征文中的优秀作品。将其诗录入永登玫瑰诗词选中，在苦水文化园中进行展示，让人们欣赏诗歌艺术，陶冶情操，宣传玫瑰文化。

0839 《玫瑰王国的春天》（组诗）

作品类别：诗歌类

作　　者：张国宏

发表时间：2012-05-30

发表载体：《玫瑰杂志》

获奖及影响：苦水玫瑰节上征文获二等级奖。

简　　介：这是永登农民诗人、中国作家协会会员张国宏在苦水玫瑰节上征文获二等奖的作品，诗形式完整、韵律优美、意境高雅，是苦水玫瑰诗歌中的精品。将其诗录入永登诗歌汇编，并在苦水玫瑰旅游节及宣传活动中传播，成为宣传苦水玫瑰文化的重要诗歌。

0840 《玫瑰之约定》

作品类别：诗歌类

作　　者：路兴国

发表时间：2012-05-30

发表载体：《玫瑰杂志》

简　　介：这是全兰州市玫瑰节征文的三等奖作品，作者是永登县文联秘书长、省作家协会会员，这首诗韵味好，意境优美，节奏感丰富。将这首诗录入永登诗歌汇编，进行社会传播，让更多读者欣赏，以推动玫瑰文化和苦水玫瑰之乡的旅游业发展。

0841 《书生.玫瑰》

作品类别：诗歌类

作　　者：郁　俊

发表时间：2012-05-30

发表载体：《玫瑰杂志》

获奖及影响：兰州市全市玫瑰文化节上征文获三等奖。

简　　介：这是兰州市全市玫瑰文化节上征文获三等奖的作品，作者是永登县诗词学会秘书长，省诗词学会会员，该诗歌以玫瑰最早的引进者秀才王子慎为题，很好地表达了书生与玫瑰的情结，语言优美、意境幽雅。将这首诗录入永登诗歌汇编，进行广泛的社会传播，能让人们欣赏诗，了解玫瑰文化与玫瑰历史。

0842 《五月，心醉玫瑰》

作品类别：诗歌类

作　　者：童烛

发表时间：2012-05-30

发表载体：《玫瑰杂志》

获奖及影响：在全兰州市玫瑰节征文中荣获优秀作品。

简　　介：这是永登农民女诗人童烛在全兰州市玫瑰节征文中的优秀作品。将其诗录入永登玫瑰诗集中，进行更广泛的社会宣传和欣赏。

0843 《咏玫瑰》

作品类别：诗歌类

作　　者：苏裕民

发表时间：2012-05-30

发表载体：《玫瑰杂志》

简　　介：这是永登知名诗人、省诗词学会会员苏裕民在全兰州市玫瑰文化节上的优秀作品。将其诗录入永登玫瑰诗选中，在社会上传播。

0844 《麦积山石窟·断想》

作品类别：诗歌类

作　　者：刘宇航

发表时间：2013-01-10

获奖及影响：获2013年度"山东华工砖几杯"全国诗歌征文大赛优秀奖。

0845 《落叶》

作品类别：诗歌类

作　　者：高志俊

发表时间：1993-09-09

发表载体：民族文学

获奖及影响：1993年9月发表于《民族文学》杂志，1999年11月获甘肃省作家协会少数民族文学创作"铜奔马"奖新人新作奖。

简　　介：高志俊，回族，1968年9月生，甘肃省临夏市人。中共党员，大专文化。现任甘肃省临夏回族自治州文联党组成员、副主席，《河州》杂志主编。系中国诗歌学会会员、甘肃省作家协会理事。《落叶》在他的意象王国是"成熟的诗歌"，又是"黄皮肤的孩子"，被"秋风"这只船载着，"驶向梦中的家园"，这里借三重意象营造了一个理想的家园——诗歌的、孩子的、秋风的。何等美妙、何等广阔、何等丰富。从1988年起，在《诗刊》《民族文学》《飞天》《民族作家》《朔方》《回族文学》《黄河文学》《驼铃》等刊发表诗作数百余首。作品曾获甘肃省第四届文学奖，甘肃省少数民族文学评奖"铜奔马"奖，甘肃省第五届少数民族文学奖，临夏回族自治州第一届"花儿"文学奖，临夏回族自治州首届、二届精神文明建设"五个一工程"奖等奖励。其创作成就收入《中国诗人大辞典》《中国当代文艺家辞典》《回族文学概观》《回族对伟大祖国的贡献》《临夏回族自治州大事记》等书籍。诗作入选《中国当代诗库2007年卷》《1949—1999甘肃文学作品选萃·诗歌卷》《甘肃的诗》等诗选集。

0846 《季节之书》

作品类别：诗歌类

作　　者：郭海滨

发表时间：2012-04-01

发表载体：宁夏人民出版社

获奖及影响：部分作品获奖。

简　　介：诗集《季节之书》是作者自1989年起写诗多年来的第一本诗歌选集。全书共分六辑，收录作者在全国各种诗歌、文学刊物上发表、获奖的诗歌作品131首，大多为短诗。本诗集是作者书稿中的第四辑的辑名，全书分"向西""时间里熟睡的婴儿""点灯说话""季节之书""春天的搬运工""在先秦大地上漫游"六部分，按照类别将作者的诗集分类选编。该诗集所选诗作跨度较大，基本涵盖了作者每个阶段的诗歌写作，风格比较统一，但也有部分探索性的诗作，体现了作者诗歌写作的多元风貌。这些诗作大都短小、质朴，直抵内心，是作者对日常生活细节的诗意化再现，朴素而有味，具有生活本身的质感，体现了作者独特的审美体验和取向。

0847 《乡村女子》

作品类别：诗歌类

作　　者：毛韶子

发表时间：2013-09-01

发表载体：《农民文学》

0848 《迟到的雪花》

作品类别：诗歌类

作　　者：任萧烨

发表时间：2009-02-27

发表载体：《平凉日报》

0849 《老师的赞歌》

作品类别：诗歌类

作　　者：任萧烨

发表时间：2008-10-21

发表载体：《平凉日报》

获奖及影响：歌颂老师。

0850 《送给自己的贺卡》

作品类别：诗歌类

作　　者：马晓丽

发表时间：2009-01-01

发表载体：《平凉日报》

获奖及影响：平凉新闻网转载。

0851 《我为我的梦饯行》

作品类别：诗歌类

作　　者：马晓丽

发表时间：2008-03-03

发表载体：《平凉日报》

获奖及影响：平凉新闻网转载。

0852 《山里的故事》

作品类别：诗歌类

作　　者：李　明

发表时间：2002-08-10

发表载体：《飞天》

获奖及影响：诗歌《山里的故事》在"白银市第二届文艺创作奖"评奖中荣获创作二等奖。

简　　介：李明，男，甘肃省会宁县会师镇人，出生于1967年，甘肃省作家协会会员。从1989年开始文学创作至今，曾先后在《飞天》《甘肃日报》等刊物发表诗歌一百多首。其中，诗歌《山里的故事》在"白银市第二届文艺创作奖"评奖中荣获创作二等奖。现为会宁县作家协会副主席。

0853 《哈达铺——红色歌谣》

作品类别：诗歌类

作　　者：赵新平

发表时间：2011-06-06

发表载体：青海省海北州文联"建党90周年征文"

获奖及影响：组诗《哈达铺——红色歌谣》获得青海省海北州文联建党90周年征文优秀奖。

0854 《高粱》

作品类别：诗歌类

作　　者：王永刚

发表时间：2009-05-13

发表载体：《人文科学》

获奖及影响：该作品刊于《人文科学》。

0855 《秋天的月光》

作品类别：诗歌类

作　　者：王永刚

发表时间：2009-05-09

发表载体：《人文科学》

获奖及影响：该作品刊于《人文科学》。

0856 《回望敦煌》《飞天》《沙州之夜》《从张掖到敦煌》《芦花》5首

作品类别：诗歌类

作　　者：武强华

发表时间：2011-07-25

发表载体：《甘肃的诗》

0857 《西行》

作品类别：诗歌类

作　　者：万有文

发表时间：2013-01-06

发表载体：《甘肃诗话》

获奖及影响：获全省网络美文征文优秀奖。

0858 《苏鲁梅朵》

作品类别：诗歌类

作　　者：杜鹃

发表时间：1995-04-09

发表载体：内蒙古人民出版社

获奖及影响：1992年开始发表诗歌散文作品，作品入选甘南州青少年爱国主义教育乡土教材读本，《甘南中华民族一方热土》《1995全国小说散文精选》《1995当代新人优秀作品评析》《盛开的格桑花》《2007〈星星〉新诗人档案》《2007当代诗歌精选》等书，甘肃省作协会员，甘南州作协副主席，作协副秘书长。

简　　介：杜鹃，又名苏鲁梅朵，生于60年代，1992年开始发表诗歌散文作品，作品入选甘南州青少年爱国主义教育乡土教材读本—《甘南中华民族一方热土》《1995全国小说散文精选》《1995当代新人优秀作品评析》《盛开的格桑花》《2007〈星星〉新诗人档案》《2007当代诗歌精选》等书，甘肃省作协会员，甘南州作协副主席，作协副秘书长。

0859 《记忆中的苹果树》

作品类别：诗歌类

作　　者：赵新平

发表时间：2004 年

发表载体：散文大赛

获奖及影响：该作品获得 2004 年第一届成州"矿冶杯"散文诗歌大赛优秀作品奖。

0860 《秦风雅颂》

作品类别：诗歌类

作　　者：袁　琼

发表时间：2011-09-09

发表载体：陕西出版集团太白文艺出版社

获奖及影响：由市作家协会选编的《秦风雅颂》是市作协参与天水特色文化大市建设的重要成果，编入了新时期以来具有一定水准、能够反映天水文学创作风貌的代表性作品，部分作品在全国也有一定影响，这既是对历届市作协工作的一次回顾与小结，也是对天水文学实力的一次全面展示，更是对未来天水文学的美好期待。

0861 《看见》

作品类别：诗歌类

作　　者：陈宝全

发表时间：2013-05-01

发表载体：沈阳出版社

获奖及影响：发行 2000 册，获"崆峒文艺奖"三等奖。

简　　介：陈宝全，生于二十世纪七十年代，甘肃省静宁县人，甘肃省作家协会会员。诗歌作品散见于《诗刊》《诗潮》《星星》《青年文学》《诗歌月刊》《中国诗歌》《绿风》《飞天》《文学港》《西南军事文学》等纯文学刊物，获第四届甘肃"黄河文学奖""崆峒文艺奖"，著有诗集《看见》。

0862 《炉火熊熊》

作品类别：诗歌类

作　　者：吕宏生

发表时间：1963

发表载体：《甘肃文艺》

0863 《水龙吟·兴隆山》

作品类别：诗歌类

作　　者：吴　刚

发表时间：2014-08-05

发表载体：《诗词家》

获奖及影响：在中国诗词家一书发表。

0864 《火红的熔炉》

作品类别：诗歌类

作　　者：徐金坤

发表时间：1977

发表载体：甘肃人民出版社

0865 《浪花集》

作品类别：诗歌类

作　　者：吕宏生

发表时间：1979

发表载体：甘肃人民出版社

0866 《陇原新歌》

作品类别：诗歌类

作　　者：李学义

发表时间：1977

发表载体：《甘肃文艺》

0867 《我爱国歌》

作品类别：诗歌类

作　　者：吴农荣

发表时间：2009-09-17

发表载体：《天马诗刊》

获奖及影响：2009 年 9 月在"中华人民共和国成立六十周年英林杯海内外中华诗词大奖赛"活动中获三等奖。

0868 《起重工》

作品类别：诗歌类

作　　者：吕宏生

发表时间：1964

发表载体：《甘肃文艺》

0869 《塞乡冬趣》

作品类别：诗歌类

作　　者：吴农荣

发表时间：2002-09-10

发表载体：中国国际广播出版社

获奖及影响：2002 年 9 月获全国第四届"新田园诗歌"（河东杯旧体诗）三等奖。

0870 《咏鹳雀楼》

作品类别：诗歌类

作　　者：吴农荣

发表时间：2012-09-26

发表载体：《中华诗词》

获奖及影响：2012 年 9 月荣获中国永济首届鹳雀楼诗歌文化节"鹳雀楼杯"诗歌大赛古体诗优秀奖。

0871 《战鼓集》

作品类别：诗歌类

作　　者：王蜀凉

发表时间：1978

发表载体：甘肃人民出版社

0872 《把你的手给我》

作品类别：诗歌类

作　　者：王鸿翔

发表时间：2009-08-05

发表载体：诗歌报丛书，沃尔特·惠特曼出版社。

获奖及影响：部分作品获奖。

简　　介：王鸿翔，网名楝树上的疯子，先后获中国诗歌学会、中国散文学会、《人民文学》《诗歌月刊》《星星诗刊》《中国作家》《青年文学》《光明日报》等征文奖项。有作品在《人民文学》《黄河》《飞天》《星星》《诗选刊》《诗歌月刊》等发表。崇尚跌宕起伏、错落有致的诗歌语言与情感，主张干净、简洁、有内在韵味和极强的感染力、有音乐节律的语句。诗歌最感人的地方就是将自己最深切的情感用最形象、最生动、最准确的语言表述出来。

0873 《阿尔金山集》

作品类别：诗歌类

作　　者：胡尔曼巴依

发表时间：2011-02-01

发表载体：《北方作家》

简　　介：歌颂青春，歌颂哈萨克草原。

0874 《园丁颂》

作品类别：诗歌类

作　　者：塔伊芙·达列力

发表时间：2011-01-22

发表载体：北京民族出版社

0875 《金色摇篮》

作品类别：诗歌类

作　　者：别克土尔

发表时间：2008-06-22

发表载体：北京民族出版社

简　　介：作者的诗歌集《金色摇篮》表达了对生活的热爱，歌颂了青春，歌颂了家乡，歌颂了哈萨克幸福生活。

0876 《青山之歌》

作品类别：诗歌类

作　　者：肯杰别克·扎尔合木

发表时间：2005-11-01

发表载体：诗歌集

获奖及影响：《青山之歌》这部诗歌集翻译成汉文已出版。

简　　介：《青山之歌》这部诗歌集表达了作者对家乡悠久历史的探索，描写和歌颂了哈萨克族绚烂的历史、传统文化、如诗如画的草原美景，以及诗人纯真的童年生活、甜美浪漫的爱情和对家乡人民的热爱。

0877 《鹰啸》

作品类别：诗歌类

作　　者：肯杰别克·扎尔合木

发表时间：2011-08-01

发表载体：诗歌集

获奖及影响：

简　　介：诗歌集《鹰啸》表达了作者热爱生活，热爱人民之心，歌颂了爱情、家乡、伟人、民族精神等。

0878 《为爱守岁》

作品类别：诗歌类

作　　者：马旭祖

发表时间：2008-01-13

发表载体：诗歌集

获奖及影响：已发表诗文300余篇（首），获得了较高的社会影响。

简　　介：《为爱守岁》分《思念深挂于夜的枝头》《漂泊的凄月》《对话方式》《往日情歌》《夜莺同唱的记忆》五辑，收录了马旭祖68篇诗歌，抒发了作者热爱家乡山川河流及对肃北草原深深的眷恋。作者马旭祖，甘肃金塔人，甘肃省作家协会会员，已发表诗文300余篇（首），现任肃北县宣传部副部长。

0879 《鹰翅下的天空》

作品类别：诗歌类

作　　者：马旭祖

发表时间：2005-01-13

发表载体：《绿风》

获奖及影响：已发表诗文300余篇（首），获得了较高的社会影响。

简　　介：《鹰翅下的天空》分《秋风塞外》

《雪落草原》《行吟河西》三辑，收录了马旭祖98篇诗歌，抒发了作者热爱家乡山川河流及对肃北草原深深的眷恋。作者马旭祖，甘肃金塔人，甘肃省作家协会会员，已发表诗文300余篇（首），现任肃北县宣传部副部长。

0880 《崆峒鹤鸣》

作品类别：诗歌类

作　　者：苏怀珠

发表时间：2006-06-10

发表载体：中国戏剧出版社

获奖及影响：作者所著新旧体诗词的集结。

简　　介：全集共分为五辑，分别为格律学吟篇、绝句口占篇、词牌习填篇、杂咏求索篇、新诗尝试篇。诗词集内容丰富，思想健康，既有对国山河的歌颂，也有对时代先锋以及伟人贤良的赞美。诗歌集的艺术形式多样，异彩纷呈，从体载上看，既有旧体诗词，又有新诗的尝试，诗有五、七言律，绝词有小令、中调，选用的词牌有10余种，曲有自度的，词句人雅，文采斐然。从表现手法看，既有比喻、比拟、象征、借代，也有议论、抒情、夸张、对比、衬托、渲染，句非虚语。

0881 《奋进的隆畅河》

作品类别：诗歌类

作　　者：韩新文

发表时间：2008-06-18

获奖及影响：获张掖市"庆新中国成立六十周年征文活动"诗歌三等奖。

简　　介：韩新文，男，汉族。2008年《奋进的隆畅河》荣获肃南县"我看改革开放三十周年征文活动"诗歌优秀奖，2009年《致敬光明的使者》荣获张掖市"庆新中国成立六十周年征文活动"诗歌三等奖，2011年《说玉》荣获肃南县"美玉肃南·裕固花乡征文大赛"诗歌二等奖，2012年《写给独生子女》荣获"肃南县首届人口文化艺术节征文活动"诗歌二等奖。

0882 《火苗在一堆干柴上舞蹈》

作品类别：诗歌类

作　　者：贺继新

发表时间：1998-08-10

发表载体：甘肃文艺出版社

获奖及影响：曾四次获国家级奖、20次获省级奖项。

简　　介：贺继新，男，裕固族，诗集《火苗在一堆干柴上舞蹈》于1998年出版，收录诗歌100多首。1981年至今在省内外报刊发表诗歌1000多首，曾四次获国家级奖、20次获省级奖项。

0883 《马国良诗选》

作品类别：诗歌类

作　　者：马国良

发表时间：1986-12-12

获奖及影响：于1982年创办新洮诗社，出版刊物《拓绿》，1986年创办了洮州文学社。

简　　介：马国良（1945—），男，回族，临潭县城关人。马国良的诗主要是从自然景物吸取题材，对自然界有着浓厚的兴趣，大自然的一切，大到高山流水，小到游蜂戏蝶，无不收拾入诗，具有生动的田园风情，富有浓郁的乡土气息，一首首诗像一幅幅生动的农村风俗画。因此在题材上，他的诗以描写自然景物的为最多，也最能体现他诗歌的艺术特色。

0884 《诗韵祁连》

作品类别：诗歌类

作　　者：祁翠花

发表时间：2012-08-07

发表载体：敦煌文艺出版社

获奖及影响：获县内"神鹿奖"。

简　　介：祁翠花，女，藏族。2012年8月出版了三十万字的历史诗歌鉴赏专著《诗韵祁连》。

0885 《雪地上的书生》

作品类别：诗歌类

作　　者：何军雄

发表时间：2014-08-15

发表载体：香港类型出版社

获奖及影响：诗集出版消息在【中国网中国视窗讯】、【中国甘肃网】、【凤凰网西北频道】等网络报刊转载报道。

简　　介：何军雄，男，汉族，1976年生于甘肃会宁。2002年开始文学创作，先后在《甘肃日报》《飞天》《青春》《散文诗》等全国各类报刊发表诗歌、散文、小说、摄影作品三百多篇，著有诗集《雪地上的书生》。有作品收录在《2003中华诗歌精选》《当代作家文库——阳光如歌》《中原风铃》《国魂》《绿色华章》《绿洲文化沙龙文友作品集·2013年卷》《会宁历史文化丛书》等年度选本。获各类奖项二十余次，个人创作业绩曾被甘肃人民广播电台采访两次，辞条编入《中国诗人大辞典》一书。现为中国诗歌学会、甘肃省作家协会、白银市作家协会、会宁县作家协会、甘肃省青年摄影家协会、会宁县摄影家协会会员。

0886 《夜歌》

作品类别：诗歌类

作　　者：胡海成

发表时间：2011-09-15

发表载体：凤凰出版社

获奖及影响：获县内"神鹿奖"。

0887 《高原教育诗》（组诗）

作品类别：诗歌类

作　　者：张志怀

发表时间：2006-11-30

发表载体：《诗刊》

获奖及影响：在中国作家协会主办的《诗刊》上发表。

0888 《高原倾听者》

作品类别：诗歌类

作　　者：张志怀

发表时间：2005-12-13

发表载体：《诗刊》

获奖及影响：在中国作家协会主办的《诗刊》上发表。

0889 《张志怀的诗》

作品类别：诗歌类

作　　者：张志怀

发表时间：2014-08-01

发表载体：《诗刊》

获奖及影响：在中国作家协会主办的《诗刊》上发表。

0890 《把钉子砸进大海》（组诗）

作品类别：诗歌类

作　　者：马路明

发表时间：2014-11-15

发表载体：《诗刊》

获奖及影响：获得莲花台文艺奖。

0891 《沙粒灼热》

作品类别：诗歌类

作　　者：万小雪

发表时间：2011-12-09

发表载体：《诗刊》

获奖及影响：2011年《沙粒灼热》入选素有"诗歌黄埔军校"美誉的中国作家协会27届青春诗会。

简　　介：组诗《沙粒灼热》以宏观大气的视野抒写了西部历经风沙打磨的戈壁、烽燧、城堡、瀚海、驼铃、僧侣、脚夫们昙花一现的生活、情爱画卷。在栩栩如生的时光长廊里，用词语的桥构建了河西大地上热腾腾的万千气象和古老如烟的历史。

0892 《一厘米的春天》（组诗）

作品类别：诗歌类

作　　者：万小雪

发表时间：2009-10-01

发表载体：《诗刊》

获奖及影响：荣获甘肃第四届"黄河文学奖"。

0893 《生命如歌》《岁月如诗》

作品类别：诗歌类

作　　者：李德全

发表时间：2010-07-05

发表载体：百花文艺出版社、文化艺术出版社

获奖及影响：诗歌《走不出雨巷》获"中国跨世纪杯"新诗大赛优秀奖。

简　　介：李德全，又名清泉，中学语文高级教师。男，汉族，1957年出生，甘肃卓尼县人。中国教育学会会员、中国诗歌学会会员、甘肃省作家协会会员、中华辞赋家联合会理事、中华辞赋报（网）副主编、甘南州文学刊物《格桑花》编委、甘肃省文学社团联谊会甘南分会副主席。在国内外报刊发表作品300多篇(首)。诗歌、散文分别收入《中国青年乡土诗选》《如诗岁月》《情诗500首》《作文》《三河一江吟唱》《纯情经典》《中国朦胧诗纯情诗多解词典》《当代散文精品选》《陇原园丁颂》《2006-2007中国诗萃·经典卷》《星河烛影》《中华名人志》《中国诗歌：21世纪十年精品选编》《流年》《甘南藏人爱情诗集》《甘南青年诗选二十人》《芳草地》等20多部作品集，并多次获奖。出版诗文集《生命如歌》(百花文艺出版社)，诗集《岁月如诗》(文化艺术出版社)。

0894 《古井作品》

作品类别：诗歌类

作　者：邢叶

发表时间：2011-07-01

发表载体：《中国诗乡杂志》

0895 《行走在黄河岸边》

作品类别：诗歌类

作　者：银开源

发表时间：2014-05-14

发表载体：《石油工人报》

0896 《黄雪地带》

作品类别：诗歌类

作　者：胡询之

发表时间：1998-08-11

发表载体：《世界之窗文丛》

获奖及影响：曾获《文学报》《飞天》全国函授征文优秀作品奖。

简　介：《黄雪地带》是作者的第一本诗集，以鲜明的诗风，歌唱土地，摹写田园，洋溢着陇南山地自然的清新气息。

0897 《20 世纪苏震亚抒情长诗选》

作品类别：诗歌类

作　者：苏震亚

发表时间：2008-11-13

简　介：男，1955 年生，甘肃会宁人，中国作家协会会员，中国散文学会、中国报告文学学会会员，甘肃省作家协会会员，《白银文学》主编、副编审。1984 年开始业余文学创作，先后在《飞天》《人民文学》等省和国家级 30 余家报刊发表过以诗歌、报告文学为主的各类文学作品 130 余万字。《20 世纪苏震亚抒情长诗选》（诗集）获白银市首届"凤凰文艺奖"文学类一等奖。出版有诗集《望远方》（敦煌文艺出版社，1991 年 3 月），《抒情方式》（山东文艺出版社，1994 年 6 月），《20 世纪苏震亚抒情长诗选》（中国文史出版社，2006 年 1 月），报告文学集《透明的窗口》（甘肃文化出版社，1994 年 6 月），长篇报告文学《走马平川说气象》（《中国作家》纪实版，2008 年 12 期），中篇报告文学《水利人生》（《人民文学》，2007 年 6 期）。

0898 《九人行——甘肃 70 后诗人诗选》

作品类别：诗歌类

作　者：颜小鲁

发表时间：2012-11-13

发表载体：中国戏剧出版社

获奖及影响：男，曾用笔名漠风，1974 年生，甘肃景泰人，甘肃省作家协会会员，现供职于景泰县机构编制委员会办公室。先后在《星星》《诗歌月刊》《诗选刊》《诗潮》《飞天》

《青海湖》《新大陆》（美国）、《多维时报》（美国）等数十家海内外刊物和报纸发表诗歌散文400多首（篇）。和朋友合出诗集《几人行——甘肃70后诗人诗选》。

0899 《心天畅游》

作品类别：诗歌类

作　　者：孟令刚

发表时间：2012-11-12

发表载体：香港新天出版社

获奖及影响：其作品多次被选入省市，乃至国家各大刊物刊登，被全国各大网站转载。

简　　介：孟令刚，男，白银市作家协会主席，白银区文联主席。出版有诗集《心天畅游》（香港新天出版社，1993年5月），诗集《走进朴鲁》（中国文史出版社，2005年8月），《白银文化》散文专辑（2008年）。

0900 《游子的心声》

作品类别：诗歌类

作　　者：海洪涛

发表时间：2000-08-27

简　　介：海洪涛的抒情诗《游子的心声》和《来自克尔拜门前的祈祷声》均道出了新时期穆斯林游子对祖国的无限向往和眷恋，以及对祖国和亲人的思念之情。海洪涛长篇叙事诗的创作成就是出了两部"名人歌"《中国穆斯林三百历代名人歌》和《中华历代名人歌》，两部"名人歌"以七言诗的形式将中国历代穆斯林各行业和中国历代各行业杰出人物的生平事迹叙写出来，讴歌了中华民族历朝历代各行业杰出人物和穆斯林杰出人物对中华民族的杰出贡献。而长篇叙事诗《中国穆斯林三百历代名人歌》和《中华历代名人歌》，笔力纵横恣肆，词句清新流畅，自然活泼，章法工丽，音律严格，长于叙事，对人物的叙写重史实，使作品更富于现代意义，是作品的主题思想，对人物的叙写重史实，不扩大功绩也不缩小其错误，不虚构也不描述，语言上简洁明快而又生动，叙述描写不以细腻见长，而以粗笔勾勒见工，粗中有细，人物形象显明，栩栩如生，跃然纸上。

0901 《中华百年仁人志士咏赞》

作品类别：诗歌类

作　　者：阎立昆

发表时间：2004-11-13

发表载体：作家出版社

获奖及影响：甘肃景泰人，白银市作家协会会员，长年从事教育工作。诗集《中华百年仁人志士咏赞》（作家出版社出版，2004年）。

0902 《擦肩而过》

作品类别：诗歌类

作　　者：何佐平

发表时间：2014-01-01

发表载体：中国文联出版社

获奖及影响：被本地很多文艺工作者所喜爱。

简　　介：内容广泛，体现了生活的很多方面。

0903 《静思集》

作品类别：诗歌类

作　　者：王建业

发表时间：2012-10-01

获奖及影响：诗词在省内外刊物发表并多次获奖。

简　　介：书中新旧体诗都有，内容丰富，形式多样。

0904 《零碎的时光》

作品类别：诗歌类

作　　者：何佐平

发表时间：2014-06-01

发表载体：成都时代出版社

获奖及影响：深受文学爱好者的喜爱。

简　　介：选编了渭源籍各行各业文学爱好者的诗歌作品。

0905 《引洮：世纪的梦想》

作品类别：诗歌类

作　　者：冯焱鑫

发表时间：2012-06-06

发表载体：《飞天》

获奖及影响：获白银市首届"凤凰文艺奖"文学类三等奖、"西部的太阳——中国诗人西部之旅"全国诗歌大赛三等奖。

简　　介：字灵学，号学子，笔名郁洁，甘肃会宁人，市作协会员，中国城市诗歌艺术创作研究员，自1988年以来，坚持业余文学创作，著有诗集《希望在痛楚中降临》。其作品文字富有张力，深受广大人民群众喜爱。

0906 《那时候》

作品类别：诗歌类

作　　者：苏新明

发表时间：2012-11-13

发表载体：《黄河文学》杂志，

获奖及影响：甘肃会宁人，80后，省作协会员,2003年开始创作,《那时候》(组诗)在《黄河文学》杂志上发表,获白银市首届"凤凰文艺奖"文学类三等奖。

0907 《燃情岁月》

作品类别:诗歌类

作　　者:杨佩彰

发表时间:2003-12-05

发表载体:天马图书有限公司

简　　介:该书为抒情诗集,分为"心路花语""爱在高原""岁月留痕""独狐之旅"等四辑。作者以自己对人生、对生活的深入思考和独到感悟,真情地演绎和倾诉对爱情、亲情及历经岁月的追忆、祈祷和吟唱,生动地抒写个人心灵的困惑和独白,挥洒心路历程中守望精神家园的浪漫和诗情。

0908 《监考》

作品类别:诗歌类

作　　者:彭军选

发表时间:2012-11-09

发表载体:《天水日报》

0909 《雨水不止》

作品类别:诗歌类

作　　者:丁维刚

发表时间:2014-01-05

发表载体:《天水日报陇右周刊》

获奖及影响:天水市天水日报社"情系汶川·5.12大地震周年祭"征文妙手奖章获得者,首届"德堼杯"诗歌、散文大赛获二等奖。

0910 《兰州之歌》

作品类别:诗歌类

作　　者:王驰

发表时间:2003-02-20

简　　介:这是全兰州市征文中的优秀作品,作者是永登县文联主席。诗歌意味悠扬,曲调高雅,适合传唱。

0911 《母亲》

作品类别:诗歌类

作　　者:郭文沫

发表时间:1994-06-18

发表载体:未来文学杂志社

获奖及影响:获首届"太白杯全国青年诗歌大赛"佳作奖。

简　　介:赞扬母亲。

0912 《张国宏诗选》

作品类别:诗歌类

作　　者:张国宏

发表时间:2009-11-26

发表载体:文化艺术出版社

简　　介:张国宏,笔名巍岭、果红,1939年出生,甘肃永登。现为中国作家协会会员、中国散文学会会员、中国诗歌学会会员、甘肃省作家协会会员、甘肃省诗词学会会员。永登县政协历届委员。1958年开始文学创作。1965年出席全国青年业余文学创作代表大会，受到朱德委员长、周恩来总理等党和国家领导人的接见。发表诗歌近千首、散文近百篇。出版诗集《桃花雨》《丝路剪影》《圣山神水》等。

0913 《远山有梦》

作品类别：诗歌类

作　　者：闫小杰

发表时间：1988

发表载体：《文学报》

获奖及影响：诗歌曾获湖南省千人千首诗歌选拔赛二等奖。

简　　介：闫小杰，男，汉族，甘肃省泾川县人。大学文化，笔名原野。1971 年 10 月出生，1988 年开始写诗。曾任"青峰"文学社社长，《求索》编辑部主编，《甘肃林业》杂志社、《新闻文学报》特约记者等职。

0914 《日子》

作品类别：诗歌类

作　　者：张　军

发表时间：2012-10-15

发表载体：《文学月刊》

0915 《河口》

作品类别：诗歌类

作　　者：张思温

发表时间：1946-01-10

发表载体：甘肃民族出版社

获奖及影响：河口境内广为流行。

简　　介：张思温，字玉如。著名诗人，书法家、史学家、作家。生前任甘肃省文史馆副馆长。这首诗表达了河口人民平时生活的景象。

0916 《那些事儿》（组诗）

作品类别：诗歌类

作　　者：邢　叶

发表时间：2008-08-01

获奖及影响："三江杯"校园诗歌大赛三等奖。

0917 《在家园的墙头上歌唱》

作品类别：诗歌类

作　　者：周爱军

发表时间：2004-07-09

获奖及影响：获庆阳市精神文明建设"五个一工程"奖三等奖。

0918 《七律·四首赞环县道情皮影》

作品类别：诗歌类

作　　者：白应田

发表时间：2008-11-11

发表载体：《迎奥运会庆祝中国科技成立五十周年作品集》

获奖及影响：2008 年被甘肃《迎奥运庆祝中国科协立五十周年作品集》选载，并获诗作二等奖。

简　　介：诗歌从戏箱、影人、工艺、音乐四个方面进行了热情赞颂。2008 年被甘肃《迎奥运庆祝中国科协成立五十周年作品集》选载，并获诗作二等奖。

0919 《民勤颂》

作品类别：诗歌类

作　　者：富承璘

发表时间：2014-03-20

发表载体：《武威日报》

0920 《我站在高处，看你》

作品类别：诗歌类

作　　者：杨立中

发表时间：2010-05-29

发表载体：武威市市委宣传部网站

获奖及影响：武威市"马踏飞燕"全国主题

设计大赛文字类作品优秀奖（武威市委宣传部、武威市对外宣传办公室、武威市旅游局、武威日报社、武威市汉文化博物馆）。

0921 《静波轩七言诗稿》

作品类别：诗歌类

作　　者：史征波

发表时间：2011-11-06

发表载体：西安出版社

获奖及影响：本作品集出版1000册，在平凉地区产生了较大影响。

简　　介：本书收集了诗人的七言诗歌共278首，全书由"乡村拾零、咏物箴言、真情馈赠、华亭履痕、苍茫人生"五部分组成。诗人饱含同情和怜悯，深度观照乡村弱势群体的生存现状；紧扣特征咏物，揭示人生哲理，鞭笞社会不良现象；赠寄诗作，或追怀，或讴赞，或悼亡，或寄予期望，或抒发自我情怀，情真意切，感人肺腑；游记诗作，最大程度地展现了华亭的人文风光；通过自身成长过程中重点事件的记述，向读者讲述了诗人艰难而富有意义的人生历程。

0922 《草原和它的背后》

作品类别：诗歌类

作　　者：仁谦才华

发表时间：2014-08-15

发表载体：《西北军事文学》

获奖及影响：首届"玉龙艺术奖全国评奖"自由诗一等奖。

简　　介：仁谦才华，中国少数民族作家学会会员、甘肃省作家协会会员。作品散见于《诗刊》《星星》《民族文学》《散文诗》《飞天》《延河》《青年文学》等刊物。作品收入《新时期甘肃文学作品选》《中国诗歌·二十一世纪十年精品选编》《新时期中国少数民族文学作品精选·藏族卷》等20

多个选本。荣获木兰围场"风电杯"全国诗歌大赛三等奖、第十九届"文化杯"全国鲁藜诗歌奖、第四届甘肃黄河文学奖等奖项。出版诗集《阳光部落》《藏地谣》。

0923 《季节之书》

作品类别：诗歌类

作　　者：苇芒（郭海滨）

发表时间：2012-04-14

发表载体：宁夏出版社

简　　介：《季节之书》是我县青年作家、中作协会员苇芒（郭海滨）近年来创作的百十首诗歌，由宁夏人民出版社2012年4月出版。

0924 《远征集》

作品类别：诗歌类

作　　者：李政荣

发表时间：2014-10-06

发表载体：香港天马出版有限公司

获奖及影响：《远征集》诗词是李政荣人格品质的真实写照。

简　　介：《远征集》诗词一书由李政荣所著，香港天马有限公司出版，收录了李政荣二百多首诗词。

0925 《人生百味》

作品类别：诗歌类

作　　者：王　铭

发表时间：2014-05-01

发表载体：香港文艺出版社

简　　介：全书以诗词为主，分列为"家庭篇""乡集篇""社会篇"，共二百八十多首（篇）诗词，共 245 页。《人生百味》是王铭编著的古体诗集。

0926 《补拙居吟稿》

作品类别：诗歌类

作　　者：杨继胜

发表时间：2014-05-01

发表载体：香港文艺出版社

简　　介：《补拙居吟稿》是杨继胜所著，香港文艺出版社出版的一部集诗、联于一体的诗歌专辑。

0927 《她的城》

作品类别：诗歌类

作　　者：马子涵

发表时间：2014-09-21

发表载体：《新边塞》

0928 《怀念海子》

作品类别：诗歌类

作　　者：石福全

发表时间：2013-03-26

发表载体：《新京报》

获奖及影响：北京市报纸发表。

0929 《心返家园》

作品类别：诗歌类

作　　者：秦　铭

发表时间：2010-12-30

发表载体：新星书刊出版社

获奖及影响：获庆阳市第九届精神文明建设"五个一工程"奖。

简　　介：此书反映的是作者故乡生活的印记。

0930 《手机》

作品类别：诗歌类

作　　者：张　军

发表时间：2009-02-15

发表载体：《星星诗刊》

0931 《我在佛崖三首》

作品类别：诗歌类

作　　者：焦红原

发表时间：1990-04-01

发表载体：《星星诗刊》

简　　介：现代诗，抒发工作之地的独特感受。

0932 《相拥圣火》

作品类别：诗歌类

作　　者：邢　叶

发表时间：2008-08-08

发表载体：《星星诗刊》

0933 《艰难岁月》

作品类别：诗歌类

作　　者：木哈买塔勒

发表时间：2002-08-07

发表载体：叙事长诗

获奖及影响：北京民族出版社

简　　介：描写巴里坤哈萨克在1935年到1950年间东迁时的艰难历程。

0934 《石磨》

作品类别：诗歌类

作　　者：王永刚

发表时间：1999-05-04

发表载体：《阳关》

获奖及影响：该作品刊于《阳关》。

0935 《乡间生活》

作品类别：诗歌类

作　　者：王永刚

发表时间：2003-06-18

发表载体：《阳关》

获奖及影响：该作品发表于《阳关》。

0936 《石榴》

作品类别：诗歌类

作　　者：毛韶子

发表时间：2012-12-26

发表载体：迎十八大"御宴杯"全国征文

获奖及影响：该诗歌在迎十八大"御宴杯"全国征文中获优秀奖。

0937 《吐鲁沟》

作品类别：诗歌类

作　　者：黄罗斌

发表时间：1990-03-09

发表载体：《永登县志》

简　　介：这是甘肃知名诗人黄罗斌为永登留下的佳作，在永登产生了重要影响，深得永登人喜爱，在众多地方以书法形式呈现。在连城古镇、全国重点文物保护单位连城鲁土司衙门及永登主要场合以书法、绘画相结合的形式进行展示、宣传，成为永登文化品牌和文化景观。

0938 《吐鲁沟》（四首）

作品类别：诗歌类

作　　者：王维宁

发表时间：1990-01-19

发表载体：《永登县志》

简　　介：作者是省上知名诗人，其对永登诸多景观的赞美诗，在永登深受人们喜爱。

0939 《忆王孙·吐鲁沟风光》

作品类别：诗歌类

作　　者：邓品珊

发表时间：1990-01-12

发表载体：《永登县志》

简　　介：这是省上知名诗人来永登留下的佳作，在永登广泛流传，深受文学界、广大群众的喜爱。做为宣传生态秀美的吐鲁沟的好诗，在重要场合以书法、绘画形式呈现。

0940　《永登道中》

作品类别：诗歌类

作　　者：马廷秀

发表时间：1990-05-11

发表载体：《永登县志》

简　　介：这是一首脍炙人口的赞美永登的诗，在永登广为传颂。这首诗与当地书法艺术相结合，成为永登的文化项目。

0941　《永登道中》

作品类别：诗歌类

作　　者：张思温

发表时间：1990-04-13

发表载体：《永登县志》

简　　介：这是省上作家来永登写的非常优美的诗，在永登已广为传颂。这首诗与书法、绘画相结合，成为在永登旅游景区、各单位、家庭中张贴、悬挂的艺术品、宣传招牌。

0942　《永登杂咏·玫瑰花》

作品类别：诗歌类

作　　者：张曼西

发表时间：1990-01-12

发表载体：《永登县志》

简　　介：这是省上知名诗人在永登对苦水玫瑰的激情咏赞，对玫瑰文化和玫瑰之乡的宣传具有重要价值。做为苦水玫瑰文化和旅游的宣传佳作进行宣传，并在苦水及其他公共场合进行展示，以提升玫瑰之乡的文化品位。

0943　《游连城吐鲁沟》

作品类别：诗歌类

作　　者：蒋云台

发表时间：1990-05-10

发表载体：《永登县志》

简　　介：这是一首描绘永登吐鲁沟秀美风景的诗，对宣传永登有很好的作用。这首诗与永登书法艺术相结合，将成为永登文化风景，在重要旅游景区、媒体、县城街道、相关单位进行展示。

0944　《游玫瑰之乡》

作品类别：诗歌类

作　　者：路志霄

发表时间：1990-01-25

发表载体：《永登县志》

简　　介：诗人是甘肃知名诗人，作品对苦水玫瑰进行了赞美，此诗在永登诸多文章中转载，很好地宣传了永登这个玫瑰之乡。

0945　《游吐鲁沟》

作品类别：诗歌类

作　　者：王传明

发表时间：1990-01-19

发表载体：《永登县志》

简　　介：这是一首描绘永登名胜吐鲁沟的佳作，录入文献，汇编成诗集中进行传承，供读者欣赏，以此宣传和推动永登旅游业发展。

0946　《游香炉山》

作品类别：诗歌类

作　　者：杨洁

发表时间：1990-01-12

发表载体：《永登县志》

简　　介：这是省上知名诗人杨洁来永登留下的佳作，在永登流传广泛，深受喜爱。这首诗意境好，韵律好，永登人特别喜爱。对永登诗歌的创作产生了很好的影响。该诗以书法、绘画形式呈现在重要公共场合，成为宣传永登的重要品牌。

0947 《与四一归至永登城作》

作品类别：诗歌类

作　　者：王千一

发表时间：1990-05-10

发表载体：《永登县志》

简　　介：这是一首诗，诗清闲优雅，对宣传永登有很好的作用。将此诗录入永登文献，并在其重要景区、公共场合进行宣传，以传承优秀诗歌艺术，宣传永登文化。

0948 《祝贺引大入秦工程》

作品类别：诗歌类

作　　者：葛士英

发表时间：1990-01-12

发表载体：《永登县志》

简　　介：这是省上知名诗人在永登视察举世闻名的引大入秦工程时的诗作，鼓舞人心，催人奋进。将这一首诗编入永登地方文献和乡土教材中，并以书法、绘画形式在公共场合呈现，以鼓舞永登人民，宣传永登及甘肃精神。

0949 《电工之歌》

作品类别：诗歌类

作　　者：张军

发表时间：2008-01-28

发表载体：《语文报》

0950 《麦子熟了》

作品类别：诗歌类

作　　者：任萧烨

发表时间：2013-08-20

发表载体：《阅读与作文》

0951 《采草莓的山姑》

作品类别：诗歌类

作　　者：张国宏

发表时间：1989-06-28

发表载体：《张国宏乡土诗选》

简　　介：这是由中国文联出版社出版的永登县著名农民诗人、中国作家协会会员、甘肃知名诗人张国宏的诗集中的优秀作品，在永登及甘肃文学界产生了重要影响，深受人们喜爱。这首诗作为永登及兰州乡土诗歌，在社会中传播，让更多的人欣赏诗歌艺术，使读者走进乡村生活、感受乡村人民的质朴，让它传播得更广泛，陶冶更多人的情感。

0952 《唱给家乡的春天》

作品类别：诗歌类

作　　者：张国宏

发表时间：1982-04

发表载体：中国文联出版社

简　　介：诗歌意境优美，情感丰富，表达了对家乡浓浓的爱，在永登及甘肃文学界产生了重要影响。这首诗作为永登及兰州乡土诗歌，在社会中传播，能陶冶更多人的情感，激起更多人对家乡的热爱。

0953 《春风吹进庄浪河》

作品类别：诗歌类

作　　者：张国宏

发表时间：2005-11-24

发表载体：中国文联出版社

简　　介：这首诗在庄浪河流域及甘肃文学界产生了重要影响。这首诗作为永登及兰州乡土诗歌，歌颂和赞美了庄浪河流域的乡土风光和人文情怀，在社会中广泛传播，能让更多的人欣赏诗歌艺术、了解和增进乡土情感。

0954 《春灌曲》

作品类别：诗歌类

作　　者：张国宏

发表时间：1983-04

简　　介：这首诗让更多的人了解了农村的农耕生活。

0955 《春燕掠过村庄》

作品类别：诗歌类

作　　者：张国宏

发表时间：2005-11-24

简　　介：这首诗作为永登及兰州乡土诗歌，在社会中传播，能让更多的人欣赏诗歌艺术、了解和增进乡土情感。

0956 《黄河载着冰筏来了》

作品类别：诗歌类

作　　者：张国宏

发表时间：1989-02

获奖及影响：在甘肃文学界及黄河流域产生了重要影响。

简　　介：这是一首咏唱黄河的诗歌，在社会中传播，能让更多的人欣赏诗歌艺术、了解黄河风情，陶冶更多人的情感。

0957 《觉醒的山》

作品类别：诗歌类

作　　者：张国宏

发表时间：1981-01

简　　介：寓情于景，生动形象，很好地描绘了当时的社会风貌。

0958 《苦水》

作品类别：诗歌类

作　　者：张国宏

发表时间：2005-05-25

简　　介：这首诗能让人体会到浓厚的乡土气息、感受到乡村风貌、了解和增进了乡土情感。

0959 《老书记，你在想啥》

作品类别：诗歌类

作　　者：张国宏

发表时间：1978-07

简　　介：这是甘肃知名诗人张国宏诗集中的优秀作品，自发表以来在多种刊物上刊登，传唱至今。这首诗能让人在传播中忆昔思今，憧憬未来，更好地体会现在的生活。

0960 《农家短歌》（二首）

作品类别：诗歌类

作　　者：张国宏

发表时间：1960

简　　介：写于1960年，是张国宏早期的佳作，在永登及甘肃文学界产生了重要影响。作者将这一首诗作为永登及西北乡土诗歌，录入本地诗歌汇编中，让它传播得更广泛，陶冶更多人的情感。

0961 《人间天河》

作品类别：诗歌类

作　　者：张国宏

发表时间：1995-07-04

发表载体：中国文联出版社

简　　介：该诗为歌颂引大入秦工程作的诗，诗句激情豪迈，是一篇佳作。作者将这首诗歌录入重要文献、诗歌汇编中，在群众中传播，让人们传播、记忆引大入秦工程的壮举，铭记历史。

0962 《山村教师》

作品类别：诗歌类

作　　者：张国宏

作　　者：张国宏

发表时间：1988-03

简　　介：该诗在永登各学校广为传诵，深受老师学生喜爱，这是一首歌颂老师的诗，对山村老师教师的精神大为赞扬，是一种常见的题材，要让它传播得更广泛，使更多的人体会这种精神。

0963 《山乡风情》（组诗）

作品类别：诗歌类

作　　者：张国宏

发表时间：1983-12

简　　介：这是甘肃知名诗人张国宏的诗集中的优秀作品，诗句灵动欢快，朗朗上口，将山乡风情刻画得淋漓尽致。这一首诗作为永登及兰州乡土诗歌中的佳作，在社会中广为传播，能让更多的人欣赏到诗歌艺术、了解乡土风情。

0964 《石花迎春》

作品类别：诗歌类

作　　者：张国宏

发表时间：1976-01

简　　介：这是甘肃知名诗人张国宏的诗集中描写乡村生活的优秀作品。形象生动已广为传唱。

0965 《他带走了醇厚的甜蜜》

作品类别：诗歌类

作　　者：张国宏

发表时间：1985-01

简　　介：这部优秀写实作品，在永登及甘肃文学界产生了重要影响。作者将这一首写实诗录入本地诗歌汇编中，进行传唱，能让读者了解当时社会发展的现状和人民朝气蓬勃的精神风貌。

0966 《张掖红西路军精神研究会西征英雄谱》

作品类别：诗歌类

作　　者：孙登平

发表时间：2012-09-01

发表载体：张掖红西路军精神研究会西政英雄谱

获奖及影响：获2012"铭记革命历史、继承革命传统、弘扬革命精神"征文三等奖。

0967 《高台五湖咏》

作品类别：诗歌类

作　　者：孙登平

发表时间：2011-05-15

发表载体：《张掖日报》

获奖及影响：在《张掖日报》甘泉版刊登。

0968 《红军林》

作品类别：诗歌类

作　　者：孙登平

发表时间：2012-04-13

发表载体：《张掖日报》

获奖及影响：在《张掖日报》甘泉版刊登。

0969 《回望大湖湾》

作品类别：诗歌类

作　　者：孙登平

发表时间：2005-09-19

发表载体：《张掖日报》

获奖及影响：在《张掖日报》甘泉版刊登。

0970 《水乡高台》

作品类别：诗歌类

作　　者：赵永全

发表时间：2012-09-21

发表载体：《张掖日报》

0971 《说与秋风》

作品类别：诗歌类

作　　者：赵永全

发表时间：2005-10-17

发表载体：《张掖日报》

0972 《题万钧芬芳草虫图》

作品类别：诗歌类

作　　者：孙登平

发表时间：2014-02-14

发表载体：《张掖日报》

获奖及影响：在《张掖日报》甘泉版刊登，同时在网络空间留存。

0973 《天边的家》

作品类别：诗歌类

作　　者：孙登平

发表时间：2006-02-13

发表载体：《张掖日报》

获奖及影响：在《张掖日报》甘泉版刊登。

0974 《为你凝眸》

作品类别：诗歌类

作　　者：马子涵

发表时间：2009-01-11

发表载体：《张掖日报》

0975 《雾》

作品类别：诗歌类

作　　者：孙登平

发表时间：2005-09-19

发表载体：《张掖日报》

获奖及影响：在《张掖日报》甘泉版刊登。

0976 《心语》

作品类别：诗歌类

作　　者：赵永全

发表时间：2005-06-27

发表载体：《张掖日报》

获奖及影响：有一定影响力。

0977 《咏张掖》

作品类别：诗歌类

作　　者：孙登平

发表时间：2006-09-01

发表载体：《张掖日报》

获奖及影响：2006年9月，获"张掖电信杯"金张掖城市形象宣传语征集大赛三等奖。

0978 《雨》

作品类型：诗歌类

作　　者：孙登平

发表时间：2005-09-19

发表载体：《张掖日报》

获奖及影响：在《张掖日报》甘泉版刊登，同时入选《金张掖河印杯征文获奖作品集》。

0979 《月牙湖荷花》

作品类型：诗歌类

作　　者：孙登平

发表时间：2011-11-27

发表载体：《张掖日报》

获奖及影响：在《张掖日报》甘泉版刊登。

0980 《在这个寻常的春天里》

作品类型：诗歌类

作　　者：赵永全

发表时间：2006-04-10

发表载体：《张掖日报》

0981 《高台黑河大桥》

作品类型：诗歌类

作　　者：孙登平

发表时间：2006-08-18

发表载体：《张掖日报——走廊周末》

0982 《高台烈士陵园》

作品类型：诗歌类

作　　者：孙登平

发表时间：2006-08-01

发表载体：中共张掖市委党研究室

获奖及影响：2006 年 8 月，获"黑河水电杯"纪念红西路军西征七十周年征文大赛二等奖。

0983 《中国诗歌走向何方》

作品类型：诗歌类

作　　者：满全位

发表时间：2007-01-05

发表载体：《中国诗刊》

简　　介：这是一首永登农民诗人满全位对中国诗歌的评价性诗，在《甘肃日报》《中国诗刊》发表，以此诗为纽带，曾与著名诗人贺敬之相见，并参加了三届中国诗歌节。

0984 《唱词里的河流》

作品类型：诗歌类

作　　者：胡家全

发表时间：2012-03-12

发表载体：中国言实出版社

获奖及影响：作品入选《上升的岛屿》。

简　　介：青年诗人、诗评家胡家全近日推出首部诗文集《唱词里的河流》。分为"记忆，漫过村庄的河流""情歌忧伤在唱词里""冬天，有雪的歌唱""怀念，一朵黑夜盛开的花""碎片，生存手记十二""旅途，布满色彩的风景""思考，关于诗歌的事件"七辑。诗集感情真挚，语言优美，扣动人的心弦，容易引起人们的回忆与共鸣。

0985 《野原》

作品类型：诗歌类

作　　者：崔壬杰

发表时间：2013-08-01

发表载体：中国图书文化出版社

获奖及影响：获编西北青年文学丛书，是甘肃讲坛上升起的一颗新星。

简　　介：《野原》是作者继他的"陇南市武都区文学艺术奖"获奖作品《野村》后的又一倾情力作。《野原》收录了他近年来的诗歌作品 170 余首，另有少量散文录入，诗歌反映了年轻诗人关于人生的哲理性思考，倾诉了对家乡的热爱，赞美了日新月异的美丽武都。

0986 《黑树上的花色》

作品类型：诗歌类

作　　者：胡询之

发表时间: 2004-08-11

发表载体: 中国文联出版社

获奖及影响: 获甘肃省首届"黄河文学奖优秀奖", 诗集获得《诗刊》社诗集奖仇池文艺奖一等奖。

简　　介: 《黑树上的花色》以乡土性、地域性、民众性的诗风入选2004《诗刊》社诗歌艺术文库, 并获该年度优秀诗集奖。

0987 《历程漫吟》

作品类型: 诗歌类

作　　者: 周　定

发表时间: 2011-07-12

发表载体: 中国文联出版社

简　　介: 《历程漫吟》这本书选录的380多首诗词, 是作者几十年来心路历程的写照、情感底蕴的结晶、人生感悟的升华。行以致远, 诗缘情志, 它所表达的是一个来自陇原大地、仇池儿女对自然、社会、人生、历史、事业、家庭和个人所历、所见、所思、所悟的心语。情趣优美细腻, 语言清新流畅, 富含深挚感情, 充满了时代气息。有对山川的热爱, 对故土的怀念, 对时代的赞美, 对亲情的感恩, 对友谊的珍惜, 对真理的追求, 对正义的呼唤, 对丑恶的鞭笞。通过对历史和现实的理性思考, 诗词饱含历史底蕴, 充满人生哲理, 洋溢真情实感。读后开人心智,

给人启迪, 耐人寻味, 令人深思、催人奋进。这是一盘别有风味的野味。

0988 《泥土之美》

作品类型: 诗歌类

作　　者: 胡询之

发表时间: 2012-08-11

发表载体: 中国文联出版社

简　　介: 《泥土之美》是一本有关波眠诗歌的评论资料集, 收集了全国各地诗人对波眠诗歌的关注及艺术特色的总结, 同时也有作者本人的诗歌随笔。

0989 《拼贴的情愫》

作品类型: 诗歌类

作　　者: 杨天斌

发表时间: 2006-02-12

发表载体：中国文联出版社

获奖及影响：2007年获陇南市"万象文艺奖"。

简　　介：《拼贴的情愫》是一本创作于八九十年代的诗歌集。作者以自己熟悉的农村为创作题材，描写了对田园生活的热爱及向往。对农村观察深刻，语言贴切、独到，诗歌能贴近实际、贴近生活，向读者展示了广阔的生活画卷。因其诗境优美而荣获"万象文艺奖"铜奖。

0990　《春柳抚摸的村庄》

作品类型：诗歌类

作　　者：阎虎林

发表时间：2001-11-30

发表载体：中国文联出版社

0991　《低语的芦苇》

作品类型：诗歌类

作　　者：河苇鸿

发表时间：2012-01-14

发表载体：中国文联出版社

简　　介：本诗集内容共分五小辑："拖拉机已经从我的童年开出""青草""月光及灌木丛的春天""身体里的钉子""上帝和另一个人""土地的雕像与灯盏"。书中的作品大多在有影响的报刊发表，作者长期生活在基层，对那一方水土有着不同一般的感受与爱，文字是作者的心跳，是他心灵的火

焰，诗意浓郁，技巧、题材、角度都给人耳目一新的感觉。

0992　《温暖心灵的牧场》

作品类型：诗歌类

作　　者：齐鸿天

发表时间：2008-09-01

发表载体：中国文联出版社

获奖及影响：该书中的部分作品，曾获得省市级征文奖，或在电台播出。

简　　介：部分作品，将触角深入人的灵魂，或延伸到外部世界，有一定的哲理性。

0993　《雨缘诗词选集》

作品类型：诗歌类

作　　者：鱼树雄

发表时间：2011-08-14

发表载体：中国文联出版社

简　　介：诗，是心灵的对话与释放，是情感的寄托和倾诉，同时也是作者心灵轨迹的

反映和缩影,《雨缘诗词选集》收录了作者自 2008 至 2011 年间的诗词习作 481 首,这些作品在形式和表述上从旧体,在语言和诗韵上趋现代,多浅显直陈,从各个方面记录了作者的人生经历、情感、行迹。这些诗词,让人们鲜明地感受到时代脉搏的跳动以及作者个人的思想境界,同时为读者创造出一个富有自身特征的诗词世界。

0994 《河西大地》

作品类型:诗歌类

作　　者:梁积林

发表时间:2002-05-03

发表载体:中国文联出版社

获奖及影响:获首届"金张掖文艺奖"一等奖。

简　　介:《河西大地》写的是作者熟悉的地方,很有特色。作为一个诗人,除了了解和熟悉,还要有文学发现、诗意的发现,他的一首诗,就是一副风情画,美丽、准确,而且有特色。

0995 《蝴蝶蓝》

作品类型:诗歌类

作　　者:樊康琴

发表时间:2013-12-12

发表载体:中国文联出版社

0996 《落花无声》

作品类型:诗歌类

作　　者:赵三娃

发表时间:2012-10-12

发表载体:中国文联出版社

简　　介:该书系诗歌集,约 8 万字,诗集共分三辑,100 多首。以"大地湾"为背景,以地域、人文景观、人物和作者生活为主线,诗歌语言质朴、寓意深厚,清新可读。该诗集被推荐为甘肃省文学社团联谊会指定培训教材,中国作家协会会员、国家一级作家董恒波先生为诗集作序。

0997 《燃烧的玫瑰》

作品类型:诗歌类

作　　者:车　俊

发表时间:2013-03-25

发表载体:中国文联出版社

获奖及影响:平凉市"崆峒文艺奖"三等奖。

0998 《活着》

作品类型:诗歌类

作　　者:高自珍、高自刚

发表时间:2005-08-12

发表载体:中国文联出版社

获奖及影响:中国文联出版社出版,部分篇目改编为电影。

文学

0999 《让爱领舞》

作品类型：诗歌类

作　　者：高自珍

发表时间：2014-05-10

发表载体：中国文联出版社

1000 《岁月的背影》

作品类型：诗歌类

作　　者：刘　政

发表时间：2009-03-14

发表载体：中国文联出版社

1001 《月光谣》

作品类型：诗歌类

作　　者：苏　黎

发表时间：2012-11-12

发表载体：中国文联出版社

获奖及影响：曾获《人民文学》《诗刊》社征文奖，甘肃省黄河文学奖。

简　　介：《月光谣》是苏黎2012年发表在《星星》《诗刊》《绿风》《北方文学》《飞天》《扬子江》《诗潮》《绿洲》《诗歌月刊》《中国诗歌》等刊物诗歌的合集。作者以女性诗人的细腻和敏感摹写了生于斯长于斯的故乡，向世界表达自己的情感。在诗中作者把时间和身边的事物一一唤醒，把自己对生命、爱情、历史、文化，以及现实生存中的快乐与忧伤，重新交付给这块土地。

1002 《行走的雨伞》

作品类型：诗歌类

作　　者：刘维仁

发表时间：2014-07-01

发表载体：中国文联出版社

获奖及影响：极大地推动了陇西诗歌的发展。

简　　介：《行走的雨伞》一书收录了刘维仁的诗歌99首。

1003 《折柳》

作品类型：诗歌类

作　　者：史前（史卫东）

发表时间：2014-09-01

发表载体：中国文联出版社

获奖及影响：推动了陇西文学事业的繁荣与发展，极大地鼓励了诗歌爱好者的创作热情。

简　　介：《折柳》一书，全书302页，包含5卷185首（篇）诗歌。

1004 《埙音与呼吸——薛庆余诗文集》

作品类型：诗歌类

作　者：薛庆余

发表时间：2013-01-01

发表载体：中国文联出版社

简　介：2013 年 1 月由中国文联出版社出版，全书共 458 页。

1005 《城市边缘的村庄》

作品类型：诗歌类

作　者：俞小平

发表时间：2012-08-10

发表载体：中国文联出版社

获奖及影响：获市"五个一工程"奖二等奖。

简　介：诗集《城市边缘的村庄》是俞小平将江南的灵秀和西北戈壁大漠的粗犷、神秘融合在自己诗歌作品中的精心之作，是用自己独特的视角去捕捉西北在自己生命里的诗境，表达自己内心的惆怅和豪情的一部诗歌合集。诗歌语言朴素流畅，感情真挚，贴近生活，无故作高深之状，也无晦涩之态，并尽可能使思想性和艺术性在诗歌中得到充分的体现。整部诗集以敏锐细腻的触角抒发了对大西北、对生活的城市、对故乡和家庭的爱，用分行的诗歌注解了个人的梦想和一个民族的梦想，用一个"真"字记录了人间的大爱、琐碎和繁复，并充满了激情与浪漫。

1006 《憩荷斋诗词曲选》

作品类型：诗歌类

作　者：樊忠英

发表时间：2010-12-18

发表载体：中国文联出版社

获奖及影响：本诗集是樊忠英先生一生诗歌精品的合集，内容纵横半个世纪，诗歌艺术堪与唐人争胜，得到了国家级许多大家的高度评价。

1007 《岁月无痕》

作品类型：诗歌类

作　者：闫小杰

发表时间：2008-07-15

发表载体：中国文史出版社

获奖及影响：诗歌曾获湖南省千人千首诗歌选拔赛二等奖。

简　介：闫小杰，男，汉族，甘肃省泾川县人。大学文化，笔名原野。1971 年 10 月出生，1988 年开始写诗。曾任"青峰"文学社社长，《求索》编辑部主编，《甘肃林业》杂志社、《新闻文学报》特约记者等职。

1008 《南梁撷韵》

作品类型：诗歌类

作　者：毛得江

发表时间：2014-01-21

发表载体：中国戏剧出版社

1009 《樊樊诗选》

作品类型：书法类

作　　者：樊康琴

发表时间：2009-09-19

发表载体：中国戏剧出版社

简　　介：《樊樊诗集》于2009年9月印刷、出版，作者康县图书馆馆长樊康琴。

1010 《零度窗花》

作品类型：诗歌类

作　　者：杨桂晔

发表时间：2010-12-01

发表载体：中国戏剧出版社

获奖及影响：2011年获首届"崆峒优秀图书奖"；2012年获静宁首届"成纪文艺奖"三等奖。

简　　介：杨桂晔，女，汉族，甘肃静宁人。生于60年代，在城关小学工作。有诗在《诗刊》《诗歌月刊》《飞天》等杂志报刊发表，2010年12月底出版诗集《零度窗花》。

1011 《时光倒流的河》

作品类型：诗歌类

作　　者：马瑞云

发表时间：2014-01-01

发表载体：中国戏剧出版社

获奖及影响：《时光倒流的河》是马瑞云初涉诗坛的阶段性成果。

简　　介：全书收录马瑞云所创作的现代散文诗120篇（首），共146页。

1012 《根》

作品类型：诗歌类

作　　者：任萧烨

发表时间：2010-03-13

发表载体：《中国信息报》

获奖及影响：面向全国发行。

1013 《辽阔的饮马滩》

作品类型：诗歌类

作　　者：马兆玉

发表时间：2006-10-11

发表载体：《星星诗刊月刊》

简　　介：1995年开始文学创作，笔名叶林。先后在诗刊发表作品100篇。出版诗集《多情的胡杨》《辽阔的饮马滩》。

1014 《学圃斋诗词集》

作品类型：诗歌类

作　　者：王琳

发表时间：2010-06-01

发表载体：中华诗词出版社

简　　介：《学圃斋诗词集》收录王琳所写的诗词一百五十多篇（首）。

1015 《羽毛爱情诗选》

作品类型：诗歌类

作　　者：张飞年

发表时间：2005-08-01

发表载体：重庆出版社

获奖及影响：该诗集出版后，曾在广大青年读者中引起强烈共鸣。著名诗人、《星星》诗刊主编李自国等人给予高度评价。

简　介：《羽毛爱情诗选》是一部美与爱、真与善相映生辉的作品。我们常说，诗是心灵酿造的歌。而人生如歌，爱情如歌，生命如歌，个中三味，都在于诗人从自己的主观心理感受出发，别具一格地用爱情与眼泪的明净深沉的意象对比，烘托出那摄人魂魄的一曲曲歌唱，造成联翩而至的感觉空间，使行者的灵魂得以净化，使美的意境得以升华，升华到诗人面对爱情的力量唯有陶醉和迷恋。

1016 《一个人的河流》

作品类型：诗歌类

作　者：万小雪

发表时间：2004-10-15

发表载体：走廊杂志社

获奖及影响：《一个人的河流》出版后，让诗歌个人的情感在众多的读者中引起共鸣，内心的书写和波动，面对生活和爱情的道路上，这是值得尝试的道路。

1017 《穿过黑夜的马灯》

作品类型：诗歌类

作　者：郭晓琦

发表时间：2011-11-30

发表载体：作家出版社

获奖及影响：二十一世纪文学之星丛书2011卷。

简　介：郭晓琦是一位以写乡土见长的后起之秀，他的诗歌既不失前辈诗人的厚重、扎实，又具有自身细腻、朴素的特征。他不仅努力超越前人的模式，同时也在努力超越自己的过去。他是扎根于陇东土地上的一棵"奔跑的红松"。郭晓琦背靠的，是陇东的黄土塬，那里有他魂牵梦萦的生活记忆。从"冬天的红棉袄"到"黑补丁"，从"祖屋"到"北堡镇"，从"两个人的冰草梁"到"吼秦腔的人"，藉着诗歌，他在其中又生活了一遍，并以清晰的记忆、有质感的描绘、朴素白描的语言，构造了他个人的地方志。

1018 《春天的声音》

作品类型：诗歌类

作　者：高仲选

发表时间：2006-10-08

发表载体：作家出版社

获奖及影响：2008年3月获庆阳市第五届精神文明建设"五个一工程"一等奖。

简　介：高仲选，汉族，男，甘肃省合水县人，中共党员，大专文化程度，研究员。当过中小学教师，县剧团编剧，编办过《合水文艺》《山丹花》报刊。中国民间文艺家协会会员、中国民间剪纸协会学术委员，甘肃省作协会员，著有诗集《家山吟》、散文集《马莲河畔》等，诗集《春天的声音》于2006年由作家出版社出版发行，分为第一辑：春天的声音；第二辑：浓浓的乡俗；第三辑：多彩的生命，作品以陇东地域文化为创作素材，收录了作者近百首诗歌佳作，深受广大读者喜爱。

1019 《青草尖上奔跑的露珠》

作品类型：诗歌类

作　　者：齐鸿天

发表时间：2006-11-01

发表载体：作家出版社

获奖及影响：部分作品在各类征文中获奖。

简　　介：该诗集收录了作者发表于各报刊的诗歌作品。部分作品曾在各类征文中获奖。作品以青春的激情，表现了对生活、对人生的憧憬和希望。

1020 《心灵的拓片》

作品类型：诗歌类

作　　者：申万仓

发表时间：2006-07-18

发表载体：作家出版社

获奖及影响：获庆阳市"五个一工程"奖。

简　　介：反映他的心灵之花在受虐于现实的风霜浸淋中顽强绽放的真实图景。

1021 《莲香阁吟》

作品类型：诗歌类

作　　者：薛方晴

发表时间：2008-03-04

发表载体：作家出版社

获奖及影响：2008 年"盛世杯"全国诗书画大奖赛中被评为金奖。专家评语为"通俗而不俗"。

简　　介：《莲香阁吟》是用新声新韵写作的古诗词集，全书共有九辑：第一辑亲情篇；第二辑师生篇；第三辑家乡揽胜；第四辑感喟篇；第五辑逸情篇；第六辑草木篇；第七辑长安行；第八辑南国行；第九辑楹联。作者努力以淡远雅致、自然明快的笔法表现隽永的主题和真善美的情结。呼唤世人对人文精神的热爱与追求。

1022 《莲香阁咏怀》

作品类型：诗歌类

作　　者：薛方晴

发表时间：2009-05-04

发表载体：作家出版社

简　　介：《莲香阁咏怀》是按"五四"以来新诗的传统手法写作的，无朦胧印象之影，思想包孕在严肃而明白之中，全书共有五辑：第一辑寄情篇，讴歌了人类感情世界的丰富多彩和人性的善良美好；第二辑咏叹篇，体现了作者对生活的入微观察和对真善美的挖掘；第三辑励志篇，抒发了作者远大的胸怀和沉重的心志；第四辑警示篇，表现了作者赤诚的爱国爱民情怀，对邪恶势力的愤懑及鞭辟入里的批判；第五辑组歌，第一组《哦，李广》作者问苍天，问大地，问风雨，问雷电，把征战七十多仗让匈奴闻之丧胆却未能封侯的飞将军的悲剧历史通过诗歌抛向世人，催人泪下，发人深省。《雾雨风雷电》抒发了作者对冷暖世态的感念，对光明美好的向往，对世间不平的叹息。《写在汶川地震的日子里》作者与灾区人民心相连，情相依，用诗歌为我们记录了"五·一二"大难中一些可歌可泣的人和事。该诗集语言通俗，遣词造句十分准确精当，清新明快，洁净生动。在艺术形式方面，联想丰富，意境优美，最突出的特点是几乎每一首诗都严格押韵，读起来朗朗上口。

1023 《染绿的季节》

作品类型：诗歌类

作　　者：马玉麟

发表时间：2008-08-12

发表载体：作家出版社

1024 《苏黎诗集》

作品类型：诗歌类

作　　者：苏　黎

发表时间：2007-03-05

发表载体：作家出版社

获奖及影响：有部分作品获奖。

简　　介：苏黎2007年分别发表在《诗刊》《星星诗刊》《诗潮》《诗歌月刊》《诗选刊》《飞天》《绿风》《北方文学》《敦煌诗刊》等刊物上的作品的合集。所选诗歌感情真实、质朴、亲切，风格清新自然，沁人心脾。大部分是直接呈现，呈现自然和生活中某些有诗意的片段和风景，并不刻意思考什么，诗人关注生命意识空间意识和时间意识。

1025 《西圣地》

作品类型：诗歌类

作　　者：梁积林

发表时间：2007-05-03

发表载体：作家出版社

获奖及影响：第二届"金张掖文艺奖一等

奖"。

简　介：《西圣地》是诗人比较成熟的一部作品。

1026 《啸海楼诗词集》

作品类型：诗歌类

作　者：胡喜成

发表时间：2000-10-30

发表载体：作家出版社

简　介：《啸海楼诗词集》为当时甘肃省最早由作家出版社出版的书籍之一，收诗526首，其中古风186首，词231阕，共计757首（阕），论文两篇。由中华诗词学会会长孙轶青题笺，副会长袁第锐、林从龙、蔡厚示作序。书前有中华诗词学会副会长霍松林等名家惠赠诗词书法墨迹10幅，书中诗词由海内外名家袁第锐、林从龙、蔡厚示、孔凡章、宋谋瑒、林东海、成应璆、丁芒、侯孝琼、黄拔荆、张思温、常振励、尹贤、熊盛元、周燕婷等点评，或相互唱和者约100首。附录诗话、联话、诗联抄、全国首届青年诗词研讨会综述等，亦为当代诗坛重要数据。书出版后，《中华诗词》《当代诗词》《人民日报》海外版、《华夏诗报》《诗词报》《东坡赤壁诗词》《江西诗词》《难老泉声》与美国《环球诗坛》以及省、市报刊与省、市、县电视台，都曾予以报道与评论。

1027 《旧时的天空》

作品类型：诗歌类

作　者：李　丽

发表时间：2011-01-05

发表载体：甘肃文化出版社

获奖及影响：获得第七届"敦煌文艺奖"三等奖。

1028 《祖母》

作品类型：诗歌类

作　者：徐晓政

发表时间：2013-10-15

发表载体：《羲之书画报》

获奖及影响：第三届"炎黄杯国际诗书画印艺术大赛"银奖。

简　介：年迈的祖母在村口等待孙儿，牵挂孙儿早点回家，那种翘首期盼的神态被夕阳的余晖渲染，孙儿回忆与祖母相处的美好时光，也在牵挂家中的祖母。寥寥数语，勾勒出一幅祖孙和谐相处的图画。徐晓政，女，汉族，1974年3月出生，甘肃临夏县人，中共党员，1996年10月参加工作，本科学历。现为县文联副主席。作品散见于《民族日报》《光芒》杂志、《甘肃日报》《中国散文家》等。州作家协会会员、中国散文家协会会员。

（四）戏剧文学

1029 《老柿子树》

作品类别：戏剧文学

作　　者：张明

发表时间：2008

发表载体：电视台播出

获奖及影响：荣获全国文华奖。

简　　介：《老柿子树》以抗日战争和解放战争为背景，以甘肃陇南山区一户李姓人家的家庭变迁为主线，叙述了一个有关亲情和故土的故事。娘中年丧夫，独自拉扯大金德、木德、水德、火德四个儿子。老大金德敦厚孝顺，却稍有智障，老二木德和老三水德都参加了军队，却国共不容、兄弟殊途，娘最心疼的老四火德在山里成了一方土匪。娘以自己的坚忍倔强固守着这片古朴的家园，在每年落柿时节，她把对儿子的牵挂、惦念都捏成一枚枚浓郁的酒柿子，深深窖藏在自己心中……《老柿子树》原著故事的发生地在陇南。风景秀丽充满灵气的陇南山区，到了秋天漫山遍野都是挂着红红柿子的柿子树。另外，取名"老柿子树"还有另外一层寓意，它象征着"根"、象征着"母爱"。

1030 《西安事变》

作品类别：戏剧文学

作　　者：程士荣、郑重、姚运焕、胡耀华、黄景渊等人共同执笔

发表时间：1978

发表载体：《甘肃文艺》第12期，翌年4月甘肃人民出版社出版单行本

获奖及影响：1978年3月由甘肃省话剧团首演。

简　　介：话剧《西安事变》是以1936年12月12日"西安事变"的事实为依据创作的。在日本帝国主义侵占中国东北、虎视华北、民族危机日益严重的情况下，蒋介石仍实行"先安内后攘外"的反动政策，命令驻守陕甘的东北军和西北军"进剿"陕甘工农红军。东北军和西北军的将领张学良与杨虎城，以国家民族为重，接受中共中央"停止内战、一致抗日"的主张,趁蒋介石巡视西北之机,在西安举行"兵谏"。经以周恩来为首的中共中央代表团斡旋,蒋介石被迫答应了"停止内战、一致抗日"的条件,和平解决了"西安事变"。

1031 《向阳川》

作品类别:戏剧文学

作　　者:甘肃歌剧团

发表时间:1965

发表载体:甘肃省歌剧团演出

获奖及影响:1964 年在兰州首场演出后,该剧在赴京津沪等地巡回演出并参加西北五省区现代戏观摩演出,受到广泛关注和热情赞扬。1965 年赴北京为中央领导同志汇报演出,毛泽东主席和中央主要领导在人民大会堂接见了全体演职人员,并留影纪念。

简　　介:歌剧《向阳川》原名《今朝风流》,该剧以社会主义建设时期甘肃农民发扬共渡难关、舍己为人的崇高风格为主题,以洮河流域农村生活为背景,描绘了浓郁的洮河风光,塑造了在洮河放筏的人物,运用的唱词是洮河两岸人民群众喜闻乐见的"花儿",很自然地与当地人民产生了共鸣,深受广大观众欢迎。它的主旨是以反映社会主义时期人民群众"一方有难,八方支持"的高尚风格与献身精神为基调,以西北地区流行的民歌"花儿"为音乐基调的一部大型歌剧。它的地方特色十分浓郁,风格鲜明突出,曲调悠扬动听。只要你到过甘、宁、青三省的地区,你就会听到,黄河上漂流的筏子客,山路上吆牲口的脚户哥,草地的放羊娃,沙漠中的赶骆驼人都在唱着醉人的"花儿"。"以西北民歌"花儿"做基调的歌剧《向阳川》洋溢着西北高原泥土气息的优美唱腔……"

1032 《在康布尔草原上》

作品类别:戏剧文学

作　　者:姚运焕

发表时间:1979—10

发表载体:甘肃人民出版社

获奖及影响:1956 年全国话剧汇演剧本创作二等奖及导演一等奖。

简　　介:《在康布尔草原上》剧本真实地反映了在中国共产党正确的民族政策的照耀下,汉族与其他兄弟民族获得了紧密的团结,一齐走上了建设新生活的幸福道路。由于我们兄弟民族过去曾长期处在大汉族主义的压迫下,造成了民族间的种种隔阂,这种旧影响直到新中国成立后也还不能马上去掉,因而民族政策的推行也不是轻而易举、毫无困难的。《在康布尔草原上》描写了党的民族工作者如何克服这些困难的过程,表明民族之间的团结关系是可以在民族平等和友爱互助的基础上建立起来的。剧本用生动的形象显示出:在新中国成立之后,兄弟民族间在根本上是不应该有什么隔阂的,一切不了解、不团结的现象主要是敌人挑拨离间的结果。因此,剧本有力地把斗争锋芒指向了隐蔽的敌人,戳破了敌人恶毒的阴谋诡计,而在最后达到了民族间的真正团结。《在康布尔草原上》所反映的斗争是具有现实意义的,作者在尖锐而复杂的戏剧冲突中,刻画出了正面人物工作组组长方振，通过他与各种错误思想作风的斗争，体现了党的民族政策的正确。

1033 《一个人和一柄剑的故事》

作品类型：戏剧文学类

作　　者：杨晓文

发表时间：1993-02-09

发表载体：中国剧本网

获奖及影响：获1994年中国艺术节剧本一等奖。

1034 《兰花花与马粪娃》

作品类型：戏剧文学类

作　　者：张　虎

发表时间：2014-10-10

获奖及影响：获"中华颂"第五届全国小戏小品曲艺大展银奖。

1035 《老区赤子时代楷模》

作品类型：戏剧文学类

作　　者：周爱军

发表时间：2009-02-28

发表载体：《环江》

1036 《李文忠》

作品类型：戏剧文学类

作　　者：尹利宝

发表时间：2012-09-02

发表载体：《陇南文学》

获奖及影响：市内好评。

1037 《绑票》

作品类型：戏剧文学类

作　　者：杨晓文

发表时间：2007

获奖及影响：原创

简　　介：剧本通过一个暴发户子弟与绑架他的人的一系列对话，揭露了当下现实生活中的一些现象。

1038 《流血的红玛瑙》

作品类型：戏剧文学类

作　　者：付　胜

发表时间：2007

简　　介：抗日战争时期，我八路军医疗队为掩护一名日本孕妇最终全部牺牲，该剧讴歌了我八路军战士无私奉献的精神，用生命诠释了人性的大美。

1039 《涅槃》

作品类型：戏剧文学类

作　　者：张北辰

发表时间：2007

简　　介：上古洪荒时代，人类在蒙昧状态中挣扎，经常面临洪水、干旱等自然灾害的威胁，作为原始部落的首领，伏羲和女娲常常带领本部落的群众一起捕鱼砍柴，过着日出而作日落而息的生活，有一天，雷神喜欢上了女娲，遭到拒绝后便报复人类，伏羲率领部族群众奋起反击，打败雷神后天下干旱，为了百姓的安康又不得不放走雷神，获得自由的雷神不思悔改，将苍天撕破，于是洪水泛滥，伏羲女娲一边和雷神战斗，一边想法设法挽救百姓的生命，为了彻底制止这场灾难，女娲不得不放弃自己的爱情，以身体补天，和伏羲一起谱写了人类生生不息、祥和幸福的辉煌诗篇。

1040 《三画帝王像》

作品类型：戏剧文学类

作　　者：付　胜

发表时间：2007

简　　介：明朝初年，朱元璋为加强统治，削弱士大夫阶层的傲气，以给自己画像为由，对知识分子进行打压、羞辱以达到愚化百姓顺利统治的目的。

1041 《小魏，亮豁》

作品类型：戏剧文学类

作　　者：唐正光

发表时间：2012

简　　介：主人公小魏是某乡的宣传干事，在十里八乡可算得上是个办事麻利、诙谐幽默的名人，在甘肃省委省政府开展"联村联户、为民富民"活动以来，小魏的表现亮豁又畅快，，因为带人登山测量道路，不慎摔伤住进医院，几天没能回家却撒谎称工作忙。谎言能骗得了号称"女汉子"的媳妇吗？而他的媳妇会怎么"审问"和整治他呢？

1042 《山玫》

作品类型：戏剧文学类

作　　者：付　胜

发表时间：2005 年

发表载体：出版、演出

获奖及影响：获兰州市金城文艺　、二等奖。

简　　介：《山玫》是以全国劳模、我省平凉四十里铺镇吴岳村党支部书记卢定华为原形创作的一台大型现代戏：一位土生土长的农民，带领乡亲走出了一条致富之路，戏中讲的是咱老百姓自己的故事。该剧围绕新旧两种观念的矛盾，展开了一场不大不小的风波，主人公卢山玫为了让乡亲们富起来，村里决定修水库大坝，而建坝就要拆除乡亲们供奉的土地庙，淹没一部分土地和房屋，还有自己苦心经营了十多年的砖厂，一时想不通的人骂娘骂祖宗，丈夫蔫巴又离家出走，顿时危机四伏。大坝终于在艰难中建起来了，一场洪水汹涌而来，山玫带领乡亲战胜了洪水保护了家园。在与洪水的搏斗中，人们真正认识到山玫的远见卓识和她无私的品德。

1043 《鸡毛信》

作品类型：戏剧文学类

作　　者：杨晓文

发表时间：2005

发表载体：甘肃省京剧院

获奖及影响：获奖

简　　介：是作家华山创作的一部小说，后改编为电影、儿童歌剧等。剧作家在保留原故事的基础上，依据京剧演出的需要，增加了石头、玉英等几个可爱的人物，增加了"山神庙智取伪军"和"海娃单身诱敌"等情节，还增加了海娃和母亲间母子情深的情感戏，既不同于小说又不同于歌剧，是一出好看好玩的儿童京剧。

1044 《交警的故事》

作品类型：戏剧文学类

作　　者：杨晓文

发表时间：1998

发表载体：甘肃省话剧院

获奖及影响：荣获 1991 年全国金盾文艺工程一等奖。

简　　介：通过对真实人物牛建红的刻画，反应了交警生活的方方面面，对人们了解交警起到了正面的引导作用。

1045 豫剧《雪山骄子》

作品类型：戏剧文学类

作　　者：付　胜

发表时间：1995-12-01

获奖及影响：甘肃省新创剧目调演演出奖。

简　　介：记得一位名人说过这样一句话："伟大的人，往往是把善良的性格，融化在普通事业之中，在平凡中显出他的伟大。"孔繁森，就是这样一个既平凡而又伟大的人物。《雪山骄子》集中反映了孔繁森同志几个平凡的生活画面，着力体现他热爱党，热爱民族，热爱生活的朴素精神。另外，通过对孔繁森普通行为的描写，使观众更清晰地看到，孔繁森同志忠于信仰、热爱事业的思想根源。

1046 《青年达美》

作品类型：戏剧文学类

作　　者：丹真贡布

发表时间：1982-09-20

简　　介：藏戏剧本《青年达美》是丹真贡布先生与人合作的文学剧本，讲述了青年达美的爱情和生活。青年达美集真善美于一身，是新中国建立以来藏族青年的代表形象。因此这部作品具有一定的研讨价值。丹真贡布（1934—1996），男，藏族，甘肃夏河人，中共党员，1955年开始文学创作。

1047 《苏鲁花开了》

作品类型：戏剧文学类

作　　者：贡卜扎西

发表时间：1983-07-26

获奖及影响：话剧《苏鲁花开了》易名《白雨》（与胡耀华合作），荣获1983—1984年"甘肃省戏剧创作一等奖"，并荣获第一届"全国少数民族题材剧本金奖"，1986年4月荣获甘肃省委、省政府颁发的优秀作品获奖证书。

简　　介：贡卜扎西，藏族，甘肃夏河人。中共党员。1938年生，1957年从西北民族学院语文系毕业后留校任教，1960年至1962年就读于中央民族学院政治系哲学研究生班，先后在西北民族学院、甘南州玛曲县委报道组、甘肃省委统战部工作，1983年起先后任甘南州委副书记、合作民族师专党委书记、甘南州人大常委会主任等职，著有话剧《苏鲁花开了》（又名《白雨》）、小说《竞胜者的马蹄声》、诗集《贡卜扎西诗选》《飞跃太平洋》，曾获甘肃省戏剧创作一等奖、第一届"全国少数民族题材剧本金奖"、甘肃省第二届"少数民族文学创作"一等奖、甘肃省第三次"文学评奖优秀作品奖"等，1995年6月至8月受国务院新闻办派遣，率领中国藏族歌舞团出访加拿大、美国，接受中央电视台"东方之子"栏目访谈。剧本塑造的人物形象朴实、执着、坚强，对人生有着追求真理般的探觅精神，从而将真实而又鲜活的新一代藏族人的形象展现给我们，主人公们的脚印见证着藏民族和甘南这块热土半个世纪以来的风云变迁和沧海桑田。

1048 《戏迷》

作品类型：戏剧文学类

作　　者：白应田

发表时间：2007-10-17

发表载体：甘肃省老年文化艺术文艺会演

获奖及影响：2007年10月参加了第二届甘肃省老年文化艺术文艺会演，获一等奖。

简　　介：新编小型现代戏，老两口晚饭后去看皮影戏，老婆嫌老伴没等她。追上后，两个边走边辩论各个阶层的人爱看皮影戏的心理特征，歌颂了环县道情皮影戏的价值和意义，剧情欢快热闹。2007年10月参加了第二届"甘肃省老年文化艺术"文艺会演获一等奖。

1049 《到底缺什么》

作品类型：戏剧文学类

作　　者：陈　钰

发表时间：1989-07-31

发表载体：小品表演

获奖及影响：1991年甘肃省话剧院演出，1990年敦煌市、酒泉市首届春节晚会演出，1989年甘肃省小品表演一等奖。

简　　介：话剧小品主要讲述了鸣沙山下，为前来旅游的游客提供骑乘骆驼的服务，为争游客挣钱，互相攻击、争抢等不文明行为。从中指出骆驼客并不缺钱，而是缺少高尚的道德风格。

1050 《睢阳魂》

作品类型：戏剧文学类

作　　者：牛　勃

发表时间：2007-09-15

发表载体：《甘肃文苑》

获奖及影响：该剧参加庆祝中华人民共和国成立60周年新创作剧目调演获剧目二等奖、编剧二等奖、表演一等奖等十四个奖项，至目前共演出380多场，深受群众好评。

简　　介：牛勃，男，1964年6月生，甘谷县新兴镇人，中共党员，大学学历，中国作家协会会员，中华伏羲文化研究会会员，甘肃省戏剧家协会会员、天水市政协委员、天水市文联委员、天水市作家协会副主席，天水市戏曲学会常务理事，甘谷县政协委员。

现任甘谷县文化广播影视局党委副书记、副局长、县文化馆馆长。

1051 《生日》

作品类型：戏剧文学类

作　　者：彭巨彦

发表时间：2008-08-20

发表载体：获奖作品集

获奖及影响：在甘肃省现代小戏小品评奖中，荣获由甘肃省文化厅颁发的优秀奖。

简　　介：彭巨彦，男，汉族，1960年1月出生，大专文化程度，榆中县文化馆副研究馆员，榆中县领军人才，一直从事群众文化工作，业余时间创作诗歌、散文、小说、报告文学、民间文学、戏剧、影视脚本、歌曲等文艺创作，逾百万字，分别发表于《青年文学》《剧本》《飞天》《陇苗》《金城》等刊物，小说《死狗》《广东红》曾被《小说报》和《小小说选刊》转载。部分作品获得市级以上奖励。现为兰州市文联委员、兰州市作家协会理事，甘肃作家协会会员、甘肃民间文艺家协会会员、甘肃群众文化学会会员。

1052 《新来的客人》

作品类型：戏剧文学类

作　　者：高仲选

发表时间：1999-09-10

获奖及影响：庆阳地区第四届"新创剧目调演编剧"二等奖。

简　　介：高仲选，男，汉族，中共党员，大专文化程度，研究员，当过中小学教师，县剧团编剧，编办过《合水文艺》《山丹花》报刊，中国民间文艺家协会会员，甘肃省作协会员，原合水县文化馆馆长。著有诗集《家山吟》《马莲河畔》《春天的声音》等，在国家级报刊，省级报刊发表多篇作品，《新来的客人》是作者90年代创作的一部戏剧文学，是为新剧目调演而精心创作的戏剧作品，全面反映了作者深挖生活，从丰富的生活中汲取戏剧创作的灵感、素材，深受群众喜爱，社会反响良好。

1053 《皮影情缘》

作品类型：戏剧文学类

作　　者：白应田

发表时间：2005-01-05

发表载体：庆阳市第五届"新创剧目调演"

获奖及影响：参加庆阳市第五届"新创剧目调演"获编剧二等奖。

简　　介：《皮影情缘》是新编大型现代剧，文家有一副家传皮影戏箱，在"文革"中，文锁成的父亲为保护这副戏箱而舍命，母亲因之受尽磨难。"文革"后，这副戏箱的影件成了珍品，戏箱继承人文锁成为保护这一祖传的文化遗产，继续为观众演唱皮影戏，历经艰辛。锁成弟媳桂花欲高价贩卖戏箱。重分家产，于是砸戏箱，锁成妻劝说锁成不要再唱戏，又为收女徒弟之事欲与锁成离婚。锁成为保戏箱摔成重伤，为准备出国演出挑选前台与戏班成员意见不一。锁成亲家黄杆也因不愿意让女儿跟公公学戏而百般阻挠，但他们最终都认识到了各自的错误，共同支持锁成及戏班演出，且在出国演出中获得巨大成功。

1054 《以身作则》

作品类型：戏剧文学类

作　　者：索新存

发表时间：2008-08-01

发表载体：全省现代戏剧小品评奖

获奖及影响：获全省现代戏剧小品评奖优秀奖。

1055 《邓宝珊将军》

作品类型：戏剧文学类

作　　者：刘超、姚春晓、张天元

发表时间：2010-12-19

发表载体：天水市歌舞艺术研究中心

获奖及影响：获第三届甘肃戏剧"红梅奖"大赛剧目一等奖；创排的话剧《邓宝珊将军》在甘肃省第七届"敦煌文艺奖"评选中荣获三等奖；荣获天水市第一届"麦积山文学艺术奖"特等奖。

简　　介：大型话剧《邓宝珊将军》撷取邓宝珊将军抗日战争驻守榆林支撑北线、解放战争促成北平和平解放，新中国成立初期组织领导社会主义建设三个重要时段，以讲述人串场的新颖手法，巧妙实现时空转换，表现了这位从天水走出去的民族英雄、著名爱国将领纵横捭阖、光辉灿烂的人生篇章，歌颂了他为追求真理、抵御外侮所付出的艰苦卓绝的努力以及促成北平和平解放，为新中国建设所做出的伟大历史贡献。

1056 《坐花轿》

作品类型：戏剧文学类

作　　者：白应田

发表时间：2008-08-13

发表载体：《甘肃文苑》

获奖及影响：2008年8月被省文化厅评为现代小戏优秀创作奖。

简　　介：《坐花轿》是新编小型现代剧。作品以生动的表达方式，歌颂了改革开放后农村的新风尚，农民生活的新水平。《甘肃艺苑》2006年11月刊载，2008年8月被省文化厅评为现代小戏优秀创作奖。

1057 《兰州人家》

作品类型：戏剧文学类

作　　者：杨晓文

发表时间：2001-04-09

发表载体：甘肃省话剧院

获奖及影响：获2002年中共省委宣传部颁发的甘肃省第二届精神文明建设"五个一工程奖"，该剧于2003年获第八届中国戏剧节曹禺戏剧奖优秀剧目奖，杨晓文获优秀编剧奖；2003年该剧又获第十一届"中国人口文华奖"金奖，杨晓文获优秀编剧奖；同时该剧还获得"全国首届老舍青年戏剧文学奖"。

简　　介：话剧《兰州人家》（合作）获2002年中共省委宣传部颁发的甘肃省第二届精神文明建设"五个一工程"奖，该剧于2003年获第八届中国戏剧节曹禺戏剧奖优秀剧目奖，杨晓文获优秀编剧奖；2003年该剧又获第十一届中国人口文华奖金奖，杨晓文获优秀编剧奖；同时该剧还获得"全国首届老舍青年戏剧文学奖"。话剧《老柿子树》（合作）2004年5月获第十一届"中国文华奖新剧目奖"。

1058 《村里来了个陌生人》

作品类型：戏剧文学类

作　　者：周彩人

发表时间：2008-08-08

发表载体：演出

获奖及影响：获奖

1059 《矿山情》

作品类型：戏剧文学类

作　　者：张世元、强华、田涛

发表时间：1992-10-01

发表载体：演出

获奖及影响：1993年5月获平凉市第一届"崆峒文艺奖戏剧类"二等奖，1999年9月获平凉地区"庆建国50周年优秀剧目献演既新创剧目调演"一等奖，甘肃省"庆建国50周年献礼既新创剧目调演获创作"三等奖。

简　　介：该剧通过煤矿井下发生火灾，矿工抢险救灾，反映矿工对煤矿的情结。

1060 《梁九品》

作品类型：戏剧文学类

作　　者：王羲焕

发表时间：2014-02-02

发表载体：演出

获奖及影响：获得过甘肃省"敦煌文艺"一等奖和三等奖，在甘肃省"庆祝建国五十周年文艺调演"中获剧目创作一等奖。

简　　介：王喜焕（羲焕），男，汉族，生于1944年11月，大专文化程度，中共党员，曾供职于泾川县文化馆（退休）。毕业于兰州艺术学院戏剧系、舞台美术专业。现为中国榜书艺术研究会会员、甘肃省戏剧家协会理事、甘肃省舞台美术家学会会员、甘肃省楹联学会会员，现为平凉市文联委员、剧协副主席。

1061 《麦子黄了》

作品类型：戏剧文学类

作　　者：孟泽仁、朱国仁、强华

发表时间：1990-10-01

发表载体：演出

获奖及影响：1990年获平凉地区第三届"自编剧目汇演剧本创作"二等奖。

简　　介：该剧通过烈士郝大鹏的母亲和兄弟二鹏及二鹏媳妇之间的关系，教化广大观众要孝敬老人。

1062 《吾兹纳玛——母亲颂》

作品类型：戏剧文学类

作　　者：肯杰别克·扎尔合木

发表时间：2014-08-09

发表载体：演出

获奖及影响：歌舞剧《吾兹纳玛》是一部弘扬哈萨克民族文化、歌颂母爱、传承美德、讴歌自然的大型剧目。

1063 《九斤黄》

作品类型：戏剧文学类

作　　者：孙万全

发表时间：1989-04-01

发表载体：征文

获奖及影响：获1989年全省戏剧创作优秀奖。

简　　介：以独特的视角反映现实的戏剧作品。

1064 《高仲选戏曲选》

作品类型：戏剧文学类

作　　者：高仲选

发表时间：2006-10-10

发表载体：中国文联出版社

获奖及影响：庆阳市"五个一工程"奖。

简　　介：高仲选，男，汉族，甘肃省庆阳市合水县人，中共党员，大专文化程度，研究员，当过中小学教师，县剧团编剧，编办过《合水文艺》《山丹花》报刊，中国民间文艺家协会会员，甘肃省民俗协会会员，原甘肃省合水县文化馆馆长，甘肃省作家协会会员。《高仲选戏曲选》由中国文联出版社出版发行，印数3000册，全面收录了作者多年来创作的戏曲作品三百余篇，曾获庆阳市"五个一工程"奖。

1065 《绿叶红花》

作品类型：戏剧文学类

作　　者：刘镜、畅快

发表时间：2005-01-28

发表载体：中央戏剧学院实验剧场

获奖及影响：获得第八届中国"映山红"民间戏剧节金奖。

简　　介：《绿叶红花》以庆阳市镇原县殷家城乡双腿残疾的乡村小学教师张学成的故事为原型创作而成，骑着毛驴上学堂、挂着双拐上讲台的残疾教师张学成，以惊人的毅力，坚持任教 30 多个春秋，备受社会各界称赞。

1066 《麦积烟雨》

作品类型：戏剧文学类

作　　者：薛方晴

发表时间：2009-05-04

发表载体：作家出版社

简　　介：《麦积烟雨》该剧故事发生在公元 537—540 年（西魏大统三至六年），剧中人在那个九州分裂、内乱不止的历史时期，从长安到麦积山这片中华儿女长期繁衍生息的土地上演出了一幕幕哀怨、壮烈、扣人心扉的悲剧。该剧共八幕，另有序幕与尾声。作者通过纷繁的历史人物（从乞丐到皇帝）和催人泪下的历史故事，着意塑造一位有理想、有作为、无私忘我、富有自我牺牲精神的美丽、善良、温柔、含蓄的东方女性，以及这种性格在历史变革中所起的伟大作用。作者还大胆探索了封建社会制度下权力的性质，揭示出扭曲人性的本质。剧中人物基本上依照历史的真面目，熔艺术真实、生活真实和历史真实为一炉，立意高远，具有历久不衰的生命力。

（五）广播影视文学

1067 《西路军》

作品类别：纪实文学

作　　者：冯亚光

发表时间：2009

发表载体：陕西人民出版社

简　　介：《西路军》是一部鲜血与生命记录下来的真实档案，红军西路军经历了空前绝后的艰苦鏖战而最终惨烈失败，两万一千余名将士在敌人的大肆暴虐下，仅有少部分生还延安，本书以丰富的第一手资料记录了西路军失败以后的方方面面以及红军老战士悲壮的命运和坎坷的奋斗。

1068 《西路军女战士蒙难记》

作品类别：纪实文学

作　　者：董汉河

发表时间：2001

发表载体：解放军文艺出版社

获奖及影响：获全国第三届图书金钥匙三等

奖，全军学雷锋精神、做四有新人二等奖。

简　　介：《西路军女战士蒙难记》讲述1936 年 10 月，中国工农红军一、二、四方面军在甘肃会宁会师之后，以四方面军为主体的西路军两万一千余人在河西走廊惨遭失败，近千名红军女战士几乎全部落入西北军阀之手。这些受尽摧残和蹂躏的坚强女性，忍辱含冤，备受折磨，在以后的几十年历史风雨中又长期蒙受了不白之冤，大部分人默默地活到了今天。该书向人们讲述了她们悲壮的生命历程，和她们在半个多世纪中噩梦般的生活道路，是一部扣人心弦同时又使人思绪万千的坚实厚重之作。

1069 《敦煌之恋》

作品类别：纪实文学

作　　者：王家达

发表时间：1996

发表载体：人民出版社

获奖及影响：获得中国作家协会主办的第一

届鲁迅报告文学奖 (1995—1996),1997 年中华文学选刊奖、人民文学昌达杯奖和 1998 年甘肃省第二届敦煌文艺奖一等奖。2002 年首届徐迟报告文学奖、《当代》优秀作品奖,有的文章被选入高中语文课本。《敦煌之恋》翻译到日本、韩国,全国先后有二十余家报刊转载,并在中央人民广播电台播出。

简　　介:长篇报告文学《敦煌之恋》中作者采取了以人带史、以事写人的创作手法,通过几个主要人物的命运变迁,把敦煌的历史沉积和艺术神韵呈现在世人面前。敦煌艺术的精神实际上是敦煌人的精神,张大千的万里追寻、于右任的慷慨仗义、常书鸿的九死不悔、段文杰的矢志不移、樊锦诗的坚忍不拔,以及众多敦煌人的忘我奋斗,他们的殉道情怀和人格操守本身就体现了敦煌艺术的真谛。以艺术标准论之,《敦煌之恋》写得恢宏大气、包容古今,历史与现实环环相扣,人与事经纬交织,艺术与人生互相生发,千年历史,百变世相,纷纭人事,作者融于心而会于手,一气呵成,宛如大河奔流,行神如空,行气如虹。

1070 《莫高窟的精灵——一千年的敦煌梦》

作品类别:纪实文学

作　　者:王家达

发表时间:2011-11-01

发表载体:甘肃人民出版社

获奖及影响:获 2012 年全国第十二届精神文明建设"五个一工程"奖以及甘肃省第七届敦煌文艺奖优秀成果奖。

简　　介:《莫高窟的精灵——一千年的敦煌梦》既写了敦煌艺术本身、敦煌学发展过程,更以浓烈的笔墨,写了几代敦煌学的研究者。关于敦煌艺术,作者采用了一种更科学更求实的看法:正是敦煌自身的地缘因素造成了产生敦煌艺术的沃土。魏晋文化传统、佛教前沿地区龟兹艺术及凉州文化,都从不同方面浇灌了敦煌艺术。北魏晚期开始的中原文化艺术,则以主要潮流影响了敦煌艺术,并使之最终完成了中原风格、西域风格和地方风格的融合。作者要着重告诉我们的是:就在漫天黄沙连年战火和帝国主义的探险家们即将一起把这些灿烂的洞窟毁灭时,一批中华民族的血性儿女、仁人志士、艺术圣徒站出来了,他们毅然来到死寂的大漠绝地,用热血和生命挽救了敦煌,保护了敦煌,研究了敦煌,发扬了敦煌,使莫高窟重放光华。从张大千、于右任到常书鸿、段文杰、樊锦诗、李正宇、席臻贯,再到无数无名英雄,他们共同谱写了一曲撼天动地、震古烁今的敦煌恋歌。新时期以来,一批青年学者继承前辈矢志不渝的精神,投身敦煌艺术的研究、保护事业中,以其开阔的视野和灵动的思维为敦煌艺术的传承开辟了更为广阔的空间,使敦煌艺术绵延不绝,生生不息。

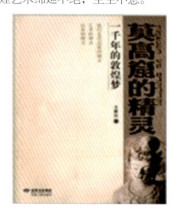

1071 《大爱无垠——提灯女神黎秀芳》

作品类别：纪实文学

作　　者：雷波

发表时间：2010-10-01

发表载体：兰州大学出版社

获奖及影响：2013年荣获甘肃省第七届敦煌文艺奖二等奖。曾荣获"第八届大学出版社图书装帧设计奖"一等奖；"中国西部第十六届书籍艺术交流暨优秀作品评选会"设计一等奖；兰州军区第十届"昆仑文艺奖"文学类一等奖等。

简　　介：《大爱无垠——提灯女神黎秀芳》以纪实的手法、抒情的笔调真实地记录了我国著名护理专家和护理教育家、我军首位"南丁格尔奖"获得者黎秀芳将军平凡而伟大的一生。该书以时间的轴线记述往事，讲述了黎老幼年的家教、童年的梦想、青年的选择、中年的执着、晚年的老当益壮，展现了黎将军"大爱无垠"的精神和"无私真善"的灵魂。全书生动地描写了她专注护理事业，追求科学精神，创新护理制度，安心扎根西北，兴办护理教育，屡经磨炼，不改初衷的坎坷、曲折的人生经历，充分展示了一代护理先驱黎秀芳自尊、自爱、自强的人格魅力。

1072 《村情》

作品类别：纪实文学

作　　者：宗满德

发表时间：2002-01-09

发表载体：敦煌文艺出版社

获奖及影响：荣获甘肃省第六届敦煌文艺奖二等奖。

简　　介：《村情》是一部以口述实录形式为主要表现方法的报告文学，作者用散文的笔调以"解剖麻雀"的精神，将皋兰地区作为西北农村的缩影，分群体采访了各个层面的代表性人群，多角度，宽视野，真实、全面、客观地为读者呈现了在建设社会主义新农村和西部大开发的新形势下西北农村的社会、生活、生产面貌和农民生存的真实状态及基本需求，真实地透视了农民的心灵世界。把农民身上这样那样的缺点和他们岿然不动的生活信念，以及一如既往的道德操守，在时尚面前显得过时甚至可笑的细节描写得具有深意，人物刻划特点鲜明。作品突出了农民在新的时代中坚守和保持的善良、质朴、坚忍、节制和自尊自爱。这本书结构紧凑，采编设计独特，记述生动感人，具有较强的可读性和感染力。

1073 《西部热土》

作品类别：广播影视文学类

作　　者：王兆瑞

发表时间：2006-11-12

发表载体：CCTV8

获奖及影响：甘肃景泰人，省作协会员，省民间文学家协会理事，从事文学创作20多年。先后在《人民文学》等省内外报刊发表短篇小说近百篇，曾多次获省市文学创作奖。作为第一编剧创作的二十集电视连续剧《西部热土》于2006年在中央电视台8台播出，获白银市首届"凤凰文艺奖文学类"一等奖。

简　　介：其作品文字富有张力，深受广大人民群众喜爱，文字功底扎实，多年来累积的创作经验为其文学创作提供了夯实的基础，作品多次被选入省市，乃至国家各大刊物刊登，被全国各大网站所转载。

1074 《关山魂》

作品类别：广播影视文学类

作　　者：杨来江、李彦周

发表时间：2014-06-01

发表载体：北京世图版权代理有限公司出版

简　　介：杨逍，本名杨来江，男，汉族，1982年生，天水张家川人。在《文学界》《星火》《飞天》《山东文学》《鸭绿江》《创作与评论》《特区文学》等刊发表中短篇小说。小说被《中篇小说选刊》等刊物或报纸转载，入选多种小说选本。诗歌、散文、专栏作品见诸于多种刊物及年选，著有诗集《二十八季》。李彦周，男，汉族，生于1981年。现为甘肃省作协会员，张家川县作协副主席。小说多发于《飞天》《延河》《长江文艺》《黄河文学》《山东文学》《北方文学》《延安文学》《文学界》《鸭绿江》《都市》《鹿鸣》《绿洲》等刊。代表作有中篇小说《草滩深处的小伊》《幸福门》等。

1075 《哦！青青的阿万仓》

作品类别：广播影视文学类

作　　者：鲁正葳

发表时间：1987-12-11

获奖及影响：获中国广电学会1988年度全国优秀电视节目二等奖。1978年开始发表文学作品，报告文学《闪光的历程》获甘肃省"庆祝建国三十周年文学作品"三等奖，现已出版五本书，其中《永恒的追寻》获省作协优秀报告文学奖。《西北大发现》获省"五个一工程"奖；《撩开民国黑幕——报界奇才黄远生见证》获2007年甘肃黄河文学奖一等奖，还被美国哈佛燕京图书馆收藏；《工业摇篮》为兰州申报国家历史文化名城丛书分册；《青山作伴》（第一作者）获甘肃省第五届少数民族文学奖一等奖，为央视大型纪录片《中国大西北》、甘肃电视台《井上靖与敦煌》《大漠清流》等多部电视片撰稿，其中《哦！青青的阿万仓》专题片获中国广电学会1988年度全国优秀电视节目二等奖。

1076 《飞将军李广》

作品类别：广播影视文学类

作　　者：薛方晴

发表时间：1995-10-04

发表载体：甘肃文化出版社

简　　介：21集电视连续剧《飞将军李广》，全方位地塑造了西汉著名军事将领李广的形象，剧本通过李广波澜壮阔的一生，通过李广一家四代人的生离死别，尤其通过他有意识的军旅生涯，歌颂了李广爱国爱民、忠贞不渝、严于律己、宽以待人的高贵品质；表现了他出奇制胜、武艺非凡的军事才能；塑造了陇上著名武将有骨有肉有血有情有灵的光辉形象；从深层次挖掘了"李广难封"的历史原因，同时，鞭笞了朝廷中那帮嫉贤妒能的奸佞之辈，揭露了封建裙带关系的劣根。

1077 《血沃黄土地》

作品类别：广播影视文学类

作　　者：彭巨彦

发表时间：1995-11-18

发表载体：兰州日报

获奖及影响：在甘肃省"爱我中华、送我陇原"大型征文中，获得由中共甘肃省委宣传部颁发的一等奖。

简　　介：彭巨彦，男，汉族，大专文化程度，兰州市榆中县文化馆副研究馆员，一直从事群众文化工作，榆中县领军人才。业余时间创作诗歌、散文、小说、戏剧、民间文学、歌曲等文艺作品百万字。作品曾发表于《剧本》《青年文学》《飞天》《陇苗》《金城》等刊物，获得省市奖励数次。小说《广东红》《死狗》等作品曾被《小小说选刊》《小说报》转载。现为兰州市文联委员、兰州市作家协会理事、甘肃作家协会会员、甘肃群众文化学会会员、甘肃民间文艺家协会会员。

1078 《天意》

作品类别：广播影视文学类

作　　者：林茂森

发表时间：2009-12-11

发表载体：中国戏剧出版社

获奖及影响：被改编成二十集电视剧。

简　　介：《天意》是写西部农村在改革开放30年和西部大开发10年来取得的辉煌成就的农村题材的作品。

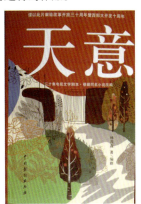

1079 《凤凰沟的春天》

作品类别：广播影视文学类

作　　者：吴金辉

发表时间：2011-08-22

发表载体：CCTV6

获奖及影响：荣获甘肃省"建党90周年"献礼优秀电影，第七届"甘肃敦煌文艺奖"。

简　　介：吴金辉，男，汉族，中共党员，生于1964年，甘肃省庆城县玄马镇玄马村吴岭组人，甘肃电影家协会会员。由甘肃大河传媒有限公司投资其创作的《凤凰沟的春天》，该片在玄马镇柏塬村取景拍摄，制片完成后与中央电视台签约，在CCTV6成功上映，并荣获甘肃省建党90周年献礼优秀电影，第七届"甘肃敦煌文艺奖"。影片讲述了在大山深处，身患绝症的凤凰沟村党支部书记吴愍民一心带民致富，抱病奔波，请回村里走出去的第一个女大学生杨金凤代理村党支部书记，引进新羊种，建起凤凰沟绒山羊养殖基地的故事。该剧谱写了大西北山沟里一曲催人奋进的壮歌，展现了黄土高原的民俗画卷。

1080 《风景甘南》

作品类别：广播影视文学类

作　　者：雷建政

发表时间：2012-08-30

发表载体：甘肃文化出版社

获奖及影响：《风景甘南》是涉藏题材旅游系列电视文学剧本，由甘肃文化出版社出版发行。

简　　介：《风景甘南》根据雷建政早年发表的四篇小说《画佛》《沉寂的雪水湖》《疆界》和《歌癔》改编而成。

简　　介：雷建政，男，汉族，河南孟津人，1953 年生于甘肃省夏河县，北京师范大学文学硕士研究生，1982 年开始发表作品，1990 年加入中国作家协会。发表中、短篇小说 60 余篇（部），主要作品有《天葬》《西北黑人》《劫道》《壮丽光阴》《命兮运兮》《蛇牛》《皇杠》《往年雪》《太阳劫》《白草地黑草地》《疆界》《缘结》等。有 10 余篇被《新华文摘》《作品与争鸣》《小说月报》等转载，被人民文学出版社、中国青年出版社、中国农村读物出版社等出版的专集收选，日本《中国现代小说》译载。获五四青年文学奖、甘肃省委省政府敦煌文艺奖、甘肃省优秀作品奖、甘肃省敦煌青年文学奖等 8 次。

1081 《拴桩户》

作品类别：广播影视文学类

作　　者：白宗忠

发表时间：2001-01-02

发表载体：甘肃人民出版社

获奖及影响：荣获中国文联音像出版社、《新剧本》"相约 2000"大型电视电影剧本征文三等奖。

简　　介：讲的是发生在我国西部的传奇故事，故事从一个侧面反映了沉积在我国社会的根深蒂固的对人的禁锢等深层问题，令人深思。

1082 《大山深处的保尔》

作品类别：广播影视文学类

作　　者：吴金辉

发表时间：2005-02-28

获奖及影响：获得第十届全国精神文明建设"五个一工程"优秀作品奖，荣获第二届"甘肃电影锦鸡奖优秀编剧奖"。

简　　介：吴金辉，男，汉族，中共党员，生于 1964 年，甘肃省庆城县玄马镇玄马村吴岭组人，甘肃电影家协会会员。20 世纪 80 年代就开始电影、电视文学剧本的创作，由其创作摄制的电影《大山深处的保尔》获得第十届"全国精神文明建设五个一工程"

优秀作品奖，荣获第二届"甘肃电影锦鸡奖优秀编剧奖"。

简　　介：影片根据全国模范教师张学成的真实故事改编，大山深处，双腿残疾的山村教师张学成拄着双拐往返在十里羊肠小道上，他以惊人的毅力，坚持任教30多个春秋，他的汗水流淌在这块贫瘠的黄土地上，他的真性情播种在这块孕育希望的神奇的土地上。

1083 《拉卜楞人家》

作品类别：广播影视文学类

作　　者：道吉坚赞

发表时间：2010-06-25

简　　介：道吉坚赞（1960—2009），男，藏族，甘肃夏河人，中共党员，出版小说集《小镇轶事》，小说《金顶的象牙塔》《小镇逸事》《漂逝的彼岸》等。曾获全国五省区藏族文学奖，甘肃作家协会会员，《拉卜楞人家》由道吉坚赞的中篇小说《金顶的象牙塔》改变，是一部具有批判现实主义色彩的文学作品。《拉卜楞人家》涉及小城画展、草山纠纷、男女偷情、商贸往来、部落寻仇、教士传道、民间断婚等藏地诸多题材，传统与现实交织，蛮野与文明共存。作家善于观察生活分析社会，能选择典型事件，透过集中的情节展示社会生活。《拉卜楞人家》由于在景物描写、肖像刻画、心理分析等方面的成功尝试，特别是对小城藏族居民生活与情感的细腻呈现，成为一部具有研讨意义的小说文本，引起了社会的高度关注，产生了一定的影响。

1084 《南来的风》

作品类别：广播影视文学类

作　　者：尕藏才旦

发表时间：1982-10-25

发表载体：中央电视台

获奖及影响：1985年录制播出（多家电视台）。

简　　介：尕藏才旦，男，藏族，出生于1944年，青海同仁人。1968年毕业于西北民院政治系，1973年起发表作品，州文联原主席、《格桑花》原主编、小说家，1993年调西北民族大学藏语文化学院。著有小说《半阴半阳回旋曲》、长篇小说《首席金座活佛》《红色土司》及《青藏高原游牧文化》等多部文学及学术专著，获得多种奖项。电视剧剧本《南来的风》是与甘南作家扎西东珠合作的剧本，甘肃电视台1985年录制并播出，中央电视台1986年1月14日播出；1987年作为"中法交流节目"在法国播出；1992年入选青海民族出版社出版的《藏族当代文学丛书》之一藏文剧本选集。这是甘南建州以来的第一部电影剧本，有着重要的意义和价值。

1085 《红飘带》

作品类别：广播影视文学类

作　　者：李发玉

发表时间：2009-07-01

发表载体：甘肃省委宣传部

简　　介：《红飘带》又名《最后一个女兵》1936 年 11 月西路红军与马家军在古浪进行了一场血战，红军奋战 3 天，元气大伤，本剧已此为题材进行创造。以红飘带作为全剧的灵魂和纽带，详细阐述了女红军林清一家，在古浪峡阻击战中惨遭失败，在妻散子离、受尽磨难、流落民间后，最终又传奇地相遇在古浪峡的动人故事。再现了中国红军在那个特殊的年代，为了建立革命根据地，与严酷的自然环境和凶残的的敌人作斗争的可歌可泣的悲壮场面。

1086 《暖秋》

作品类别：广播影视文学类

作　　者：白宗忠

发表时间：2005-06-19

发表载体：山西电影制品厂、扬州电视台拍摄

获奖及影响：全国上映、中央电视台电影频道多次播出、第十一届"中国电影华表奖"提名奖。

简　　介：《暖秋》，将反腐败这一当代重大问题放置在一个小小的家庭里，讲的是在"家庭反腐败"斗争中，作为老党员的父亲发现儿子的腐败行径后，处心积虑教育儿子永远保持共产党员的先进性，真正做到"立党为公，执政为民"。可儿子最终没能绕开别人利用他的权力而谋私的"陷阱"，一步步蜕变为谋私和受贿的犯罪分子，结果被判刑。也因此造成了对家人、亲朋的极大伤害，从而使人们本能地惧怕腐败伤害而警觉腐败，以至避而远之。

1087 《古堡幽灵》

作品类别：广播影视文学类

作　　者：于文华

发表时间：2010-08-06

发表载体：西部作家论坛（网站）

获奖及影响：本剧展现世界著名的旅行家马可·波罗在东行途中的一段传奇经历，展示了西部粗犷而奇丽的山川地貌，独特而奇异的风土人情，独具魅力的民族风俗。马可·波罗途经凉州（史料上记载马可·波罗曾在凉州居住一年多）以东千年古镇土门堡时，搭救了打擂比武时险遭绝境的周玉姗。在月牙泉边的"花儿"会上突遇黑风暴，幸被蒙古小王爷救难。在庆祝凉州会盟 20 周年庆典上，马可与只必贴木儿王爷、八思巴等人在百塔寺重逢叙旧。而二龙山的土匪我次跟踪马可一家，窃去了他们敬献给元世祖忽必烈的宝瓶，并在落落墩湾挖洞取宝。在西凉王、蒙古小王爷与周老爷及清凉寺长老等人的协助下，他们铲除了土匪势力，夺回了宝物，

顺利踏上了东行的路途。

1088 《绿绿的树》

作品类别：广播影视文学类

作　　者：白宗忠

发表时间：2002-10-01

发表载体：中央电视台电影频道

获奖及影响：荣获第二届"甘肃电影锦鸡奖"优秀编剧奖；兰州市第五届"金城文艺"一等奖。

简　　介：《绿绿的树》讲的是在中央提出西部大开发的背景下，发生在我国西北某农村的故事。全剧以"法律白条"为矛盾冲突点，展现了剧中人在法治与人治、传统与现代、爱情与婚姻、穷与富面前的一系列情感纠葛。讴歌了农村妇女高山花为绿化荒山、保护生态所表现出的顽强拼搏精神，塑造了乡党委书记姚生明为民谋利的鲜明形象，具有很强的现实教育意义。

1089 《向我看齐》

作品类别：广播影视文学类

作　　者：白宗忠

发表时间：2005-10-23

发表载体：兰州电影制片厂与中影集团联合摄制

简　　介：《向我看齐》讲述了沟岔乡党委书记李海生在化解基层矛盾、构建和谐社会中，以共产党人有能力领导全国人民迈向小康社会的自信，大胆喊出了"向我看齐"，并要求乡村领导也像他一样，努力提高执政能力，树立亲民、为民、"群众利益无小事"的执政理念；并极力向农民推广无公害蔬菜生产技术和经验，培养农民的科技意识和市场意识，最终使农民群众得到了实惠，为构建和谐社会抹了一笔重彩，是一部寓教于乐的主旋律影片。

1090 《失踪的女神》

作品类别：广播影视文学类

作　　者：冯玉雷

发表时间：2006-06-26

发表载体：中央电视台电影频道

获奖及影响：甘肃省第二届"锦鸡奖"最佳编剧。

简　　介：冯玉雷，男，1968年12月12日生，甘肃人。大学期间开始发表文学作品，毕业于陕西师范大学中文系，现就职于西北师范大学，副编审。系中国作家协会会员、中国文学人类学学会理事、甘肃省敦煌学会会员、兰州市作家协会副主席、兰州市文联委员、甘肃省作家协会会员。出版长篇小说《肚皮鼓》《黑松岭》《敦煌百年祭》《敦煌·六千大地或者更远》《敦煌遗书》，在《中国比较文学》《兰州大学学报》等报刊发表学术文章数十篇。电影《失踪的女神》2006年6月26日在电影频道播出。与人合著动漫电影剧本《飞天》获2010年甘肃省委宣传部重点文艺作品资助项目。小说、影视作品曾获甘肃省政府第三、五、六届甘肃省委省政府"敦煌文艺奖"及第三届"黄河文学奖"、甘肃省第二届"锦鸡奖"最佳编剧、兰州市委市政府第三、五、六届"金城文艺奖"等。

（六）儿童文学

1091 《小燕子和它的邻居》

作品类别：儿童文学

作　　者：赵燕翼

发表时间：2016-04-01

发表载体：长江少年儿童出版社

获奖及影响：获得中国作家协会首届全国儿童文学优秀作品奖。

简　　介：作者以一颗淳朴敏感的心，以圆润优美、随和舒缓的语调给孩子们讲述亲情友情。在童话王国中，小燕子等都被赋予生命，有思想，有情感，在小动物的身上闪烁着天性之美。作者把优美传神的语言和生动逼真的形象有机地融合在一起，情文并茂，情理并茂。《小燕子和它的三邻居》不仅脱开了传统民间故事模式的影响，展示出更为广阔的生活场景和文化视野，不仅是探索艺术形式的创新，表现手法灵活多姿；更传达着一个有着丰富阅历的老作家的生命体验和人生思考，充满了作家深沉的人生况味。不仅故事精彩，引人入胜，还给人启迪，品味悠远。

《阿尔太·哈里》

作品类别：儿童文学

作　　者：赵燕翼

发表时间：1979-08-01

发表载体：甘肃人民出版社

获奖及影响：获全国第二次少年儿童文艺创作奖及省级奖等四项奖励。

简　　介：《阿尔太·哈里》写哈萨克少年阿尔太·哈里如何从流浪孤儿成长为自豪的矿山建设者，从拿羊鞭的牧童成长为哈萨克族第一代汽车司机的故事。故事发生在三年困难时期，全篇紧扣小主人公富有传奇色彩的命运展开，"文学是人学"，小说以人为中心，写人的悲欢命运。小哈里遭逢了一系列的不幸，但是党和各族人民的亲切关怀下，他最终摆脱了厄运，成为光荣的工人阶级的一员，成为新生活的主人。

1092 《闪电寓言》

作品类别：儿童文学类

作　　者：金雷泉

发表时间：2008.8.18

发表载体：敦煌文艺出版社

获奖及影响：获"中国寓言文学研究会金骆驼奖"。

简　　介：金雷泉，男，1969年4月，中共党员，大学本科学历，中国作协会员，中国寓言文学研究会理事，中国儿童文学研究会会员，第六届兰州市十大杰出青年。八十年代末发表处女作，后陆续在《少年文艺》《飞天》等报刊发表文章五百多篇，2004年甘肃美术出版社出版《西部寓言画卷》，2008年敦煌文艺出版社出版《闪电寓言》。《西部寓言画卷》荣获第四届"中国寓言文学研究会金骆驼奖"，第三届"甘肃省黄河文学奖"，兰州市委、市政府金城文艺奖。《闪电寓言》入选第八届"全国优秀儿童文学奖"参评作品。

1093　《金吉泰儿童文学精品集》（童话卷、小说卷）

作品类别：儿童文学类

作　　者：金吉泰

发表时间：2010-09-10

发表载体：甘肃少儿出版社

获奖及影响：甘肃省委省政府授予甘肃省文艺终身成就奖，入选多省农家书屋。

简　　介：金吉泰，男，汉族，1933年2月出生于榆中金家崖村。中国作协会员，曾任省作协理事、市作协副主席。自1955年发表处女作短篇小说《特别使命》以来，六十年笔耕不辍，坚持创作，先后结集出版了《醉瓜王》《小毛驴出国》《戴金戒指的小猴子》《小牦牛赛马》《金象和象护》《甘肃文坛轶闻趣事录》《六十年见闻录》《田园童话》《金吉泰儿童文学精品集》（童话卷、小说卷）等，共十一本专集，多篇作品入选国家级儿童文学典藏版。其中，《田园童话》《金吉泰儿童文学精品集》入选多省农家书屋，

作品多次获得甘肃省"敦煌文艺奖""黄河文学奖"，兰州市"金城文艺奖"，兰州"文艺创作兰山奖"。2013年4月荣获甘肃省委、省政府的"甘肃省终身艺术成就奖"；2013年8月获省委宣传部、省新闻出版局的"书香之家"；2014年3月获得国家新闻出版局的首届全国"书香之家"。

1094　《田园童话》

作品类别：儿童文学类

作　　者：金吉泰

发表时间：2007.8.16

发表载体：甘肃少儿出版社

获奖及影响：第六届"敦煌文艺奖"三等奖。

1095　《九眼泉》

作品类别：儿童文学类

作　　者：黄英

发表时间：1982-01-20

发表载体：甘肃少年儿童出版社

获奖及影响：1982年五月，获全国优秀儿童读物奖。

简　　介：黄英儿童文学作品精选集。

1096　《娃宝儿》

作品类别：儿童文学类

作　　者：王继德

发表时间：2001-06-08

发表载体：国际文化出版公司

获奖及影响：部分作品转载。

简　　介：《娃宝儿》是作者在外国儿童文学的启发下，结合自己生活的经历而创作的神话故事。

1097 《村里，有一棵古老的酸梨树》

作品类别：儿童文学类

作　　者：唐　宏

发表时间：1991-09-06

发表载体：获奖作品集

获奖及影响：在华夏文化促进会、宋庆龄基金会少工委、人民日报（海外版）等单位联合举办的华夏中学生作文首届大奖赛中获得优秀奖。

简　　介：这是一篇儿童小说，故事围绕一棵酸梨树发生，几个小孩子对酸梨树的主人进行捉弄，但老人的爱和善良终于感动了孩子，使孩子受到良好的教育。

1098 《秋天到》（童谣）

作品类别：儿童文学类

作　　者：毛韶子

发表时间：2013-09-24

发表载体：美国《亚省时报》

1099 《秋天里的阳关三叠》

作品类别：儿童文学类

作　　者：杨　先

发表时间：2012-09-01

发表载体：上海文艺出版社

简　　介：杨先，男，20世纪70年代生，甘肃省作协会员。有作品发于《人民文学》《飞天》《西北军事文学》《青海湖》《中国校园文学》《青年文学家》《短篇小说》《少年文艺》《野草》《岁月》等刊物。其中《九之酒》获甘肃省文联、省作协"九文化"征文一等奖，短篇小说《天凉好个秋》获由中国回教文化教育基金会主办的第六届"新月文学奖"二等奖，《父亲的房子》获《飞天》征文三等奖，短篇小说《那山那狼》获由国家林业局森防总站主办的"天人生态杯"全国"啄木鸟"系列生态文学有奖征文三等奖，《九寨沟的关键词》获《人民文学》征文优秀奖，《秋天里的阳关三叠》获《少年文艺》"周庄"杯短篇小说征文优秀奖，并入选《少年文艺》全国儿童文学短篇小说大赛金品典藏。

1100 《西部童话》

作品类别：儿童文学类

作　　者：王继德

发表时间：2001-07-09

发表载体：香港国际友人出版社

获奖及影响：被一些刊物转载。

简　　介：《西部童话》以西部为大背景，在《西游记》中找到了西部地理的印证。写身边近似于神话的超人体作品。

1101 《山枣儿和山枣树的故事》

作品类别：儿童文学类

作　　者：唐　宏

发表时间：1992-07-08

发表载体：选入获奖作品集

获奖及影响：在华夏文化促进会、宋庆龄基金会少工委、人民日报（海外版）、半月谈等单位举办的第二届"华夏青少年写作大赛中"获得三等奖。

简　　介：这是一篇儿童小说，主要写了一位小孩捉弄老师，使很偏远的小学校关了门，孩子们都失学了。后来，从城里来了一位老师，村小学又开门了，这位老师以爱心感化，使这位孩子又回到了学校，于是，在山枣儿红艳艳的时候，乡村小学又传来了琅琅读书声。

1102 《追风少年历险记——外星小泥人》

作品类别：儿童文学类

作　　者：杨胡平

发表时间：2014-06-02

发表载体：中国农业科学技术出版社

获奖及影响：

简　　介：杨胡平，男，1984年10月16日出生。2002年9月至2003年10月在元龙建筑工地做建筑小工，2003年11月至2008年6月在广东东莞石滘兴科技打工，2010年10月至2013年8月在江苏昆山米克斯机械做车工，2013年至今回到天水故乡务农。

1103 《啸啸虎》

作品类别：儿童文学类

作　　者：唐　宏

发表时间：2014-09-30

发表载体：中国言实出版社

简　　介：《啸啸虎》是天水市第一部长篇儿童小说，全书18万字，由中国言实出版社在全国发行。

（七）翻译文学类

1104 《论语英译 135 则·唐诗英译 40 首》

作品类别：翻译文学类

作　　者：王国己

发表时间：2013-09-20

发表载体：甘肃科学技术出版社

获奖及影响：由甘肃科学技术出版社隆重出版发行。

简　　介：《论语英译 135 则·唐诗英译 40 首》，系甘肃省民勤县第一中学英语教师王国己精心打造的一道中英文文化大餐，扉页有天津师范大学教授、诗人、硕士导师、翻译家张智中的推荐语和亲笔签名，书前有《世界诗人》执行总编、英文版《世界诗歌年鉴》主编、希腊国际文学艺术与科学学院外籍院士张智博士的序言。

1105 《麦克图巴特·书信集》

作品类别：翻译文学类

作　　者：马廷义

发表时间：1998-05-30

简　　介：《麦克图巴特·书信集》是伊玛目·冉巴尼回答教胞各种疑难问题的书信札记。伊玛目·冉巴尼在世时，潜心研读了伊斯兰教诚信、遵行、教乘、道乘、真乘的著作，并身体力行，苦行修行，虔诚认主、拜主，真主终于开启了他的心灵慧眼，使他得到了无穷无尽的知识。他用自己独到的判断力，纠正了人们对各个时期苏菲伊玛目的言行以及认识上的曲解，消除了持不同观点的人们之间的分歧和隔阂，使穆斯林大众在一致真理的领导下，走向虔诚认主、拜主的道路。

（八）纪实文学

1106 《世纪决战：中国西部农村反贫困纪实》

作品类别：纪实文学类

作　　者：姬广武

发表时间：2001-09-01

发表载体：甘肃文化出版社

获奖及影响：第十二届"中国人口文化奖报告文学类作品金奖"、第四届"敦煌文艺奖"二等奖、首届"甘肃黄河文学奖一等奖"、第五届"金城文艺奖"一等奖。作者被评为甘肃省文联第二届"德艺双馨文艺家"。

简　　介：这部长达 110 万字的长篇报告文学是作者耗时 12 年时间完成的，上下两卷共 12 篇 48 章。该书真实记载了中国西部农村，特别是我省农村反贫困取得的伟业，客观展示了西部儿女同贫困进行不屈不挠、气壮山河的抗争和作者对反贫困决战中面临困难和问题的深刻思考。

1107 《借我春秋五十年：一座城市的文化记忆》

作品类别：纪实文学类

作　　者：岳逢春

发表时间：2009-10-11

发表载体：敦煌文艺出版社

获奖及影响：获第四届"黄河文学奖"。

简　　介：长期从事兰州市文学艺术活动组织协调工作，多次担任兰州地区文化、体育、艺术、庆典、电视晚会等大型文化活动的策划人、总撰稿、文学统筹、评委会主任等。发表各类文学作品数百篇 300 余万字，撰写100 余篇大型活动策划文案和主持词、解说词、电视片文本。长篇纪实文学专著《借我春秋五十年》系省委宣传部 2008 年重点文艺创作项目，于 2009 年出版。有诗文集《盛典礼赞》等出版，多次获得国家和省市颁发的各类奖项。

1108 《环县找水今昔》

作品类别：纪实文学类

作　　者：徐玉金

发表时间：2009-10-10

发表载体：《飞天》

获奖及影响：2011 年 1 月，被庆阳市委、市政府评为庆阳市第八届"精神文建设五个一工程"奖暨第三届"梦阳文艺奖"（报告文学类）三等奖。

简　　介：本作品全方位、多视角客观真实地再现了环县人民的缺水史、奋斗史，特别是反映了改革开放三十年来在历届各级党委政府正确领导下，实施了扬黄一期、人饮解困、母亲水窖、病区改水、县北人畜饮水、县南人畜饮水等一系列工程项目，解决了环县人畜"吃水难"的问题。

1109 《渭河传》

作品类别：纪实文学类

作　　者：王若冰

发表时间：2014-03-01

发表载体：《中国作家》

获奖及影响：具有史诗意义，在文学界有一定的影响。

简　　介：王若冰，甘肃天水人，二十世纪六十年代出生，毕业于原天水师范专科学校中文系，现在甘肃天水日报社工作。系中国作家协会会员、甘肃文学院特邀评论家，创作以诗歌、散文、文艺评论为主。出版有诗集《巨大的冬天》、文学评论集《倾听与呈现》、地方历史文化散文集《天籁水影》(与安永、周伟合著)并编著有电视连续剧文学剧本《飞将军李广》（与人合著)曾获甘肃省第三、四届"优秀文学作品奖"、甘肃省首届"黄河文学奖"、《飞天》十年文学奖等。2004年7—9月，完成了对横贯中国大陆腹地、绵延1500公里的秦岭山脉的文化考察。

1110 《党旗映红风电人》

作品类别：纪实文学类

作　　者：张学文

发表时间：2011-05-01

发表载体：（威龙杯）中国时代风采

获奖及影响：获第二届"（威龙杯）中国时代风采"金奖。

简　　介：张学文，男，汉族，1960年10月出生于甘肃玉门。大学文化程度，1978年参加工作，1992年入党，讲师职称，曾先后在玉门二中、玉门市委党校、市政协工作。先后任市政协文史学宣委副主任、党校副校长、现任玉门市档案局书记、市文联作家协会理事。1980年开始发表作品，在《人民文学》《党的建设》《学习导刊》《甘肃日报》等报刊发表文章近百篇。曾参与《中学地理歌谣》《高中地理范例解析》《现代企业管理》《22集电视连续剧王进喜》《永远的丰碑铁人王进喜》《百年酒泉》《酒泉文史资料》7—8辑、《玉门文史资料》8—9辑等编写工作。1999年被中国管理科学院聘为特约知识经济研究员，2000年被国家人事部专家服务中心《中国专家大辞典》收录。报告文学《绿荫》获《人民文学》优秀奖，酒泉市委第六届"五个一工程"奖。报告文学《赤金娃》获全国第四届"时代人物征文二等奖"。报告文学《党旗映红风电人》获时代风采金奖，散文《玉门发展的又一个春天》获时代风采二等奖。

1111 《青春使命》

作品类别：纪实文学类

作　　者：赵梅

发表时间：2008-10-14

发表载体：甘肃民族出版社

获奖及影响：这部纪实文学在国内具有一定的影响。

简　　介：青年记者赵梅撰写的《青春使命》，是一部记录80后女记者亲历汶川大地震的纪实文学，作为一名记者，作家不仅具有强烈的责任感和使命感外，还具有一颗善感的心。在她的报道中，有太多沉甸甸的爱，她也倾注了自己一颗满满的爱。这部纪实文学在国内具有一定影响。赵梅，女，80后女作家，现为甘肃日报记者，从事多年新闻采访工作，参与了汶川大地震、神七发射、奥运圣火传递、舟曲8.8特大山洪泥石流灾后重建等重大新闻事件报道。所获奖项：省委宣传部"抗震救灾先进个人"、甘肃日报社"抗震救灾先进个人"、西部商报社"抗震救灾先进个人"。

1112 《我们的队伍向太阳》

作品类别：纪实文学类

作　者：李景波

发表时间：2011-01-10

发表载体：大众文艺出版社

获奖及影响：2011年荣获庆阳市第八届"精神文明建设五个一工程"一等奖。李景波，男，汉族，中共党员，祖籍吉林乌拉街，现居甘肃庆阳，合水县文联秘书长，大学毕业，在中学任教多年。二十世纪八十年代开始发表作品，2001年散文集《生命的天空》出版，《我们的队伍向太阳》是一部纪实文学，以革命烈士事迹为素材撰写的。

1113 《土豆的微笑》

作品类别：纪实文学类

作　者：阎强国、陈习田

发表时间：2009-08-01

发表载体：甘肃人民出版社

获奖及影响：2009年5月，由读者出版集团、甘肃人民出版社出版了陈习田和阎强国合作的《土豆的微笑》一书，该书于2009年8月获"第五届甘肃省优秀图书奖"。

1114 《天下民勤》

作品类别：纪实文学类

作　者：李玉寿

发表时间：2012-11-23

发表载体：敦煌文艺出版社

简　介：《天下民勤》是一部长篇纪实著作，它展示了甘肃省民勤县的人口来源、迁徙途径以及错综复杂的历史渊源，勾画了民勤地区近百年来的移民群像。重点描绘了民勤生态的变迁和当今民勤移民的生存状态，记述了绿洲曾经的"光辉岁月"。

1115 《景泰川：难忘的岁月》

作品类别：纪实文学类

作　　者：王家达、孙志诚

发表时间：2000-12-16

发表载体：敦煌文艺出版社

获奖及影响：2000年孙志诚与王家达合作创作了长篇报告文学《景泰川：难忘的岁月》，该书于2001年获第九届"中国人口文化奖报告文学"二等奖，2002年又获甘肃省"五个一工程"奖。

简　　介：报告文学《景泰川：难忘的岁月》，30万字。主要写苦甲天下的甘肃中部人民经过30年的艰苦奋斗，将黄河水引上腾格里沙漠边缘的戈壁荒原，使百万农民过上了丰衣足食生活的空前壮举。孙志诚，原名孙自成，男，汉族，1944年11月生于甘肃省会宁，1968年高中毕业。曾在本村任过5年民教和近乎5年的村支书，1977年考入兰州师专中文系，1980年毕业，在会宁二中任教2年后，调入会宁文化馆，2005年退休，副研究馆员职称，系甘肃民协会员，甘肃作协理事。1972年开始文学创作，先后在省内外刊物发表《蝈蝈的故事》《马牙书包》《野路》等中短篇小说、民间故事等及报告文学50多篇，中篇小说《野路》1996年在《飞天》发表后，被《小说选刊》转载，1998年获甘肃省敦煌文艺奖三等奖，2005年又获《飞天》（1996—2005）十年文学奖。1990年由敦煌文艺出版社出版长篇小说《浑浊的祖厉河》，并于1991年获省第三届"文学评奖优秀奖"。1999年被甘肃省文联授予"德艺双馨"文艺家称号。

1116 《撩开民国黑幕——报界奇才黄远生见证》

作品类别：纪实文学类

作　　者：鲁正葳

发表时间：2005-12-11

发表载体：敦煌文艺出版社

获奖及影响：获"2007年甘肃黄河文学奖"一等奖，还被美国哈佛燕京图书馆收藏。

简　　介：1978年开始发表文学作品，报告文学《闪光的历程》获甘肃省"庆祝建国三十周年文学作品"三等奖。现已出版五本书，其中《永恒的追寻》获省作协优秀报告文学奖，《西北大发现》获省"五个一工程"奖，《撩开民国黑幕——报界奇才黄远生见证》获2007年甘肃黄河文学奖一等奖，还被美国哈佛燕京图书馆收藏，《工业摇篮》为兰州申报国家历史文化名城丛书分册，《青山作伴》（第一作者）获甘肃省第五届"少数民族文学奖"一等奖。为央视大型纪录片《中国大西北》、甘肃电视台《井上靖与敦煌》《大漠清流》等多部电视片撰稿，其中《哦！青青的阿万仓》专题片获中国广电学会1988年度全国优秀电视节目二等奖。

1117 《西北大发现》

作品类别：纪实文学类

作　　者：鲁正葳

发表时间：2000-12-11

发表载体：敦煌文艺出版社

获奖及影响：2002年11月获甘肃省第二届"五个一工程"奖。

简　　介：《西北大发现》获省"五个一工程"奖，《撩开民国黑幕——报界奇才黄远生见证》获2007年甘肃"黄河文学奖"一等奖，还被美国哈佛燕京图书馆收藏。

1118　《憨老万外传》

作品类别：纪实文学类

作　　者：李仲清

发表时间：1991-08-01

发表载体：《全国工人时报》

获奖及影响：1991年获全国工人报刊征文优秀奖。

简　　介：主要通过对老劳模搞技术革新的事，歌颂劳动者的聪明和伟大。李仲清，甘肃会宁人，生于1961年，大学文化程度，现为兰州石化公司三联公司人事科（党委组织科）科长、机关党支部书记、高级政工师、中国石油作家协会理事、甘肃省作家协会会员、兰州市作家协会理事、中国石油作家协会兰州石化分会主席。从1982年起，陆续在《鸭绿江》《地火》《甘肃日报》《党的建设》《中国石油报》《中国石化报》《甘肃工人报》《兰州晨报》《兰州晚报》《兰州日报》等报刊及出版物发表文学作品500多篇。其中《我的邻居》《老兵新歌》《憨老万》《憨老万外传》《小保姆》《奔向奥运的脚步》《厂魂》（组诗）、《佛心》《住房公积金帮他圆梦》《金城关遐想》《读书，让梦想成真》等作品获奖，并出版发行小说集《樱花·杏花及其它》和《李仲清短篇小说集》。

1119　《抗洪畅想曲》

作品类别：纪实文学类

作　　者：杨海帆

发表时间：2000

发表载体：改革出版社

1120　《图说三军大会师》

作品类别：纪实文学类

作　　者：杜永胜、常琦彪

发表时间：2011-06-20

发表载体：甘肃民族出版社

获奖及影响：荣获白银市第七届"哲学社会科学优秀成果著作"三等奖。

简　　介：杜永胜，男，汉族，中共党员，1962年9月生，现为会宁县红军会宁会师旧址管理委员会主任，甘肃省作家协会会员，白银市诗词楹联协会副主席、白银市音乐舞蹈创作学会副主席。有散文、诗歌、小说、歌词、论文等作品在《飞天》《光芒》《白银文学》《白银日报》《白银广播电视报》等省市级报刊上发表。合著有《图说三军大会师》一书。常琦彪，男，汉族，1973年10月生，爱好新闻、文学、摄影创作，已在《农民日报》《中国特产报》《中国粮食经济》《粮油市场报》《飞天》《甘肃日报》《甘肃粮食工作》《光芒》《西凉文学》《白银文学》《白银日报》等十余家市级以上报刊发表文学作品100余篇（首），报告文学2篇，新闻4000多篇，论文6篇，各类摄影作品400多幅。有新闻、文学、摄影作品获市级以上奖励。现为甘肃省作家协会会员，甘肃省摄影家协会会员、甘肃省延安精神研究会会员，多家新闻媒体的特约通讯员。合著有《图说三军大会师》一书。有作品入选《甘肃红色故事作品集》《故土风情》《当代网络作家诗人作品精选》等。

1121 《风舞玉门》

作品类别：纪实文学类

作　　者：王新军

发表时间：2013-04-15

发表载体：甘肃人民出版社

简　　介：《风舞玉门——玉门市资源型城市转型发展大纪实》是省委宣传部关注支持的重点现实题材创作项目。作者秉持作家应有的器识，以"深入成就深度"为原则，从微观中见宏观，从宏观中见细节，从细节中见高度，书写了玉门在全国资源枯竭型城市转型发展的独特之处、建设全国资源型城市转型示范区过程中所做的艰苦工作和取得的巨大成就。作者以作家的文笔和才情、评论家的广度和敏锐、史学家的眼光和定位，以独到的思想性和高度，撰写了一部真实性与艺术性俱佳的长篇报告文学，使其成为外界了解酒泉风电发展、玉门十年搬迁砥砺奋进的第一手资料，也是玉门人重新认识自己的心灵读本。

1122 《当代中国》

作品类别：纪实文学类

作　　者：郭　健

发表时间：1990-01-09

发表载体：红旗等出版社

获奖及影响：2001年获兰州市委市政府第四届"金城文艺一等奖"；1994年获"甘肃省作家协会优秀报告"文学奖。

简　　介：郭健，1959年出生，国家一级作家、甘肃省青年书法家协会主席、西北民族大学客座教授、甘肃省政府采购评审专家。《当代中国》系报告文学系列丛书，共8本，计32万字，1990—1998年由红旗等出版社出版。作品全方位记录了甘肃人民改造环境、造福子孙的历史功绩和丰功伟业。

1123 《第一书记》

作品类别：纪实文学类

作　　者：张占英

发表时间：2011-07-20

发表载体：九州出版社

获奖及影响：获得庆阳市"五个一工程"报告文学类一等奖。

简　　介：作者在时任福建省委书记卢展工的亲自批示支持下，于2009年年底开始走遍八闽大地，以福建第二批省派第一书记为路径和视点，对"高位嫁接、重心下移、互动联动、一体运作"的农村工作机制创新深入细致调查采访，真实近乎真理。《第一书记》以简洁明了的"日记"为载体和形式，翔实记述了采访中的所见、所闻、所思、所想，是了解福建农村工作机制创新最感性的信息资讯。

1124 《东迁哈萨克》

作品类别：纪实文学类

作　　者：阿排太

发表时间：2013-03-13

发表载体：民族出版社

获奖及影响：推荐为全国少数民族百科全书之一。

简　　介：全面描写新疆东迁哈萨克的过程。

1125 《东方欲晓》

作品类别：纪实文学类

作　　者：周富元、贺柏林

发表时间：2013-07-06

发表载体：内蒙古出版社

1126 《芝麻官的西瓜事》

作品类别：纪实文学类

作　　者：梅金娟

发表时间：2013-11-15

发表载体：庆阳市直属机关工委

获奖及影响：获庆阳市"转型跨越化发展"网络征文活动优秀奖，及网民"我最喜爱作品"奖。

简　　介：一个村官为老百姓办好事，在去2013年汛期的时候，及时发现险情，坚守岗位，几天几夜守在大坝上带领大家泄洪。

1127 《无私奉献的乡党委书记——郭占敏》

作品类别：纪实文学类

作　　者：乔孝堂

发表时间：1991-05-26

发表载体：《党的建设》

获奖及影响：获全国党员教育刊物研究会优秀作品一等奖。

1128 《赤金娃》

作品类别：纪实文学类

作　　者：张学文

发表时间：2005-12-01

发表载体：全国第四届时代人物征文

获奖及影响：宣传铁人家乡，学铁人，做铁人的人物。获得全国第四届"时代人物征文"二等奖。

简　　介：张学文，男，汉族，1960年10月出生于甘肃玉门，大学文化程度，1978年参加工作，1992年入党，讲师职称，曾先后在玉门二中、玉门市委党校、市政协工作。先后任市政协文史宣委副主任、党校副校长，现任玉门市档案局书记、市文联作家协会理事。1980年开始发表作品，在《人民文学》《党的建设》《学习导刊》《甘肃日报》等报刊发表文章近百篇，报告文学《绿荫》获《人民文学》优秀奖，酒泉市委第六届"五个一工程"奖，报告文学《赤金娃》获全国第四届时代人物征文二等奖，报告文学《党旗映红风电人》获时代风采金奖，散文《玉门发展的又一个春天》获时代风采二等奖。

1129 《李勇，背着父亲上学的师范生》

作品类别：纪实文学类

作　　者：高自珍

发表时间：1997-10-10

获奖及影响：先刊登于陕西《星期天》报，后《中国青年报》《甘肃日报》等上百家新闻媒体转载或播发。

1130 《中国村官》

作品类别：纪实文学类

作　　者：张占英

发表时间：2009-03-11

发表载体：人民日报出版社

获奖及影响：庆祝中华人民共和国成立六十周年重点图书、庆阳市"五个一"工程奖报告文学类一等奖。

简　　介：《中国村官》是作者实地采访了

吴仁宝、申纪兰等中国农村典型人物，翔实记述了一些默默无闻、正在带领群众改变命运的村干部，他们造福一方的高尚精神和可贵业绩，理性解读了他们在农村发展中的成功经验和创新探索。

1131 《会宁之光》《阳光下的守望》《黄土地的风采》

作品类别：纪实文学类

作　　者：杨百平

发表时间：2012-03-15

发表载体：人民文学出版社

获奖及影响：在会宁文化教育界反响强烈，书销到青海、北京等地，获白银市"教育基础成果奖"。

简　　介：《会宁之光》《阳光下的守望》《黄土地的风采》三部曲，描写了高考状元马泽强、宿文、张文静等人的中小学成长之路，描写了会宁艰苦的生活环境，长征精神传下的光辉，县委县政府对教育事业的大力扶持。

1132 《奠基井冈山》

作品类别：纪实文学类

作　　者：石宝明

发表时间：2005-11-13

发表载体：人民日报出版社

获奖及影响：2007年荣获白银市首届"凤凰文艺奖"文学类三等奖。

简　　介：甘肃景泰人，省作协会员，市作协理事，市书协会员。业余时间致力于中共党史、诗词和书法研究。《碧面雄风》曾获市委、市政府"五个一工程"提名奖。出版有《碧面雄风》（甘肃人民出版社，1996年），纪实文学《奠基井冈山》（人民日报出版社，2005年），《永恒的主题》（上下册）（作家出版社，2010年）等。

1133 《老兵新歌》

作品类别：纪实文学类

作　　者：李仲清

发表时间：1989-04-01

获奖及影响：1989年4月被制作成电视专题片，且获全国企业有线电视台专题片评比二等奖，先后在上海电视台和甘肃电视台播出。

简　　介：通过对一个劳模一天生活的记录，反映了劳动者像蜜蜂一样的辛勤劳作，歌颂了劳动者的平凡和伟大！

1134 《大潮》

作品类别：纪实文学类

作　　者：柴全生

发表时间：2010-09-07

发表载体：中国文联出版社

简　　介：《大潮》新闻作品集汇集作者在最基层新闻采访时播发的消息、通讯、评论、电视专题、大型系统电视专题片、纪录片等新闻题材的作品。全书近27万字，结集后由天水师院文学院教授、甘肃文学评论家雪潇作序，2010年9月由中国文联出版社出版发行。《大潮》新闻作品集共收录消息5篇，通讯8篇，评论26篇，听众来信1篇，新闻特写2篇，电视专题4篇，大型系列专题片 20 篇，电视纪录片 30 集。作品从改革开放初期的家庭联产承包制开始直到 2008 年三十年间，展开了一幅波澜壮阔改革大潮的纪实画卷。作品全方位反映了秦安县改革开放时期的发展奋斗历程，从一个侧面透视出基层群众积极参与改革的热情和"宁在苦中干，不在苦中熬"改变自身穷困面貌的"三苦精神"（苦抓、苦干、苦帮），走出了一条独特的"秦安模式"的发展之路。作者柴全生，从事基层新闻工作 28 年，曾担任过广播站长、电视台台长。从作品中已能了解感受到作者以饱满的热情投身参与到改革的激流中，通过深入基层采访，采用新闻的各种写作手法来反映伟大变革时代和社会转型时期的人和事，以及改革中出现的新情况、新问题，讴歌了改革开放以来党和政府推进改革的新思路、新举措，以及坚定改革的决心和意志，作品语言朴实无华，时代信息强烈，改革氛围浓厚，每篇作品洋溢着改革时代的激情涌动。该作品具有纪实存史资料价值和文学价值。

1135 《清风无痕》

作品类别：纪实文学类

作　　者：阎虎林

发表时间：2009-12-30

发表载体：中国文史出版社

获奖及影响：远销台湾。

1136 《天眷流泉》

作品类别：纪实文学类

作　　者：苏胜才

发表时间：2005-08-13

发表载体：中国文史出版社

获奖及影响：获金昌市"五个一工程"二等奖。

简　　介：这是一部全方位表现优秀共产党员、退伍军人张祯艰苦创业、治理风沙、办厂兴村、回报乡亲的报告文学。作者通过大量的采访，实录了主人公党性原则较强，始终保持着一个共产党员的先进本色，回乡后经过近二十年的艰苦创业，终于拥有了一份让当地人羡慕和赞叹不已的产业。但是他致富不忘乡亲，造福惠及桑梓，他不仅关心和支持社会公益事业，治沙播绿，扶危济困，捐资助学，造福百姓，而且以智慧与人品带领村里人共同致富，使流泉成了远近闻名的明星村。

1137 《梦回吹角连营》

作品类别：纪实文学类

作　　者：刘懋功

发表时间：2010-09-18

发表载体：中央文献出版社

简　　介：客观真实地再现了老一辈共产党人为革命流血牺牲、艰苦奋斗的历史。

（九）网络文学

1138 《一个辣椒，一个启示》

作品类别：网络文学类

作　者：任萧烨

发表时间：2013-01-02

发表载体：派派网配乐散文朗诵

1139 《短行麦积》

作品类别：网络文学类

作　者：任萧烨

发表时间：2014-04-28

发表载体：甘肃省统计网

获奖及影响：散文网转载。

1140 《病房里的辍学孩子》

作品类别：网络文学类

作　者：任萧烨

发表时间：2012-04-11

发表载体：甘肃省统计信息网

1141 《裁剪童颜》

作品类别：网络文学类

作　者：任萧烨

发表时间：2013-09-12

发表载体：甘肃省统计信息网

1142 《初春的乡村》

作品类别：书法类

作　者：任萧烨

发表时间：2013-04-08

发表载体：甘肃省统计信息网

1143 《串串洋槐花阵阵馨香来》

作品类别：网络文学类

作　者：任萧烨

发表时间：2012-05-11

发表载体：甘肃省统计信息网

获奖及影响：中国散文网转载。

1144 《给真正需要救助的人留一方天地》

作品类别：网络文学类

作　者：任萧烨

发表时间：2013-09-11

发表载体：甘肃省统计信息网

1145 《家长会》

作品类别：网络文学类

作　者：任萧烨

发表时间：2012-06-12

发表载体：甘肃省统计信息网

1146 《久盼的雨干涸的河》

作品类别：网络文学类

作　者：任萧烨

发表时间：2014-07-31

发表载体：甘肃省统计信息网

1147 《渴望雨丝的大地》

作品类别：网络文学类

作　　者：任萧烨

发表时间：2013-04-17

发表载体：甘肃省统计信息网

1148 《秋赏苗家岭》

作品类别：网络文学类

作　　者：任萧烨

发表时间：2010-11-10

发表载体：甘肃省统计信息网

获奖及影响：灵台文艺刊发。

1149 《让健在的父母亲能时刻感受到你的爱心》

作品类别：网络文学类

作　　者：任萧烨

发表时间：2011-11-17

发表载体：甘肃省统计信息网

获奖及影响：中国散文网转载。

1150 《童年的泥瓦罐》

作品类别：网络文学类

作　　者：任萧烨

发表时间：2011-10-15

发表载体：甘肃省统计信息网

1151 《黄河颂》

作品类别：网络文学类

作　　者：青之（刘文学）

发表时间：2006-04-19

获奖及影响：网络创作

简　　介：刘文学，男，回族，60年代出生于临潭县城关镇，毕业于西北民族大学。在上学期间就开始文学创作，时常有小说、散文和诗歌见诸报端，并有不小的成就。近年来致力于网络文学的创作，在几个文学网站当版主，联络了一大批全国有名的网络写手，至今已创作有小说、散文、诗歌300多万字，在网络创作上红级一时，取得了不斐的成绩。代表作有小说《黄河颂》，散文《洮州记忆系列》，诗歌《阿妈》等。

1152 《英雄不寂寞》

作品类别：网络文学类

作　　者：彭军选

发表时间：2011-02-28

发表载体：新浪读书

获奖及影响：点击率很高，被多家小说阅读平台转载。

1153 《孩子你若微笑着成长》

作品类别：网络文学类

作　　者：任萧烨

发表时间：2013-02-25

发表载体：新锐杂志

1154 《死亡保险》

作品类别：网络文学类

作　　者：王军华

发表时间：2009-01-11

发表载体：新语丝网站

获奖及影响：获新语丝文学奖三等奖。

简　　介: 2004年, 本人从事文学创作以来, 作品发表于《江河文学》《三峡文学》《短篇小说·原创版》《甘肃文艺》《甘肃日报》《丝绸之路》《兰州晚报》等, 并三次获新语丝文学奖、黄河文学奖青年文学奖等。

1155 《沁园春·麦积》

作品类别: 网络文学类

作　　者: 尤九成

发表时间: 2013-09-22

发表载体: 中国诗歌会网、中国诗歌月刊网等

获奖及影响: 列入世界诗人协会举办的 2013 年度网络时代诗歌初评名单。

简　　介: 尤九成, 字泳春, 男, 生于 1971 年 9 月 23 日。甘肃省天水市麦积区甘泉镇屈家坪村人, 天水市麦积区地方志办公室干部, 《麦积区志》《麦积年鉴》执行编辑, 中共党员, 中国诗歌网、中国诗歌会、中国诗歌月刊网、中华诗词论坛、红袖论坛、华讯论坛、麦积在线论坛、彼此论坛等文学论坛会员, 致力于地方史志编撰和文学创作。1995 年 7 月毕业于天水师范高等专科学校, 同年 9 月在天水市北道区元龙乡政府参加工作。2000 年 3 月, 调入北道区史志办公室, 2002—2004 年连续三年被评为优秀公务员。2004 年取得中共甘肃省委党校行政管理专业本科学历。2006 年 7 月, 经公开选拔、组织考察被区委组织部确定为科级后备干部。2010 年 9 月, 被区委组织部选派到道北街道张家村挂任村党支部副书记。2011 年 3 月, 麦积区史志办公室分设, 在麦积区地方志办公室工作至今。

（十）音乐文学

1156 《小雨沙沙》

作品类别：音乐文学

作　　者：王天荣

发表时间：1986

发表载体：发表于上海音乐出版社出版的《多来咪》杂志

获奖及影响：甘肃省人民广播电台文艺部首先录制播出，由兰州市少年宫合唱队首唱。

简　　介：《小雨沙沙》是一段体构成的五声儿童歌曲。歌曲采用拟人化的歌词，天真而富有稚气，充满儿童情趣，同时又向孩子们渗透了种子生长不离开雨露的科学知识。《小雨沙沙》是一首思想性艺术性俱佳的儿童歌曲。第一、二乐句采用重复创作手法，生动地描绘了"小雨沙沙""种子说话"的场景。词作者以简洁的艺术手法，鲜明生动的音乐形象表现了小苗在春雨的滋润下，茁壮成长的情景。通过托物寄情，寄寓了孩子们在阳光雨露的沐浴下茁壮成长的思想内涵。

1157 《黄河边的尕娃娃》

作品类别：音乐文学

作　　者：邵永强作词，尚德义作曲

发表时间：1998

发表载体：中国音乐家协会主办的《歌曲》

获奖及影响：荣获首届中国音乐"金钟奖"

金奖第一名，于 1997 年荣获中宣部"五个一工程"优秀歌曲奖。

简　　介：这首四部混声的歌曲采用咏物言志的手法，形象生动地刻画了夜晚一队骆驼在无边的沙漠中穿行的景象，把人们带到了月色朦胧、星光闪烁、空旷无边、寂静辽阔的茫茫大漠之中。借着朦胧的夜色，我们仿佛听到并感觉到骆驼行进时坚定、稳实的脚步。展现出在飞沙走石的恶劣环境中，唯有骆驼昂首挺胸，威武不屈地默默跋涉，通过对骆驼坚忍不拔、顽强拼搏的形象的着力刻画，把大西北深厚的文化积淀和风土人情展现得栩栩如生。表现了中华民族自强不息的进取精神，较好地体现了作品赞美奉献，颂扬崇高，讴歌时代精神的立意。

1158 《去一个美丽的地方》

作品类别：音乐文学

作　　者：邵永强作词，尚德义作曲

发表载体：演唱

获奖及影响：曾在 2000 年"中山火炬杯"第五届中国合唱节上获得创作奖，并在 2002 年荣获第二届中国音乐"金钟奖"，且作为第四届和第六届国际合唱比赛的规定曲目。

简　　介：《去一个美丽的地方》用四声部合唱的形式完美描述了敦煌的美丽景色及其所蕴含的崇高的艺术价值，全词贯穿了对敦煌的赞美之情。歌词描绘出一幅幅美丽壮观的画面，引人入胜，体现出极强的地域风情。歌词的反复，让人们对这个美丽的地方有一种美好的期待，接下来歌词对美丽的地方进行景色的描绘，"祁连的雪峰""金色的大漠"写出了雪山的雄伟壮丽与大漠的一望无垠。歌词由远到近，顺着丝绸古道一路美好的风景，让人们心中那个美丽的地方仿佛越来越清晰。展现出敦煌的美丽和迷人，也体现出敦煌在世界和中国的显赫地位。

1159 《牧笛》

作品类别：音乐文学

作　　者：邵永强作词，尚德义作曲

发表时间：1995

发表载体：中国音协主办的《歌曲》杂志

获奖及影响：该作品于1996年荣获中宣部"五个一工程"优秀歌曲奖，1996年10月6日《光明日报》发表的"精神文明建设'五个一工程'第五届优秀奖。

简　　介：《牧笛》是一首哈萨克族风格的音画式的作品，是近年来流传极广的一首花腔艺术歌曲。歌曲的词作艺术手法精练老到，写景抒情挥洒自如，寥寥几笔就将高原独特的美展现在人们面前，触发了作曲家的旋律思维。歌曲旋律以其欢快明朗的色彩对歌词所表达的意境做了准确的刻画，尤其是华彩乐句的补充，使诗歌中的诗情画意显得更为浓烈。

1160 《口弦轻轻吹》

作品类别：音乐文学

作　　者：邵永强、华杰作词，华杰作曲

获奖及影响：该作品参加第二届大学生艺术展演活动声乐节目评选获得一等奖，先后获得全国群众文艺政府奖"群星奖"银奖、中宣部第七届"五个一"工程奖，1997年获甘肃省第一届敦煌文艺奖二等奖。

简　　介：《口弦轻轻吹》展现出了迷人的民族色彩，词作运用通感等艺术手法展现出藏民日常生活的情景，表现出人们忙碌一天归家后和谐温馨快乐的生活图景以及人们创造更美好生活的信心。词作营造出浓郁的地方风情，让人神往。

P1：《口弦轻轻吹》简谱（第1页）

1161 《依恋的土地》

作品类别：音乐文学

作　　者：邵永强作词，赛音作曲

发表时间：2000

发表载体：《儿童音乐》第四期发表

获奖及影响：获得甘肃省第六届敦煌文艺奖一等奖。

简　　介：《依恋的土地》作为一首独唱歌曲，整首作品用富含深情的语言表现了家乡的土地带给我们的眷恋之情，这首作品中对"土地"的祝福所蕴涵的也是一种对伟大祖国的深深祝福，它是一首民族精神的颂歌。

1162 《大漠之夜》

作品类别：音乐文学

作　　者：邵永强作词，尚德义作曲

发表时间：1998

发表载体：中国音乐家协会主办的《歌曲》第4期

获奖及影响：荣获首届中国音乐"金钟奖"

金奖第一名，于1997年荣获中宣部"五个一工程"优秀歌曲奖。

简　介：这首四部混声的歌曲采用咏物言志的手法，形象生动地刻画了夜晚一队骆驼在无边的沙漠中穿行的景象，把人们带到了月色朦胧，星光闪烁，空旷无边，寂静辽阔的茫茫大漠之中。借着朦胧的夜色，我们仿佛听到并感觉到骆驼行进时坚定、稳实的脚步。展现出在飞沙走石的恶劣环境中，唯有骆驼昂首挺胸、威武不屈的默默跋涉，通过对骆驼坚忍不拔、顽强拼搏的形象的着力刻画，把大西北深厚的文化积淀和风土人情展现得栩栩如生。表现了中华民族自强不息的进取精神，较好地体现了作品赞美奉献，颂扬崇高，讴歌时代精神的立意。

1163 《尕娃娃捉蚂蚱》

作品类别：音乐文学

作　者：邵永强、华杰作词；华杰作曲

发表时间：2000

发表载体：《儿童音乐》

获奖及影响：获得第九届"群星奖"金奖后，2001年再次获得全国第11届"五个一工程"奖。

简　介：《尕娃娃捉蚂蚱》是一首童声合唱，歌词开篇通过艳阳、田野呈现出一派明朗欢快的景象，"尕"就是"小"，"尕"字体现出浓郁的地方特色，表现出孩子的活泼灵动，童真可爱。通过小竹篮这一细节

展现出爷孙情，平淡却真挚。"唧唧唧唧"点出了蚂蚱的灵活，"轻、瞅、跳、捉"一系列的动词写出了尕娃娃的调皮灵敏。全词洋溢着童年的欢乐，一个小情景包含了童年无尽的趣味。

P1：《尕娃娃，捉蚂蚱》简谱（第1页）

1164 《我们都一样》

作品类型：音乐文学类

作　者：王　彬

发表时间：2011-01-21

发表载体：电视、杂志、晚会

获奖及影响：作品《我们都一样》（韩刚曲）被定为第八届"全国残运会会歌"，在倒计时1周年和100天的晚会中播出，在残运会开幕式中由许茹芸和李琛共同演绎，获得甘肃第七届"甘肃省敦煌文艺奖"一等奖。

1165 《绿之梦》

作品类型：音乐文学类

作　者：张智军、令宏林

发表时间：2007

发表载体：通渭县委宣传部申报

获奖及影响：第三届"定西市马家窑文艺奖"。

简　介：交响诗《绿之梦》的创作灵感来源于一次沙尘暴的突袭，面对肆虐横行的沙尘暴，创作者想到了生命的可贵、生命的顽

强。此曲通过对沙尘暴的刻画来表达对生命的赞颂，并引发对环境保护的呼唤与呐喊。全曲为单乐章交响诗，为双主题变奏奏鸣曲式，构思慎密、严谨，配器简洁、大方，创作技法现代气息浓厚，西部色彩突出。此曲在传统的管弦乐队基础上加进了民族乐器管子、琵琶和古筝，在创作演奏技法上突破了传统的演奏法，在管子的演奏上融进了传统民族乐器唢呐的演奏技法，比如破宫音、飞指的运用，大大地增强了作品的张力与表现力。此外，在创作技法上融进了现代创作技法，如音块的运用在此曲中非常成功，赋予了音块性格，使得音块变成了有鲜活生命的音乐语言，代表着假、恶、丑的黑暗面，而以管子为代表的"生命"主题与以铜管为代表的负面主题进行了殊死搏斗，在乐曲的尾声出现了生命的升华，是创作者对生命的赞颂与期盼，以及对环境保护的期盼与呐喊。

1166 《飞翔》

作品类型：音乐文学类

作　　者：王　彬

发表时间：2010-08-08

发表载体：电视、杂志、晚会

获奖及影响：作品《飞翔》（韩刚曲）入围2010年广州亚运会主题歌征集。在11月12日晚广州天河体育场2010年广州亚运会倒计时两周年的启动仪式上以9位歌手的超强阵容直播演唱，甘肃4家媒体同时报道。在倒计时100天的直播晚会上，《飞翔》再次以合唱的形式播出并配以"力与美"的唯美舞蹈，作品经亚组委制作成MTV后，在广州亚运会开幕前期在亚洲范围内宣传播出。

1167 《人在他乡》

作品类型：音乐文学类

作　　者：王　彬

发表时间：2012-08-15

发表载体：电视剧、杂志、晚会、网络

获奖及影响：获得由中国音协主办的首届"全国打工歌曲大赛银奖"，并成为央视8套热播剧《女人进城》片尾主题曲。

1168 《好山好水好甘南》

作品类型：音乐文学类

作　　者：沙拜次力

发表时间：2013-05-30

获奖及影响：全国藏族风格歌曲征集评选展活动获奖作品。

简　　介：沙拜次力，男，藏族，甘肃迭部人。1956年12月生，1976年7月入党，1977年1月参加工作。原任甘南州委副书记、州长，现任甘肃省扶贫开发办公室（甘肃省两西农业建设指挥部）党组书记、主任（指挥）。《好山好水好甘南》由沙拜次力作词，藏族著名作曲家班玛作曲。该歌词热情讴歌了美丽的家乡，宣传甘南的自然风光和民俗风情，反映了甘南全州人民团结奋进、抢抓机遇、创新实干的精神面貌，在藏地具有一定的影响。

1169 《羚城有情》

作品类型：音乐文学类

作　　者：敏彦文

发表时间：2007-03-22

简　　介：敏彦文，回族，多次获全国全省广播电视新闻编辑奖和省州广播电视新闻奖，并获甘肃省"黄河文学奖"，第四、第五届"甘肃省少数民族文学奖"，"新中国成立60周年全国少数民族文学奖"等。出版诗集《相知的鸟》和散文集《生命的夜露》。《羚城有情》由敏彦文作词，班玛谱曲，并由著名藏族歌唱家益希卓玛演唱，入编中国唱片成都公司出版发行的《美丽富饶的甘南》歌带和光盘，在甘南地区具有一定的影响。

1170 《盛开的格桑花》

作品类型：音乐文学类

作　　者：嘎代才让

发表时间：2013-08-20

简　　介：嘎代才让，男，藏族，1981 年生，青海黄南人。作品被译为英、蒙、维等语种发表，为"民间写作""80 后"诗歌运动、"西藏第三代诗人"重要代表。《盛开的格桑花》是 2013 年 8 月中央电视台"心连心"艺术团赴甘南慰问演出主题歌，由甘南青年藏族诗人嘎代才让作词，王敏作曲，藏族青年歌手德格嘉布、勒毛吉演唱，是中国藏族音乐网独家首发作品，具有一定的影响力。

1171 《华池歌谣》

作品类型：音乐文学类

作　　者：郭含殿

发表时间：2007-08-25

发表载体：甘肃人民出版社

1172 《我的太阳》

作品类型：音乐文学类

作　　者：曹　旭

发表时间：2012-08-01

发表载体：人民音乐出版社

简　　介：该书收录我县词曲作者曹旭创作的 168 首歌曲，2012 年 8 月由人民音乐出版社出版。

1173 《再唱我为祖国献石油》

作品类型：音乐文学类

作　　者：王　彬

发表时间：2010-12-12

发表载体：晚会、杂志、网络，电视

获奖及影响：作品《再唱我为祖国献石油》（韩刚曲）作为新时代中石油的行业歌曲，在"中国石化国庆 60 周年文艺会演中获得金奖"，并在国家大剧院演出，并于 2012 年获得中宣部"中央企业五个一工程"奖。

1174 《红色的星》

作品类型：音乐文学类

作　　者：王　彬

发表时间：2013-12-10

发表载体：杂志、晚会、网络

获奖及影响：获得由中国音协主办的"红色武乡"全国歌曲征集金奖。

1175 《敦煌》

作品类型：音乐文学类

作　　者：王　彬

发表时间：2012-12-12

发表载体：杂志、广播、网络

获奖及影响：甘肃省青年歌手苏玮原创歌曲专辑《敦煌》同名主打歌，获得首届"西风烈·绚丽甘肃"原创歌曲大赛银奖。

1176 《魅力兰州》

作品类型：音乐文学类

作　　者：王　彬

发表时间：2013-09-09

发表载体：杂志、网络

获奖及影响：在由中国音协与甘肃省委宣传部联合举办的"西风烈·绚丽甘肃"歌曲征集中获得铜奖。

1177 《陇原卫士》

作品类型：音乐文学类

作　　者：吴万良

发表时间：2014-03-16

发表载体：中国大众音乐协会

获奖及影响：获"中国梦·音乐情——大型原创词曲创作展演活动"三等奖。

1178 《姑嫂折针金》

作品类型：音乐文学类

作　者：刘国华

发表时间：2006-07-10

发表载体：中国第三届群众创作歌曲大赛

获奖及影响：《姑嫂折针金》荣获中国第三届"群众创作歌曲大赛"铜奖。

1179 《金花花银花花》

作品类型：音乐文学类

作　者：刘国华

发表时间：2006-07-10

发表载体：中国第三届"群众创作歌曲大赛"

获奖及影响：《金花花银花花》荣获中国第三届"群众创作歌曲大赛"金奖。

1180 《新农村就是一幅画》

作品类型：音乐文学类

作　者：刘国华

发表时间：2006-07-10

发表载体：中国第三届"群众创作歌曲大赛"

获奖及影响：《新农村就是一幅画》荣获中国第三届"群众创作歌曲大赛"银奖。

1181 《朝阳从这里升起》

作品类型：音乐文学类

作　者：孙登平

发表时间：2013-06-01

发表载体：中国儿童音乐学会

获奖及影响：2013年6月，《朝阳从这里升起》获中国儿童音乐学会、感动中国新创歌曲歌词选拔活动组委会举办的全国首届"少儿歌曲创作大赛"优秀奖。

1182 《多想一搭里手牵手》

作品类型：音乐文学类

作　者：孔德云

发表时间：2012-08-18

发表载体：中国民族歌曲演创大奖赛

获奖及影响：2012年7月获得第十三届"中华之春"中国民族歌曲演创研大奖赛"中国民歌十大金曲金奖；2012年8月获得中国音协第四届"成才之路"全国未来词曲作家研习班作词优秀奖。

简　介：孔德云，甘肃省永靖中学音乐教师，系中国音乐著作权协会、中国音乐文学学会、甘肃省音乐家协会会员，中国音协"成才之路"第四届未来词曲演唱家研习班学员。作品散见于《词刊》《歌曲》《广播歌选》《音乐生活报》《音乐天地》等刊物，并有多首作品由国家级出版社结集出版。歌词主要作品《多想一搭里手牵手》获中国音协"成才之路"第四届未来词曲演唱家研习班作词优秀奖，《我的甘南草原》获首届"民族之声"词曲创作大赛金奖，《天国里的爸爸你好吗》在"青年歌声"第十二届全国歌曲、歌词创作比赛中获一等奖。歌曲主要作品《太阳部落》在"青年歌声"第十二届全国歌曲、歌词创作比赛中获二等奖，《一搭儿来了一搭儿走》在第十二届"人文之春中国民族歌曲演创大奖赛"中获"中国民歌十大金曲"金奖，《月亮挂在窗帘上》在第十三届"中华之春中国民族歌曲演创大奖赛"中获"中国民歌十大金曲"金奖。录制的歌曲《美丽的黄河等你来》由著名歌唱家陈思思演唱。

1183 《魅力庆阳》

作品类型：音乐文学类

作　者：刘国华

发表时间：2010-10-01

发表载体：中国民族民间歌曲演创大奖赛

获奖及影响：《魅力庆阳》在第十一届"人民之春中国民族民间歌曲演创大奖赛"中荣获"中国民歌十大金曲"金奖。

艺 术

（一）音乐

0001 《敦煌古乐》

作品类别：音乐

作　　者：著名敦煌学家席臻贯解译

发表时间：1992 年

发表载体：敦煌文艺出版社

获奖及影响：获中宣部五个一工程大奖和文化部颁发的文华奖，广电部颁发的特别奖及全国首届配书音带一等奖。

简　　介：《敦煌唐代古谱》是依据解译的25 首古谱编排的舞蹈及用复制的唐代乐器演奏的器乐与声乐部分相结合形成的舞台演出乐舞。

0002 《祖国多大家多大》

作品类别：音乐

作　　者：邵永强词、王学诗曲

发表时间：1997 年

发表载体：中国音乐学院声乐教授首唱

获奖及影响：荣获文化部举办的文化长廊征歌一等奖。中国音乐家协会常务副主席孙慎称赞这首歌的构思巧妙，立意高远，是一首优秀的独唱歌曲。

简　　介：歌曲的词作立意高远，构思巧妙。祖国就是 56 个兄弟民族的大家庭，因而祖国多大家就多大。从这一角度去写民族团结及各民族人民对祖国的热爱就避免了泛泛而谈和假大空式的廉价歌颂，显得有血有肉，内容充实。歌曲旋律吸收北方曲艺的特点，采用了民族旋律的变奏手法。既形象鲜明又集中统一，给人们留下了深刻的印象。

0003 《绿月亮》

作品类别：音乐

作　　者：邵永强词、杨鸣键曲

发表时间：1997 年

发表载体：《歌曲》

获奖及影响：1997 年创作获文化部举办的"文化长廊"征歌二等奖。

简　　介：这首歌曲构思独特，旋律优美，受到广大人民群众的喜爱和传唱。

0004 《黄河畔的唢呐声》

作品类别：音乐

作　　者：李三处词、康建东曲

发表时间：1993 年 11 期

发表载体：《音乐文学》

获奖及影响：1995 年创作获广电部"广播新歌"评奖一等奖。

0005 《草原摇篮曲》

作品类别：音乐

作　　者：柳廷信曲

发表时间：2006 年

发表载体：兰州首发

获奖及影响：获广电部"广播新歌"评奖三等奖。

0006 《别问他是谁》

作品类别：音乐

作　　者：汤昭智作词、彭根发作曲

发表载体：甘肃省歌舞团女高音歌唱家王玲首唱

获奖及影响：获文化部、广电部、中国音协承办"歌颂社会主义精神文明征歌"优良奖。歌曲曾在甘肃电视台、甘肃人民广播电视台播出。

简　　介：歌曲结构严谨，音乐主题对比鲜明，在节奏上吸收了流行音乐富于动感的节奏因素写成活跃跳荡的第一主题。第二主题流畅而抒情，歌唱了自然界的春天，歌颂祖国的春天。

0007 《捉蚂蚱》

作品类别：音乐

作　　者：华杰词曲

发表时间：2009 年 03 期

发表载体：《儿童文学》

获奖及影响：2008 年获得中宣部五个一工程优秀歌曲奖，华杰成为我省三次获得五个一工程奖的作曲家。

简　　介：《捉蚂蚱》这首童声小合唱，通过对西部农村儿童在田野快乐嬉戏情景的描写，表达了儿童热爱家乡的主题。歌曲情趣盎然，生动活泼。二声部的复调写得生动清晰，有很好的演唱效果。

0008 《唱着歌儿去放羊》

作品类别：音乐

作　　者：杨培鑫曲

发表时间：1960 年

获奖及影响：创作于 1962 年 获全国歌曲评

奖二等奖

简　　介：这首歌曲构思独特，旋律优美，受到广大人民群众的喜爱和传唱。

0009 《烛光曲》

作品类别：音乐

作　　者：邵永强词、左霞曲

发表时间：2005 年 11 期

发表载体：《歌曲》

获奖及影响：获甘肃省第六届敦煌文艺一等奖。

简　　介：这首歌曲构思独特，旋律优美，受到广大人民群众的喜爱和传唱。

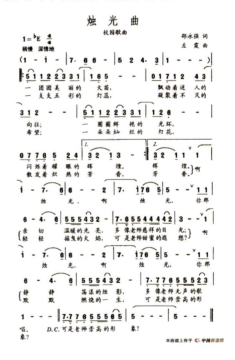

0010 《我们都一样》

作品类别：音乐

作　　者：王彬词、韩刚曲

获奖及影响：获甘肃省第七届敦煌文艺一等奖

甘肃省文化资源名录 第二十六卷 文学艺术 I

艺术

257

0011 《咱们甘肃》

作品类别：音乐

作　者：邵永强词、陈世祥曲

获奖及影响：获甘肃省第七届敦煌文艺一等奖

0012 《凡人善举》

作品类别：音乐

作　者：刘顶柱词、赛因曲

发表时间：2012 年

发表载体：兰州声韵录音棚

获奖及影响：甘肃省第七届敦煌文艺二等奖。

0013 《红军长征在岷县》

作品类别：音乐类

作　者：蒋志仁、景生魁

发表时间：2010-10-14

获奖及影响：获得第二届马家窑音乐 "文艺奖" 二等奖、定西市 "五个一" 工程奖。

简　介：《红军长征在岷县》是蒋志仁、景生魁为红军在岷县休整期间，表现军民一家亲感人场景所作的歌曲。

0014 《神奇的嘉峪关》

作品类别：音乐类

作　者：王娟

发表时间：2010-09-10

发表载体：2010 年上海世博会

获奖及影响：2010 年上海世界博览会甘肃活动周担任独唱，荣获甘肃省文化厅颁发的先进个人称号。

简　介：原创美声歌曲。

0015 《西北望》

作品类别：音乐类

作　者：杨秀锋

发表时间：2011-08-08

发表载体：2011 年 8 月演出

获奖及影响：2011 年 8 月获省二等奖

0016 《一条拉面》原创歌曲

作品类别：音乐类

作　者：杨福红作曲并演唱

发表时间：2012-08-06

发表载体：2012 年中国－兰州牛肉拉面节

获奖及影响：甘肃日报、西部商报、兰州晚报等多家报刊报道。

0017 《金城花飘香》

作品类别：音乐类

作　者：刘顶柱词、毕英爽曲

发表时间：2013-05-01

发表载体：2013 年 5 月第 44 期《中国乐坛》

获奖及影响：2013 年荣获 "西风烈·绚丽甘肃" 原创歌曲征集评选活动铜奖。

简　介：创作于 2012 年 12 月，作品描述了祖国西北金城兰州温馨、美丽、和谐的现实生活，优美热情的旋律，恢弘大气，童声朗诵、合唱的加入增加了乐曲的色彩，营造了一个和谐、美丽家园，热情讴歌了繁荣富强的盛世中国，突出了人们和谐美满的幸福生活。

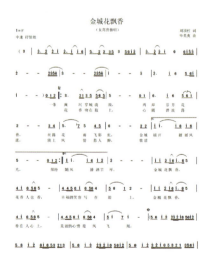

0018 《女声独唱》

作品类别：音乐类

作　　者：巴莉

发表时间：1993-08-20

发表载体：1993 年《秦州之夏》明星大联演

获奖及影响：该作品参加 1993 年《秦州之夏》明星大联演（天水市音乐家协会主办）。

简　　介：巴莉，1966 年出生于河南巩义市，1986 年毕业于兰州师专音乐系，2000年于西北师范大学音乐系进修。天水市第七中学高级音乐教师、麦积区政协委员、天水市党外知识分子联谊会理事。麦积区党外知识分子联谊会副会长、天水市音乐家协会理事、天水市合唱协会理事、天水市市级骨干教师。

0019 《二胡独奏》

作品类别：音乐类

作　　者：赵平

发表时间：2012-12-14

发表载体：CCTV 民族器乐大赛

获奖及影响：《二胡独奏》参加 CCTV 民族器乐大赛获拉弦类第四名。赵平，中国音乐家协会会员。

0020 《歌曲黄河水车》

作品类别：音乐类

作　　者：田德方、邵永强、沙夫、张小平

发表时间：2001-07-25

发表载体：MV 个人演唱专辑作品

获奖及影响：《黄河水车》参加全国百家电视台音乐电视大赛后荣获金奖；作品深受老百姓喜爱，有许多翻唱版本，并被改编成群众性合唱歌曲，广为传唱。

0021 《小提琴独奏》

作品类别：音乐类

作　　者：杜小义（辅导教师）

发表时间：2007-10-23

发表载体："黄河杯"小提琴比赛（甘肃省音乐家协会、甘肃省音乐家协会小提琴教育委员会主办）。

获奖及影响：该作品在"黄河杯"小提琴比赛中获二等奖。

简　　介：杜小义，男，1959 年 11 月生。汉族，毕业于西北民族学院语言文学系，大专学历。就职于天水市麦积文化馆，任副研究馆员、麦积文化馆文艺部主任，主要从事群众音乐、文学普及教育工作。现为甘肃省音乐家协会会员、甘肃省小提琴艺术教育委员会委员、天水市音乐家协会副主席、天水市第五和第六届政协委员、天水市第四届青联委员、麦积区第五第六届政协委员，先后多次获国家级、省级奖项。

0022 《卓格尼玛》

作品类别：音乐

作　　者：桑吉扎西

发表时间：2009-04-15

获奖及影响：歌曲《卓格尼玛》在大众音乐家协会、中国音乐文学联合会等单位举办的"共和国成立60周年全国优秀词曲乐手展示大奖赛中"荣获词曲金奖。

简　　介：歌曲《卓格尼玛》是歌唱玛曲自然风光，人文风情的赞歌。

0023 《梦回陇西》

作品类别：音乐类

作　　者：马澎渊

发表时间：2012-12-01

发表载体：《放歌中华全国音乐展获奖作品集》

获奖及影响：获"放歌中华全国大型音乐展评"活动金奖。

简　　介：歌曲以荡气回肠的旋律，展现了丝绸古道历史文化名城——陇西的山川风物，并深情抒发了海内外陇西儿女对故土的绵绵情思，表达了他们建设美好家园的愿望。

0024 《凡人善举》

作品类别：音乐类

作　　者：刘顶柱词、赛音曲

发表时间：2013-01-15

发表载体：《歌曲》《中国乐坛》

获奖及影响：获得甘肃省第七届"敦煌文艺奖"二等奖

0025 《乡风》

作品类别：音乐类

作　　者：不详

发表时间：2014-09-01

发表载体：《金沟史话》

获奖及影响：在1990年元旦文艺调演中获创作二等奖。

简　　介：1990年元旦文艺调演中，金沟乡"花儿·乡风"获创作二等奖。

0026 《奔跑的兰州》

作品类别：音乐类

作　　者：刘顶柱词、苏玮曲

发表时间：2012-11-15

发表载体：《兰州之歌歌曲作品集》

获奖及影响：荣获兰州市委、市政府面向全国开展的"兰州银行杯·兰州之歌"8首入围奖，成为特别推荐的三首作品之一，多次在国际赛事颁奖晚会、各类综艺晚会中唱响。

0027 《依恋的土地》

作品类别：音乐类

作　　者：邵永强词　赛音曲

发表时间：2007-01-01

发表载体：《音乐创作》2007年1期

获奖及影响：2009年12月获得甘肃省第六届"敦煌文艺奖"一等奖。

0028 《高原上的白杨树》

作品类别：音乐类

作　　者：邵永强

发表时间：2006-01-08

发表载体：《音乐创作》《歌曲》

获奖及影响：获得甘肃省第五届"敦煌文艺奖"二等奖，2006年12月收录于《中国艺术歌曲新作》，2006年11月收录于《原创音乐》（风采出版社）；2012年6月收录于《高校教学新创歌曲集》。

0029 《敦煌寻梦》

作品类别：音乐类

作　　者：刘顶柱词、周丽娟曲

发表时间：2012-11-15

发表载体：《中国乐坛》2012年第11期

获奖及影响："西风烈．绚丽甘肃"总台组织的全国范围内的征歌比赛活动，该作品在入围获奖的30首作品中排名第七，荣获了铜奖。

简　　介：该作品由甘肃著名军旅家刘顶柱先生作词，青年歌手戴海霞演唱，用现代写意的创作手法，描绘了敦煌的梦幻之美以及对敦煌圣地的向往之情。先后获得：2013"西北五省音乐节歌曲创作"二等奖、2013"西风烈绚丽甘肃"原创歌曲征集评选演唱活动铜奖、甘肃省"海洲杯校园艺术大赛"一等奖、甘肃省"歌曲创评活动"二等奖、兰州市"文联文艺评选"二等奖。

0030 《黄河之都》《儿行千里》

作品类别：音乐类

作　　者：徐沛东曲　晓光词

发表时间：2014-12-08

发表载体：《西部商报》兰州市旅游局

获奖及影响：荣获甘肃省第三届声乐比赛"中年组民族唱法"二等奖，荣获甘肃省第三届"声乐比赛新作品"演唱奖。

简　　介：《黄河之都》由晓光作词，徐沛作曲，《儿行千里》车行作词，戚建波作曲。

0031 《墙角的花》

作品类别：音乐类

作　　者：杨玉鹏、熊初保

发表时间：2010-05-13

发表载体：北京童音文化出版发行

获奖及影响：由北京童音文化出版发行，获深圳"我的童年我的歌"儿童歌曲大赛三等奖，获"童声童气"全国优秀少儿歌曲金曲奖。

0032 《甘肃老家》

作品类别：音乐类

作　　者：杨玉鹏、印青

发表时间：2013-11-13

发表载体：北京卫视

获奖及影响：获2013"西风烈绚丽甘肃"全国征歌金奖，参演2014中国文联"百花迎春"晚会。

0033 《梦回陇南》

作品类别：音乐类

作　　者：马玉坤

发表时间：2011-08-05

发表载体：北京新悦时代文化发展有限公司

简　　介：整首歌发散着一种强烈的召唤之声，陇南风景美不胜收，是一方能让强者一展所长的发展平台，更是外出游子魂牵梦萦的精神家园。

0034 《音乐赏析》

作品类别：音乐类

作　　者：张亚

发表时间：2005-01-28

获奖及影响：获奖

简　　介：张亚，男，1973.8出生，汉族本科，中学一级教师，天水音乐家协会会员，现在天水市五中任教。

0035 《梦想从这里起航》

作品类别：音乐类

作　　者：胡长耿

级发表时间：2014-06-18

获奖及影响：入编第二届"青春之歌"全国校园歌曲征集获奖歌曲作品集。

甘肃省文化资源名录

第二十六卷 文学艺术 I

艺术

0036 《明月寄亲情》

作品类别：音乐类

作　　者：胡长耿

发表时间：2008-08-12

获奖及影响：在中国音乐家协会第三届"成才之路"全国未来词曲作家创作研习班评选中获作曲三等奖。

0037 《裕固姑娘》

作品类别：音乐类

作　　者：多红斌词、唐逸钟曲

发表时间：2014-07-02

发表载体：出版于甘肃南县 60 年县庆专辑

获奖及影响：入选《少数民族音乐精选》（2004）。

简　　介：唐逸钟，男，汉族，1961 年出生，甘肃区文联中国音乐著作权协会会员，甘肃省音乐家协会会员，张掖市音乐家协会副主席，甘州区音乐家协会主席，原创歌手，音乐制作人。2006 年获第五届"金色彼岸之声"全国新人新作歌手选拔大赛通俗组铜奖，2008 年 8 月参加北京 2008"献爱心、迎奥运"兰州歌友会，2009 年甘肃省委宣传部重点扶持剧目，由甘肃省张掖人民广播电台制作的(广播剧《丰碑》中担任导演、音乐及编辑，该剧被评为 2009 年"敦煌文艺奖"三等奖，歌曲《裕固姑娘》录入 2012 年"感动中国"歌集，原创歌曲《秀画湿地》获金奖，2013 年 8 月 28 日作品《秀画湿地》获第三届"金张掖文艺奖"音乐类一等奖，2014 年 5 月作品《甘州美》在"合行杯·美丽甘州"原创歌曲征集活动中获一等奖，2014 年 5 月作品《甘州美》在"合行杯，美丽甘州"原创歌曲征集活动中获最佳编曲奖。

0038 《女声独唱》

作品类别：音乐类

作　　者：李青

发表时间：2000-07-15

获奖及影响：第二届甘肃省"群星艺术节卡拉 OK"比赛中获成人组优秀奖（甘肃省文化厅主办）。

简　　介：李青，女，汉族，1977 年 3 月出生，甘肃省天水甘谷县人，民革党员、本科学历。现任天水市音乐家协会，天水市青联委员。1996 年 8 月至 2013 年 7 月在天水市麦积区桥南小学工作，2013 年 8 月调入天水市麦积区文化馆。本人多次参加省、市级各种比赛、演出。所带的声乐类学生曾多次获得国家、省、市级声乐比赛大奖。

0039 《女声独唱》

作品类别：音乐类

作　　者：巴莉

发表时间：2002-08-20

发表载体：第二届"火车头文艺群星奖"

获奖及影响：该作品在第二届"火车头文艺群星奖"声乐新人新作大赛演唱二等奖（中华全国铁路总工会主办）。

简　　介：巴莉，1966 年出生于河南巩义市，1986 年毕业于兰州师专音乐系，2000 年于西北师范大学音乐系进修。天水市第七中学高级音乐教师、麦积区政协委员、天水市党外知识分子联谊会理事。麦积区党外知识分子联谊会副会长、天水市音乐家协会理事、天水市合唱协会理事、天水市市级骨干教师。

0040 《木兰从军》

作品类别：音乐类

作　　者：宋乃娟

发表时间：2011-11

获奖及影响：2011 年 11 月，兰州第二届"中国民族声乐敦煌奖"大赛荣获第二届"中国民族声乐敦煌奖"甘肃赛区优秀指导教师奖。

简　　介：宋乃娟教授（满族），声乐专业

262

硕导，毕业于西北民族大学。我省著名女高音歌唱家，曾就职兰州大剧院，国家一级演员。获全国第五届青年歌手电视大赛甘肃省美声唱法专业组第一名、2002年留学意大利米兰歌剧研究院，师从意大利共和国大师、封号著名男高音费拉罗大师，获歌剧表演硕士学位、2003年参加第三届意大利波罗尼亚"MINERBIO"国际声乐比赛并获奖。2012年调入西北民族大学音乐学院从事教学工作至今，多次指导学生参加省级以上的声乐比赛，荣获优秀指导教师奖，2014年第1期在国家级（核心期刊）"音乐创作"中，发表论文《西凉乐舞的艺术特征》。

0041 《裕固金花》

作品类别：音乐类

作　　者：安金花

发表时间：2009-09-10

获奖及影响：2009年"裕固金花"专辑获得第九届"百家电视文艺"二等奖。

简　　介：安金花，女，裕固族，2008年出版发行了中国裕固首张个人专辑"裕固金花"，2009年"裕固金花"专辑获得第九届"百家电视文艺"二等奖。

0042 《亲吻祖国》

作品类别：音乐类

作　　者：单玉霜

发表时间：2013-06-04

发表载体：定西"第九届青春中国"才艺大赛

获奖及影响：获得"第九届青春中国"才艺大赛定西赛区二等奖。

简　　介：2003年至2006年就读于甘肃省幼儿师范学校，2006年至2008年就读于西北师范大学，2008年8月在定西市幼儿园工作至今，2011年8月加入定西市青年音乐家协、会2011年第四届定西市"声乐器乐大赛"美声组二等奖2013年获得第九届"青春中国才艺大赛"定西赛区二等奖。

0043 《梧桐令》

作品类别：音乐类

作　　者：孔维芳

发表时间：2011-07-06

发表载体：第九届中国西部民歌歌会

获奖及影响：荣获第九届"中国西部民歌歌会"银奖。

简　　介：孔维芳，汉，1974年10月出生。甘肃永靖县人，黄河三峡艺术团歌手，中国民间文艺家协会会员，甘肃省民间文艺家协会理事，甘肃省音乐家协会会员，甘肃省著名花儿歌手，临夏州永靖县民间文艺家协会副主席。2004年至2013年多次获省、州举办的花儿大奖赛奖牌，2005年应邀为吉尔吉斯坦共和国总统演唱花儿，荣获好评。2006年十月收到"上去个高山望平川"特邀参加中央电视台CCTV民歌栏目《中国民族民间歌舞盛典》演出，12月特邀参加中央电视台CCTV"大西北黄土情华夏琴韵"活动均获圆满成功，2006年中国西部花儿民歌邀请赛获银奖，2011年西北花儿王选拔赛总决赛中获西北花儿王三等奖，2011年宁夏回族自治州第九届中国西部民歌花儿歌手邀请赛荣获银奖，2012年9月第二届"新疆花儿邀请赛"最佳歌手奖，2012年11月参加"中国民族声乐敦煌奖"荣获三等奖，2014年7月21日有中央文化部组织带队到美国及加拿大两国参加了民俗文化展演。作品《梧桐令》，属花儿曲令，是用长调的表现形式，来表达其高亢辽阔之特点，当然也有速度快慢，节奏明显的特点，具有大西北各民族音乐的情韵。歌词写了一位美丽的姑娘，用花儿直白地道出了对心中白马王子的爱慕之情。

0044 交响诗《绿之梦》

作品类别：音乐类

作　　者：张智军、令宏林

发表时间：2007

发表载体：第三届"定西市马家窑文艺奖"

获奖及影响：荣获得第三届"定西市马家窑文艺奖音乐类二等奖"。

简　　介：交响诗《绿之梦》的创作灵感来源于一次沙尘暴的突袭，面对肆虐横行的沙尘暴，创作者想到了生命的可贵、与顽强，此曲通过对沙尘暴的刻画来表达对生命的赞颂，并引发对环境保护的呼唤与呐喊。全曲为单乐章交响诗，全曲为双题变奏奏鸣曲式，构思慎密、严谨，配器简洁、大方，创作技法现代气息浓厚，西部色彩突出，此外这首曲子在传统的管弦乐队基础上加进了民族乐器管子、琵琶和古筝，在创作演奏技法上突破了传统的演奏法，在管子的演奏上融进了传统民族乐器唢呐的演奏技法，如破宫音及飞指的运用等，大大地增强了作品的张力与表现力。

0045 四幕教学歌剧《文成公主》

作品类别：音乐类

作　　者：宋乃娟

发表时间：2013-08-13

发表载体：第三届少数民族戏剧会演

获奖及影响：荣获第三届"少数民族戏剧会演特别金奖"。

简　　介：宋乃娟教授（满族），声乐专业硕导，毕业于西北民族大学。甘肃著名女高音歌唱家，曾就职兰州大剧院，国家一级演员。曾获全国第五届青年歌手电视大赛甘肃省美声唱法专业组第一名，2002年留学意大利米兰歌剧研究院，师从意大利共和国大师，著名男高音费拉罗大师，获歌剧表演硕士学位。2003年参加第三届意大利波罗尼亚

"MINERBIO"国际声乐比赛并获奖。2012年调入西北民族大学音乐学院从事教学工作至今。

0046 民歌《梧桐令》

作品类别：音乐类

作　　者：卓玛

发表时间：2012-10-28

获奖及影响：在2012年第三届"中国民族声乐敦煌奖获三等奖"。

简　　介：牛秀清，藏族，艺名：卓玛，1964年6月15日生。黄河艺术团演员，多次在国家、省州获奖。《梧桐令》，属花儿曲令，用长调的表现形式，具有高亢辽阔、速度快慢，节奏明显等特点，汇集成大西北各民族独有的音乐的情韵。歌词表现了新人洞房夜触物生情的情景。

0047 《合唱指挥》

作品类别：音乐类

作　　者：冯芒

发表时间：2014-06-18

发表载体：第十三届全国中老年艺术节

获奖及影响：获得紫荆花金奖

简　　介：2014年6月18日在呼和浩特市乌兰恰特大剧院参加第十三届全国十中老年艺术节。

0048 《红色的星》

作品类别：音乐类

作　　者：朱耀东

发表时间：2012-09-13

发表载体：第四届"八路军文化节"

获奖及影响：获得中国音乐家协会"红色武乡"歌曲作品评比金奖。

简　　介：朱耀东，毕业于甘肃靖远师范学校，进修于西北师范大学音乐学院。1997年加入甘肃音乐家协会，1999年当选甘肃省煤

矿文联音乐舞蹈协会副主席，2003年当选甘肃白银市音乐家协会副主席，2014年加入中国音乐家协会。主要成果：《红色的星》获中国音乐家协会红色武乡征歌金奖；《小画笔》获中国音乐家协会"童声嘹亮"征歌"最佳创作奖"；《原来你是这么地美》获中国音乐家协会"绚丽甘肃"征歌优秀奖；《给我一个距离》获全国流行歌曲大赛三等奖；《矿嫂情思》获得第四届中国煤矿艺术节二胡演奏二等奖、创作奖；《打碗碗花开》获西北音乐节音乐创作二等奖；《豌豆花开》获甘肃省音协新作品评比一等奖；《打碗碗花开》《红会宁》《会师情》获甘肃省音协"放歌会师楼"金歌奖；《妹送阿哥去矿井》获甘肃白银市"五个一工程"奖。

0049 《独唱》

作品类别：音乐类

作　　者：李青

发表时间：2011-07-16

发表载体：第四届全国青少年优秀艺术人才展评

获奖及影响：该作品在第四届"星耀华夏全国青少年优秀艺术人才展评活动——甘肃选区总选拔赛"声乐专业组获优秀指导教师奖（甘肃省文学艺术界联合会、甘肃省文化厅主办）。

简　　介：李青，女，汉族，1977年3月出生，甘肃省天水甘谷县人，民革党员，本科学历，1996年8月参加工作。天水市音乐家协会会员，天水市青联委员。1996年8月至2013年7月在天水市麦积区桥南小学工作，2013年8月调入天水市麦积区文化馆。本人多次参加省、市级各种比赛、演出，所带的声乐类学生曾多次获得国家、省、市级声乐比赛大奖，其中少儿声乐过级率达到100%。该作品在第四届星耀华夏全国青少年

优秀艺术人才展评活动甘肃选区总选拔赛声乐专业组获优秀指导教师奖（甘肃省文学艺术界联合会、甘肃省文化厅主办）。

0050 《小提琴独奏》

作品类别：音乐类

作　　者：杜小义（辅导教师）

发表时间：2014-08-05

发表载体：第四届陕西省音乐奖器乐比赛

获奖及影响：该作品在第四届"陕西省音乐奖器乐比赛"小提琴组中获一等奖（陕西省文学艺术界联合会、陕西省音乐家协会主办）。

简　　介：杜小义，男，1959年11月生。汉族，毕业于西北民族学院语言文学系，大专学历。就职于天水市麦积文化馆，任副研究馆员、麦积区文化馆文艺部主任，从事群众音乐、文学普及教育工作。现为甘肃省音乐家协会会员，甘肃省小提琴艺术教育委员会委员，天水市音乐家协会副主席，天水市第五、第六届政协委员，天水市第四届青联委员，麦积区第五、第六届政协委员、先后多次获国家级、省级奖项。

0051 《独唱》

作品类别：音乐类

作　　者：李青（辅导教师）

发表时间：2009-07-20

发表载体：第五届甘肃省青少年才艺大赛

获奖及影响：该作品在第五届青春中国——甘肃省青少年才艺大赛中获优秀指导教师奖（共青团甘肃省委、甘肃省文化厅、甘肃省广播电影电视总台主办）。

简　　介：李青，女，汉族，1977年3月出生，甘肃省天水甘谷县人，民革党员，本科学历，1996年8月参加工作。天水市音乐家协会会员，天水市青联委员。1996年8月

至 2013 年 7 月在天水市麦积区桥南小学工作，2013 年 8 月调入天水市麦积区文化馆。本人多次参加省、市级各种比赛、演出，所带的声乐类学生曾多次获得国家、省、市级声乐比赛大奖，其中少儿声乐过级率达到 100%。该作品在"第五届青春中国——甘肃省青少年才艺大赛"总决赛中获优秀指导教师奖（共青甘肃省委、甘肃省文化厅、甘肃省广播电影电视总台主办）。

0052 演唱创作歌曲《祖国》

作品类别：音乐类

作　　者：宋乃娟

发表时间：1999-06-24

发表载体：第五届全国青年歌手五洲杯电视大赛

获奖及影响：荣获第五届全国青年歌手（五洲杯）电视大奖赛荧屏奖。

简　　介：宋乃娟教授（满族），声乐专业硕导，毕业于西北民族大学。甘肃著名女高音歌唱家，曾就职兰州大剧院，国家一级演员，曾获全国第五届青年歌手电视大赛甘肃省美声唱法专业组第一名，全国第五届青年歌手（五洲杯）电视大赛荧屏奖。2002 年留学意大利米兰歌剧研究院，师从意大利共和国大师，著名男高音费拉罗大师，获歌剧表演硕士学位。2003 年参加第三届意大利波罗尼亚"MINERBIO"国际声乐比赛中获奖。2012 年调入西北民族大学音乐学院从事教学工作至今。

0053 歌曲《陇原风光多美丽》

作品类别：音乐类

作　　者：南仁民

发表时间：2012-10-15

发表载体：电视播出

获奖及影响：《陇原风光多美丽》全国首届

"唱我家乡的歌"创作优秀奖。

0054 《土豆花儿开》

作品类别：音乐类

作　　者：杨玉鹏

发表时间：2012-11-13

发表载体：电台电视台

获奖及影响：获 2012 首届全国打工歌曲大赛金奖第一名；获 2012—2014 中宣部精神文明建设"五个一工程"优秀作品奖

简　　介：该歌曲以最常见的"土豆花"为切入点和象征，以朴素的语言，表现了在外打工者对自身工作的自豪，对城市变化的贡献，还有他内心深处对家乡、对父母妻儿的思念之情，旋律优美，令人动容。

0055 《老家》

作品类别：音乐类

作　　者：魏晓东

发表时间：2012-08-09

发表载体：放歌中华音乐展评北京

获奖及影响：在中国大众音乐协会、中国音乐文化促进会举办的"放歌中华"全国大型音乐展评活动中，原创作品《老家》荣获优秀奖，并收录《放歌中华——全国大型音乐展评获奖作品集》。

简　　介：魏晓东，女，汉族，出生于 1973 年 10 月，毕业于西北师范大学。在 2011 年 8 月文化部当代音乐艺术院等单位举办的庆祝中国共产党成立 90 周年"唱支颂歌给党听"全国原创音乐活动中，作品《大地的歌》获优秀奖，并录入《唱支颂歌给党听——全国原创歌曲获奖作品集》；2011 年 8 月在中国少数民族音乐学会举办的"庆祝建党九十周年大型征歌暨第六届感动中国词曲大赛"中，作品《望乡》获一等奖，由中国音乐学院潘田果演唱，并录入《献礼建党 90 周年——

全国新创红歌作品集》；2012 年 4 月 30 日，文化部《音乐生活报》第 21 版专版刊发原创音乐作品 5 首，并配发照片及艺术简历（后附报刊照片）。2012 年 8 月，在中国大众音乐协会、中国音乐家网、北京卫视阳光国际传媒举办的"2012 音乐'中国杯'第三届全国优秀词曲、歌手、乐手大型音乐展演赛"评选活动中，《中国中国我的家》荣获作曲金奖。

0056 《魅力苦水高高跷》

作品类别：音乐类

作　　者：杨招亮

发表时间：2002-02-21

发表载体：甘肃电视台

简　　介：这是永登文化馆原副馆长杨招亮录制并加以音乐的，以苦水高高跷表演为主题的：苦水二月二龙抬头表演民俗活动的记录片，重要艺术展示和音乐配制，舞美、音乐，让人欣赏。该片在甘肃电视台、兰州电视台播放，获兰州市金城文艺奖，将此片做为苦水国家级非物质文化遗产高高跷的珍贵资料，加以保护与传播，并成为宣传苦水玫瑰文化、非物质文化和民俗文化风情的重要资料。

0057 《女声独唱》

作品类别：音乐类

作　　者：巴莉

发表时间：1997-07-20

发表载体：甘肃省"白兰杯"广播电视大赛

获奖及影响：该作品在甘肃省"白兰杯"卡拉 OK 业余青年歌手广播电视大赛中获三等奖（甘肃省委宣传部、甘肃人民广播电台电视台主办）。

简　　介：巴莉，1966 年出生于河南巩义市，1986 年毕业于兰州师专音乐系，2000 年于西北师范大学音乐系进修，天水市第七中学高级音乐教师、麦积区政协委员、天水市党外知识分子联谊会理事，麦积区党外知识分子联谊会副会长、天水市音乐家协会理事、天水市合唱协会理事、天水市市级骨干教师。

0058 《南梁圣火》

作品类别：音乐类

作　　者：李发明

发表时间：2010-10-08

发表载体：甘肃省第十二届"全运会会歌"

获奖及影响：荣获甘肃省第十二届"全运会会歌"全国征集一等奖。

简　　介：李发明，男，39 岁，汉族，甘肃省合水县人，中共党员，供职于甘肃省庆阳合水县演义公司，现任庆阳市音乐家协会会员，合水县音乐家协会理事。音乐作品《南梁圣火》是作者近年来谱写的以陇东南梁红色革命故事为背景的红色音乐曲子，被选为第十二届全运会唯一会歌，广泛传唱，社会反响良好。

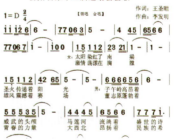

0059 《裕固人民笑了》

作品类别：音乐类

作　　者：巴九录

发表时间：1997-04-06

获奖及影响：获甘肃省第四届"敦煌文艺奖"

简　　介：巴九录，男，裕固族。主要作品：歌曲《裕固人民笑了》获肃南县庆祝建国五十周年文艺作品征集比赛一等奖，获张掖地区庆祝建国五十周年文艺作品征集一等奖，歌曲《梦中的西至哈志》获甘肃省第四届敦煌文艺奖，并获甘肃省第二届精神文明建设"五个一"工程奖。

0060 歌剧《伤逝》咏叹调选段《不幸的人生》

作品类别：音乐类

作　　者：宋乃娟

发表时间：1992-04-16

发表载体：甘肃省第五届电视大奖赛

获奖及影响：荣获甘肃省第五届电视大奖赛专业组美声唱法一等奖。

简　　介：宋乃娟，西北民族大学音乐学院教授，硕士生导师，国家一级演员，甘肃省音乐家协会理事，兰州市音乐家协会副主席，曾就职于兰州歌舞剧院交响乐团。2002年留学意大利，跟随意大利歌剧黄金时代著名男高音歌唱家之一、以歌喉响彻世界各大歌剧院的教授皮埃尔·米兰达·费拉罗大师学习，2004年以优异的成绩毕业于意大利歌剧研究院，获得该院硕士学位，在学习期间参加意大利国际声乐大赛并获奖。

0061 《中国中国我的家》

作品类别：音乐类

作　　者：魏晓东

发表时间：2011-08-26

发表载体：感动中国词曲大赛北京

获奖及影响：2011年8月在中国少数民族音乐学会举办的"庆祝建党九十周年大型征歌暨感动中国词曲大赛"中，作品《望乡》获一等奖，并录入《献礼建党90周年——全国新创红歌作品集》大型文献书籍及原创音乐专辑收录其中。

简　　介：魏晓东，生于1973年10月，毕

业于临洮师范，后来就读于西北师大音乐系，热衷于音乐和剪纸，作品多次参展并获奖。

0062 《庆城美丽的凤凰城》

作品类别：音乐类

作　　者：邵小玲

发表时间：2013-11-01

发表载体：感动中国新创词曲选拔组委会

获奖及影响：在"我的家乡多么美——第二届全国大型原创词曲征集活动"中荣获优秀奖。

0063 《举杯吧，朋友》

作品类别：音乐类

作　　者：张黎

发表时间：2011-10-28

发表载体：歌唱比赛

获奖及影响：获奖

简　　介：张黎，1977年5月出生，1994年考入西北师范大学音乐系本科班，1998年9月毕业，同时分配至天水市逸夫实验中学任教，现任音乐教学工作。参加工作以来，在工作岗位上做出了一定的工作成绩并获得了省、市、校级的多项奖励。她所代的音乐课多次被评为优质课、示范课，组织排演的中学生文艺节目，多次在省、市级文艺演出和比赛中获奖，本人也因此多次荣获优秀指导教师奖。

0064 《奋进的山丹》

作品类别：音乐类

作　　者：王兴礼词，李春林曲

发表时间：2009-08-28

发表载体：图书

获奖及影响：《奋进的山丹》2009年获得山丹县旅游歌曲一等奖，焉支山文艺一等奖，歌曲收录在中国文联出版社出版的《魅力山丹旅游歌曲集》，音频由陕西音像出版社出

版发行。

简　　介：李春林，男，1972年3月出生，音乐教育本科学历，任职于张掖甘州区南关学校，中学高级教师，张掖市音乐家协会会员，甘州区音乐家协会副主席，甘州区音乐教育研究会秘书长。曾获"青春中国"、"中国音乐金钟奖"张掖赛区声乐一、三等奖；曾在"香港'诗德威'钢琴大赛"、"甘肃省首届校园艺术技能大赛"、"第四届中国国际青少年艺术节"等大型艺术比赛中被评为甘肃赛区优秀指导教师；获甘州优质课评选三等奖、甘州区演讲比赛三等奖；多次被市区文联评为优秀会员和先进工作者，2013年被聘为"美丽甘州"全国歌曲征集评委，在《学周刊》等省级刊物上发表教学论文多篇，多次在市、区大型文艺活动中担任编导和指挥。

0065　歌剧选段《美妙的歌声随风飘扬》

作品类别：音乐类

作　　者：王娟

发表时间：2011-05-10

发表载体：歌手大赛

获奖及影响：2011年5月全国冶金行业歌手大赛美声组金奖。

简　　介：罗西尼歌剧《萨维利亚的理发师》中的选段罗西娜的谣唱曲《美妙的歌声随风飘扬》。

0066　《采花姑娘》

作品类别：音乐类

作　　者：奂俊昌、张斌

发表时间：2010-11-27

获奖及影响：获2010年中央广播电台等14家电视、电台举办的第二届藏族新民歌展播优秀奖。

简　　介：《采花姑娘》由舟曲本土作曲家奂俊昌作曲，作家知否填词，于2010年4月创作而成，创作时间正值早春时节，一年一度的舟曲博峪采花节前夕，该作品曲风自然、清灵，韵律优美、流畅，较好的传承和展现了舟曲藏族音乐风格，为听众展示出一幅博峪初春山水秀丽、人景相映的靓丽风景画，是舟曲本土藏族歌曲创作发展的代表作。

0067　《等你回家》

作品类别：音乐类

作　　者：杨玉鹏、韩刚

发表时间：2011-10-10

发表载体：第二届"全国安全歌曲大赛"

获奖及影响：获第二届"全国安全歌曲大赛"金奖，在各大企业部门播放推广。

0068　《八方有情歌重建》

作品类别：音乐类

作　　者：胡长耿

发表时间：2009-08-12

获奖及影响：歌词《八方有情歌重建》在中国音乐家协会第三届"成才之路"、全国未来词曲作家创作研习班评选中获作词"优秀作品"奖。

简　　介：胡长耿，1969年12月生，男，汉族，甘肃民乐县人，大专学历，毕业于张掖师专音乐系，中国音著作权协会、中国音乐文学学会、甘肃省音乐家协会会员，现为民乐一中教师。

0069　《明月寄亲情》

作品类别：音乐类

作　　者：胡长耿

发表时间：2009-08-12

获奖及影响：《明月寄亲情》在中国音乐家协会第三届"成才之路"全国未来词曲作家

创作研习班评选中获作曲三等奖。

简　　介：胡长耿，1969年12月生，男，汉族，甘肃民乐县人，大专学历，毕业于张掖师专音乐系，中国音著作权协会、中国音乐文学学会、甘肃省音乐家协会会员，现为民乐一中教师。

0070 《在那古老的丝绸路上》

作品类别：音乐类

作　　者：胡长耿

发表时间：2011-10-26

发表载体：图书

获奖及影响：《在那古老的丝绸路上》在中国第六届"2011年中国群众创作歌曲大赛"中荣获银奖并入编作品集。

简　　介：胡长耿，1969年12月生，男，汉族，甘肃民乐县人，大专学历，毕业于张掖师专音乐系，任中国音著作权协会、中国音乐文学学会、甘肃省音乐家协会会员，现为民乐一中教师。

0071 歌曲《山里山外》

作　　者：邵永强、秦振国

发表时间：2012-08-26

获奖及影响：该歌曲在中国大众音乐协会等五单位主办的"2012音乐中国杯·第三届全国优秀词曲、歌手、乐手大型音乐展演赛"获金奖。

0072 《望乡》

作品类别：音乐类

作　　者：魏晓东

发表时间：2011-08-01

获奖及影响：在中国少数民族音乐学会举办的"庆祝建党九十周年大型征歌暨第六届感动中国词曲大赛"中，作品《望乡》获一等奖，由中国音乐学院潘田果演唱，并录入《献

礼建党90周年——全国新创红歌作品集》大型文献书籍及原创音乐CD专辑，收录其中。

简　　介：魏晓东，女，汉族，1973年出生，毕业于西北师范大学。2011年8月在文化部当代音乐艺术院等单位举办的庆祝中国共产党成立90周年"唱支颂歌给党听"全国原创音乐活动中，作品《大地的歌》获优秀奖，并录入《唱支颂歌给党听——全国原创歌曲获奖作品集》，2011年8月在中国少数民族音乐学会举办的"庆祝建党九十周年大型征歌暨第六届感动中国词曲大赛"中，作品《望乡》获一等奖，由中国音乐学院潘田果演唱，并录入《献礼建党90周年——全国新创红歌作品集》大型文献书籍及原创音乐CD专辑出版要求，收录其中。2012年4月30日，文化部《音乐生活报》第21版专版刊发原创音乐作品5首，并配发照片及艺术简历（后附报刊照片），2012年8月，在中国大众音乐协会、中国音乐家网、北京卫视阳光国际传媒举办的"2012音乐'中国杯'第三届全国优秀词曲、歌手、乐手大型音乐展演赛"评选活动中，《中国中国我的家》荣获作曲金奖，2012年8月，在中国大众音乐协会、中国音乐文化促进会举办的"放歌中华"全国大型音乐展评活动中，原创作品《老家》荣获优秀奖，并收录《放歌中华——全国大型音乐展评获奖作品集》。

0073 《大地的歌》

作品类别：音乐类

作　　者：魏晓东

发表时间：2011-08-01

获奖及影响：在文化部当代音乐艺术院等单位举办的庆祝中国共产党成立90周年"唱支颂歌给党听"全国原创音乐活动中，《大地的歌》获优秀奖，并录入《唱支颂歌给党听——全国原创歌曲获奖作品集》。

0074 《秋雨情思》

作品类别：音乐类

作　　者：陈立忠

发表时间：2001-01-05

发表载体：酒泉地区"五个一工程"

获奖及影响：第三届酒泉地区精神文明建设"五个一工程"优秀作品奖。

简　　介：现任玉门市文化馆党支部书记，甘肃省音协会员、玉门市音乐舞蹈戏剧家协会主席，从事群文辅导工作。2006年获甘肃省文化科技卫生三下乡活动先进个人；创作的剧本《三大嫂敬酒》获甘肃省现代小戏小品剧本优秀奖。

0075 《河西风电之歌》

作品类别：音乐类

作　　者：王春

发表时间：2011.08.06

发表载体：酒泉日报

获奖及影响：发表在《酒泉日报》《甘肃艺苑》《酒泉文化网》《玉门文苑》，制作成歌曲CD，在文化下乡活动中演唱，受到群众的广泛传唱。

简　　介：王春，现任玉门市文化馆副馆长，甘肃省音协会员、玉门市音乐舞蹈戏剧家协会会员，从事群文辅导工作，主持文化馆业务工作。演唱的歌曲《了情歌》在2004年首届甘肃省民族民间文化艺术节民歌表演比赛中荣获二等奖；2006年在第二届"青春中国全国校园才艺大赛"甘肃选拔赛中荣获优秀指导教师奖；2008年在第四届"青春中国甘肃省青少年才艺大赛"甘肃总决赛中荣获优秀指导教师奖；在中国音乐家协会全国音乐考级中荣获优秀辅导老师奖。

0076 《酒泉吟》

作品类别：音乐类

作　　者：王春

发表时间：2004-03-08

发表载体：发表在《甘肃艺苑》《酒泉文化网》《玉门文苑》

获奖及影响：作品荣获酒泉市精神文明建设"五个一工程"优秀作品奖。

简　　介：王春，现任玉门市文化馆副馆长，甘肃省音协会员、玉门市音乐舞蹈戏剧家协会会员，从事群文辅导工作。

0077 《风雪真情》

作品类别：音乐类

作　　者：王春

发表时间：2014-08-25

发表载体：酒泉市文艺精品调演

获奖及影响：在酒泉市文艺精品调演中荣获优秀音乐创作三等奖。

简　　介：王春，现任玉门市文化馆副馆长，甘肃省音协会员、玉门市音乐舞蹈戏剧家协会会员，从事群文辅导工作，主持文化馆业务工作。演唱的歌曲《了情歌》在2004年首届"甘肃省民族民间文化艺术节民歌表演比赛"中荣获二等奖；2006年在第二届"青春中国全国校园才艺大赛甘肃选拔赛"中荣获优秀指导教师奖；2008年在第四届"青春中国甘肃省青少年才艺大赛"甘肃总决赛中荣获优秀指导教师奖；在中国音乐家协会全国音乐考级中荣获优秀辅导老师奖。

0078 《千禧龙抬头社火表演》

作品类别：音乐类

作　　者：杨招亮

发表时间：2000-02-22

发表载体：兰州电视台

简　　介：这是永登县原文化馆副馆长、作曲艺术高级职称的杨招亮拍摄永登二千年新春社火进城表演的音乐短片，在兰州电视台、甘肃电视台、永登电视台播放，并录成光盘在社会传播。此光盘一出便荣获兰州市金城文艺奖，而此片也作为宣传和记录永登历史、民俗、表演艺术的珍贵资料。

0079 《红军杨》

作品类别：音乐类

作　　者：汪保国

发表时间：2004-05-10

发表载体：临泽电视台

简　　介：那是一个寒冷的冬天，红军来到了我的家乡镰刀斧头的旗帜下，在那里他们种下了一棵白杨，他们用热血浇灌，而乡亲们为它挡风御寒，白杨燃起了红色的希望，她的生命是那样顽强，红军杨啊，红军杨，你把根留在了临泽，我的家乡，年轮一圈又一圈红旗插遍了我的家乡，经过无数个春光明媚的日子，红军杨长成一棵参天大树，它在微风中裟裟作响，乡亲们树荫下收获正忙，红军杨托起梦中理想她的枝叶更加璀璨明亮，红军杨啊红军杨你的根永远扎在了临泽我的家乡。

0080 《灵台八景美》

作品类别：音乐类

作　　者：李志锋

发表时间：2012-09-27

发表载体：灵台电视台

获奖及影响：歌曲《灵台八景美》先后在灵台广播电台和平凉广播电台播出，甘肃日报等媒体报道。

简　　介：歌曲《灵台八景美》先后在灵台广播电台和平凉广播电台播出，甘肃日报等媒体报道。周文王伐密筑"灵台"，赋予这里悠久厚重的历史；在志书中兀奇挺立的"灵台八景"，彰显着这里地脉和人文交相辉映的钟灵毓秀。提起灵台县，人们自然会想到那厚重而有历史质感的幽幽"古台"，还有那同样来自时光深处，落满历史沧桑风尘的秀美风景——"灵台八景"。

0081 《丝路传针》

作品类别：音乐类

作　　者：李志锋

发表时间：2012-08-05

发表载体：灵台电视台

简　　介：《丝路传针》是李志锋献礼2012年皇甫谧拜祖大典，是一首原创首张双语版、世界针灸学鼻祖皇甫谧文化歌曲专辑《丝路传针》的主打歌。歌曲8月5日在灵台电视台播出，《灵台新闻》专题报道，后平凉广播电台播出，平凉日报、平凉旅游、甘肃旅游、甘肃日报等媒体相继报道。

0082 《醉美灵台》

作品类别：音乐类

作　　者：李志锋

发表时间：2010-10-01

发表载体：灵台电视台

获奖及影响：李志锋本人因此歌荣获"江西省大学生创业成果一等奖（2010年）"，先后受到省市县等多家媒体报道，此歌也被中华演出网评为"全国原创优秀歌曲"，颇具影响力。

简　　介：《醉美灵台》是我县青年学生李志锋就读于江西美院期间，在知名音乐人欧阳先生的指导下自费创作完成的一首歌唱家乡灵台的歌曲，此歌词作简洁意深新颖，旋律流畅优美动听，自2010年10月经灵台电视台推出以来深受全县城乡观众的喜爱，创下了一首歌曲连续播放300多场次的记录。

0083 《丝路传针》（原创歌曲）

作品类别：音乐类

作　　者：杨福红（演唱）

发表时间：2012-08-07

发表载体：灵台县皇甫谧文化节

获奖及影响：灵台县电视台转播

简　　介：杨福红，男，汉族，1972年出生于甘肃省灵台县什字镇宅阳村新庄社。农民歌手、高级面点师、国际御厨联合会会员。

0084 《忆南梁》

作品类别：音乐类

作　　者：袁盼

发表时间：2013-09-25

发表载体：陇东民歌大奖赛

获奖及影响：荣获庆阳市举办2013"陇东民歌大奖赛一等奖"。

0085 《成纪情》

作品类别：音乐类

作　　者：张志全

发表时间：2008-08-03

发表载体：平凉市第二届崆峒文艺奖

获奖及影响：获奖

简　　介：张志全，男，生于1953年8月，中专文化程度，静宁县文化馆工作。擅长词曲创作、器乐演奏、群文辅导、音乐教学。现任甘肃省音乐家协会会员，平凉市音乐家协会常务理事，静宁县音乐家协会主席，现已退休。

0086 《走进西部》

作品类别：音乐类

作　　者：张志全

发表时间：2003-05-20

发表载体：平凉市第一届"崆峒文艺奖"

获奖及影响：获奖

简　　介：张志全，男，生于1953年8月，中专文化程度，静宁县文化馆工作。擅长词

曲创作、器乐演奏、群文辅导、音乐教学。现任甘肃省音乐家协会会员，平凉市音乐家协会常务理事，静宁县音乐家协会主席。现已退休。

0087 《保安三庄的阿依沙》

作品类别：音乐类

作　　者：李海魂

发表时间：2006-12-16

发表载体：期刊、电视、互联网

获奖及影响：获甘肃省第五届敦煌文艺二等奖，"百首歌曲颂陇原"歌曲创作二等奖，在甘肃卫视、甘肃电台播放，并在"花儿，我心中的歌——西北花儿专辑"中出版，在西北地区大型文艺晚会中多次演唱，2009年获中国音协歌曲创作二等奖，中国音协创作二等奖。

简　　介：李海魂，生于1961年10月，男，汉族，临夏市人，中共党员，大学本科学历，学士学位；83年毕业于西北民院艺术系，现任临夏州民族歌舞剧团作曲兼指挥，国家二级作曲，系甘肃省音乐家协会会员，临夏州音乐舞蹈家协会副主席兼秘书长。多部音乐作品获省级大奖，创作大型花儿四部。主题晚会《山风、古韵、民族情》是2009年甘肃省新剧目调演的民族歌舞音乐，获甘肃省文化厅创作一等奖，配器一等奖，整台晚会音乐的民族性，地域性，艺术性突出，其中的许多歌曲，舞蹈等在甘肃、宁夏等地演出，受到广大业内人士肯定和观众的赞赏。歌曲《保安三庄的阿依沙》是一首以保安族花儿音乐为音乐素材创作的民歌，2009年第十期歌曲发表，获甘肃省第五届敦煌文艺二等奖，"百首歌曲·颂陇原"歌曲创作二等奖，"甘肃卫视，甘肃电台播放，并在花儿·我心中的歌西北花儿专辑中出版。在西北地区大型文艺晚会中多次演唱，2009年获中国音协歌

曲创作二等奖。

保安三庄的阿依沙

0088 原创歌曲《骊阡之歌》《晚霞》《红色的山梁》《爸爸，您可知道吗》等

作品类别：音乐类

作　　者：曹蓉

发表时间：2011-10-01

发表载体：期刊等

获奖及影响："中国杯"全国优秀词曲、歌手、乐手大型展演赛活动中荣获作曲金奖；创作歌曲《红色的山梁》（杨田盛词、曹蓉曲），在2011年甘肃省音乐家协会主办的"甘肃词曲作家·放歌会师楼·红色歌曲创作大赛活动"中荣获银歌奖；创作歌曲《晚霞》（李严词、曹蓉曲）2013年8月在中国大众音乐协会主办的"2013美丽中国"大型音乐展演活动全国总评选中，荣获作曲金奖。

0089 《金花花银花花》

作品类别：音乐类

作　　者：刘国华

发表时间：2009-02-15

发表载体：庆阳市首届梦阳文艺奖

获奖及影响：庆阳市第六届精神文明建设"五个一工程"奖暨首届"梦阳文艺奖"音乐作品二等奖。

0090 《烛光颂》

作品类别：音乐类

作　　者：张志全

发表时间：2008-07-07

发表载体：全国第三届校园歌曲、歌词、音乐赛

简　　介：张志全，男，生于1953年8月，中专文化程度，静宁县文化馆工作。擅长词曲创作、器乐演奏、群文辅导、音乐教学。现任甘肃省音乐家协会会员，平凉市音乐家协会常务理事，静宁县音乐家协会主席，现已退休。

0091 《尕连手》《北乡令》

作品类别：音乐类

作　　者：孔维芳

发表时间：2013-08-07

发表载体：全国花儿大奖赛

获奖及影响：在首届中国西部"百益杯花儿艺术节全国花儿大奖赛"中获三等奖。

简　　介：孔维芳，汉，1974年10月出生。甘肃永靖县人，黄河三峡艺术团歌手。中国民间文艺家协会会员，甘肃省民间文艺家协会理事，甘肃省音乐家协会会员，甘肃省著名花儿歌手，临夏州永靖县民间文艺家协会副主席。《尕连手令》属花儿曲令，用长调的表现形式，具有高亢粗犷之特点。歌声反映了黄土高原的宏伟气魄及劳动人民勤劳、善良、质朴、厚道的品质，歌词表现了一位结婚不久的男子，由于生活所迫在外打工，他非常思念自己的新娘，挣上些银钱，迫不及待回家的故事。《北乡令》，用哭腔的形式，表现了老婆思念丈夫孤独、忧伤的情景。

0092 《小提琴独奏》

作品类别：音乐类

作　　者：杜小义（辅导教师）

发表时间：2006-10-20

发表载体：全国青少年小提琴比赛甘肃选拔赛

获奖及影响：该作品在全国青少年小提琴比赛甘肃选拔赛中获三等奖。（甘肃省音乐家协会、甘肃省音乐家协会小提琴教育委员会主办）。

简　　介：杜小义，男，1959年11月生。汉族，毕业于西北民族学院语言文学系，大专学历。就职于天水市麦积文化馆，副研究馆员，麦积文化馆文艺部主任，从事群众音乐、文学普及教育工作。现为甘肃省音乐家协会会员，甘肃省小提琴艺术教育委员会委员、天水市音乐家协会副主席、天水市第五、第六届政协委员、天水市第四届青联委员、麦积区第五、第六届政协委员、先后多次获国家级、省级奖项。该作品在全国青少年小提琴比赛甘肃选拔赛中获三等奖（甘肃省音乐家协会、甘肃省音乐家协会小提琴教育委员会主办）。

0093 《陇原风光多美丽》

作品类别：音乐类

作　　者：南仁民

发表时间：2012-10-15

发表载体：全国首届唱我家乡的歌

获奖及影响：歌曲《陇原风光多美丽》参加全国首届唱我家乡的歌大赛获创作优秀奖。

简　　介：南仁民，甘肃省省文学协会会员，甘肃省影视协会会员。

0094 《美丽的庆城》

作品类别：音乐类

作　　者：田金柱词、邵小玲曲

发表时间：2013-07-24

发表载体：省文化影视频道播放

简　　介：《美丽的庆城》这首歌，是我们庆城县文化馆组织创作的一首推介庆城、宣传庆城的音乐艺术作品。其特点是用简捷凝炼的文字，流畅优美的旋律，唱响庆城厚重的历史文化，悠久的人文景观以及新时代深化改革，崛起和腾飞的现实与转型跨越发展的决心和目标。其亮点在于运用现代传媒技术，率先在全市拍成音乐电视片（MTV）。

0095 《圣土天姿》

作品类别：音乐类

作　　者：盛鸿斌

发表时间：2010-10-10

发表载体：世博会甘肃宣传周

获奖及影响：荣获第七届"甘肃省敦煌文艺奖"二等奖

简　　介：该作品作为上海2010年9月世博会甘肃活动周开场演出舞蹈音乐，作品立意突出甘肃省敦煌、丝路、多民族的文化特点，音乐以神秘、飘渺的意境引入，刻画古老、邈远的敦煌莫高窟、三危山意象，渐进到宽广、抒情的旋律，描写丝路文化孕育发展、传播壮大的过程，充满生机的景象，随着时光推移，音乐突转进入刚劲有力的节奏，以陇东秧歌为素材的男子舞，加入现代配器元素，展现陇原儿女刚毅、豪迈、生机勃勃的劳动场面，作为对比段，音乐随之进入一段具有西域风情、展现婀娜柔美的女子舞蹈，最后，乐曲以热情、恢宏气势表现现代甘肃飞速发展、日新月异的新气象，展现了甘肃人民奋进、乐观、热情的精神面貌。该作品在世博会期间演出二十余场次，得到了社会各界一致好评。

0096 《自己的老婆自己要疼》

作品类别：音乐类

作　　者：杨玉鹏、李需民

发表时间：2012-12-22

发表载体：收录吕继宏专辑《人民万岁》

获奖及影响：收录吕继宏最新专辑《人民万岁》全国发行

0097 《首秀画湿地》

作品类别：音乐类

作　　者：词曲：唐逸钟

发表时间：2009-05-14

发表载体：发于张掖《甘泉》杂志

获奖及影响：2013年8月15日参加"美丽中国·大型音乐展演活动"全国总评选中，词曲原创歌曲《秀画湿地》获金奖，2013年8月28日作品《秀画湿地》获第三届"金张掖文艺奖"音乐类一等奖。

简　　介：唐逸钟，男，汉族，1961年出生籍贯上海，工作单位：甘州区文联中国音乐著作权协会会员，甘肃省音乐家协会会员，张掖市音乐家协会副主席，甘州区音乐家协会主席，原创歌手，音乐制作人。

0098 《家在天水》

作品类别：音乐类

作　　者：钟林

发表时间：2012-02-07

简　　介：第三届"华语音乐流行榜年度颁奖盛典"创作人钟林，以饱含浓浓思乡情怀的方言说唱《家在天水》获得"年度最佳新人"提名。

0099 《保安三庄的阿依沙》

作品类别：音乐类

作　　者：王娟

发表时间：2012-11-15

发表载体：四川音像出版社

获奖及影响：2004年1月在北京参加中国音像协会、中国宝贝唱片公司举办的第二届"宝贝星"全国新星选拔大赛，民族唱法专业组比赛获得二等奖及"全国十佳歌手"的荣誉称号，2005年6月参加甘肃省文化厅举办的中国西北五省区民歌"花儿"歌手邀请赛获得银奖，2005年8月参加青海省文化厅举办的中国西部民歌"花儿"歌手大奖赛获得银奖，2006年8月推出第一张个人演唱专辑，由中国唱片公司成都分公司出版发行CD光盘《花儿·心中的歌》。

简　　介：王娟，女，汉族，1980年6月出生，甘肃省临夏市人，毕业于兰州师范专科学校音乐表演系，现任甘肃省临夏回族自治州民族歌舞剧团独唱演员，国家二级声乐演员。2004年8月被甘肃省民间文艺家协会授予"优秀花儿歌手"称号，2006年9月参加第三届全国少数民族文艺汇演在《那山，那水，那云》大型歌舞中担任独唱，荣获集体金奖，个人演唱二等奖。2009年10月参加甘肃省文化厅举办的庆祝中国成立60周年全省新创剧目调演，获得个人表演一等奖，2010年六月参加甘肃省文化厅举办的甘肃莲花山首届花儿艺术节，花儿歌手大奖赛中荣获一等奖，2012年10月发行第二张个人演唱专辑，由四川音像出版社有限责任公司出版发行CD光盘《阿哥的白牡丹》。

0100 《牧马欢歌》

作品类别：音乐类

作　　者：姚德明

发表时间：2013-12-01

获奖及影响：演出视频在全国各大网站播放，天水电视台有专题报道，中国核心期刊《音乐时空》等有专题理论文章发表。

简　　介：多年来，作者主要从事二胡、中小提琴专业的演奏及教学工作，兼搞音乐创作，一直活跃在城乡大小各种演出舞台，深受大众喜爱，赢得业内好评。曾创作歌曲及其他音乐作品1000多首，有200多首得以刊发或演播，40多次获得上级有关部门的表彰和奖励，有数篇音乐专业论文发表获奖，10多首专题歌曲被电视台拍摄制作成MTV，在省市电视台多次播出或在全国出版发行，多次成功策划和组织过大型音乐赛事及演出等活动，曾被聘担任器乐大赛及考级评委。获得过全国"优秀教师奖"、省级"优秀编创人员奖"以及市级"先进个人"的荣誉称号，甘肃省电视台及省市报刊曾播发有《音乐人·姚德明》《走近姚德明》等专题片与相关报道，2014年姚德明同志创作的歌曲《莽莽万重山》《万古仇池穴》《山头南郭寺》在全国杜甫研讨会上演出，二胡独奏曲《牧马欢歌》在年内各大演出活动中成功上演，演出资料经媒体传播得到了众多专家学者及广大观众的高度赞扬和肯定。

0101 《麦积烟雨》

作品类别：音乐类

作　　者：巴莉

发表时间：1989-11-10

发表载体：天水市国庆40周年征歌展播。

获奖及影响：该作品在天水市国庆40周年广播电视征歌展播二等奖（天水文学艺术界联合会、天水市广播电视局主办）。

简　　介：巴莉，1966年出生于河南巩义市，1986年毕业于兰州师专音乐系，2000年于西北师范大学音乐系进修。天水市第七中学高级音乐教师、麦积区政协委员、天水市党外知识分子联谊会理事。麦积区党外知识分子联谊会副会长、天水市音乐家协会理事、天水市合唱协会理事、天水市市级骨干教师。该作品在天水市国庆40周年广播电视征歌展播二等奖（天水文学艺术界联合会、天水市广播电视局主办）。

0102 《因为有你的榜样》

作品类别：音乐类

作　　者：黄锦昌词、唐逸钟曲

发表时间：2014-05-22

获奖及影响："情系雷锋"全国征歌优秀奖

简　　介：唐逸钟，男，汉族，1961年出生，甘州区文联中国音乐著作权协会会员，甘肃省音乐家协会会员，张掖市音乐家协会副主席，甘州区音乐家协会主席，原创歌手，音乐制作人。

0103 《百花迎春》

作品类别：音乐类

作　　者：李云芳

发表时间：2013-06-17

发表载体：文化艺术节

获奖及影响：文化艺术节中获奖

0104 《想起我的阿妈》（献给阿妈的歌）

作品类别：音乐类

作　　者：桑吉扎西

发表时间：2003-07-01

获奖及影响：《想起我的阿妈》在第四届"中国之春·中国民族歌曲演创赛"中获百首金歌金奖，同时被收入《中国之春民族歌曲选粹（四）》一书中。

简　　介：《献给阿妈的歌》是1997年恰逢作者桑吉扎西的母亲因病辞世，作为孝子的他却远在玛曲，没有承欢膝下侍奉于病榻，这是一段刻骨的疼痛和持久的抱憾。作者笔下流出的泪水，打湿了曲稿也打湿了所有听众的心境，牵引着听众的共鸣，反映出一段强烈的人间真爱、真情，瞬间让人由情而歌。

0105 《永远玛曲》

作品类别：音乐类

作　　者：桑吉扎西

发表时间：2008-07-01

获奖及影响：歌曲《永远玛曲》在2008年甘肃省委宣传部等单位举办的庆祝新中国成立六十周年《向祖国致敬》少数民族文艺会演荣获三等奖。

简　　介：歌曲《永远玛曲》是赞美玛曲世界最大最美湿地草原，赞美家乡。

0106 《深情的爱》

作品类别：音乐类

作　　者：吴彩霞

发表时间：2001-07-10

获奖及影响：2001年7月获甘肃省音协《共产党之歌》征歌赛三等奖。

0107 《红旗飘飘》

作品类别：音乐类

作　　者：李治萍

发表时间：2011-06-10

获奖及影响：2011年6月甘肃省总工会《红旗飘飘》合唱比赛一等奖。

0108 《民乐合奏》

作品类别：音乐类

作　　者：陈学俊

发表时间：2012-08-13

获奖及影响：甘肃省第四届中学生文艺展演二等奖。

0109 《小鸟小鸟》

作品类别：音乐类

作　　者：王永杰

发表时间：2013-05-10

获奖及影响：2013年第四届全国中小学生艺术展演二等奖。

简　　介：二声部合唱曲《听妈妈讲那过去的事情》《小鸟小鸟》，四中合唱队演唱。

0110 《听妈妈讲那过去的事情》

作品类别：音乐类

作　　者：王永杰

发表时间：2012-08-10

获奖及影响：2012年8月，甘肃省教育厅，二等奖。

简　　介：二声部合唱曲《听妈妈讲那过去的事情》《小鸟小鸟》，四中合唱队演唱。

0111 《爱与你同在》

作品类别：音乐类

作　　者：唐逸钟

发表时间：2008-05-20

发表载体：舞台演出

获奖及影响：2009年2月作品《爱与你同在》获第二届"金张掖文艺奖"音乐类三等奖。

简　　介：唐逸钟，男，汉族，1961年出生于上海，甘州区文联中国音乐著作权协会会员，甘肃省音乐家协会会员，张掖市音乐家协会副主席，甘州区音乐家协会主席，原创歌手，音乐制作人。

0112 《八声甘州》

作品类别：音乐类

作　　者：袁晨光词、唐逸钟曲

发表时间：2014-05-23

发表载体：舞台演出

获奖及影响：2014年5月作品《八声甘州》在"合行杯·美丽甘州"原创歌曲征集活动中获优秀奖。

简　　介：唐逸钟：男，汉族，1961年出生于上海，甘州区文联中国音乐著作权协会会员，甘肃省音乐家协会会员，张掖市音乐家协会副主席，甘州区音乐家协会主席，原创歌手，音乐制作人。

0113 《甘州美》

作品类别：音乐类

作　　者：陈洧词、唐逸钟曲

发表时间：2014-05-23

发表载体：舞台演出

获奖及影响：2014年5月作品《甘州美》在"合行杯·美丽甘州"原创歌曲征集活动中获一等奖。

简　　介：唐逸钟：男，汉族，1961年出生于上海，甘州区文联中国音乐著作权协会会员，甘肃省音乐家协会会员，张掖市音乐家协会副主席，甘州区音乐家协会主席，原创歌手，音乐制作人。

0114 《最美是你：我的甘州》

作品类别：音乐类

作　　者：多红斌词、唐逸钟曲

发表时间：2014-05-23

发表载体：舞台演出

获奖及影响："合行杯·美丽甘州"原创歌曲征集活动中获二等奖。

简　　介：唐逸钟：男，汉族，1961年出生于上海，甘州区文联中国音乐著作权协会会员，甘肃省音乐家协会会员，张掖市音乐家协会副主席，甘州区音乐家协会主席，原创歌手，音乐制作人。

0115 混声合唱《丝路行》

作品类别：音乐类

作　　者：李兹民词、盛鸿斌曲

发表时间：2008-11-10

发表载体：西北师大合唱团

获奖及影响：第十四届全国音乐作品（合唱、室内乐）评奖优秀奖。

简　　介：歌曲《丝路行》试图阐释，丝路文化不是一种短暂的艺术表现，而是一种人文艺术的表达，我们虽然已经看不到他当年繁荣时的景象，但还可以感觉到她流露出来的文化特质，丝绸之路应该有她特有的美，特有的风韵。

0116 《十唱甘州》

作品类别：音乐类

作　　者：王文华

发表时间：2014-07-02

发表载体：乡村舞台

获奖及影响：2010年曾获得民间文化活动中业余秦腔大赛一等奖，"五一"业余歌手大赛二等奖。

简　　介：王文华，男，1955生，甘州区音乐协会会员，从小热爱文艺，擅长演唱民间小调，有多年参加本地的社火表演和地蹦小戏的经历，还在平时参加各类庆典文艺活动，由于通行的影响，17岁喜欢上了二胡和笛子，从文革至今，从未间断过本村的文艺节目和社火表演，随着时间的迁移对秦腔演唱产生了浓厚的兴趣，几十年来除了自学，还不断地拜他人为师，来提高自身的艺术修养。2010年曾获得民间文化活动中业余秦腔大赛一等奖、"五一"业余歌手大赛二等奖。

0117 歌曲《欢迎你到嘉峪关》

作品类别：音乐类

作　　者：方欣

发表时间：2002-09-10

发表载体：演出

获奖及影响：荣获首届中国职工艺术节"中

国石油杯"全国职工音乐展演民族组优秀奖。

简　　介：此歌是嘉峪关市对外宣传片《嘉峪关》主题曲，作品创作于2002年8月，在甘肃卫视，嘉峪关广播电视台播出。

0118 《清晨我们踏上小道》

作品类别：音乐类

作　　者：梁艳

发表时间：2005-04-14

发表载体：演出

获奖及影响：2008年获中小学音乐优质课二等奖2005年获甘肃省宣传周民间民族文化艺术节先进个人。

简　　介：梁艳，生于1977年6月，名族汉，性别女，职务教师，职称中一。

0119 《吊孝》《哭长城》《绣金匾》《花唐会》《花亭相会》

作品类别：音乐类

作　　者：陈如军、王存地等

发表时间：2003-01-01

发表载体：演出

简　　介：吹唢呐这项民间音乐，目前在我镇范围内仍在广泛流传。其吹奏的主要曲目是根据活动内容和场所而不同。在悲苦的场所所吹奏的曲目有《吊孝》《哭长城》和一些其他民间小调，在文革阶段，吹奏《绣金匾》的也不在少数。喜庆曲目主要有《花堂会》《花亭相会》和一些比较欢快的小调。唢呐吹奏一般由二人组成，比较大的吹奏班子有十二人组成的，配以号、铜锣、小镲、二胡、铃、鼓等乐器。唢呐吹奏技巧主要有连奏、单奏、双吐、弹音、滑音、颤音等技法。在我镇主要传承人有陈如军、王存地等人。

0120 《钢琴独奏》

作品类别：音乐类

作　　者：王晓凤

发表时间：2011-07-18

发表载体：演出

获奖及影响：2011年定西市第四届青年组钢琴比赛一等奖。

0121 歌曲《斑竹泪》

作品类别：音乐类

作　　者：刘苗

发表时间：2010-07-20

发表载体：演出

获奖及影响：2010年获得嘉峪关市"豹豪杯"一等奖。

0122 歌曲《瓜州女》

作品类别：音乐类

作　　者：徐胜

发表时间：2001-03-09

发表载体：演出

获奖及影响：2001年3月获第三届酒泉精神文明建设"五个一工程"奖。

0123 花儿新唱《陇上明珠张家川》

作品类别：音乐类

作　　者：毛海霞、毛鹏举

发表时间：2009-08-26

发表载体：演出

获奖及影响：参加甘肃省少数民族文艺调演获创作二等奖。

简　　介：毛海霞，女，回族，生于1978年4月，本科学历，1998年毕业于天水市第一师范学校音乐专业，2003年毕业于西北师范大学音乐教育专业，从事教育教学工作十年，2006年调入张家川县文化馆从事群文工作至今。教学中曾获"天水市园丁"、"天水市骨干教师"、"甘肃省青年教学能手"等称号，并多次在天水市音体美探究课和电化教学中获一等奖,群文工作中,参加的《花儿联唱》获第三届甘肃省"群星艺术节"成人组铜奖,多次参加伏羲文化节的演出,今年和同事创作的花儿小品剧《春暖回乡》获甘肃省"梅馨杯"小品大赛优秀奖,周末负责中小学儿童声乐、钢琴的培训,闲暇时间撰写的论文分别刊登在《中国教育理论研究论文精选》,省中小学艺术论文展演及教育周刊中,合著的《浅谈花儿的内涵与发展》获"西部少数民族论文人赛"银奖。

0124 《家庭才艺大赛》

作品类别:音乐类

作　者:石玮

发表时间:2012-07-22

发表载体:演出

获奖及影响:2012年定西市妇联,县妇联举办"家庭才艺大赛中"获一等奖。

0125 《金塔腾飞》

作品类别:音乐类

作　者:马会咏

发表时间:2010-08-07

发表载体:演出

获奖及影响:2010年8月7日在酒泉市精品文艺展演"金塔专场文艺演出中"荣获作曲一等奖。

简　介:本作品主要以金塔光电园建设为原型创作,通歌舞的形式,再借以踢踏舞、广电板、风车等道具,表现了金塔着力发展光电等现代工业发展经济,经济社会各项事业蓬勃发展,获得2010年酒泉市精品文艺调演作曲一等奖。

0126 《举杯吧朋友》

作品类别:音乐类

作　者:邓娟玉

发表时间:2002-02-28

发表载体:演出

简　介:邓娟玉,女,1978年4月出生,汉族,中共党员,大专学历,现任天水市秦州区文学艺术界联合会秘书长。在担任大队辅导员期间,多次组织学生参加各种大型活动和文艺演出,在工作中积累了一定的组织协调经验,多次评为"校级优秀教师"及"市区两级优秀辅导教师",本人也曾在天水广播电台担任嘉宾,并受天水电视台之邀,拍摄《我是秋天的一棵树》的音乐短片,2007年被团区委评为优秀大队辅导员,2008年荣获天水市秦州区"园丁奖",2009在上海参加全国希望工程教师培训中,荣获甘肃地区优秀学员奖。2010年9月调入秦州区文联工作,2012年评为优秀党务工作者,2014年被天水市秦州区委、区政府评为"双联"先进个人,2011年起担任天水市秦州区音乐家协会副主席。

0127 《青春中国才艺大赛》

作品类别:音乐类

作　者:王玉霞

发表时间:2011-07-18

发表载体:演出

获奖及影响:2011年获"青春中国才艺大赛甘肃省"一等奖2010年获定西市"声乐大赛"二等奖。

0128 《爱唱歌的小卓玛》

作品类别:音乐类

作　者:马雪峰

发表时间:2009-08-06

发表载体:演出

获奖及影响:2009年《美丽的鸟巢》新世纪少儿歌曲集锦。

0129 《阳光下的我们》

作品类别：音乐类

作　　者：张有才

发表时间：2010-06-02

发表载体：演出

获奖及影响：2010 年省残运会开幕式歌曲

0130 《月下独酌》

作品类别：音乐类

作　　者：徐胜

发表时间：2010-04-05

发表载体：演出

获奖及影响：2010 年作为同名舞蹈《月下独酌》的主题曲，第二届甘肃省"飞天奖"舞蹈大赛二等奖。

0131 《蒙古勇士》

作品类别：音乐类

作　　者：钦布乐格

发表时间：2009-05-01

发表载体：演出

获奖及影响：2009 年获"向祖国致敬——全省庆祝新中国成立 60 周年少数民族文艺汇演"优秀表演二等奖。

0132 歌剧咏叹调《为艺术，为爱情》

作品类别：音乐类

作　　者：宋乃娟

发表时间：2003-6-27

发表载体：意大利波罗尼亚国际声乐大赛演唱

获奖及影响：荣获意大利波罗尼亚国际声乐大赛特别奖。

简　　介：宋乃娟教授（满族），声乐专业硕导，毕业于西北民族大学。我省著名女高音歌唱家，曾就职兰州大剧院，国家一级演员。曾获全国第五届青年歌手电视大赛甘肃省美声唱法专业组第一名，2002 年留学意大利米兰歌剧研究院，师从意大利共和国大师、著名男高音费拉罗大师，获歌剧表演硕士学位，2003 年参加第三届意大利波罗尼亚"MINERBIO"国际声乐比赛中获奖。2012 年调入西北民族大学音乐学院从事教学工作至今。

0133 《中国之花》

作品类别：音乐类

作　　者：魏晓东

发表时间：2012-10-03

获奖及影响：《中国之花》在"我的家乡多么美——全国首届唱我家乡的歌"原创词曲选拔活动中，经组委会严格筛选，认真审核，获得创作成就奖。

简　　介：魏晓东，女，汉族，1973 年出生，毕业于西北师范大学。主要音乐成就：2011 年 8 月在文化部当代音乐艺术院等单位举办的庆祝中国共产党成立 90 周年"唱支颂歌给党听"全国原创音乐活动中，作品《大地的歌》获优秀奖，并录入《唱支颂歌给党听——全国原创歌曲获奖作品集》；2011 年 8 月在中国少数民族音乐学会举办的"庆祝建党九十周年大型征歌暨第六届感动中国词曲大赛"中，作品《望乡》获一等奖，由中国音乐学院潘田果演唱，并录入《献礼建党90 周年——全国新创红歌作品集》大型文献书籍及原创音乐 CD 专辑出版要求，收录其中；2012 年 4 月 30 日，文化部《音乐生活报》第 21 版专版刊发原创音乐作品 5 首，并配发照片及艺术简历（后附报刊照片）；2012 年 8 月，在中国大众音乐协会、中国音乐家网、北京卫视阳光国际传媒举办的"2012 音乐'中国杯'第三届全国优秀词曲、歌手、乐手大型音乐展演赛"评选活动中，《中国中国我的家》荣获作曲金奖；2012 年 8 月，在中国大众音乐协会、中国音乐文化促进会举办的"放歌中华"全国大型音乐展评活动中，原创作品《老家》荣获优秀奖，并收录《放歌中华——全国大型音乐展评获奖作品集》。

0134 交响诗《绿之梦》

作品类别：音乐类

作　　者：张智军、令宏林

发表时间：2008-12-08

发表载体：在定西市演出

获奖及影响：获得第三届定西市"马家窑文艺奖音乐类"二等奖。

简　　介：交响诗《绿之梦》的创作灵感来源于一次沙尘暴的突袭，面对肆虐横行的沙尘暴，创作者想到了生命的可贵、生命的顽强，此曲通过对沙尘暴的刻画来表达对生命的赞颂，并引发对环境保护的呼唤与呐喊。

0135 《哦飞天》

作品类别：音乐类

作　　者：邵永强、左霞

发表时间：2012-01-25

发表载体：中唱《西风烈．敦煌》

获奖及影响：获甘肃省2012年第七届"敦煌文艺奖"二等奖。

0136 歌曲《敦煌》

作品类别：音乐类

作　　者：王彬（词）、曹贤邦（曲）

发表时间：2013-10-23

发表载体：中唱《西风烈·敦煌》作品

获奖及影响：获《西风烈·绚丽甘肃》银奖。

0137 歌曲《雅丹》

作品类别：音乐类

作　　者：苏玮（词）、李勇（曲）

发表时间：2013-10-23

发表载体：中唱《西风烈·敦煌》作品

获奖及影响：获《西风烈·绚丽甘肃》全国征歌铜奖。

0138 歌曲《月牙泉》

作品类别：音乐类

作　　者：苏玮（词曲）

发表时间：2012-10-23

发表载体：中唱《西风烈·敦煌》作品

获奖及影响：获《西风烈·绚丽甘肃》全国征歌银奖。

0139 《中国中国我的家》

作品类别：音乐类

作　　者：魏晓东

发表时间：2012-08-26

发表载体：2012.8月发表于中国杯第三届北京

获奖及影响：在中国大众音乐协会、中国音乐家网、北京卫视阳光国际传媒举办的"2012音乐'中国杯'第三届全国优秀词曲、歌手、乐手大型音乐展演赛"评选活动中，《中国中国我的家》荣获作曲金奖。

简　　介：魏晓东，女，汉族，1973年出生，毕业于西北师范大学。

0140 《为祖国举杯》

作品类别：音乐类

作　　者：张志全

发表时间：2010-01-02

发表载体：中国戏剧出版社发行

获奖及影响：《为祖国举杯》在"感动中国——2008年全国第二届新创词曲"大赛中获得一等奖。

简　　介：张志全：性别，男，年龄58岁，静宁文化馆工作，擅长词曲创作、器乐演奏、音乐辅导。多次参与群文活动辅导工作，

2006 年组建了馆办艺术团队"静宁燎原（业余）艺术团"，精心排练各类文艺节目，多次参与县内重大演出活动，受到社会好评，同时深入厂区、校园及大部分单位开展音乐专业辅导及各类演出。自 2006 年以来获得先进个人奖共 7 次，在音乐创作方面，六年来共创作歌曲 30 多首，获创作奖 6 个，在国家级刊物《音乐周报》发表歌曲 3 首。

0141 《寻梦鼓岭》

作品类别：音乐类

作　　者：杨玉鹏　李式耀

发表时间：2012-10-13

发表载体：中央电视台

获奖及影响：该歌曲获"啊！鼓岭"全国征歌一等奖，作品在中央电视台、福建各大电视台、美国洛杉矶中文台播出。

0142 歌曲《走四方》

作品类别：音乐类

作　　者：杨福红（演唱）

发表时间：2009-12-26

发表载体：中央电视台《非常 6+1》

获奖及影响：获得中央电视台《非常 6+1》参与奖奖章。

0143 歌曲《相信自己》

作品类别：音乐类

作　　者：杨福红（演唱）

发表时间：2011-08-18

发表载体：中央电视台《向幸福出发》

0144 歌曲《欢聚一堂》

作品类别：音乐类

作　　者：杨福红（演唱）

发表时间：2010-05-15

发表载体：中央电视台《星光大道》

0145 《小花和小草》

作品类别：音乐类

作　　者：杨玉鹏　晓其

发表时间：2006-11-11

发表载体：中央电视台播出

获奖及影响：获 2006 全国少儿歌曲征集大赛提名奖，在中央电视台播出推广，入编《全国少儿声乐考级作品集》。

0146 歌曲《飞起来更精彩》

作品类别：音乐类

作　　者：陈雄

发表时间：2013-01-03

发表载体：中央电视台体育频道播出

（二）舞蹈

0147 《扑蝶》

作品类别：舞蹈

作　　者：编导曹佳坞，作曲吴学友

获奖及影响：参加全国少年儿童舞蹈录像会演获二等奖。同年赴京参加第二届中国艺术节少儿专场演出。1993 年获得甘肃省首届敦煌文艺奖。

简　　介：舞蹈表现在校儿童利用假日投身到大自然中，着重刻画了他们热爱和探索自然知识的进取心理。主要内容是夏天假日，三个小朋友相约去野外采集标本。野外清爽的空气、绿色的树丛和吐着芬芳的野花，使她们心旷神怡。漂亮的蝴蝶飞来飞去，他们又追又扑，奔跑在采集昆虫标本的路上。

0148 《牛角鼓与铜铃铛》

作品类别：舞蹈

作　　者：编导马依莎，作曲李德辉

发表时间：2006

发表载体：演出

获奖及影响：获甘肃省第二届敦煌文艺奖一等奖，"群星"艺术节金奖。

简　　介：主要表现裕固族节日里，孩子们敲响牛角鼓，摇起铜铃铛，相互比舞，纵情欢乐，草原上一片欢腾。该剧并未安排具体细节，只是通过 ABA 三段式的框架结构，以舞蹈本体的行动——动作和感情，表达出裕固族儿童幸福快乐的精神面貌。舞蹈语言和音乐都富有裕固族特色。

0149 《西出阳关》

作品类别：舞蹈

作　　者：甘肃省兰州市歌舞剧团创作

发表时间：1994

发表载体：1994 年第四届中国艺术节甘肃省参演节目，由甘肃省兰州市歌舞剧团创作演出。

获奖及影响：该剧获得 1994 年全国精神文明五个一工程提名奖、文化部 1997 年第七届文华奖"新剧目奖"，舞美设计李建国、张继文，服装任燕燕，灯光设计霍永亨同时获得"文化舞台美术奖"，该节目还获得甘肃省第二届敦煌文艺一等奖。大型舞蹈诗《西出阳关》在第四届中国艺术节演出，并赴全国 20 多个城市巡回演出达 122 场，兰州市金城文艺奖特别奖。

简　　介：这部别开生面的大型舞蹈诗，以散点式结构，把零星的自然景观河散落的历史片段贯穿起来，以生活在丝绸之路上的西部先民为主体，以当时的生活环境与生存行为做导线，谱写了一首人类创造历史的辉煌诗篇。古道的繁忙时人民生存的交响，石窟的圣洁是人们心灵的写照，战场的苍凉悲壮是人们不屈不挠的抗争，桑田的明丽纯美是人们辛勤的创造和火热的向往。舞蹈语言丰富在多姿多彩中追求质朴自然的神韵，努力揭示至真至美的人性。舞蹈里面的音乐民族特色浓郁，很好的烘托了环境，揭示人物情感。舞美设计避开华美绚丽，寻求一种质朴苍劲的西部画风。灯光设计创造了诗情画意的意境。服装设计也一反流行的耀眼包装，追求返璞归真，营造一种古朴的美感和流畅的动感。

0150 《牧歌》

作品类别：舞蹈

作　　者：编导吴兰芳、刘娟，作曲焦凯

发表载体：敦煌艺术剧院少儿艺术剧团创作演出。

获奖及影响：1997年在甘肃省"群星"艺术节中获得银奖，孩子甘肃省少儿春节晚会中演出。同期在中央电视台2套和8套播出。甘肃省第五届敦煌文艺奖入选作品。

简　　介：舞蹈通过蒙古族儿童在草原上放牧的一段风情，表现童心的善良。内容是两个蒙古族小姑娘扬着鞭子，赶着羊群（年龄较小的演员担任）前去放牧。一路上，羊群簇拥着小主人，蹦蹦跳跳，非常欢乐。小牧羊人把羊赶到水草肥美的滩上，羊儿吃得饱饱地躺在小姑娘的身边，小姑娘逗他们玩耍。另一边，两只羊顶起角来，小姑年把他们拉开，并让他们重回于好。大风骤起，暴风雪来袭，羊儿受惊四散，小姑娘把他们赶到避风的地方。有一只羊挡不住寒冷，小女孩把他抱在怀里，用身体的温暖小羊。暴风雪过后，小牧羊人脸上露出了笑容。

0151 《黄河潮》

作品类别：舞蹈

作　　者：歌词作者乔羽、马自祥、邵永强

发表时间：1994

发表载体：1994年在兰州举办的第四届中国艺术节开幕式主题晚会，

获奖及影响：该舞蹈由省内外23个单位的947名演员表演。连演7场，场场爆满。观众达2.6万人次。中央电视台8月18日向88个国家和地区现场直播了演出盛况。

简　　介：《黄河潮》分四个篇章。《序》：飞天翩翩起舞，散播花雨，天宫伎乐吹奏动人的管弦音乐，出水莲花娇嫩艳丽。敦煌艺术的故乡，飞天的故乡，以其至诚至真的礼仪，欢迎并祝福来着祖国各地的嘉宾和艺术使者。《春潮》：一曲花儿，饱蘸浓浓春意，从雪峰冰崖上滚下来，化作粼粼碧波。"冰凌花舞""蝴蝶舞""黄河儿女双人舞""春姑娘舞"，挥洒着陇山陇水的春意，陇原人民的喜悦，陇原大地的生机。《花潮》古老的京剧歌咏颂今朝风流，典雅的芭蕾鞠献异国风韵，柔婉的陇东道情，讴歌陇原豪情，惊险绝妙的杂技引来声声赞叹。《浪潮》黄河母亲舞、金浪滔滔舞、太平鼓浪舞，气势恢宏，情绪激越，节律高亢，展现出中华巨龙腾飞雄姿，预示着改革大潮势不可挡。

0152 《苏武牧羊》

作品类别：舞蹈

作　　者：编剧赵叔铭，总编导牟瑜

发表时间：1996

发表载体：1996年酒泉地区歌舞团与吐哈油田文工团联合创作演出的大型舞剧。

获奖及影响：获全省新剧目调演"优秀新剧目"及全省"五个一工程"提名奖。总编导牟瑜获'优秀编导奖'。

简　　介：以舞剧形式演绎苏武出使匈奴的故事，此剧是首创。苏武殷殷告别家人，毅然奔赴匈奴。匈奴左贤王撕毁合约，强迫苏武归降。苏武断然据降，被流放漠北。苏武不辱汉节，在淋淋风雪中放牧，饥寒交迫而昏倒，被焉知女救起。在互相扶助中，二人产生爱意。左贤王为断苏武归念，将苏家满门抄斩的消息告知，苏武悲痛欲绝，但初衷不改。左贤王怒而以焉知女祭天，陷苏武于绝境。至此，苏武鼓声一人，鬓发皆白，他手持节杖，遥望南天，隐没在历史的风烟中。

0153 《悠悠雪雨河》

作品类别：舞蹈

作　　者：甘肃省敦煌艺术剧院创作

发表载体：甘肃省敦煌艺术剧院演出

获奖及影响：此剧获得文化新剧目奖并获得第六届中国艺术节优秀剧目奖，第八届中国人口文化一等奖。1999年6月在昆明世博会演出获得巨大成功，誉满春城。

简　　介：该剧通过母女之情、儿女之爱热颂了超越民族界线的伟大母爱，及白马藏族人民纯朴、善良、乐于助人、勇于舍己的高贵品格。根据剧情发展，营造了雪山、冰河的壮丽风光和少女、白羽的人文特色。其中冰雪舞、羽翎舞、圣灯舞、吉祥鼓舞、雪羽舞等均属于精彩篇章。全剧感情浓郁，色彩瑰丽、欢快激扬，悲壮优美。

0154 《天马萧萧》

作品类别：舞蹈

作　　者：敦煌艺术剧院创作

发表时间：1999

发表载体：敦煌艺术剧院演出

获奖及影响：作品先后赴北京、河南等地巡演受到一致好评。

简　　介：以甘肃武威出土的铜奔马为创作源泉，讲述汉武帝时代开发西部创建河西四郡的过程中，夺标寻马的勇士骠勇为寻找西域良种马而历尽艰险西寻天马，第一次开发西部历史故事。通过剧中主要人物"骠昆"、"金妹"、"金暴"围绕"天马"展开的交锋。

该剧将汉代舞蹈和敦煌文化巧妙地融合，在难度、技巧上为演员创造了塑造人物的空间，并在"拓荒舞"、"西域舞"等段落中力图全方位展示西域文化的特点。把中国古典舞的"拧、倾、曲、圆"的内聚性形态，与西方芭蕾舞的"开、绷、立、直"的外拓性形态适当结合起来，创造了一种既阳刚豪放又阴柔婉约，既清新朴实又典雅绮丽的全新舞蹈形式，通过一系列难度大、技巧高的独舞、双人舞、三人舞、群舞和哑剧。邱惠饰演的男主角有着英豪之气，围绕寻求天马的中心事件，塑造了勇敢、善良、坚毅、刚强的骠昆，美丽、纯朴、坚贞、仗义的金妹，自私、虚伪、邪恶、残忍的金暴，以及矫健、灵动、昂奋、桀骜的拟人化天马等性格鲜明的典型形象。

0155 《敦煌韵》

作品类别：舞蹈

作　　者：甘肃省歌剧院

发表时间：2004

发表载体：甘肃省歌剧院

获奖及影响：先后获得文化部第一届全国杂技主题歌舞优秀剧目演出三等奖，第五届敦煌文艺奖一等奖，2006年甘肃省新创剧目调演一等奖。

简　　介：该主题歌舞共分三幕，第一幕《壁画舞影》；第二幕《时代遗风》；第三幕《天地人和》，以中国敦煌壁画故事为载体，用歌舞乐三位一体的传统美学形式为基准，通过《步步生莲》《又见飞天》《迦陵频伽》《雷音鼓魂》《美音神鸟》《鱼月神泉》《反弹琵琶》《丝路驼铃》《千手观音》《敦煌盛世》等歌舞乐场面，全方位展示了中国古乐舞的精髓及敦煌壁画、音乐、诗词歌赋、舞蹈的恢弘，再现了中国几千年古代文明的历史渊源和灿烂辉煌。

0156 《那山.那水.那云》

作品类别：舞蹈

作　　者：甘肃省民族歌舞团创作

发表时间：2006

发表载体：甘肃省民族歌舞团

获奖及影响：参加第三届全国少数民族文艺汇演，一举夺得全国金奖和15项专业奖励，同时获得甘肃省委、省政府奖励。

简　　介：《那山那水那云》蕴涵着雪山、黄河、草原的分歧气质，将释教文化、伊斯兰教文化和各平易近族悠远的文化传承集纳为一，既有最原始的旷世之音、蛮荒之舞，又有最现代的编排手法、艺术措置，丰硕了裕固族、回族、东乡族、保安族的舞蹈语汇。这是进入、体味甘肃少数民族的上佳文本整台节目采用了板块式的结构，第一板块以巍峨的祁连山为表征，以裕固族东迁这一史实为象征线，经由过程歌与舞，默示了裕固人对夸姣幸福糊口的追求。第二板块以黄河水为意象，应用花儿音乐，集中展示了回族、东乡族、保安族的估客风气，风味浓烈。第三板块以吉利彩云为符号，经由过程挖掘甘南藏族特有的平易近间舞蹈和音乐，掀开了一幅云雾笼的神秘画卷。

0157 《兰花花》

作品类别：舞蹈

作　　者：兰州市歌舞剧院编排

获奖及影响：获得甘肃省"敦煌文艺奖"

简　　介：《兰花花》是陕北民歌中流传最广的典范作品之一。这首优美的民歌，从20世纪30年代唱至今天，受到几代中国人的喜爱，家喻户晓，久唱不衰。在元宵节的灯会上，周财主见到美貌贤惠的兰花花，想让她嫁给自己未成年的儿子。在媒婆的撮合下，兰花花被迫嫁到周家。杨五娃悲痛欲绝，在婚礼庆典上与周家发生激烈冲突，混乱中，周财主失手打死了自己的儿子。痛失爱子的周财主丧心病狂，欲将兰花花为儿子陪葬。兰花花被受到良心谴责的媒婆偷偷放走，并带走周家的馒头作为干粮，逃到黄河边。兰花花和杨五娃相亲相爱，谦让着不多的干粮，在杨五娃盛情之下，兰花花终于先吃了馒头，孰料这是周家原本下毒要害兰花花的馒头，眼看要逃离苦命的鸳鸯就此天人两隔，杨五娃悲痛之中，也吃下毒馒头殉情，演绎了一出震撼人心、催人泪下的人间悲剧……

0158 《八声甘州》

作品类别：舞蹈

作　　者：张掖历史文化舞剧编创工作的行署文化处集体创作

发表时间：2013

获奖及影响：甘肃省第四届敦煌文艺奖入选作品。

简　　介：张掖市2002年为庆祝撤地设市编排的"五个一工程"之一的大型音乐舞蹈史诗。张掖历史文化舞剧编创工作的行署文化处抽调创作力量进行编剧创作，五易其稿，最终定名为《八声甘州》，并邀请北京、兰州、新疆等地知名艺术家进行编导、作曲。整个舞剧分黑水古谣（序幕）、大漠孤烟、甘泉泽商、梵音腾舞、裕固独韵、张掖金晖（尾声）六个部分。该剧撷取张掖历史上极具时代特点的代表性片段，加以挖掘升华、提炼熔铸、铺张展延，从而艺术地再现了历史几千年来波澜壮阔、纷纭繁复的动人画卷。该剧的时空纵横数千年，正是依靠这种文化精神，才使其首尾贯通，观之令人回肠荡气。整剧的节奏跌宕起伏，极尽豪直婉曲之致。在灯光和色彩的运用上，也达到了明丽繁复的效果。

0159 《天水旋鼓舞》

作品类别：舞蹈

获奖及影响：2008年6月，武山旋鼓舞于被正式列入中国非物质文化遗产名录。敦煌文艺奖第四届入选作品。

简　　介：天水旋鼓舞是广泛流传于甘肃天水一带、以精制羊皮鼓为基本道具的一种民间体育舞蹈，融陇右文化、周秦文化、农耕文化于一体，以其独特的舞蹈形态展示地方文化。本文运用文献资料法分析了天水旋鼓舞的文化特征与功能，对其精华进行挖掘、整理与传播。最早起源于原始部落的图腾舞或者叫傩舞。由男性青壮年表演，少则十几人，多则数百人，粗犷豪放，气势雄浑，奔放而不乏细腻，节奏明快，长于抒情。天水旋鼓，一种美丽的舞！旋鼓之美，美在声响。那是一种铿然之声、轰然之响，虽不惊天动地，但足以惊心动魄。

0160 《皮影娃娃》

作品类别：舞蹈

作　　者：吕恒全作曲，莎莎编舞

发表时间：1998

发表载体：崆峒市1998年首演

获奖及影响：作曲在2000年全省第二届群星艺术节中获银奖；曾获得两岸四地青少年艺术交流展演金奖的舞蹈《皮影娃娃》。2000年获省文化厅颁发等第二届群星艺术节二等奖；2001年获省教育厅颁发的第三届中学生文艺汇演二等奖；2003年获市委市政府颁发的崆峒文艺奖二等奖；2004年获省委省政府颁发的第四届"敦煌文艺奖"二等奖。

简　　介：据陇东民间皮影戏创作的《皮影娃娃》以其新颖的立意、奇妙的构思、深刻的舞蹈意象和蕴含的丰富哲理，把中国民间艺术中的皮影人演绎得活灵活现。得到了省内外专家的一致好评和孩子的喜爱。

0161 《散花》

作品类别：舞蹈

作　　者：省歌舞剧院有限责任公司根据传统的花舞《散花》编舞排演。

获奖及影响：该舞蹈获甘肃省第七届敦煌文艺奖入选作品；2011年获第二届甘肃舞蹈金奖，并在闭幕式上首演，是甘肃省优厚佛教文化的一个代表性的舞蹈。

简　　介：众多仙女下凡，手提花篮，或娇媚，或婀娜，将花语福音撒向人间。佛教乐舞内涵深厚，跳每一段都需要持灯、花、剑等道具，伴奏乐器有唢呐、芦管、哑胡、笛子等。

它的曲调为"阿吒力"佛腔，唱词为经文，舞蹈不同，它舞蹈节奏、舞姿造型、气氛等都不相同，音乐、唱词也要随之更换。

0162 《陇南花椒红》

作品类别：舞蹈类

作　　者：魏青

发表时间：2009-09-01

发表载体：全国校园选拔演出活动

获奖及影响："全国校园选拔演出活动"金奖。

简　　介：用优美的舞蹈来宣传陇南武都的花椒。

0163 《规定套路》

作品类别：舞蹈类

作　　者：雒莉

发表时间：2008-12-01

发表载体：全国社会体育指导员技能展

获奖及影响：该作品获2008"全民健身与奥运同行"全国社会体育指导员技能展示大会二等奖。

简　　介：雒莉，女，1951年6月1日。现任天水市麦积区妇联"夕阳红艺术团"团长，麦积区"全民健身辅导站"主任，国家级社会体育指导员，曾多次代表天水市、甘肃省赴各地参加比赛，取得优异成绩，2010年代表麦积区委统战部参加在台湾举办的"阿里山杯"舞蹈音乐大赛，获"优秀编导教师奖"。该作品获2008"全民健身与奥运同行"全国社会体育指导员技能展示大会二等奖。

0164 《雏鹰展翅》

作品类别：舞蹈类

作　　者：索丽娟

发表时间：2010-11-08

获奖及影响：获得第二届"马家窑文艺奖"三等奖。

0165 《西部尕妞妞》

作品类别：舞蹈类

作　　者：贺春琴

发表时间：2009-08-02

发表载体："星星火炬"推选活动

获奖及影响：获得第六届"星星火炬"中国青少年艺术英才推选活动全国总决赛金奖。

简　　介：舞蹈《西部尕妞妞》是以秧歌这种汉民族所特有的民间舞蹈形式，加以现代流行元素，展现了大西北的少年儿童活泼、坚韧、粗狂、豪放的性格特征和浓郁的乡土生活气息。舞蹈巧妙地将四种秧歌运用于其中，增强了艺术感染力，舞蹈音乐民族风味浓厚、高亢悠扬，传统音乐中流行元素的应用，使舞蹈又同时充满现代气息，舞中技能技巧与帕子的灵活运用展现了孩子们扎实的表演功底，通过孩子们热情的表演、生动的表情，表达了西部孩子对幸福生活的向往与追求！

0166 《陌路风尘》

作品类别：舞蹈类

作　　者：许馨元　刘维元

发表时间：2014-12-30

获奖及影响：甘肃省第二届"飞天杯舞蹈大赛"编导银奖

简　　介：2000年参加大型舞剧《大梦敦煌》的排练以及演出并随《大梦敦煌》剧组赴全国各省市进行巡演；2007年随《大梦敦煌》剧组赴欧洲各国进行巡演；2008年被评选为国家三级舞蹈演员，2008年参加甘肃省首届"飞天杯"荣获三人舞《今天就长大》作品金奖、编导金奖；2009年《今天就长大》获得甘肃省敦煌文艺奖一等奖；2011年：甘肃省第二届舞蹈"飞天杯"双人舞《陌路风尘》编导银奖群舞《鼓韵》荣获表演金奖。

0167 《爱莲说》

作品类别：舞蹈类

作　　者：苏雅琦

发表时间：2012-12-20

获奖及影响：甘肃省第二届飞天杯舞蹈大赛《爱莲说》金奖，甘肃省第二届飞天杯舞蹈大赛"精品课金奖。

简　　介：现读西北师范大学舞蹈表演本科，工作兰州歌舞剧院至今，曾获第二届"飞天杯"舞蹈大赛《爱莲说》独舞金奖；曾获第二届"飞天杯舞蹈大赛精品课"金奖；参加丝绸之路艺术节开幕、第二届"飞天杯舞蹈大赛"开闭幕及兰洽会开幕；跟随《大梦敦煌》《鼓舞中国》剧组赴日本、北京、上海、广州、大连、厦门等多处巡演。

0168 《小薇小薇》

作品类别：舞蹈类

作　　者：王颖

发表时间：2012-12-20

发表载体：比赛

获奖及影响：荣获第二届甘肃"飞天杯"校园组金奖。

0169 《我的家在洮河源上》

作品类别：舞蹈类

作　　者：卓玛加

发表时间：2012-04-08

发表载体：表演，广播，电视

简　　介：《我的家在洮河源上》已出版发行，在藏区广为流传，以通俗歌曲形式分藏汉两种语言演唱，以碌曲三大旅游景区为歌舞主要内容。作词：云丹龙珠，作曲：慈成木。

0170 《生命的季节》

作品类别：舞蹈类

作　　者：梁路顺郭莹

发表时间：2012-12-12

发表载体：参赛作品

获奖及影响：在第二届"飞天奖"舞蹈比赛获得作品金奖。

0171 《红星照我去战斗》

作品类别：舞蹈类

作　　者：王磊

发表时间：2014-12-12

发表载体：第二届飞天杯

获奖及影响：经过王磊改编荣获第二届"飞天杯"银奖。

简　　介：通过舞蹈的形式，歌颂了在红军为劳苦大众打天下伟大精神，像小石头、金竹、菊花、蛮仔哥、古小鹏这样的孩子们还有许许多多，他们用坚强的斗志、以青春年少的身躯和奔腾的热血谱写了一曲曲壮丽的诗篇。历史是一座丰碑。在这里，我们需要谨记的是，在那些过去的峥嵘岁月和艰苦卓绝的革命斗争中，我们以民族的伟大胜利和英雄壮举换来了世界的和平与安宁，在这些光荣的战争中，也有可爱的孩子们的一份荣耀与功劳，迎着风雨，小石头和一群少年红军，在红旗的指引下，在红星的照耀下，又开始了新的革命征程……

0172 《红柳》

作品类别：舞蹈类

作　　者：魏征

发表时间：2011-05-10

发表载体：第二届"飞天奖"舞蹈大赛

获奖及影响：原创女子独舞《红柳》获第二届飞天奖舞蹈大赛编导铜奖。

0173 《鼓韵》

作品类别：舞蹈类

作　　者：刘维元

发表时间：2011-12-28

发表载体：第二届甘肃"飞天杯"舞蹈大赛

获奖及影响：2012年获第二届甘肃"飞天杯"舞蹈大赛金奖；2013年获甘肃省第七届"敦煌文艺奖"二等奖。

简　　介：沸腾的黄土中涌出一群舞者，他们臂缠小鼓，脚步有力，舞姿奔放，激情如火。

0174 《风雨胡杨》

作品类别：舞蹈类

作　　者：钱文、王瑾

发表时间：2011-12-12

发表载体：第二届甘肃舞蹈"飞天奖"大赛

获奖及影响：2011年12月参加第二届甘肃舞蹈"飞天奖"大赛，三人舞《风雨胡杨》荣获作品金奖，2012年原创作品《风雨胡杨》获2012兰州市首届"文艺创作奖舞蹈百合奖"铜奖。

简　　介：《风雨胡杨》缘起于感动和感悟。一株植物不趋流水，不慕厚土，静静扎根于荒漠之中，却兀自金黄、炫目、恒久，树木无法选择只能顺应，而人如果甘于在荒原之中驻守并活出精彩，那是怎样的沉静、自信与坚韧。这支《风雨胡杨》舞的便是那些人一般的树和树一般的人。

0175 《墨韵》

作品类别：舞蹈类

作　　者：宫正、王磊

发表时间：2011-12-20

发表载体：第二届甘肃舞蹈"飞天奖"大赛

获奖及影响：原创男子独舞《墨韵》获得表演金奖；获编导铜奖；2012年原创作品《墨韵》获兰州市首届"文艺创作奖舞蹈百合奖"铜奖。

简　　介：《墨韵》一个心灵净化后的画家，用朴素平淡的墨韵，起伏有势、高下有情，为了创造无限美的祖国江山风姿神貌，来追求素与淡的艺术精神。

0176 《炫舞中国结》

作品类别：舞蹈类

作　　者：贺春琴

发表时间：2012-08-02

发表载体：第九届"星星火炬"推选活动

获奖及影响：获得第九届"星星火炬"中国青少年艺术英才推选活动全国总决赛特金奖；获得"魅力校园"第八届全国校园文艺汇演暨第十三届全国校园春节联欢晚会金奖。

简　　介：舞蹈《炫舞中国结》以少年儿童灵动、优美的舞姿展现了中华民族的祥和与幸福；一个个舞动的中国结绚丽多彩，犹如中华民族红红火火的日子；舞蹈音乐跌宕起伏、扣人心弦，队形变化如行云流水，时而像妙趣横生的年画；时而像形状各异的窗花；时而像梦幻的星空；时而汹涌河流里的浪花……一张张可爱的笑脸、炫舞的中国结，体现了中国少年儿童追求真、善、美的美好愿望。

0177 《雀之舞》

作品类别：舞蹈类

作　　者：李彩霞

发表时间：2010-07-15

发表载体：第六届华夏艺术兰州

获奖及影响：《雀之舞》获得第六届"华夏艺术风采国际交流甘肃展示"少年组银奖，本人获得优秀指导奖。

简　　介：李彩霞，女，汉族，1979年11月至1991年11月在渭源县秦剧团担任演员，1991年至今在安定区文化馆担任群众文化编导工作。

0178 《草原》

作品类别：舞蹈类

作　　者：李彩霞

发表时间：2010-08-15

发表载体：第六届青春中国全国总决赛北京

获奖及影响：2010 年 8 月 15 日编导的少儿舞蹈《草原》获得第六届"青春中国全国总决赛"少年组金奖，本人获得优秀教师称号。

简　　介：1979 年 11 月至 1991 年 11 月在渭源县秦剧团担任演员，1991 年 11 月至今在安定区文化馆担任群众文化编导工作，2011 年 10 月加入甘肃省舞蹈家协会，2010 年 8 月 15 日编导的少儿舞蹈《草原》《金孔雀》分别获得第六届青春中国全国总决赛少年组、儿童组金奖，本人获得优秀教师称号，2011 年 7 月 15 日《敦煌乐舞》《欢乐的玩吧》分别获得第七届甘肃省总决赛少年组金奖、儿童组银奖，本人获得优秀教师奖，2010 年 7 月 15 日《金马靴》《雀之舞》获得第六届华夏艺术风采国际交流甘肃展示银奖，少年组银奖，本人获得优秀指导奖。

0179 《来吧，姑娘》

作品类别：舞蹈类

作　　者：朱敬琳

发表时间：2014-08-01

发表载体：第六届全国青少年才艺展示

获奖及影响：该作品在第六届"魅力新星·放飞梦想"全国青少年才艺展示系列活动总展演中获银奖并授予"优秀指导老师"称号（中国关心下一代工作委员会、中国老艺术家协会、中国老艺术家协会舞蹈专业委员会主办）。

简　　介：朱敬琳，女，1986 年 10 月生。中国舞蹈家协会会员，中国舞蹈家协会注册教师。该作品在第六届"魅力新星·放飞梦想"全国青少年才艺展示系列活动总展演中获银奖（中国关心下一代工作委员会、中国

老艺术家协会、中国老艺术家协会舞蹈专业委员会主办）。

0180 《竹林深处》

作品类别：舞蹈类

作　　者：单玉霜

发表时间：2009-08-14

发表载体：第六届"星星火炬"全国总决赛（北京）

获奖及影响：2009 年 6 月 20 日《竹林深处》获得第六届"星星火炬"全国总决赛少年组金奖，本人获得优秀教师奖。

简　　介：单玉霜，女 2003 年至 2006 年就读于甘肃省幼儿师范学校；2006 年至 2008 年就读于西北师范大学；2008 年 8 月在定西市幼儿园工作至今；2011 年 10 月加入甘肃省舞蹈家协会 2009 年 8 月《竹林深处》《赛马》获得第六届"星星火炬"全国总决赛少年组金奖、银奖，本人获得优秀教师奖；2010 年 7 月 15 日，编导的《金马靴》《雀之舞》获得第六届"华夏艺术风采国际交流甘肃展示"少年组银奖、儿童组银奖，本人获得优秀指导奖，2007 年 8 月 15 日《欢乐的童年》获得定西市农行杯第二届舞蹈比赛二等奖，教师指导二等奖，2011 年 8 月 15 日《天堂》在定西市农行杯第三届舞蹈比赛中获得二等奖，本人获得指导教师二等奖，2011 年 7 月 15 日编导的《敦煌乐舞》《欢乐的玩吧》分别获得第七届甘肃省总决赛少年组金奖，儿童组银奖，本人获得优秀教师。

0181 《痴爱何所依》

作品类别：舞蹈类

作　　者：魏征

发表时间：2010-09-10

发表载体：第七届"荷花杯舞蹈"大赛

获奖及影响：原创作品《痴爱何所依》获第

七届"荷花杯"舞蹈大赛十佳作品集体优秀组织奖。

0182 《敦煌乐舞》

作品类别：舞蹈类

作　　者：李彩霞

发表时间：2011-07-15

发表载体：第七届总决赛兰州

获奖及影响：《敦煌乐舞》获得第七届"甘肃省总决赛"少年组金奖，本人获得优秀教师奖。

简　　介：李彩霞，女，汉族，1979年11月至1991年11月在渭源县秦剧团担任演员，1991年至今在安定区文化馆担任群众文化编导工作。

0183 《忆别》

作品类别：舞蹈类

作　　者：王添

发表时间：2012-10-20

发表载体：第三届"陕西舞蹈荷花奖"

获奖及影响：该作品在第三届"陕西舞蹈荷花奖"舞蹈比赛专业组独舞表演中获优秀奖（陕西省文学艺术界联合会、陕西省舞蹈家协会主办）。

简　　介：王添，女，汉族，甘肃天水人，生于1991年2月，毕业于宝鸡文理学院，大学本科，舞蹈学专业。该作品在第三届"陕西舞蹈荷花奖"舞蹈比赛专业组独舞表演中获优秀奖（陕西省文学艺术界联合会、陕西省舞蹈家协会主办）。

0184 《诺思吉雅》

作品类别：舞蹈类

作　　者：朱敬琳

发表时间：2014-04-20

发表载体：第四届"全国少数民族优秀舞蹈"

大奖赛

获奖及影响：该作品在桂林秀峰第四届"三月三"民族歌圩节·全国少数民族优秀舞蹈大奖赛中获优秀指导老师奖（广西壮族自治区舞蹈家协会主办）。

简　　介：朱敬琳，女，1986年10月生，现为中国舞蹈家协会会员，中国舞蹈家协会注册教师，该作品在桂林秀峰第四届"三月三"民族歌圩节·全国少数民族优秀舞蹈大奖赛中获优秀指导老师奖（广西壮族自治区舞蹈家协会主办）。

0185 《欢乐的火把节》

作品类别：舞蹈类

作　　者：朱敬琳（辅导教师）

发表时间：2013-07-31

发表载体：第五届"全国青少年才艺展示大赛"

获奖及影响：该作品在第五届放飞梦想全国青少年才艺展示大赛甘肃赛区比赛中获"优秀指导老师"称号（中国关心下一代工作委员会、中国老艺术家协会、中国老艺术家协会舞蹈专业委员会主办）。

简　　介：朱敬琳，女，1986年10月生。现为中国舞蹈家协会会员，中国舞蹈家协会注册教师。该作品在第五届"放飞梦想全国青少年才艺展示大赛"甘肃赛区比赛中获"优秀指导教师"称号。（中国关心下一代工作委员、中国老艺术家协会、中国老艺术家协会舞蹈专业委员会主办）。

0186 《炫袖炫舞》

作品类别：舞蹈类

作　　者：卓玛加

发表时间：2012-08-05

发表载体：电视，广播

简　　介：炫袖炫舞为男女群舞，炫袖炫舞表达了藏家儿女对如今生活充满希望和向往，舞出了当今社会日新月异的变化和发展。

0187 《梦之蓝》

作品类别：舞蹈类

作　　者：周娜娜

发表时间：2012-06-03

发表载体：发表（演出）载体

获奖及影响：获"大地之约"庆阳市2012青年声乐器乐舞蹈大赛优秀奖。

简　　介：女子集体拉丁舞《梦之蓝》获庆阳市"2012青年声乐器乐舞蹈大赛"正宁分赛区集体舞一等奖，获"大地之约"庆阳市"2012青年声乐器乐舞蹈大赛"优秀奖。

0188 《相约清晨舞动青春》

作品类别：舞蹈类

作　　者：苏静

发表时间：2013-08-30

获奖及影响：获2013年8月，获庆阳市庆祝第五个全民健身日及庆阳市群众体育健身技能交流展示大赛二等奖。

简　　介：舞蹈《相约清晨》创作开始于2013年4月，作者在进行音乐创作时，以大众广播体操的身体各部位运动口令为背景音乐框架，舞蹈中融入了古典舞身韵、健美操、现代舞、爵士舞等多种舞蹈元素，旨在通过采用不同风格、不同种类的多元化健身方法来达到"全民健身，民健全身"的目的。作品中，通过开始由20名演员用蓝色长形绸布交叉叠搭及10名演员用彩色长绸扇做席地飘扇而形成的立体"中国结"造型，展示了"同在蓝天下，和谐似一家"的和谐中国理念。在整个舞蹈过程中，演员们通过多彩的舞蹈动作和饱满的情绪，或娇柔含蓄或热情奔放或自由洒脱亦或潇洒帅气，结合流畅的舞台调度，着重体现了全民健身的多元化、全面化、艺术化。最后结束时，在蓝色绸布条围绕演员为花蕊而拉开的立体太阳花造型中，由500个彩色氮气球拽起的全民健身会标从"太阳花"中心徐徐升起，预示着全民健身活动将发扬光大，在中国大地上盛开全民健身热潮的五彩之花。

0189 《雪域欢歌》

作品类别：舞蹈类

作　　者：周娜娜

发表时间：2010-12-03

获奖及影响：获庆阳市第九届精神文明建设"五个一工程"奖及第四届"梦阳文艺奖"舞蹈作品类三等奖。

简　　介：广场集体舞《雪域欢歌》是

为 2010 年甘肃省第十二届运动会"红色之旅——精彩陇原"火炬传递活动，正宁火炬传递仪式所编排，演员是来自社会各行各业的 120 名社会群众，他们中年龄最大的已有 70 多岁。该舞蹈由三部分组成，第一部分，节奏欢快，舞步热烈奔放，表现了藏族人民热爱生活、热爱劳动、热情奔放的民族特征，第二段音乐舒缓、优美，动作舒展、流畅，表达藏族人民对今天美好生活的赞美之情，第三段以欢快的音乐再次将整个舞蹈推上了高潮，大家手拉着手围成三个同心圆象征着友爱与团结。

0190 《画中仙》

作品类别：舞蹈类

作　　者：王艺潼、魏祯

发表时间：2011-11-01

发表载体：甘肃"飞天奖"全国舞蹈荷花奖

获奖及影响：2011 年 12 月第二届甘肃舞蹈"飞天奖"大赛；原创双人舞《画中仙》获表演金奖，2012 年原创双人作品《画中仙》获 2012 兰州市首届"文艺创作奖舞蹈百合奖"铜奖，2013 年原创双人舞蹈《画中仙》获甘肃省"敦煌文艺奖"三等奖，2013 年自己原创作品《画中仙》入围第九届中国舞蹈"荷花"决赛荣获十佳作品奖"。

简　　介：《画中仙》男女古典双人舞该舞蹈讲述了一名画师对一幅女子画像的痴迷与专注，看"她"欣赏"她"想"她"成了画师每天必做的事情，奇迹出现，画中的"女子"仿佛感受到了他的痴心与执着，走出了画卷与画师相遇、相知、相恋。美好的事物总是短暂的，当他们的爱情走向顶峰时，女子消失了，画师望着熟悉而又陌生的画像，不知这美好的爱情是真实还是梦幻。

0191 《风雨胡杨》

作品类别：舞蹈类

作　　者：钱文、鞠颂

发表时间：2011-12-01

发表载体：甘肃"飞天奖"舞蹈比赛

获奖及影响：2011 年 12 月 1 日参加甘肃省"飞天杯"舞蹈比赛荣获表演金奖。

简　　介：《风雨胡杨》缘起于感动和感悟。一株植物不趋流水，不慕厚土，静静扎根于荒漠之中，却兀自金黄、炫目、恒久。树木无法选择只能顺应，而人如果甘于在荒原之中驻守并活出精彩，那是怎样的沉静、自信与坚韧。这支《风雨胡杨》舞的便是那些人一般的树和树一般的人。

0192 《猫鼠之夜》

作品类别：舞蹈类

作　　者：马灵娜

发表时间：2010-07-19

发表载体：甘肃日报

获奖及影响：第六届"青春中国——甘肃省青少年才艺大赛"甘肃省总决赛获一等奖。

简　　介：通过穿越，为孩子们开启一段段神奇的旅程。

0193 《生命的季节》

作品类别：舞蹈类

作　　者：梁路顺

发表时间：2011-12-20

发表载体：甘肃省"第二届"舞蹈飞天杯

获奖及影响：甘肃省第二届舞蹈"飞天杯"

作品金奖，"敦煌文艺奖"三等奖。

0194 《水墨随影》

作品类别：舞蹈类

作　　者：李琦、王艺潼、冯龙

发表时间：2011-11-07

发表载体：甘肃省第二届"飞天奖"

获奖及影响：2011年12月第二届甘肃舞蹈"飞天奖"大赛：原创双人舞《水墨随影》获编导银奖。

简　　介：《水墨随影》该舞蹈以中国水墨为题材，将中国太极与现代舞元素相结合，把舞台当做画卷，身体当画笔，将演员化作两条阴阳鱼，在行云流水般的动作之中将两仪的刚柔相济、有动有静、相辅相成、相生相惜巧妙的融合。展现中国水墨画气韵生动，以形写神的墨韵特点，影随身动、身随影韵，演绎出一幅中国风的三度空间立体水墨动态画。

0195 《月舞云袖》

作品类别：舞蹈类

作　　者：王艺潼、杨燕

发表时间：2011-11-07

发表载体：甘肃省第二届"飞天奖"

获奖及影响：2011年12月第二届甘肃舞蹈"飞天奖"大赛：原创女子独舞《月舞云袖》获编导银奖。2013年原创作品《月舞云袖》获2013兰州市首届文艺创作奖舞蹈百合奖银奖

简　　介：《月舞云袖》女子独舞，该舞蹈

讲述一名拥有优美舞姿的艺妓，虽然艳压群芳、衣食无忧却永远摆脱不了封建社会的压迫与束缚，自怜的她只能用舞姿来展现自己对艺术的热爱与追求，用舞蹈来宣泄对封建社会的不满与无奈。坚强的接受、面对、坦然、释怀，她依然是她，有舞蹈做伴、不怕孤单。因为考虑到汉唐时代的艺妓技压群芳，所以该舞蹈用中国戏曲水袖为道具，在水袖的标准长度上又加长了一米改为单袖，对表演者而言是加大了舞蹈难度，但提升了舞蹈的空间感，并且能更加清晰的诠释出人物的心情及状态。

0196 《古丽努尔》

作品类别：舞蹈类

作　　者：魏征

发表时间：2011-12-20

发表载体：甘肃省第二届"飞天奖"舞蹈大赛

获奖及影响：女子独舞《古丽努尔》获甘肃省第二届"飞天奖"舞蹈大赛编导铜奖。获兰州文联"舞蹈百合奖"铜奖。

0197 《走西口》

作品类别：舞蹈类

作　　者：魏征

发表时间：2011-12-20

发表载体：甘肃省第二届"飞天奖舞蹈"大赛

获奖及影响：女子独舞《走西口》获甘肃省第二届"飞天奖舞蹈大赛"作品铜奖

0198 《拧麻姑娘》

作品类别：舞蹈类

作　　者：清水第二幼儿园

发表时间：2009-08-16

发表载体：甘肃省第四届"群星杯"艺术节

获奖及影响：甘肃省第四届"群星杯"艺术

节展演中获得三等奖；甘肃省建国 60 周年农民文艺调赛中获创作三等奖。

0199 《爱有来生》

作品类别：舞蹈类

作　　者：张瑞、王艺潼

发表时间：2011-11-10

发表载体：甘肃省飞天奖

获奖及影响：2011 年 12 月第二届甘肃舞蹈"飞天奖"大赛：原创女子独舞《爱有来生》获得表演金奖。

简　　介：《爱有来生》女子独舞该舞蹈讲述了一段"人鬼情未了"的故事，她深爱的恋人去世了，而"恋人"由于放不下爱人，不愿投胎，宁愿一直在她的身边默默的看着、守着。而她无法从失去恋人的事实中走出来，孤独的活在回忆里，眼前总是出现恋人的身影，她疯狂的追逐、拥抱、挽留她的"爱人"，可残酷的现实让她清醒过来，她知道他一直活着、活在她的心里，而他会一直守护着她，等待着来生续爱。

0200 《戏驼》

作品类别：舞蹈类

作　　者：张有才（作曲）、方维青（编舞）

发表时间：2004-11-09

发表载体：甘肃省民族民间文化艺术节舞蹈表演

获奖及影响：荣获甘肃省"民族民间文化艺术节舞蹈表演"三等奖。

简　　介：在浩瀚的戈壁绿洲，通过一群骆驼与牧驼人的一段嬉戏、玩耍、集群舞、拟人化的表演手法，牧驼人与他的一群骆驼经过长途跋涉，艰难行走，牧驼人把他仅剩的一点水喂给他的一个小驼羔，小驼羔与牧驼人的亲近、嬉戏，表演生动、细腻，以舞蹈的手法贴切的表现了人与骆驼的和谐。舞蹈

作品荣获 2004 年甘肃省首届"民族民间文艺调演表演"三等奖。

0201 《热土》

作品类别：舞蹈类

作　　者：孙伟

发表时间：1992-05-01

发表载体：甘肃省职工艺术团文艺调演

获奖及影响：该作品在甘肃省职工艺术团文艺调演中获表演三等奖（甘肃省总工会主办）。

简　　介：孙伟，男，1957 年 11 月生。1975 年至 1976 年 4 月于天水市麦积区元龙公社涝池大队工作，1976 年 5 月考入天水市文工团（现天水市歌舞团）舞蹈演员岗，1991 年调入兰州铁路局艺术团，担任舞蹈编导兼演员。2004 年受聘于天水市麦积区老年大学，任舞蹈教师至今，该作品在甘肃省职工艺术团文艺调演中获表演三等奖（甘肃省总工会主办）。

0202 《春之韵》

作品类别：舞蹈类

作　　者：刘芳

发表时间：2012-11-02

发表载体：甘肃省中小学生艺术展演

获奖及影响：甘肃省"中小学生艺术展演"二等奖。

0203 《飞翔》

作品类别：舞蹈类

作　　者：王瑾

发表时间：2008-11-09

发表载体：甘肃首届"飞天奖舞蹈大赛"

获奖及影响：2008 年 11 月参加甘肃首届"飞天奖舞蹈大赛"，2009 年 12 月荣获甘肃省第六届敦煌文艺创作奖舞蹈《飞翔》三等奖。

简　　介：蒙古族是一个能歌善舞的民族，蒙古族的姑娘善于用舞蹈淋漓尽致的表现牧人的生活，表达牧人的美好情感。舞蹈节奏明快，热情奔放，语汇新颖，风格独特，让人联想到茫茫的大草原，蓝天白云，碧野红花的景色，大草原滋养出来勤劳勇敢的一群蒙古族姑娘。

0204 《心路》

作品类别：舞蹈类

作　　者：王瑾 梁璐顺

发表时间：2011-12-09

发表载体：第二届甘肃舞蹈"飞天奖"大赛

获奖及影响：2011 年 12 月参加第二届甘肃舞蹈"飞天奖"大赛。原创三人舞《心路》荣获编导银奖。

简　　介：讲述了三位美丽的藏族姑娘，在朝圣的路上，她们抛开一切世俗烦恼只朝前看，向往心中的梦想，从而获得一点踏实，纯粹的精神满足。也许，那是他们一直以来的信仰。

0205 《埙声情》

作品类别：舞蹈类

作　　者：方维青

发表时间：2014-08-01

发表载体：酒泉地区业余文艺调演

获奖及影响：荣获酒泉市表演一等奖、编导二等奖。

简　　介：远古时期，玉门火烧沟羌族牧羊人以陶埙悠扬的埙声，来表达牧羊人的爱情生活。

0206 《农家乐》

作品类别：舞蹈类

作　　者：王辉

发表时间：2014-08-08

发表载体：酒泉市精品文艺调演

获奖及影响：获得酒泉市文艺精品调演编导一等奖、表演一等奖。

简　　介：舞蹈以农村生活为依托，用舞蹈的形式，表现了农村人民喜情丰收的热烈场景。

0207 《新婚别》

作品类别：舞蹈类

作　　者：王辉

发表时间：2005-03-15

发表载体：酒泉市精神文明建设"五个一工程"

获奖及影响：获第七届酒泉市"精神文明建设五个一工程"优秀作品奖。

简　　介：舞蹈《新婚别》是根据石油工人的现实生活，用艺术的方式表现出石油工人刚刚结婚就要奔赴生产一线的感人故事。

0208 《巴当舞》

作品类别：舞蹈类

作　　者：厚萍

发表时间：2004-11-01

发表载体：民间文艺节兰州（2004.11）

获奖及影响：在首届甘肃省"民间文化艺术节"舞蹈比赛中《巴当舞》获三等奖，并入选 2005 年十九届甘肃省春节联欢晚会，2006 年 8 月，定西市首届"马家窑文艺奖"中获三等奖，在定西市首届中老年舞蹈大赛中担任评委。

简　　介：厚萍，女，1978 年出生，中共党员，大专学历，甘肃省舞蹈家协会会员，定西市舞蹈家协会会员，安定区青联委员。

0209 《废墟上的花朵》

作品类别：舞蹈类

作　　者：魏晴

发表时间：2009-05-12

发表载体：全国"梦想中国·爱我中华"晚会

获奖及影响：全国"梦想中国"和"爱我中华"大型综艺晚会演出，获得金奖，魏晴本人获得最佳指导奖。

0210 《欢歌起舞》

作品类别：舞蹈类

作　　者：潘霄

发表时间：2012-09-02

发表载体：全国第二届小学生艺术展演

获奖及影响：全国第二届小学生艺术展演二等奖。

简　　介：舞蹈《欢歌起舞》依据藏族传统的民间舞、锅庄及踢踏舞，相结合编排而成，舞蹈展示了西藏民族丰富多彩的创作精神和勤劳勇敢的精神风貌，跳出了西藏人民热情、豪放、朴实的民族气概和欢乐、激情的节日氛围，让学生更多的学习了解了西藏民族舞蹈及地域风情和她的民族文化。

0211 《自选套路》

作品类别：舞蹈类

作　　者：雏莉

发表时间：2008-12-01

发表载体：全国社会体育指导员技能展示大会

获奖及影响：该作品在 2008 "全民健身与奥运同行"全国社会体育指导员技能展示大会中获二等奖。

简　　介：雏莉，女，1951 年 6 月 1 日。现任天水市麦积区妇联"夕阳红艺术团"团长，麦积区"全民健身辅导站"主任，国家级社会体育指导员，曾多次代表天水市、甘肃省赴各地参加比赛，取得优异成绩，2010 年代表麦积区委统战部参加在台湾举办的"阿里

山杯"舞蹈音乐大赛，获"优秀编导教师奖"，该作品获 2008 "全民健身与奥运同行"全国社会体育指导员技能展示大会二等奖。

0212 《碧波孔雀》《格桑花开》《舞动新时代》

作品类别：舞蹈类

作　　者：冉洁

发表时间：2011-08-31

发表载体：全市春节文艺调演

获奖及影响：全市春节文艺调演汇演优秀表演奖。

0213 《胡总书记来陇南》

作品类别：舞蹈类

作　　者：龚成洲、张建民

发表时间：2011-02-02

发表载体：全市春节文艺调演

获奖及影响：全市春节文艺调演优秀表演奖

0214 《春天》

作品类别：舞蹈类

作　　者：李静

发表时间：2008-10-01

发表载体：全市银行业文艺大赛

获奖及影响：全市银行业"文艺大赛"舞蹈类一等奖。

0215 《笛声里的回忆》

作品类别：舞蹈类

作　　者：魏晴

发表时间：2011-09-11

获奖及影响：获优秀节目奖

0216 《今天就长大》

作品类别：舞蹈类

作　　者：王艺潼、许馨元、宫正

发表时间：2008-12-11

发表载体：首届"飞天奖"舞蹈比赛

获奖及影响：2008 年原创舞蹈《今天就长大》参加首届甘肃舞蹈"飞天奖"获作品金奖，2009 年原创舞蹈《今天就长大》获甘肃省第六届"敦煌文艺奖"二等奖，2010 年原创舞蹈《今天就长大》获兰州市"金城文艺奖"一等奖。

简　　介：《今天就长大》是以地震为题材的舞蹈，讲述了三个关系很好的孩子在上课时突然发生地震，面对灾难的降临，他们没有畏惧，没有自私的选择逃离。而是坚强的面对灾难，朋友之间相互帮助，展现出不放弃不抛弃的精神。

0217 《打鞭子》

作品类别：舞蹈类

作　　者：陈瑜、李宗钦、闫慧琴

发表时间：2004-11-14

发表载体：首届甘肃民族民间文化艺术节

简　　介：李宗钦，男，汉族。生于1957年10月。静宁县威戎镇人，静宁县文化馆工作。

0218 《红扇》

作品类别：舞蹈类

作　　者：厚萍

发表时间：2003-07-01

获奖及影响：在纪念建党82周年《颂歌》大型文艺晚会上，编导的舞蹈《红扇》获优秀编导奖。

简　　介：厚萍，女，1978.12.9，中共党员，大专学历，在安定区文化馆上班。1999年9月至2001年7月，在中央文化干部管理学院上学，2001年8月至今在安定区文化馆上班，甘肃省舞蹈家协会会员，定西市舞蹈家协会会员，安定区青联委员。

0219 《西部放歌》

作品类别：舞蹈类

作　　者：厚萍

发表时间：2002-11-08

发表载体：颂歌献给党定西 2002.11

获奖及影响：舞蹈《西部放歌》，在《颂歌献给党》大型歌舞晚会上荣获优秀编导奖

简　　介：厚萍，女，1978.12.9，中共党员，大专学历1999年2月，在安定区文化馆上班，1999年9月至2001年7月，在中央文化干部管理学院上学，2001年8月至今在安定区文化馆上班。甘肃省舞蹈家协会会员，定西市舞蹈家协会会员，安定区青联委员。

0220 《吉祥》

作品类别：舞蹈类

作　　者：雏莉

发表时间：2012-11-23

发表载体：台湾阿里山杯舞蹈服饰合唱艺术盛典

获奖及影响：该作品在2012台湾阿里山杯舞蹈服饰合唱艺术盛典中获舞蹈组金奖。

简　　介：雏莉，女，1951年6月1日，现任天水市麦积区妇联"夕阳红艺术团"团长，麦积区"全民健身辅导站"主任，国家级社会体育指导员，曾多次代表天水市、甘肃省赴各地参加比赛，取得优异成绩，2010年代表麦积区委统战部参加在台湾举办的"阿里山杯"舞蹈音乐大赛，获"优秀编导教师奖"。该作品在2012台湾阿里山杯舞蹈服饰合唱艺术盛典中获金奖。

0221 《望月》

作品类别：舞蹈类

作　　者：雏莉

发表时间：2012-11-23

发表载体：台湾阿里山杯舞蹈服饰合唱艺术

盛典

获奖及影响：该作品在 2012 台湾阿里山杯舞蹈服饰合唱艺术盛典中获舞蹈组最高奖。

简　　介：雒莉，女，1951 年 6 月 1 日。现任天水市麦积区妇联"夕阳红艺术团"团长，麦积区"全民健身辅导站"主任，国家级社会体育指导员，曾多次代表天水市、甘肃省赴各地参加比赛，取得优异成，2010 年代表麦积区委统战部参加在台湾举办的"阿里山杯"舞蹈音乐大赛，获"优秀编导教师奖"。该作品在 2012 台湾阿里山杯舞蹈服饰合唱艺术盛典中获舞蹈组最高奖。

0222 《格尔》

作品类别：舞蹈类

作　　者：多尔贡

发表时间：2008-07-01

获奖及影响：舞蹈《格尔》在 2008 年省委宣传部等单位举办的庆祝新中国成立六十周年《向祖国致敬》少数民族文艺会演荣获三等奖。

简　　介：舞蹈《格尔》展现藏族年轻男女谈情说爱唱民歌的情景。

0223 《锅庄舞》

作品类别：舞蹈类

作　　者：多尔贡

发表时间：2011-07-01

获奖及影响：舞蹈《锅庄舞》在 2011 年 7 月份代表甘南州参加甘肃省第七届"少数民族传统体育运动会"荣获金奖。

简　　介：舞蹈《锅庄舞》是藏族人民歌唱幸福生活和庆祝丰收跳的集体舞。

0224 《青藏高原》

作品类别：舞蹈类

作　　者：才让当知

发表时间：2004-05-30

获奖及影响：在"全国少儿舞蹈大赛"汕头市赛区中获一等奖。

简　　介：舞蹈《青藏高原》是彰显青藏高原游牧民歌唱幸福生活而跳起幸福的舞蹈。

0225 《赛马》

作品类别：舞蹈类

作　　者：万玛尖措

发表时间：2011-12-25

获奖及影响：2011 年 12 月 25 日至 28 日，由省委宣传部、省文学艺术界联合会、省文化厅、省广播电视总台等单位在兰州金城剧院隆重举办甘肃省第二届"飞天奖"舞蹈大赛，男子群舞《赛马》一举荣获此次大赛的最高奖项金奖。

男子群舞《赛马》表现黄河首曲藏族人民夏季每年举行的赛马盛会，纪念玛曲格萨尔赛马称王和玛曲是格萨尔发祥地。

0226 《小赐福》

作品类别：舞蹈类

作　　者：谢永军

发表时间：2013-03-16

发表载体：文艺演出

获奖及影响：宗教舞蹈，小型宗教仪式上表演，为来年祈福。

简　　介：小赐福是一种宗教舞蹈，一般在中小型宗教仪式上表演，祈祷来年风调雨顺、五谷丰登。

0227 《顶碗舞》

作品类别：舞蹈类

作　　者：屈晓娜

发表时间：2012-08-10

获奖及影响：甘肃省"青春中国少儿舞蹈比赛"嘉峪关赛区一等奖

0228 《钢城宝贝》

作品类别：舞蹈类

作　　者：屈晓娜

发表时间：2010-08-10

获奖及影响：第四届甘肃快乐小舞星一等奖

0229 《红缨帽》

作品类别：舞蹈类

作　　者：哈海强

发表时间：2010-08-15

获奖及影响：甘肃省"少儿舞蹈大赛"一等奖

简　　介：《钢城宝贝》《红缨帽》《摇奶吆语》等分别在全国青少年才艺大赛和中国台湾两岸三地中老年艺术节获表演银奖、表演一等奖和创作一等奖。

0230 《摇奶吆语》

作品类别：舞蹈类

作　　者：哈海强

发表时间：2013-08-15

获奖及影响：2013年8月15日，获甘肃省"体协老年文艺汇演"一等奖、"中国台湾夕阳红两岸三地文化汇演交流活动"金奖。

简　　介：《钢城宝贝》《红缨帽》《摇奶吆语》等分别在全国青少年才艺大赛和中国台湾两岸三地中老年艺术节获表演银奖、表演一等奖和创作一等奖。

0231 少儿舞蹈《酥油飘香》

作品类别：舞蹈类

作　　者：屈晓娜

发表时间：2012-08-16

简　　介：《钢城宝贝》《顶碗舞》《酥油飘香》等分别在"全国青少年才艺大赛"和"甘肃省栏目才艺大赛荣"获表演银奖、表演一等奖和创作一等奖。

0232 《不能忘却的记忆》

作品类别：舞蹈类

作　　者：李敏

发表时间：2013-06-30

获奖及影响：获得陇南市市级奖项

简　　介：《本能忘却的记忆》以舞蹈的艺术形式缅怀革命先烈，表达了对先烈们的崇敬之情。

0233 《春来了》

作品类别：舞蹈类

作　　者：李岚

发表时间：2006-08-18

简　　介：婉转的音乐，美妙的舞姿，流畅的表演，像春天的使者一样，将春的气息表演的惟妙惟肖，得到了观众的认可与赞叹！

0234 舞蹈快板《喜说华亭新农村》

作品类别：舞蹈类

作　　者：李岚

发表时间：2006-11-16

获奖及影响：甘肃省首届农民文艺调演一等奖。

简　　介：通过富有强烈乡土气息的经典台词，和明快的节奏，以舞蹈快板的形式，配合演员们热情洋溢的表演，将家乡的新变化、新气象体现的淋漓尽致，演出得到了观众的一致好评！

0235 《笑面人生》

作品类别：舞蹈类

作　　者：孙汉明

发表时间：2011-12-08

发表载体：舞台演出

获奖及影响：2011年获得甘肃省"飞天杯"舞蹈比赛作品银奖，2012年获得全国"荷花奖"舞蹈比赛十佳作品奖

简　　介：舞者以小丑造型出现，表现一个人由于生活所迫，不得不以小丑的形象来哗众取宠，面对现实的社会选择坚强努力的生活，突出小人物，大梦想的文章主题，该舞蹈表现出了小丑内心世界的坚强与无奈和对未来生活的憧憬与向往！

0236 《赛马》

作品类别：舞蹈类

作　　者：李彩霞

发表时间：2009-06-20

发表载体：星星火炬总决赛北京

获奖及影响：《赛马》获得第六届"星星"火炬全国总决赛少年组银奖，本人获得优秀教师奖。

简　　介：李彩霞，女，汉族，1979年11月至1991年11月在渭源县秦剧团担任演员，1991年至今在安定区文化馆担任群众文化编导工作。

0237 《竹林深处》

作品类别：舞蹈类

作　　者：李彩霞

发表时间：2009-06-20

发表载体：星星火炬总决赛北京2009.6

获奖及影响：《竹林深处》获得第六届"星星火炬"全国总决赛少年组金奖，本人获得优秀教师奖。

简　　介：李彩霞，女，汉族，1979年11月至1991年11月在渭源县秦剧团担任演员，1991年至今在安定区文化馆担任群众文化编导工作。

0238 《安代情》

作品类别：舞蹈类

作　　者：乌力吉

发表时间：2009-07-08

获奖及影响：2009年获"向祖国致敬——全省庆祝新中国成立60周年少数民族文艺汇演优秀表演"三等奖

0239 《古风新韵》

作品类别：舞蹈类

作　　者：临泽县

发表时间：2007-07-18

发表载体：演出

简　　介：该剧以反映临泽县历史文化及现代化建设成就为主线，集音、诗、舞、画为一体，分昭武古韵、仙姑神灯、枣园仙境、神奇丹霞、临泽欢歌5个场景，包括快板书《我们是中华大地昭武人》《说说社会主义新农村》，表演唱《锦绣景色看不够》、二重唱《丹霞颂》、诗朗诵《托起明天的太阳》、戏曲联唱《谁不夸咱家乡好》等6个节目。

0240 《荷花仙子》

作品类别：舞蹈类

作　　者：时晓明李清

发表时间：2000-03-05

获奖及影响：2000年3月获第二届酒泉"精

神文明建设五个一工程"奖。

0241 《建国60周年文艺晚会》

作品类别：舞蹈类

作　　者：李晓玲（总导演）

发表时间：2009-09-28

获奖及影响：庆祝建国60周年大型歌舞晚会。

简　　介：《庆祝建国60周年文艺晚会》，是全县所属个系统各单位参与并精心组织编排的以歌颂党，歌颂祖国为主题的一部大型的歌舞晚会。

0242 《麻娘娘》《吉祥的热巴》《飞旋的踢踏》《春韵》

作品类别：舞蹈类

作　　者：青少年活动中心

发表时间：2012-07-13

发表载体：演出

获奖及影响：县内县外演出

简　　介：目前现状是全县现在办有一所青少年活动中心，正常编排儿童歌舞，但音乐舞蹈协会近年来组织创作人员创作编排了《麻娘娘》《吉祥的热巴》《飞旋的踢踏》《春韵》等剧目，在县内县外演出获得了成功，得到了社会各界的好评。

0243 《文艺晚会》

作品类别：舞蹈类

作　　者：李晓玲、陈刚（总策划）

发表时间：2007-11-05

发表载体：演出

获奖及影响：《文艺晚会》这部文艺晚会是定西市金融系统廉政建设文艺晚会。

简　　介：这部文艺晚会是定西市金融系统廉政建设的专题文艺晚会，陇西县所选节目大合唱《南湖之歌》《中国朝前走》。舞蹈《旗帜》，《为民造福树丰碑》等分别获不同等级奖项。

0244 《仙姑传奇》

作品类别：舞蹈类

作　　者：临泽县

发表时间：2009-08-04

发表载体：演出

简　　介：《仙姑传奇》是根据临泽县板桥镇民间宗教平天仙姑的传说编辑而成，讲述了仙姑在黑河上修桥方便两岸人民通行的显灵之事，生动反映了汉代河西地区的历史风土人情。

0245 《小燕子》

作品类别：舞蹈类

作　　者：殷惠霞

发表时间：2000-03-08

发表载体：演出

获奖及影响：2000年3月获第二届"酒泉精神文明建设五个一工程"奖。

0246 《新婚别》

作品类别：舞蹈类

作　　者：王辉

发表时间：2005-03-09

发表载体：演出

获奖及影响：2005年3月获第七届酒泉"精神文明五个一工程奖"。

0247 《中华魂》

作品类别：舞蹈类

作　　者：《中华魂》创编组委会

发表时间：1994-04-26

发表载体：演出

获奖及影响：大型歌舞剧《中华魂》是1994年4月为甘肃省两会演出。

简　　介：《中华魂》是一部以中国革命历史为素材，以歌颂党，歌颂祖国为主题的大型歌舞剧。当年甘肃省副省长孙英给予高度好评。

0248 《巴木巴拉》

作品类别：舞蹈类

作　　者：席玲玲

发表时间：2014-01-18

发表载体：演出

获奖及影响：2014年在甘肃省第三届"成果展演中辅导学生舞蹈"获二等奖，2009年在定西市安定区舞蹈比赛中获优秀奖，2008年在深圳市舞蹈大赛独舞《金孔雀与凤尾竹》获三等奖。

0249 《和谐金塔喜事多》

作品类别：舞蹈类

作　　者：赵文华、马艳荣

发表时间：2013-08-13

发表载体：演出

获奖及影响：2013年8月13日在酒泉市精品文艺展演胡扬风采金塔县专场文艺演出中荣获创新节目奖，之后在社会团体中大力推广宣传。

简　　介：表演唱《和谐金塔喜事多》通过表演形式，讲述了几个好姐妹们来逛金塔故事，表现金塔现在的幸福生活。

0250 大型鼓舞乐《鼓舞中国》

作品类别：舞蹈类

作　　者：苏孝林

发表时间：2012-11-15

发表载体：演出

获奖及影响：大型鼓舞乐《鼓舞中国》荣获甘肃省戏剧大省建设突出贡献奖。

简　　介：大型乐舞《鼓舞中国》是迄今为止全国荟萃中华鼓种和鼓舞类型最多的一台大型乐舞演出，从注重鼓舞结合、强调舞蹈性的思路出发，选择了包括陶鼓、鸟架鼓、出征战鼓、戏曲板鼓、少数民族鼓舞等30余种类型，涵盖多个时期、多个地域、多个民族的鼓舞艺术。整台演出用七十分钟的时空、两百多名演职人员、三百多面鼓，展示中华鼓舞艺术的无穷魅力，凸显中华民族不畏艰险、生生不息的群体风貌，高扬坚定自信、勇往直前的时代精神，是献给伟大民族和伟大时代的一首雄壮昂扬的颂歌。

0251 大型舞蹈诗《西出阳关》

作品类别：舞蹈类

作　　者：兰州歌舞剧院创作组

发表时间：1994-08-01

发表载体：演出

获奖及影响：1995 年 10 月评为 1994 年度精神文明建设"五个一工程提名作品"，1995 年 10 月获兰州市委、市政府颁发的"第三届金城文艺"特别奖，1997 年 11 月在文化部第七届文华奖评奖中荣获文华新剧目奖，1998 年 2 月获甘肃省"敦煌文艺奖"一等奖

简　　介：《西出阳关》是中国舞台上一部真正意义上的舞蹈诗，它不以故事情节感人，不以奇风异俗取胜，在单纯里叙写人性，在简约中勾勒人生，它用《古道》《大漠》《红柳》《青灯》《古堡》《莫高窟》《集市》《月牙泉》《古战场》《桑田》等十个舞蹈段落，努力在多层空间里寻求丰富的情感，诗情画意地表现了中国古丝绸之路上雄浑浩瀚的自然风貌，中华先人坚韧强悍的生存意志与开拓精神，以及传统文化所曾有过的辉煌创造，给民族复兴中努力寻求和创造民族崭新心态的现代人一种感动与启迪。

0252 大型舞剧《兰花花》

作品类别：舞蹈类

作　　者：苏孝林

发表时间：1992-09-10

发表载体：演出

获奖及影响：1993 年 8 月获甘肃省首届"敦煌文艺奖"。1994 年 9 月在第四届"中国艺术节"开幕式及正式演出中圆满完成任务，成绩显著，工作先进。1999 年 10 月 9"千缘杯"兰州市优秀剧（节）目展演中，荣获"庆祝祖国五十华诞、兰州解放五十周年"特别贡献奖；1999 年 10 月"千缘杯"兰州市优秀剧（节）目展演中，荣获集体优秀演出奖。

简　　介：这是二十世纪二十年代发生在黄土高原上的一个爱情悲剧，美丽的姑娘兰花花和英俊的后生杨五哥真情相爱，憧憬着甜蜜的未来，地主周老财为了给病情加重的痴傻独苗周独蒜冲喜，强抢兰花花与独蒜成亲。洞房花烛夜，在外打工的杨五哥匆匆赶回营救兰花花，被周老财发现，狠心的老财下计欲毒死兰花花，却一下子夺去了包括周独蒜在内的三条性命。黄河边，高坡旁，垂死鸳鸯拜天地，鸳鸯本是痴情鸟，生生死死永相依。

0253 《游牧时光》

作品类别：舞蹈类

作　　者：万玛尖措、索南旺杰、满却顿智

发表时间：2009-10-15

发表载体：舞台剧载体

简　　介：大型歌舞诗《游牧时光》是一部反映藏民族文化的大型原生态藏族歌舞剧，该剧以玛曲草原为背景，以藏族游牧文化为内涵，由序篇《首曲风华》，主题篇《天地信仰》《守望家园》《英雄传奇》《天边牧歌》和尾篇《和睦共生》六个篇章组成，在内容上，既注重提炼藏族原生态文化的底蕴，又注重赋予新时期的时代特征，着力反映藏族人民走向新生活的过程和讴歌新时代、赞美新生活的心声，该剧在创作阵容上，聘请了国内知名编剧、资深导演、音乐总监、灯光、服装舞美设计，通过 50 多名专业演员的表演，艺术地再现了玛曲草原风光和原生态舞蹈、曲艺、藏戏、史诗、宗教、音乐等民俗文化，展示了浓郁的民族风情和原生态游牧文化。

0254 《欢乐的鼓》

作品类别：舞蹈类

作　　者：李晓娟

发表时间：2011-08-18

发表载体：演出

获奖及影响：2011 年 8 月荣获第三届"定西市舞蹈大赛"辅导一等奖。

0255 《欢乐旋鼓》

作品类别：舞蹈类

作　　者：陈蕤田晓

发表时间：2013-08-20

发表载体：演出

获奖及影响：参加 2013 年有中国文联、中国舞蹈家协会举办的第七届"小荷风采"全国少儿舞蹈展演，获得"小荷新秀"荣誉称号。

简　　介：天水旋鼓于 2008 年收入国家级非物质文化遗产名录，脱胎于"武山旋鼓"，留存着远古羌民族的遗风，彰显着伏羲文化的精神内涵，舞蹈风格突出"圆"和"旋"，鼓面用羊皮蒙制，槌柄缀着九枚铁环，俗称"九连环"，鼓面图案突出"太极八卦"图形，舞蹈中时而敲击鼓面，时而抖动佩环，鼓点变化多端、扣人心弦、时而舒缓，使人流连，敲出了西部大开发的繁荣景象，舞出了对美好生活的向往。

0256 《巾帼魂》

作品类别：舞蹈类

作　　者：张红梅

发表时间：2001-09-10

发表载体：演出

获奖及影响：获得甘肃省中学生"天地杯"文艺汇演一等奖。

简　　介：舞蹈以花木兰替父从军的故事为背景，分为三部分，表现了花木兰英勇杀敌，战败又崛起的过程，歌颂了女性坚强、奋斗、自立自强的精神！

0257 《金塔美丽的地方》

作品类别：舞蹈类

作　　者：丁雪玲

发表时间：2010-08-07

发表载体：演出

获奖及影响：2010 年 8 月 7 日在酒泉市精品文艺展演金塔专场文艺演出中荣获编导二等奖。

简　　介：通热情的鼓点、欢快的舞步、俏皮的手巾花，再配以葡萄、西瓜、棉花、小麦等道具，表现了金塔作为农业大县，农民丰收、经济发展迅速，人民热情好客、幸福生活的景象，获得 2010 年酒泉市精品文艺调演编导一等奖、优秀剧目奖。

0258 《快乐每一天》

作品类别：舞蹈类

作　　者：曾涛

发表时间：2013-07-22

发表载体：演出

获奖及影响：2013 年 7 月编排舞蹈《快乐每一天》参加"百姓舞台，快乐万家"定西市广场舞大赛获得三等奖，2013 年 7 月排练舞蹈《再唱为了谁》《大爱中国》在内管镇庆祝九十二周年文艺汇演分别获得二等奖和三等奖。

0259 陇剧《官鹅情歌》

作品类别：舞蹈类

作　者：舞蹈编导：钱文

发表时间：2007-05-01

发表载体：演出

获奖及影响：国家舞台精品剧目

简　介：《官鹅情歌》是甘肃省陇剧入选首批国家非物质文化遗产名录后创作的一部优秀剧目。入选 2007-2008 年度国家舞台艺术精品工程十大精品剧目。剧情以甘肃宕昌官鹅沟为背景，讲述氐族青年官珠与羌族姑娘鹅嫚以爱情化解仇恨、为和平不惜献身，从而感化了两个民族世代友好、和睦相处的故事。

0260 《母亲》

作品类别：舞蹈类

作　者：张红梅

发表时间：2009-08-14

发表载体：演出

获奖及影响：获得甘肃省第四节"群星艺术节"一等奖。

简　介："这部作品淋漓尽致地诠释了真实生活中浓浓亲情的呼唤。从它编汇的动作语言中，一方面反映出年迈母亲佝偻、颤巍的体态，一方面又衬托出现母亲童真、诙谐的心态，从而刻画出既对立又统一鲜明的形象特征。这个舞蹈借用舞蹈语汇揭示人生、反映生活，产生了强烈的情感共鸣，让人深切地体会到在我们的现代社会中，作为年轻的一代我们应该愈加注重对空巢老人们的关爱，特别是在精神上，让老人切实感受到儿女们的爱，安详地度过余生，不再孤独。

0261 《秦安蜡花舞》

作品类别：舞蹈类

作　者：王芳

发表时间：2014-10-01

发表载体：演出

获奖及影响：获天水市 2008 年"农民暨少数民族文艺汇演"二等奖。

0262 群舞《钢花与我》

作品类别：舞蹈类

作　者：钱文

发表时间：2008-05-01

发表载体：演出

获奖及影响：甘肃省首届"飞天杯"舞蹈比赛金奖。

0263 群舞《钢花与我》

作品类别：舞蹈类

作　者：钱文（编导）

发表时间：2008-05-01

发表载体：演出

获奖及影响：甘肃省首届"飞天杯"舞蹈比赛一等奖。

简　介：飞溅的钢花如同礼花，我们的钢铁工人置身于钢花中，与钢花同舞，用勤劳的双手，辛勤的汗水，为祖国的钢铁事业、为祖国的建设谱写绚丽的篇章。这是一个工业题材的剧目，由酒泉钢铁公司艺术团表演。

0264 群舞《鼓韵》

作品类别：舞蹈类

作　者：钱文

发表时间：2011-05-01

发表载体：演出

获奖及影响：第二届甘肃舞蹈"飞天奖"比赛编导金奖；甘肃省第七届"敦煌文艺"二等奖。

0265 群舞《汉风·踏鼓》

作品类别：舞蹈类

作　　者：编导：钱文

发表时间：2009-05-01

发表载体：演出

获奖及影响：全国残疾人文艺调演特别奖

简　　介：《汉风·踏鼓》头戴长翎，脚踏响鼓，婀娜多姿，踏鼓起舞。甘肃自汉代以来，就是丝绸之路的重要路段，留下了很多汉代的历史遗迹，本节目根据汉代画像砖上的舞蹈动作提炼加工，再现汉代舞蹈艺术的魅力。

0266 三人舞《唱给太阳的歌》

作品类别：舞蹈类

作　　者：钱文（编导）

发表时间：2005-05-01

发表载体：演出

获奖及影响：甘肃省舞蹈比赛一等奖

简　　介：钱文同志在29年的舞蹈专业工作中总结和积累了较好的专业知识和专业素质，其在全省乃至全国的各类大赛中，本人编排和创作的作品多次获奖，多次参与省内的各个艺术院团新剧目的编创，如兰州市歌舞剧院的大型歌舞晚会《花儿开了》《祥云升腾的地方》《炫彩之旅》《大美敦煌》等，甘肃电视台春节晚会《春舞陇原》、甘肃省陇剧院陇剧《官鹅情歌》（获国家舞台精品剧目奖）、甘肃秦剧团秦腔《锁麟囊》大型鼓、舞乐《鼓舞中国》及大型晚会开幕式及各种歌舞晚会的编创，并积累了丰富的实践经验。现主管兰州歌舞剧院工作，舞剧《大梦敦煌》舞台监督，鼓、舞、乐《鼓舞中国》编导、舞台总监。

0267 《书包太大了》

作品类别：舞蹈类

作　　者：陈鑫鑫

发表时间：2012-03-31

发表载体：演出

获奖及影响：荣获平凉市第一届"艺术校园"小学组舞蹈类一等奖。

0268 《踏歌起舞》

作品类别：舞蹈类

作　　者：陈鑫鑫贺彤

发表时间：2005-01-31

发表载体：演出

获奖及影响：荣获第五届"全国校园春节联欢晚会节目"征集三等奖。

0269 舞蹈《博回蓝天》

作品类别：舞蹈类

作　　者：钱文

发表时间：2001-05-01

发表载体：演出

获奖及影响：第五届全国残疾人汇演辅导一等奖。第五届全国残疾人汇演金奖。

0270 《舞蹈大赛辅导》

作品类别：舞蹈类

作　　者：刘立平

发表时间：2011-08-18

发表载体：演出

获奖及影响：2011年八月荣获第三届定西市舞蹈大赛辅导一等奖，《2012年全年度全市幼儿教育教师教学观摩活动中荣获一等奖

0271 舞剧《大梦敦煌》

作品类别：舞蹈类

作　　者：赵大鸣（执笔）、苏孝林

发表时间：2000-04-24

发表载体：演出

获奖及影响：2000年10月获第二届中国舞蹈"荷花杯"舞剧银奖、最佳佳灯光设计奖、

最佳作曲奖、最佳男演员奖、优秀编导奖、优秀演员奖；2001年9月获中宣部第八届"精神文明建设"五个一工程奖"；2002年4月获文化部第十届"文华"新剧目奖；2002年4月获文化部第十届"文华"编导奖；2002年4月获文化部第十届"文华"最佳男演员奖；2002年12月确定为"国家舞台艺术精品工程"初选剧目；2003年12月获国家舞台艺术精品工程；2002年—2003年度提名"精品剧目"奖；2005年1月获国家舞台艺术（2003—2004年度）"十大精品剧目"；2007年11月获2007-2008年度国家文化出口重点项目；2008年6月获首届新疆国际民族舞蹈节，文化和谐；2008年6月获首届中国新疆国际民族舞蹈节"艺术贡献奖"；2009年9月获文化部"优秀保留剧目大奖"；2009年11月兰州大剧院获人力资源和社会保障部、文化部授予的"全国文化系统先进集体"称号；2009年荣获"全国三八红旗集体荣誉"称号。

简　　介：舞剧《大梦敦煌》剧情简介青年画师莫高为追求艺术的最高境界前往敦煌，在穿越大漠的艰难中生命垂危，被偶然路过的巾帼女子月牙所救，不久，他们再次在敦煌相逢，萌生爱情。却遭月牙之父大将军反对，逼迫月牙在王公巨贾中招亲，为了爱情，月牙星夜出逃，与莫高在洞窟相会，大将军率军包围。在血与火的面前，月牙再次拯救了莫高，却付出了生命的代价，月牙走了，化成一泓清泉，莫高以泉润笔，在巨大的悲怆中完成了艺术的绝唱。莫高窟千年不朽，月牙泉万代不涸。艺术、爱情，永远相伴、相守。

0272 《洗衣舞》

作品类别：舞蹈类

作　　者：丁蕾

发表时间：2012-08-14

发表载体：演出

获奖及影响：2012年定西市第三届"舞蹈大赛"青年组获辅导老师一等奖，《剪花花》获二等奖，《回家》获三等奖，2013年定西市首届凤城杯舞蹈大赛获辅导老师一等奖，2010年获中国小舞星教师资格证书高级教师。

0273 《雪艺》

作品类别：舞蹈类

作　　者：贾玉芝

发表时间：2010-12-18

发表载体：演出

获奖及影响：2005年8月在定西首届舞蹈大赛中荣获专业辅导一等奖，2010年12月在甘肃佳偶督导发表论文《幼儿园艺术教育之我见》，2010年12月在甘肃省中小学和学前教育录像课大班艺术活动《雪艺》荣获省级二等奖。

0274 《最美教师》

作品类别：舞蹈类

作　　者：王小卉、杨燕、徐蕾

发表时间：2014-09-12

发表载体：演出

获奖及影响：2013年荣获华亭县教育系统第五届"艺术节"一等奖；2013年荣获第二届"莲花台"艺术奖舞蹈类一等奖；2014年荣获平凉市第二届"中小学艺术节"舞蹈类一等奖。

简　　介：本作品是以2012年度"感动中国——最美教师张丽莉"的事迹为原型而创作的一部情景舞蹈。

0275 大型情景剧《故里明月》

作品类别：舞蹈类

作　　者：李晓玲（总导演）

发表时间：2012-08-20

发表载体：演出

获奖及影响：《故里明月》大型情景剧是为

"中国·陇西李氏文化旅游节"所编排演出的主题晚会。

简　　介：这部大型舞蹈情景剧的创编是围绕"天下李氏"出陇西，陇西为李氏寻根祭祖，旅游观光的圣地，为李氏"陇西郡望"的剧目。

0276 《白云诗》

作品类别：舞蹈类

作　　者：乌力吉

发表时间：2011-08-09

发表载体：演出

获奖及影响：2011年获第二届甘肃省舞蹈"飞天奖"大赛独双三表演银奖。

0277 《草原情韵》

作品类别：舞蹈类

作　　者：苏龙高娃

发表时间：2009-08-05

发表载体：演出

获奖及影响：2009年获舞蹈《草原情韵》获全省"爱国歌曲大家唱"社区文明成果展演二等奖。

0278 《顶碗舞》

作品类别：舞蹈类

作　　者：林华

发表时间：1986-09-06

发表载体：演出

获奖及影响：1986年甘肃省民间舞蹈调演表演二等奖。

0279 《农奴女儿飞蓝天》

作品类别：舞蹈类

作　　者：刘振武

发表时间：1976-08-06

发表载体：演出

获奖及影响：1976年全国单双人舞调演参演奖

0280 演出《响铃舞》

作品类别：舞蹈类

作　　者：刘万翔

发表时间：1983-08-09

发表载体：演出

获奖及影响：1983年全国乌兰牧骑调演优秀奖

0281 演出《阳春踩青》

作品类别：舞蹈类

作　　者：林华

发表时间：1986-06-08

发表载体：演出

获奖及影响：1986年全国民间音乐舞蹈调演表演三等奖

0282 《碌曲神韵》

作品类别：舞蹈类

作　　者：卓玛加

发表时间：2012-08-20

发表载体：演出

获奖及影响：努力打造碌曲歌舞文化品牌，展现历史文化风貌，开扩旅游文化市场，充分发挥专业剧团的优势。

简　　介：以碌曲的自然景观、人文景观和历史文化背景为创作源泉和基调，通过现代的创作理念和舞台表现手法来编排，充分展示碌曲特有的民俗民间歌舞文化。

0283 《江水托起的太阳》

作品类别：舞蹈类

作　　者：厚萍

发表时间：2002-04-28

发表载体：移动杯定西

获奖及影响：《江水托起的太阳》在"移动杯"纪念建团八十周年文艺晚会上，获优秀表演奖。

简　　介：厚萍，女，1978年12月出生，中共党员，大专学历，甘肃省舞蹈家协会会员，定西市舞蹈家协会会员，安定区青联委员。

0284 《清官谣》

作品类别：舞蹈类

作　　者：李艳、牛芳

发表时间：2014-12-08

发表载体：演出

获奖及影响：获得第二届定西市"马家窑文艺奖"舞蹈类三等奖

（三）戏剧、话剧

0285 《8.26 前夜》

作品类别：戏剧

作　　者：甘肃省话剧团排演

发表时间：1961

发表载体：1961 年底在兰州公演。

获奖及影响：《甘肃文艺》自第二期至第九期，连续发表近十篇文章，对该剧和惊险戏剧题材的特征表现手法进行研讨。此后，河南等省市的十五六家话剧团先后上演该剧。

简　　介：该剧继承我国传奇故事和戏曲的传统，对惊险话剧的创作进行了大胆的尝试和有益的探索。作者通过你死我活斗智斗勇的激烈情节较为生动刻画出杨汉光的果敢、智慧、勇武，朱辉的机敏干练，马子东的忠贞不屈等形象，揭示了他们为了一个共同的目标，不顾一切，顽强奋斗，详尽千方百计完成任务的革命英雄主义。1961 年底在兰州公演，观众反映异常激烈，受到新闻界和文艺界的重视。该剧连续上演 130 多场次，始终保持较高的上座率。在人物与环境的设置上，具有鲜明的地域特色，运用兰州市的人文景观——五泉山营造戏剧情境，烘托剧情的发展，既有时代特色又有本土画面，使得当地的人感到亲切。

0286 《白花曲》

作品类别：戏剧

作　　者：甘肃省秦剧团创作的新编历史剧

发表时间：2014

发表载体：甘肃省秦剧团演出

获奖及影响：在 1996 年全国梆子戏交流演出中获演出奖、编剧奖、导演奖、音乐奖、舞美奖、主演奖。同年 10 月，窦凤琴因成功塑造了胡太后的形象荣获第十四届中国戏剧梅花奖。1997 年在全省新剧目调演中，该剧荣获优秀新剧目奖。

简　　介：该剧演绎了北魏太后胡承华与将军杨白花之间的爱情悲剧，揭示了封建宗法礼教对爱情的扼杀，塑造了胡承华在夺权的生死斗争中刚强不屈而获胜，但在追求真挚爱情尽管大胆果敢，却免不了失败命运的女性形象。她的纯真的爱既为高皇后为代表的敌对势力所不容，更遭到衷心拥护她的谋臣良将极力反对。这种内外交织的戏剧冲突，层层推进，戏中有情，情中有戏，把主人公逼上矛盾的顶峰。剧作家找到悲剧转折的契合点，注定主人公爱情的必然破灭。即使位极至尊要冲破那个时代的牢笼也是根本不可能的，从而加大了剧作的厚度和力度，深化了主题。

0287 《百合花开》

作品类别：戏剧

作　　者：定西市秦剧团创作

发表时间：2008-05-24

发表载体：兰州首演

获奖及影响：2008 西北五省区秦腔艺术节演出，荣获优秀剧目奖、导演、作曲、表演一等奖。2009 年 9 月，《百合花开》获得全国精神文明建设"五个一工程"奖。后作为中宣部"第十一届精神文明建设'五个一工程'获奖剧目全国基层巡演活动奖"。

简　　介：现代秦剧《百合花开》是一部集宣传性、观赏性、艺术性于一体的舞台艺术精品。讲述新娘百合在婚礼上昏倒，意外查出感染艾滋病病毒，全村一片恐慌，认为百合在南方打工时行为不检点。为此，百合遭受到了种种歧视。但是，新郎始终深爱着她，甚至假装自己也是艾滋病人。一个偶然的机会，村民得知百合是因为和一名吸毒的抢钱歹徒搏斗，不慎划破血管而感染了病毒。然而，百合不想拖累新郎，悄然离家出走，到南方的一个边远荒坡，教艾滋病人种植百合花去了……

0288 《草原初春》

作品类别：话剧

作　　者：由陈文鼎等执笔创作，导演范雨、刘清华，音乐设计邸作人、陈明山、易炎，舞美设计王天一、李光天，主要演员王复兴、孙菊兰、王素绵、王界禄、安志诚、景安民、王敬乐等。

获奖及影响：1960 年在甘肃省第一届戏剧青年演员会演和第二届现代题材观摩演出中，该剧获得剧本创作二等奖。

简　　介：该剧取材于医生李贡深入甘南草原，全心全意为藏族人民医疗疗伤的动人事迹。剧情描绘的是新中国成立初期，甘南草原瘟疫肆虐，政府派医生李洪率医疗组前往治疗。暗藏的美蒋特务巴拉大喇嘛利用群众虔诚的宗教信仰要烧死女病人卡加，阻挠群众接近医疗组。李洪不仅治好了卡加的病，还培养她成为第一个藏族女护士。后来，李洪又献出自己的热血和皮肤挽救了卓玛的生命，从而粉碎了敌人的一系列阴谋。该剧为陇剧的发展开拓了一片更为广阔的天地。该剧在音乐方面也取得了新的成就：在前几部陇剧音乐创造经验的基础上，对行当唱腔做了全面系统的成功尝试，唱腔设计趋于行当化和性格化；在唱腔旋律中兼收藏族民族音调；创造出全新的二眼板板式唱腔。

0289 《邓小平在江西》

作品类别：戏剧

作　　者：甘肃省话剧团

发表时间：1999

发表载体：甘肃省话剧团演出

获奖及影响：荣获甘肃省庆祝建国五十周年献礼演出暨新创剧目调演创作、编、导、演、舞美设计一等奖及灯光设计奖、音响效果奖等奖项，并获第三届"敦煌文艺奖"、第八届中宣部"五个一工程奖"。

简　　介：该剧打破线性叙事传统，以散点透视与多重解构的手法，向人们展示一个伟大的人物在一个特定的时代和环境中的生存状态与情感。他的生活是那样平凡普通，工人师傅称他老邓，虎伢子叫他老爷爷；但他的精神世界是那样博大丰厚，情感是那样的高贵朴实感人；他平静的对待个人的遭遇，想到的却是农民吃不饱、工人十几年没有涨工资。就像结尾时青年工人喊得"老邓就看你的了。"他的存在、复出是中国人心中的希望之光。

0290 《格萨尔王》

作品类别：话剧

作　　者：甘南藏剧团创作

发表载体：甘南藏剧团创作演出

获奖及影响：在甘肃省新剧目调演中，《格萨尔王》荣获优秀演出奖，获得甘肃省第二届敦煌文艺奖二等奖，1999 年 3 月，获得文化部第八届"孔雀奖少数民族题材戏剧剧本评奖铜奖"。

简　　介：全剧集中表现和歌颂了雪山赤子格萨尔王。他是热心扶助弱小的救星，是征服凶顽的英雄，他将金子般的一颗心献给了养育他成长的草原。岭国和魔国发生战争，岭国人民遭到魔国的杀戮并抢走了他心爱的梅妃。格萨尔接受天母杰姆的旨意，跋山涉水，顶风冒雪，战胜一道道劫难，终于降服恶魔，救出梅妃。这时天空飘荡着五彩祥云，太阳升起，百姓载歌载舞，齐声欢呼伟大的格萨尔。全剧结构简练，表现形式丰富华美，富有创意和民族特色，十分生动的反映了匡扶正义、剪除邪恶的主旨。

0291 《花海雪冤》

作品类别：话剧

作　　者：甘肃省歌剧团和临夏回族自治州歌舞团联合出品

发表时间：2006

发表载体：甘肃省歌剧团和临夏回族自治州歌舞团

获奖及影响：该剧自 2006 年上演后，曾荣获全省新剧目调演 20 项一等奖、全国"五个一工程"优秀作品奖。2007 年 9 月，《官鹅情歌》作为西北地区惟一参演节目，参加迎接党的十七大胜利召开第十届精神文明建设"五个一工程"获奖戏剧展演时，首都专家学者称赞该剧选材好、主题好、剧情好。该剧还入选 2007—2008 年度国家舞台艺术精品工程年度资助剧目。

简　　介：该剧是在长期流传于甘肃民间的民歌花儿提炼为戏剧形式，作为贯穿全剧、展现人物关系、揭示矛盾冲突的纽带。剧情为海迪娅小姐爱上'花儿王'之称的长工阿西木，管家哈福禄制造命案嫁祸长工，这一冤案在花儿迷的县令手中得以昭雪。剧中的花儿已不是单纯的一种演唱形式，而成为整个戏剧不可分割的有机组成部分，花儿特有的韵味不仅使全剧充满泥土气息，而且为完善戏剧结构、刻画人物性格开辟了新的途径。歌词基本按照花儿的传统格律，道白采用临夏官话。

0292 《极光》

作品类别：话剧

作　　者：兰州大学大学生话剧团编

发表载体：甘肃大剧院大学生戏剧社剧目展演

获奖及影响：该剧参加中国第四届艺术节后，先后赴京参加国庆四十五周年献礼演出和全国话剧交流表演，1994 年获曹禺戏剧文学奖提名奖和甘肃省敦煌文艺奖，1995 年获中宣部五个一工程大奖。

简　　介：以 1990 年有中国人参加的震动世界的横穿南极壮举为背景，编剧姚运焕、张明把看似缺乏戏剧色彩而颇具新闻体的题材搬上来舞台，在这片晶莹剔透而又不平静的冰雪世界中，奏响了一曲来着不同国家、有着不同价值取向与文化背景的六位勇士向大自然发出挑战的雄伟的乐章，为我省乃至全国话剧创作开创了一个独特的空间。在带着英勇意义的南极横穿中，塑造了秦大河这一具有英雄无畏和传统美德的中国知识分子形象，爱国主义使其在同行的外国职业探险家竞争中立于不败之地的保障。同时，向人们展示了六个不同国家、种族，不同文化背景和不同价值观的人如何一起共度 200 多个日日夜夜的力量和信念，给观众以心灵的震撼。

0293 《艰难时事》

作品类别：话剧

作　　者：甘肃省话剧团和西安话剧院联合演出。

发表时间：1994

发表载体：甘肃省话剧团和西安话剧院

获奖及影响：先后参加中国第四届艺术节、西安古文化节、全国优秀话剧调演和建国四十五周年献礼演出，并赴上海、南京和苏州等10个大城市巡演。《人民日报》、《光明日报》、《中国文化报》、中央电视台等新闻单位都给以宣传和评论。获得甘肃省第二届敦煌文艺奖二等奖。

简　　介：编剧张明、王明鑫，导演万一、成珊。主演张克瑶（饰毛泽东）、刘法鲁（饰周恩来）、冯志鹏（饰基辛格）、洪涛（饰林彪）、杨慧珍（饰江青）、李介媛（饰叶群）、曲中（饰斯诺）。作者选择了一个很难驾驭的题材，在文革这一个特殊时期展现伟人打开国门，走向世界的韬略和胆识。70年代初的中国处于艰难的多事之秋，内外交困。毛泽东、周恩来在痛苦的反省中达成共识，打开封闭已久的国门与美国握手言和。通过十三段戏，十五个时空场面，虚实结合，反映这一重大的历史事件。展现了毛周有理有节的斗争策略、对朋友的坦荡胸怀、在任何时候无奴颜媚骨、决不称霸的政治品格。通过历史人物服务于革命历史，达到艺术对历史的重合，从而实现美学和创作初衷。

0294 《教育新篇》

作品类别：话剧

作　　者：甘肃省话剧团集体创办

发表时间：1966

发表载体：文化部艺术事业管理局

获奖及影响：1965年在兰州西北地区现代戏观摩演出大会上，获得赞誉，作为优秀剧目被推荐参加首都汇演。

简　　介：编剧任家春、陈工一、程士荣、姚运焕深入农村，描绘普及农村教育的迫切性。导演郎宗岳、成珊、刘韧，舞美设计董兆乾、杨前，主要演员李介媛、申英、张宗福、聂培兰、魏培、王元榜。该剧道出了广大农民群众迫切要求教育的心声，体现出党和政府关心农村教育事业，进行多种形式办学的精神。作品讲述了献身教育的女知青刘玉兰扎根偏远山区，因地制宜办起半耕半读学校，为农家孩子打开知识大门的故事，塑造了主人公单纯善良、倔强不屈、富有理想、脚踏实地等性格。它道出了广大农民群众迫切要求受教育的心声，体现了党和政府关心农村教育事业，提倡多种形式办学的精神。

0295 《苦乐村官》

作品类别：话剧

作　　者：甘肃省陇剧院创演的现代陇剧

发表载体：甘肃省陇剧院

获奖及影响：获得全国第三届地方戏优秀剧目展演（南北片）二等奖，第九届中国艺术节"文华大奖特别奖"，"文化作曲奖"。

简　　介：《苦乐村官》，和其他很多的"村官戏"相比，在创作上颠覆了以往"好人好事"的写法，创作理念非常新。以宕昌革命老区哈达铺为背景，通过村主任万喜"借鸡下蛋"，带领乡亲们养羊脱贫致富的一连串喜剧情节，生动地表现了当代农民在社会主义新农村建设中，勤劳致富奔小康的时代风貌。虽然是农村现实题材，但不同以往"高大全"的人物塑造模式，不再单纯地强调好人好事，而是用一种诙谐幽默的表现方式，为观众展现出一个平凡而真实的村官形象。

0296 《兰州老街》

作品类别：话剧

作　　者：甘肃省话剧团排演

发表时间：2001

发表载体：甘肃省话剧团

获奖及影响：2001年，话剧《兰州老街》获第二届全国戏剧文学金奖和文化部第十届"文华新剧目奖""文华编剧奖"、第十五届曹禺戏剧剧本奖、甘肃省2001年度新创剧目奖。该剧主人翁张素园的扮演者朱衡因在剧中出色表演在2003年获得第二十届中国戏剧梅花奖。

简　　介：《兰州老街》用编年体形式，以解放前的兰州隍庙为背景的市井话剧塑造了一群各具特色的兰州小人物，展现小市民的悲欢离合，反映了兰州人当时的生存状况和精神风貌。戏中性格各异的人物和幽默的台词给人们留下了深刻印象，如"尕巧儿"、"张素园"、"翠娘"等人物形象鲜明而富有个性。该剧最大的特点是创作定位在'老百姓的生活，老百姓的戏。一切的创作手段均已观众喜欢为前提，以探索符合大众审美情趣的代表先进文化的精品为目的，以平民的戏剧、平民的价格、高质量的演出，展现了兰州特有的地域风貌。

0297 《锁麟囊》

作品类别：戏剧

作　　者：甘肃省秦剧团2009年改编自同名京剧的作品

发表时间：2009

发表载体：甘肃省秦剧团

获奖及影响：在首届全国戏剧文化奖和第五届中国秦腔艺术节上捧得多项大奖。

简　　介：故事以锁麟囊为主线，讲述了登州富户薛姥姥女薛湘灵予周庭训，嫁前按当地习俗予女锁麟囊，内坠珠宝。婚期花轿中途遇雨，至春秋亭暂避；又来一花轿，轿中为贫女赵守贞，感世态炎凉而啼哭。湘灵仗义以锁麟囊相赠，雨止各去。六年后登州大水，薛、周两家逃难，湘灵失散，独漂流至莱州，遇旧佣胡婆，携至当地绅士卢胜筹所设粥棚，适卢为子雇保姆，湘灵应募，伴天麟游戏园中，百感交集，顿悟贫富无常。天麟抛球入一小楼，促湘灵拾取，卢夫人有禁例，不许闲人入楼，湘灵登楼，见己当日之锁麟囊供奉案上，不觉感泣。卢夫人即赵守贞，见状盘诘，知为赠囊之人，敬如上宾，并助其一家重圆。该剧宣传了中华民族传统的美德：与人为善、互帮互助、知恩报恩。

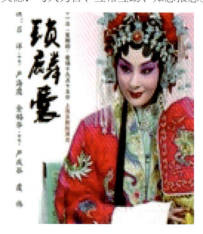

0298 《李秀成》

作品类别：话剧

作　　者：甘肃省秦剧团演出的新编历史剧。

发表载体：甘肃省秦剧团

获奖及影响：剧本在全省首届戏剧观摩演出大会上获得创作和演出二等奖，舞台美术奖，程宏、刘柏锁、李玉群获得音乐奖，范雨、薛再平获导演奖，沈和中获表演一等奖。剧本被京剧、淮剧移植，在北京、上海等地演出，获得广泛好评。

简　　介：剧本截取李秀成最为突出的历史功绩——六解天京之围的故事。李秀成在前有大敌，后无退路之际，内抚慰众将离异之心，外施用分兵之计，一举击溃江南大营，解了天京之围。由于外部斗争的严酷形势，天王不能不采纳李秀成的策略，但对李并没有寄予充分的信任，在攻破江南大营之后立即招李回京，致使其军事计划最终流产。该剧重视在逆境中写历史人物，清洁的发展场场有余地，步步推向高潮，有力刻画了李秀成机智沉着、勇敢坚强的性格以及对太平天国革命的无限忠诚和不计个人利害顾全大局的高贵的品格。作者通过诗歌、舞蹈等多种手段，对李秀成的形象做了精雕细琢的刻画。

0299 《骆驼祥子》

作品类别：话剧

作　　者：剧作家钟文农根据老舍先生同名的名著改编，甘肃省京剧团和江苏省京剧院联合演出。

发表时间：1998

发表载体：《剧本》

获奖及影响：获第二届中国京剧艺术节金奖，

简　　介：编剧充分调动京剧唱念做舞的艺术手段，把名著浓缩提炼成为"挣扎于旧社会底层的骆驼祥子买车丢车、三起三落的悲剧生涯。祥子与虎妞、小福子之间感情纠葛这条副线与主线相辅相成，深化悲剧的震撼心心的艺术感染力。改编者十分重视唱词与

念白和原著风格的一致，做到既是京剧的，又是京味的，念白铿锵上口，唱词在通俗流畅中追求性格化与诗意和原著语言韵味的和谐统一。我省京剧表演艺术家陈霖苍饰演的祥子，江苏省京剧表演艺术家黄孝慈饰演的虎妞充分调动了花脸和青衣行当的艺术手段，揉入现代舞蹈技术，做成新的京剧程式。充分展示了中国民族戏曲蕴藏的可待挖掘的无穷的创造力和综合美的无穷魅力。

0300 《马背菩提》

作品类别：话剧

作　　者：甘肃省话剧团创作演出

发表时间：1997

发表载体：甘肃省话剧团

获奖及影响：话剧《马背菩提》获文化部第八届文华新剧目特别奖和第八届全国少数民族题材戏剧"孔雀奖"剧本特别奖、中宣部"五个一工程奖"并获甘肃省新剧目调演多项奖、全省第二届敦煌文艺奖二等奖、甘肃省首届"五个一工程奖"。该剧在当今有着极强的社会价值。

简　　介：讲述了700年前蒙古皇子阔端和吐番高僧萨班在凉州举行历史性的会谈，从而奠定了西藏正式并入中华版图的故事，歌颂了具有雄才大略和远见卓识的两位伟人先哲的历史功绩，得出合则两利，分则两害的历史规律，歌颂了民族和平安定、团结统一的时代主题。

0301 《南天柱》

作品类别：话剧

作　　者：兰州青年京剧团

发表时间：1979

发表载体：兰州青年京剧团演出

获奖及影响 1979年5月参加甘肃省庆祝中华人民共和国成立三十周年献礼演出，获剧

本创作一等奖。同年9月赴京参加文化部举办国庆三十周年的献礼演出，获得剧本创作一等奖、演出二等奖。

简　　介：塑造了三年游击战争时期的陈毅形象，面对敌强我弱的严峻形势，他带领一支红军队伍坚持了整整三年的游击战争，与人民群众紧密团结，鱼水相亲，以亲身经历写下了《梅岭三章》。剧本将陈毅放到了三年游击战争这一特殊环境表现，通过打吴塘镇、接头等情节，表现陈毅在梅岭被围的险恶环境沉着、处变不惊的军事家气度；通过出口成章、吟咏诗篇等细节，展现出才华横溢的诗人风范，这使全剧在棉鞋陈毅对敌斗争大义凛然的同时，又写出了他豁达乐观、幽默诙谐的一面，较好地塑造出一个既是虎将又是儒将的饱满的个性。

0302 《善士厅》

作品类别：话剧

作　　者：演出

发表载体：甘肃省秦剧团

获奖及影响：该剧在甘肃省庆祝建国十周年献礼演出中被评为优秀剧目。

简　　介：剧本改编石兴亚、金行建，导演薛再平，主演：王晓玲、王正端、李华等。

作者将原本宣传封建道德的戏，编剧旧曲翻新，去伪存真，还历史本来面目，将一部喜剧的戏改成大悲剧：孟氏被生父赶出家门，乡邻亦不相容。弱女子走投无路，遂悬树自缢，被一尼姑救下。尼姑得知原委后亦不可收留，认为万恶淫为首，视孟氏为罪人。这是造成孟氏对人生绝望的最后一击。封建道德在这里显露了它的吃人的本质。作者对原作做了两个大的改动一是清除了原剧的迷信部分，二是增添了小姑和老尼姑两个人物。

0303 《天下第一鼓》

作品类别：话剧

作　　者：省剧院编排

获奖及影响：荣获中国第三届"文华新剧目奖"、"文华导演奖"及甘肃首届敦煌文化大奖的陇剧。

简　　介：该剧以农民鼓队进北京为亚运会献艺为背景，以太平鼓为线索，构筑剧本框架，做到了戏不离鼓，人不离鼓，通过鼓写了人的情怀、品格、情操，从侧面展现了西部农民在亚运精神的鼓舞下，以博大的胸怀，合奏出团结、友谊、奋进的时代之歌。陇剧《天下第一鼓》的最大特色是体现了"陇剧姓陇"的特点。陇剧不仅要在形式上姓陇，更要在题材上姓陇，陇剧是甘肃的特色，需要发现特色、挖掘特色、展示特色、保护特色、发展特色，成为为甘肃的文化名片，成为抒发陇原儿女情怀的重要艺术样式。

0304 《西域情》

作品类别：话剧

作　　者：张掖地区'西域情'创作组集体创作。

发表载体：七一秦剧团演出

获奖及影响：1996年文化部第六届文化表演奖，剧本获得第六届"文化新剧目奖"。同年十月获得中宣部"五个一工程大奖"入选作品奖和甘肃省第二届敦煌文艺奖一等奖。

简　　介：该剧再现张掖作为丝绸西路上的重镇历史上曾经出现过的辉煌一页，隋大业五年，隋炀帝杨广西巡张掖，西域二十七国国王使臣带着商队来朝贺和交易，举办了一次重要意义的万国博览会。在这个过程中国，担任西域总事监的裴矩起了化解民族矛盾和加强民族团结的重大作用，是完成这一历史壮举的关键人物。剧情在号角声和战马的嘶鸣，裴矩带兵攻打吐谷浑拉开序幕，第四场君臣冲突达到高潮。在裴矩的帮助下吐谷浑民族发展经济并稳定西域，为打通商路最后一个梗阻点高昌国，他带领灵姑入虎穴，并留下灵姑和亲，以消除高唱王的疑虑与隋修好。

0305　新编历史京剧《夏王悲歌》

作品类别：话剧

作　　者：甘肃省京剧团

发表时间：1994

发表载体：甘肃京剧团

获奖及影响：陈霖苍（饰演李元昊）、马少敏（饰演野利皇后）因在该剧中出色表现先后获得中国戏剧梅花奖。

简　　介：李元昊为了塑造儿子坚强的性格，不得不用感官刺激的办法，命人在宁令哥居所日夜打刀，磨练其刚烈的个性；继而违背人伦抢占宁令哥的情人莫移女，以此来要挟儿子冲锋陷阵，取辽国人的头颅来换情人；儿子被俘，李元昊阵前受辱换回儿子；为避免人间乱伦的悲剧，皇后野利赐死莫移女，李元昊又赐死皇后。面对一幕幕的人间悲剧，宁令哥终于陷入极度的疯癫，举起手中的刀，走上了杀父弑君的道路。仰望落日荒野，对李元昊无奈地发出了霸业无望、王权必亡的哀鸣。这种哀鸣也昭示了宁令哥未来的结局。

悲剧主题，做了最后的点题性的交待。宁令哥作为王权的继承人，他是一个十足的弱者，但作为一个普通人，天成的秉性和愚钝不化的个性特征，无疑又使他成为一个强者。

0306　话剧《岳飞》

作品类别：话剧

作　　者：王钺

发表时间：1963

发表载体：《甘肃文艺》第三期

获奖及影响：该剧的舞美设计先后刊载于《中国戏剧》、《舞台美》《甘肃戏苑》和《甘肃画报》。

简　　介：该剧在十一届三中全会以后才得以公演，中央戏剧学院首排，金山执导，成为该院主要教学剧目。接着，上海戏剧学院、西北民族学院等一些大学也把该剧选为教学剧目。1983年甘肃省话剧团公演，导演罗锦鳞、副导演冯志鹏，舞美设计董兆俭，主要演员申英、祁宝泉、李介媛等。该剧结构紧凑，情节凝练、悬念迭起，引人入胜。"岳母刺字"一场是饱满的抒情诗，成功塑造了成长中的英雄岳飞和哺育民族英雄成长的岳母的艺术形象。"朱仙镇誓师、登台点将、呕血挥书、大理寺就义"等情节及细节表现了母子情深、人民对北方失地的怀念及对太平岁月的渴望和追求之情等感情中体现了岳飞的爱国之情。

0307　《咫尺天涯》

作品类别：话剧

作　　者：甘肃省歌剧团

发表时间：1988-07

发表载体：于青海举行的西北五省音乐周"西海音乐会"上首演的歌剧

获奖及影响：该剧获甘肃首届敦煌文艺奖，舞美设计被选参加布拉格国际舞台美术展，获荣誉奖。

简　　介：部戏讲述了一个催人泪下的故事：原国民党军官宋启仁在大陆解放前夕被迫与妻子和幼小的女儿告别远去台湾。时光荏苒，女儿已成为蜚声歌坛的"花儿"歌手，父亲却在海峡的另一边苦思故乡、亲人而不得见之。当女儿宋昕想方设法绕道前往台湾寻父时，却又相见不能相认。阴错阳差，遗憾痛苦，父女最终又一次分离。

0308　音乐剧《花儿与少年》

作品类别：话剧

作　　者：甘肃省歌剧院创作演出

获奖及影响：成为中共甘肃省委宣传部、甘肃省文化厅2007年—2009年的重点创作剧目。

简　　介：在一次护羊斗狼的奋战中，保安族青年赛尔德与美丽的藏族姑娘梅朵一见钟情，两人互诉衷肠，相见恨晚。然而，梅朵与汉族青年嘎虎已有婚约在身。为追求自由爱情，梅朵全然不顾带有包办式婚姻的婚约，与赛尔德私定终身，并在美丽的月光下以月亮作证举行了婚礼。不甘忍受屈辱的嘎虎，在气愤中立誓不放过情敌，要与之决一死战，以讨回自己心爱的姑娘。冲突之下，嘎虎愤怒中失去了理智，无意刺伤了前来规劝并深深暗恋着他的撒拉族女孩马莲花，追悔莫及。处在逃跑中的赛尔德，突然感悟到逃避责任的耻辱和对嘎虎的不公，毅然回头去领受惩罚。赛尔德被五花大绑在黄河岸边的水车之上，双方家长以维护婚约为由决定处死赛尔德。梅朵在哀求无果之下，决定同赛尔德共生死。就在举箭待发于赛尔德之即，只见嘎虎冲上前去用身体护住了赛尔德，他最终醒悟了真正爱情的伟大与可贵。这种对自由爱情的尊重和维护感动了上天，七彩的哈达讴歌了一曲感人至深的爱情传说，体现了各民族团结、和睦、共融的主题意义。

0309　《上南梁》

作品类别：话剧

作　　者：甘肃省话剧院创作

发表时间：2011-06-20

发表载体：甘肃省话剧院

获奖及影响：该剧先后在兰州、重庆等地及甘肃省南梁首届红色文化旅游节公演，产生了较大的社会影响和经济效益。第七届敦煌文艺奖一等奖。

简　　介：1934年11月7日，中国西北第一个红色政权——陕甘边苏维埃政府在桥山山脉中段的甘肃省华池县南梁诞生。这块根据地后来成为了第二次国内战争后期全国硕果仅存的一块革命根据地，她是西北红军的摇篮，是西北革命根据地和陕甘宁边区形成的历史基础，更是各路红军会师和党中央把革命的大本营放在西北的坚实基础，她后来成为红军长征的落脚点、土地战争的结束点和抗日战争的出发点，在中国革命史册和中共党史中具有独特的、极其重要的地位和作用。在南梁根据地的创建和巩固过程中，以刘志丹、习仲勋等老一辈无产阶级革命家发挥了不可替代的作用。他们用坚定的革命信念，艰苦卓绝的斗争精神，崇高的革命理想，紧紧依靠人民群众，战胜了敌人的疯狂围剿，抵制了来自党内的左倾错误，使得在中国革命低潮时期，这块诞生于陇东大地上的红色土地不断地发展壮大，为中国革命作出了不可磨灭的贡献。

0310 《黑雾》

作品类别：话剧

作　　者：甘肃省话剧团

发表时间：1990

发表载体：人民剧院首演

获奖及影响：1990 年 11 月应文化部之邀参加部分省的戏剧调演，连演出四场。1991 年获首届西北地区话剧节"胜利杯"剧本创作一等奖，导演、演出、舞美设计二等奖。饰演陶母的赵组国获得表演一等奖。1993 年获甘肃省首届敦煌文艺奖。该剧共演出 102 场，取得了很好的社会效益和经济效益。

简　　介：该剧首次将青少年吸毒这一令人忧虑的社会问题以话剧形式展现出来。剧中主人公崔小刚、陶莉莉本是一对恋人，由于意志薄弱而双双陷入吸毒的深渊。两家父母为此焦虑不安。崔小刚决心痛改前非与莉莉分手，并与莉莉之妹萍萍相爱。毒贩郭经理又一次把魔爪伸向崔志刚，使他无法自拔。萍萍为借钱失身于郭经理，在莉莉和崔志刚赶到时跳楼自尽。莉莉杀死郭经理，崔志刚在巨大的刺激下以自残结束了自己的生命。一生辛勤的陶母在极度的忧虑中永远闭上了慈祥的眼睛。全剧采用兰州地方方言，对加强生活气息和表现人物认同都有极强的作用。崔志刚、陶莉莉是当今社会部分青年人的缩影，生活理念尚未形成，在懵懵懂懂中易被打下泥潭。该剧对郭经理等罪恶之首的刻画和鞭挞入目三分，引起人们的普遍强烈的愤慨。

0311 秦腔《麦积圣歌》

作品类别：话剧

作　　者：天水市秦剧团有限责任公司

发表时间：2009

发表载体：2009 年 10 月首演以来，已在北京、西安、乌鲁木齐等 10 多个城市演出。

获奖及影响：2010 年获第五届秦腔艺术节优秀剧目和表演大奖。甘肃省委宣传部、省文化厅列为全省重点艺术创作生产资助项目。该剧对宣传天水、宣传麦积石窟起到一定作用，是天水市的一张文化名片，也是甘肃省不可多得的文艺精品。

简　　介：战乱频仍的南北朝，风雨飘摇中的西魏皇帝，为壮国威与柔然国联姻，柔然公主进宫，先废太子元戊贬为秦州刺史，再废皇后乙弗打入冷宫。远在秦州的元戊，以一幅酷似母亲的观音画像为蓝本，请画师皇甫鸿在麦积山凿窟造像，以慰藉思母深情。然而，此帧画像正是皇甫鸿怀着对儿时女伴的恋情所画。难忘乙弗的皇帝去冷宫探望被柔然发现，逼令乙弗麦积山出家为尼。皇甫鸿巧遇乙弗，勾起儿时纯真美好的回忆，但乙弗波澜不兴，为了社稷安危，甘愿终老尼庵，又以拔剑自刎的方式劝阻了儿子发兵长安的鲁莽行动。秋去春来，皇上思念乙弗，旧情难绝，秘传谕旨，让乙弗蓄发，待机回宫。侍女碧蝉受大丞相宇文泰指使，将此举密报，柔然、宇文泰设计陷害乙弗……皇帝驾临麦积山，柔然皇后借机发兵长安，胁迫皇帝以违抗圣命图谋复辟处死乙弗，深受感化的碧蝉揭露真像后自尽，乙弗为了国泰民安，步上柴堆从容自焚，皇甫鸿目睹悲惨一切，寄托满腔深情完成雕像，为麦积山留下永久的记忆。

0312 《危难时刻见真情》

作品类别：戏剧类

作　　者：崔志刚

发表时间：2009-05-12

发表载体：甘肃省信合杯文艺大赛

获奖及影响：甘肃信用合作银行文艺大赛一等奖。

0313 《苏三起解》

作品类别：戏剧类

作　　者：严芳平

发表时间：2004-07-17

发表载体："建行杯"全省秦腔旦角大赛

获奖及影响：该作品在"建行杯"全省秦腔旦角大赛中获银奖（甘肃省文化厅、天水市人民政府主办）。

简　　介：严芳萍，女，汉族，1970年8月生，任职于于甘肃省天水市麦积区秦剧团，擅长旦角，该作品在"建行杯"全省秦腔旦角大赛中获银奖（甘肃省文化厅、天水市人民政府主办）。

0314 《为了子孙》

作品类别：戏剧类

作　　者：冯会鸽

发表时间：2004-07-17

发表载体："建行杯"全省秦腔旦角大赛

获奖及影响：该作品在"建行杯"全省秦腔旦角大赛中获银奖（甘肃省文化厅、天水市人民政府主办）。

简　　介：冯会鸽，女，汉，1970年7月生，甘肃天水市麦积区人，1997年至2000年连续四年被北道文化单位评选为"先进个人"、"先进妇女代表"，多次在省市级大奖赛中获奖，曾出版《帝王珠》（饰：杜后）、《斩韩信》（饰：吕后）、《雁塔寺祭灵》（饰：马夫人）、《阴阳案》（饰：严母）等剧目。该作品在"建行杯"全省秦腔旦角大赛中获银奖（甘肃省文化厅、天水市人民政府主办）。

0315 《武松杀嫂》

作品类别：戏剧类

作　　者：焦婵丽

发表时间：2004-07-17

发表载体："建行杯"全省秦腔旦角大赛

获奖及影响：该作品在"建行杯"全省秦腔旦角大赛中获银奖（甘肃省文化厅、天水市人民政府主办）。

简　　介：焦婵丽，女，生于1966年9月，陕西兰田县人，14岁在陕西兰田戏校学艺，1988年被天水市麦积区秦剧团录用至今，于2013年3月取得国家二级演员资格证书，该作品在"建行杯"全省秦腔旦角大赛中获银奖（甘肃省文化厅、天水市人民政府主办）。

0316 《四贤册》

作品类别：戏剧类

作　　者：冯会鸽

发表时间：2007-09-30

发表载体："金融杯"甘肃省戏曲青年演员大赛

获奖及影响：该作品在"金融杯"甘肃省戏曲青年演员大赛中获二等奖（甘肃省文化厅、天水市人民政府主办）。

简　　介：冯会鸽，女，汉，1970年7月生，甘肃天水市麦积区人。1997年至2000年连续四年被北道文化单位评选为"先进个人""先进妇女代表"。多次在省市级大奖赛中获奖，曾出版《帝王珠》（饰：杜后）、《斩韩信》（饰：吕后）、《雁塔寺祭灵》（饰：马夫人）、《阴阳案》（饰：严母）等剧目。该作品在"金融杯"甘肃省戏曲青年演员大赛中获二等奖（甘肃省文化厅、天水市人民政府主办）。

0317 话剧小品《社区情缘》

作品类别：戏剧类

作　　者：蔡兰平

发表时间：2008-01-30

发表载体：《甘肃文苑》

获奖及影响：《社区情缘》2008年8月获甘肃省现代小戏小品剧本评奖二等奖。

简　　介：该剧通过一个贫困户通过自身的努力和政府的关心救助，使自己的孩子奋斗成才的历程，告诫人们对生活要充满信息。

0318 话剧小品《团圆》

作品类别：戏剧类

作　　者：付胜、蔡兰平

发表时间：2004-04-15

发表载体：《甘肃艺苑》

获奖及影响：该小品获得2007年1月获得第三节甘肃省"群星艺术节"银奖。

0319 话剧小品《心愿》

作品类别：戏剧类

作　　者：蔡兰平

发表时间：2008-01-30

发表载体：《甘肃艺苑》

获奖及影响：由兰州市七里河残疾人艺术团演出获得好评。

0320 《借爹》

作品类别：戏剧文学类

作　　者：尚德文

发表时间：2007-12-03

发表载体：《剧作家》第六期

获奖及影响：2007年《剧作家》第六期，2008年8月荣获甘肃省现代小戏小品优秀作品奖，2011年11月甘肃省"飞天艺术"二等奖。

0321 （大型神话歌舞剧）吾兹纳玛《母亲颂》

作品类别：戏剧类

作　　者：肯杰别克．扎尔合木

发表时间：2014-08-01

获奖及影响：阿克塞县第一部大型歌舞剧，并在舞台演出。

简　　介："吾兹"在哈萨克语指"初乳"，哈萨克人们非常珍视母亲的初乳，母亲通过"初乳"不仅给孩子提供营养，而且向孩子传承高尚品德，吃过母亲初乳的孩子与没有吃过母亲初乳的孩子有一定的区别，所以这部歌舞剧题目为"吾兹纳玛"，歌舞剧《吾兹纳玛》是一部弘扬哈萨克民族文化、歌颂

母爱、传承美德、讴歌自然的大型剧目

0322 话剧《高原》

作品类别：戏剧类

作　　者：高欣生

发表时间：2014-06-05

发表载体：第十届全军文艺汇演

获奖及影响：话剧《高原》荣获第十届"全军文艺汇演优秀剧目奖"（暨剧目一等奖）演员荣获全军表演二等奖

简　　介：为庆祝"建国65周年纪念毛主席为人民服务演讲发表70周年"，兰州军区战斗文工团创作了大型原创话剧《高原》和主题综艺晚会《从这里走向战场》两台剧目参加第十届全军文艺会演。话剧《高原》讲述了一个边防连队长期坚守海拔5000米以上的冰山哨所，鞠躬尽瘁恪守为人民服务根本宗旨的精神圣地，铁心戍守边疆，努力践行中国梦强军梦的伟大目标的动人事迹，成功塑造了以指导员李和平为代表的当代中国西部边防军人"强国、强军、强边、强兵"的英雄群像。

0323 话剧小品《我的信仰是红色》

作品类别：戏剧类

作　　者：付胜、蔡兰平

发表时间：2009-08-20

发表载体：第四节甘肃省"群星"艺术节大赛

获奖及影响：该剧参加2009年8月甘肃省第四节"群星艺术节比赛"获得三等奖。

简　　介：该剧讲述老一辈革命者对艰难岁月追思的感人故事。

0324 《苏三起解》

作品类别：戏剧类

作　　者：严芳平

发表时间：2001-10-27

发表载体：第一届甘肃戏剧"红梅奖"大赛

获奖及影响：该作品在第一届甘肃戏剧"红梅奖"大赛中获红梅二等奖（甘肃省文联、甘肃电视台、甘肃省剧协主办）。

简　　介：严芳萍，女，汉族，1970年8月生，任职于于甘肃省天水市麦积区秦剧团，擅长旦角。该作品在第一届甘肃戏剧"红梅奖"大赛中获红梅二等奖（甘肃省文联、甘肃电视台、甘肃省剧协主办）。

0325 《外甥整舅》

作品类别：戏剧类

作　　者：杨建国

发表时间：2004-02-08

获奖及影响：获庆阳市"五个一工程"奖

简　　介：杨建国，男，1954年10出生，正宁县永正乡人，职称为馆员，担任省剧协会员、市文联委员、市剧协理事、市政协委员、县政协常委，现任县文联主任科员。

0326 《三人轿》

作品类别：戏剧文学类

作　者：杨建国

发表时间：2009-11-08

发表载体：发表（出版）载体

获奖及影响：获"中国戏剧文学奖·小型剧本一等奖"。

简　介：杨建国，男，1954年10出生，正宁县永正乡人，职称为馆员，担任省剧协会员、市文联委员、市剧协理事、市政协委员、县政协常委，现任县文联主任科员。

0327 《抬轿》

作品类别：戏剧文学类

作　者：杨建国

发表时间：1997-10-08

发表载体：发表（出版）载体

获奖及影响：在"全国第七届群星奖"中获优秀奖。

简　介：杨建国，男，1954年10出生，正宁县永正乡人，职称为馆员，担任省剧协会员、市文联委员、市剧协理事、市政协委员、县政协常委，现任县文联主任科员。

0328 《小戏作品集》

作品类别：戏剧文学类

作　者：杨建国

发表时间：2010-06-08

获奖及影响：获"五个一工程"奖

简　介：杨建国，男，1954年10出生，正宁县永正乡人，职称为馆员，担任省剧协会员、市文联委员、市剧协理事、市政协委员、县政协常委，现任县文联主任科员。

0329 《百合》

作品类别：戏剧类

作　者：毛玲

发表时间：2001-10-31

发表载体：甘肃第一届"戏剧兰州"

获奖及影响：2001年获甘肃第一届戏剧"红梅奖"大赛一等奖。

简　介：1981年—1993年在靖远县秦剧团工作，1993年—2013年在定西市秦剧团工作，2013年至今在定西市百花演艺公司工作，2013年被聘为国家二级演员，中国戏剧家协会会员政协定西市安定区第八届委员会委员，第九届委员会常委政协定西市第一、二、三届特邀委员民革定西市安定区副主委、民革定西市委员会委员，第三支部主委定西市第一次妇女代表大会代表"定西市十大杰出女性人物"。

0330 《走西口》

作品类别：戏剧类

作　　者：毛玲

发表时间：2001-10-31

发表载体：甘肃第一届戏剧兰州

获奖及影响：2001年获甘肃第一届戏剧"红梅奖"大赛一等奖；2011年获中国音乐学院第四届全国考级大赛，西北赛区民族唱法一等奖。

0331 《靖远起义》

作品类别：戏剧类

作　　者：靖远县益众演艺有限公司

发表时间：2011-09-26

发表载体：甘肃兰州金城剧院公演

获奖及影响：荣获第三届甘肃戏剧"红梅奖"大赛"剧目大奖"、甘肃省第七届"敦煌文艺奖"三等奖、白银市第三届"凤凰文艺奖"戏曲曲艺类一等奖。

简　　介：《靖远起义》是以一九三二年至一九三三年之间中国共产党在甘肃靖远建立西北第一支抗日义勇军的历史事件为背景，反映了错综复杂的敌我斗争局势，也充分的展示了革命者面对敌人的残暴镇压，不屈不挠，为国献身精神。剧中主要以原国军新十一旅团长王儒林，革命遗霜程嫂为主人公，在党的领导下与敌人展开了生死较量。王儒林起义后，在靖远水泉堡战斗中，遭到重创，隐藏民间，不久以后接到党组织指示与地下领导人谢子长去靖远党的联络站"会州酒馆"接头，重新发动革命力量，程嫂参加革命后，开"会州酒馆"做掩护，任我党地下秘密联络员，由于送信及时，王儒林成功截获敌人大批枪支弹药，壮大了革命势力，但程嫂在一次执行任务时，不幸残遭敌人杀害，刑场上母女生死离别，感人肺腑。王儒林指挥的起义虽多次遭到重创，但在我党的正确指引

下，及时扭转斗争局势，终于突出敌人固若金汤的包围，仅剩下的革命火种赴南梁革命根据地学习借鉴习仲勋"两当起义"的经验，从此点燃了革命火种，且永不磨灭，直到革命胜利。该剧从头至尾舞台艺术的表现，生动感人，情节扣人心弦，给观众留下较深的历史思考和现实启迪。

0332 《赴京告状》

作品类别：戏剧类

作　　者：焦婵丽

发表时间：2007-09-30

发表载体：甘肃省戏曲青年演员大奖赛

获奖及影响：该作品在"金融杯"甘肃省戏曲青年演员大奖赛中获一等奖（甘肃省文化厅、天水市人民政府主办）。

简　　介：焦婵丽，女，生于1966年9月，陕西兰田县人，14岁在陕西兰田戏校学艺，1988年被天水市麦积区秦剧团录用至今。于2013年3月取得国家二级演员资格证书。该作品在"金融杯"甘肃省戏曲青年演员大奖赛中获一等奖（甘肃省文化厅、天水市人民政府主办）。

0333 《危难时刻见真情》

作品类别：戏剧类

作　　者：崔志刚

发表时间：2009-05-12

发表载体：甘肃省"信合杯"文艺大赛

获奖及影响：甘肃信用合作银行文艺大赛一等奖。

0334 《开锁》

作品类别：戏剧类

作　　者：李彩霞

发表时间：2000-07-29

发表载体：群星艺术节兰州 2000.7

获奖及影响：小品《开锁》参加甘肃省第二届"群星艺术节"获优秀奖。

简　　介：李彩霞，女，汉族，1979 年 11 月至 1991 年 11 月在渭源县秦剧团担任演员，至今在安定区文化馆担任群众文化编导工作。

0335 《正经事》

作品类别：戏剧类

作　　者：李彩霞

发表时间：2012-05-28

发表载体：人口文化艺术展定西

获奖及影响：小品《正经事》在定西市人口文化艺术作品展荣获文学类三等奖

简　　介：李彩霞，女，汉族，1979 年 11 月至 1991 年 11 月在渭源县秦剧团担任演员，1991 年至今在安定区文化馆担任群众文化编导工作。

0336 《情探》

作品类别：戏剧类

作　　者：陈佳丽

发表时间：2011-09-30

发表载体：红梅奖大赛兰州

获奖及影响：第三届甘肃省戏剧"红梅奖"大赛中荣获表演三等奖。

简　　介：陈佳丽，女，汉族，1989 年出生在陕西省宝鸡市扶风县法门镇，2006 年毕业于陕西省戏曲职业学校西府分校，2006—2008 年在渭源县秦剧团工作，2008 年至今在定西市百花演艺有限公司（原秦剧团）工作，曾在第三届甘肃省戏剧"红梅奖"大赛中荣获表演三等奖。

0337 《官鹅情歌》

作品类别：戏剧文学类

作　　者：曹锐

发表时间：2008-10-02

获奖及影响：该剧荣获中宣部第十届"五个一工程奖"优秀剧目奖，2007-2008 年度国家舞台艺术精品工程十大精品剧目。

简　介：大型陇剧《官鹅情歌》以宕昌县官鹅沟为背景，讲述氐族部落首领达嘎之子官珠与羌族首领木隆之女娥嫚以爱情化解仇恨，从而使两个民族世代友好、和睦相处的故事。该剧在唱腔和表演上，吸取了陇南民歌、高山戏和现代音乐、舞蹈的成分和元素，同时又杂糅了话剧、歌剧以及电影、电视等表现手法；两个民族不同服饰、民俗、及语言的比兴手法为陇剧艺术创新提供了广阔的空间。

0338 《等电话》

作品类别：戏剧类

作　者：郑云洁

发表时间：2010-06-15

发表载体：兰州市儿童艺术剧团

获奖及影响：2010年获兰州市小戏小品大赛三等奖，第四届曹禺杯小戏小品比赛复赛三等奖。

简　介：该剧以关爱留守儿童为视角，描写了留守儿童的窘迫生活和渴望亲情的热切愿望，他们不仅仅是希望有热饭，有干净衣服穿，他们更希望父母能够陪在自己身边，哪怕是挨父母一顿打都会感到舒坦。呼吁社会都来关爱留守儿童，关心他们的身心健康成长！

0339 《陇剧苦乐村官》

作品类别：戏剧类

作　者：甘肃省陇剧院

发表时间：2010-05-24

获奖及影响：获得全国第三届地方戏优秀剧目展演（南北片）二等奖；第九届中国艺术节“文化大奖特别奖”、“文化作曲奖”，2012年1月，成功入选国家舞台艺术精品工程重点资助剧目。

简　介：大型现代陇剧《苦乐村官》以中国工农红军长征命运的重要决策地：“长征加油站”——陇南市宕昌县哈达铺为背景创作，讲述了不甘贫穷落后、用于进取、敢于思变的新任年轻村长万喜带领乡亲们脱贫致富的故事，生动展示了当代农民自力更生、艰苦奋斗、勤俭创业的时代风貌。该剧融合了陇剧及花儿的音乐元素。

0340 《山里金》

作品类别：戏剧文学类

作　者：张永福

发表时间：1983-12-01

获奖及影响：1983年获《陇苗》刊物创作奖

简　介：张永福崇信县柏树乡三星村人。小学毕业后先在家务农，业余学写新闻报道和故事，1969年担任民办教师后，学写小戏剧，发表了许多戏剧作品和民间故事，部分作品在社会上产生了一定影响。

0341 《亲人颂》

作品类型：戏剧类

作　者：崔志刚

发表时间：2013-11-02

发表载体：陇南市文化艺术节展演

获奖及影响：陇南市文化艺术节展演银奖。

0342 《打工》

作品类型：戏剧类

作　者：田小牛

发表时间：2002-06-17

获奖及影响：该剧 2003 年参加全省戏曲小品调演，荣获表演综合一等奖、编剧、导演、主演一等奖等八个奖项。

0343 眉户剧 《酒女情》

作品类型：戏剧类

作　者：孙士智

发表时间：1993-03-15

获奖及影响：荣获天水市庆祝建国四十周年文艺调演"优秀表演奖"。

0344 秦腔《大秦文公》

作品类型：戏剧类

作　者：杨智、曹锐

发表时间：2014-12-08

获奖及影响：《大秦文公》代表甘肃秦腔创作剧目，赴银川参加第七届"中国西北五省区秦腔艺术节"并荣获了"优秀剧目大奖"、"优秀编剧奖"、"优秀个人表演奖"（两名）等四个奖项，得到了全国众多专家评委以及广大戏曲观众的高度评价。

0345 秦腔《丹青梦》

作品类型：戏剧类

作　者：田小牛

发表时间：1993-09-17

获奖及影响：荣获全省第二届"敦煌文艺奖"，全省首届"五个一工程奖"。

0346 秦腔《黄土魂》

作品类型：戏剧类

作　者：田小牛

发表时间：1990-10-17

获奖及影响：荣获全省首届"敦煌文艺奖"

0347 秦腔《麦积圣歌》

作品类型：戏剧类

作　者：曹锐

发表时间：2009-08-09

获奖及影响：2009 年 10 月参加甘肃省庆祝新中国成立 60 周年新创剧目调演，荣获剧目"大奖"及十四个单项一等奖，并被甘肃省委宣传部、省文化厅列为全省重点艺术创作生产资助项目；2010 年 9 月，《麦积圣歌》代表甘肃在西安参加第五届中国秦腔艺术节，荣获最高奖"优秀剧目奖"；2012 年荣获天水市首届麦积山文学艺术奖"特等将"；2012 年五一劳动节被甘肃省总工会授予《麦积圣歌》剧组"劳动先锋号"；2013 年 3 月，《麦积圣歌》荣获"甘肃省第七届敦煌文艺奖"；2013 年 10 月《麦积圣歌》荣获文化部第十届文华奖"优秀剧目奖"；2014 年 4 月《麦积圣歌》荣获省委宣传部，省文化厅授予"剧目突出贡献奖"。

0348 秦腔《曲直赴任》

作品类型：戏剧类

作　者：孙士智

发表时间：1984-09-13

获奖及影响：参加全省戏曲调演，获得综合表演三等奖。

0349 秦腔《山里红》

作品类型：戏剧类

作　者：田小牛

发表时间：2005-10-16

获奖及影响：荣获甘肃省新创剧目调演"特别奖"，西北五省（区）秦腔艺术节"优秀剧目奖"，第十四届中国人口文化奖舞台艺术类三等奖。

0350 《鼓娃》

作品类型：戏剧类

作　者：唐正光

发表时间：2012-12-15

发表载体：全国演出比赛

获奖及影响：编剧、主演的小品《鼓娃》在"天穆杯"全国第三届"新农村、新文化、新风尚"小品比赛中获三等奖，由文化部、天津市委宣传部主办。

简　　介：荣获 2012 年"天穆杯"全国第三届"新农村、新文化、新风尚"小品比赛三等奖，剧情简介：在兰州太平鼓参加"北京奥运会表演队员选拔赛"中，身为"鼓王"之子的二娃，技艺精湛，名列前茅，当母子二人欣喜若狂，父辈的夙愿就要实现的时候，组委会导演来通知二娃落选的消息。这让母子二人受到了很大地打击，由此引发了一段荡气回肠的故事

0351 话剧《太阳河》

作品类型：戏剧类

作　　者：高欣生

发表时间：2006-10-19

发表载体：全军优秀剧目展

获奖及影响：全军纪念"长征胜利 70 周年优秀剧目展演获优秀剧目奖"。

简　　介：这是兰州军区战斗文工团为纪念红军长征胜利 70 周年，创排的大型音乐话剧，该剧反映了在长征途中，一支红军小分队不畏艰险，克服重重困难，保护烈士遗孤走出草地的感人故事，表现了红军战士前赴后继、勇于献身的崇高革命精神，从新的角度拓展和丰富了长征精神的思想内涵。该剧将戏剧性和音乐性、历史感和现实感结合在一起，在富有象征意味的舞台情境中，通过真切感人的故事情节，塑造了一组性格鲜明、生动鲜活的红军战士形象，具有浓厚的西北地区特色。

0352 小品《约会》

作品类型：戏剧类

作　　者：唐正光

发表时间：2012-10-08

发表载体：全省演出比赛

获奖及影响：甘肃省首届"百姓戏剧小品艺术节"获二等奖。

简　　介：2012 年甘肃省首届百姓戏剧小品艺术节二等奖，某剩男"丫丫子"满怀喜悦地进城约见女友，不料女友未到，未来的丈母娘却突然不约而至，由此引发了一连串的误会和拷问，然而"丫丫子"的"超级答辩"，不断地道出了一个又一个令人惊喜和啼笑皆非的答案，使得丈母娘最终做出了不合情理却合乎哲理的结论。

0353 《古月承华》

作品类型：戏剧类

作　　者：省陇剧院、镇原县秦剧团

发表时间：2012-11-19

发表载体：上海"白玉兰戏剧表演艺术奖"大赛

获奖及影响：代表甘肃省参加第 22 届"上海白玉兰戏剧表演艺术奖"大赛并荣获表演集体奖和主角奖。

简　　介：由省陇剧院与镇原县艺隆演艺有限公司（原镇原县秦剧团）于 2010 年联合创排的《古月承华》，以镇原县历史人物胡承华为原型，讲述了胡承华豆蔻年华被强征

入宫，生下太子后使宣武皇帝废除"储君立，母赐死"旧制，辅佐 7 岁太子将北魏王朝推向繁荣昌盛的传奇人生。

0354 大型中国舞剧《一画开天》

作品类型：戏剧类

作　　者：吴治中曹文成

发表时间：2010-12-19

发表载体：天水市歌舞艺术研究中心

简　　介：在七千多年前的古城纪（今天水），华胥氏在雷池祭坛上诞生了伏羲。伏羲和女娲携手创世，抟土造人、结绳记事、立九部、设六佐，在大地湾建立起人类的初始文明，一场灾难打破了大地湾的和谐，不周山倒塌、天河水倾泻，伏羲女娲在灾难中生离死别，为救万物生灵，女娲化作一块五彩石以身补天。年迈的伏羲感慨一生，在河图洛书的启示下，天地人和阴阳宇宙的万象生机瞬间顿悟，一画开天，创立了人类早期的哲学——太极八卦，构建出人类世界最璀璨、最辉煌的中华文明。

0355 话剧《邓宝珊将军》

作品类型：戏剧类

作　　者：刘超、姚春晓、张天元

发表时间：2010-12-22

发表载体：天水市歌舞艺术研究中心

获奖及影响：获第三届甘肃戏剧"红梅奖"大赛剧目一等奖，第七届"敦煌文艺"奖评选中荣获三等奖，荣获天水市第一届"麦积山文学艺术奖"特等奖。

简　　介：大型话剧《邓宝珊将军》撷取邓宝珊将军抗日战争驻守榆林支撑北线、解放战争促成北平和平解放，建国初期组织领导社会主义建设三个重要时段，以讲述人串场的新颖手法，巧妙实现时空转换，表现了这位从天水走出去的民族英雄、著名爱国将领纵横捭阖、光辉灿烂的人生篇章，歌颂了他为追求真理、抵御外侮所付出的艰苦卓绝的努力以及促成北平、随远和平解放，为新中国建设所做出的伟大历史贡献。

0356 舞蹈诗《伏羲颂》

作品类型：戏剧类

作　　者：杨春晓，杨亦功

发表时间：2005-12-22

发表载体：天水市歌舞艺术研究中心

获奖及影响：舞蹈诗《伏羲颂》自创排以来，以成为甘肃省公祭中华人文始祖伏羲大典暨天水市伏羲文化旅游节活动的主要迎宾晚会，并成为天水市每年春节文化活动的重要演出之一。2006 年参加比赛，得到社会各界的一致好评，舞蹈诗《伏羲颂》将成为天水市宣传文化旅游的一张重要名片。

简　　介：剧情简介大型舞蹈诗《伏羲颂》是一部富有中国古典浪漫主义神话色彩与史诗风格的艺术作品。采用篇章表现形式，以"洪荒时代"、"抟土造人"、"结绳造契"、"佃渔狩猎"、"炼石补天"、"俪皮为礼"、"一画开天"等篇章生动讲述了伏羲、女娲传奇的一生，热情讴歌了伏羲、女娲德泽千秋的光辉业绩，热情赞颂了中华人文始祖伏羲、女娲伟大的创造精神与奉献精神，展现出一幅史前人类在黄河流域生存活动的壮丽画卷，讴歌了中华民族和衷共济，锲而不舍，勇于创新，崇德明理的民族精神。

0357 原创小品《家》

作品类型：戏剧类

作　　者：曹文成

发表时间：2012-12-24

发表载体：天水市歌舞艺术研究中心

获奖及影响：荣获甘肃省第二届"梅馨杯"百姓小品艺术节一等奖，曹文成荣获甘肃省第二届"梅馨杯"百姓小品艺术节"小品王"个人表演奖，该小品创排演出以来，共计演出20余场，在"国际家庭日"等大型活动中演出获得了社会各界的一致好评和广泛赞誉。

简　　介：家是心灵的港湾，家是精神的乐园。小品《家》讲述了一位年迈的父亲瞒着全家给老伴精心准备生日的故事，给整天忙于事业、忙于应酬却疏忽了亲情的每一位儿女传递出一个生活的道理：当人生得意时，不要忘了父母正在期盼着儿女早点回家；当人生失意时，也不要忘了"家是永远为儿女亮灯的地方"。

0358 《天鹅琴》

作品类型：戏剧类

作　　者：周芳

发表时间：2011-09-16

发表载体：演出

获奖及影响：2011年9月第三届"甘肃戏剧红梅奖大赛剧目"一等奖；2012年6月第七届全国儿童剧优秀剧目展演，大型多媒体音乐儿童剧《天鹅琴》荣获"优秀演出奖"；2012年12月2012中国戏剧文化奖话剧金狮奖；2013年1月兰州市首届文艺创作奖"戏剧玫瑰特别奖"；2013年8月"银杏杯"2013中国青少年宫文化艺术节《天鹅琴》荣获"最佳表演奖"。

简　　介：《天鹅琴》简介：该剧反映了裕固族少年柯尔达拼死从黑鹰怪的魔爪下救了湖神的女儿小天鹅，并成为好朋友的故事。小天鹅为了答谢柯尔达，答应让他看看天鹅家族的宝贝——天鹅琴，柯尔达在黑鹰怪变成的先知婆婆的唆使下燃起了欲望之火，变成八爪蟹。小天鹅为救柯尔达弹起了神奇的天鹅琴……黑鹰怪趁机抢得天鹅琴后，露出自己原来是一只被人瞧不起的黑天鹅。柯尔达、小天鹅、黑天鹅在磨难中不断成长，经过了生死的考验，明白了友情的珍贵。他们从心底里唱出了"朋友是羊儿离不开草滩，朋友是鱼儿离不开水源……

0359 《矿山情》

作品类型：戏剧类

作　　者：张世元、强华、田涛

发表时间：1990-10-31

发表载体：演出

获奖及影响：1993年5月获平凉市第一届"崆峒文艺奖戏剧类"二等奖，1999年9月获平凉地区"庆建国50周年优秀剧目献演既新创剧目调演"一等奖，甘肃省"庆建国50周年献礼既新创剧目调演获创作"三等奖。

简　　介：该剧通过某煤矿井下发生火灾，

矿工们抢险救灾，反映了矿工对煤矿的情结。

0360 《麦积圣歌》

作品类型：戏剧类

作　　者：曹锐

发表时间：2013-09-10

发表载体：演出

获奖及影响：参加第十届中国艺术节，获第十四届"文华优秀剧目奖"。

0361 《大秦文公》

作品类型：戏剧类

作　　者：曹锐

发表时间：2014 年 10 月

发表载体：演出

获奖及影响：在第七届"西北五省区中国秦腔艺术节"中获得优秀剧目奖。

0362 《关家庄》

作品类型：戏剧类

作　　者：马权

发表时间：1997-07-29

发表载体：演出

获奖及影响：1997 年荣获全地区新创剧目《关家庄》荣获板胡演奏一等奖；2011 年获中国音乐学院第四届考级大赛西北区二胡一等奖；2012 年被评为 2011 年度全市"千台大戏送农村"活动先进个人。

0363 《烙印》

作品类型：戏剧类

作　　者：张凡

发表时间：1991-08-04

发表载体：演出

获奖及影响：1991 年甘肃省文化下乡调演三等奖。

0364 《百合花开》

作品类型：戏剧类

作　　者：张维英

发表时间：2010-09-26

发表载体：演出

获奖及影响：1993 年 10 月 21 日在甘肃省首届"视野杯"秦腔优秀演员邀请赛中获表演二等奖；2001 年 10 月 27 日在第一届甘肃戏剧"红梅奖"大赛中演出《头帐》荣获三等奖；2005 年 9 月 23 日在甘肃省戏曲旦角 30 大赛中主演《打镇台》荣获三等奖；2007 年 9 月 30 日在"金融杯"甘肃省戏曲青年演员大赛中《拆书》一剧中荣获表演一等奖。

0365 《和谐之家》

作品类型：戏剧类

作　　者：姬亚红

发表时间：2012-07-20

发表载体：演出

获奖及影响：2012 年 7 月获甘肃省第一届"人口委文艺大赛"一等奖。

0366 陇剧《留守岁月》

作品类型：戏剧类

作　　者：刘镜、李应魁、刘贵荣

发表时间：2009-10-28

发表载体：演出

获奖及影响：陇剧《留守岁月》演出后，被省文化厅评为新创剧目调演综合一等奖，编剧，导演，舞美，作曲等十一个单项被评为二、三等奖，有八名演员分别获表演一、二、三等奖。

简　　介：该剧反映了王维舟、耿飚、张才千等老一辈无产阶级革命家在中华民族的危亡关头，坚决贯彻党中央团结抗战，共同抗日的民族统一战线政策，策略的处理和化解了八路军同国民党在陇东的摩擦事件，最终团结了国民党爱国将领，孤立和打击了破坏抗日的顽固分子，维护了抗日民族统一战线，从而塑造了我军高级将领同国民党顽固派斗智斗勇、克敌制胜的英雄形象。

0367 《麦子黄了》

作品类型：戏剧类

作　　者：孟泽仁、朱国仁、强华

发表时间：1990-10-01

发表载体：演出

获奖及影响：1990年获平凉地区第三届自编剧目汇演表演一等奖、剧本创作二等奖、导演一等奖，1991年4月甘肃省文化剧目调演获特别奖。

简　　介：该剧通过对烈士郝大鹏母亲和兄弟二鹏及二鹏媳妇之间关系的描述，教化广大观众孝敬老人的故事。

0368 《秦腔》

作品类型：戏剧类

作　　者：任彩丽

演出发表时间：2007-09-22

获奖及影响：2007年4月荣获安定区工商联第二届"广电杯"秦腔大赛一等奖，2007年9月在定西举办的农民秦腔表演中荣获特等奖。

0369 《秦腔》

作品类型：戏剧类

作　　者：李玲萍

发表时间：2001-09-25

发表载体：演出

获奖及影响：2001年七月获定西县庆祝"党八十周年农民戏剧调演优秀奖"，2001年9月25日获定西地区首届"群众秦腔大奖赛"青少年组三等奖。

0370 秦腔《曹操与杨修》

作品类型：戏剧类

作　　者：欧阳明

发表时间：2008-09-01

发表载体：演出

获奖及影响：2008年荣获第四届"西北五省区秦腔艺术节"优秀剧目奖、优秀音乐奖。

0371 秦腔《夏雪》

作品类型：戏剧类

作　　者：陈霖苍（特邀）

发表时间：2014-09-28

发表载体：演出

获奖及影响：第七届"西北五省区秦腔艺术节"优秀剧目奖。

简　　介：该剧是根据关汉卿的《感天动地窦娥冤》元人杂剧改编的。剧里的窦娥是蔡家一个善良的寡妇，歹徒张驴儿妄想霸占她为妻，从赛卢医那里弄来毒药，原想毒死窦娥的婆婆，不料却毒死了自己的亲娘，但张驴儿贿赂官府，反诬窦娥的婆婆是杀人凶手，致使窦娥的婆婆遭受官府严刑拷打，窦娥见婆婆受刑不过，违心地承认自己是杀人凶手，窦娥在被判处死刑前，义正词严地控告了官府的黑暗和这场官司的冤屈，她的死感天动地，血溅白练，六月飞雪，楚州地大旱三年。后来，窦娥的父亲做官回来，处决了张驴儿、赛卢医等坏人，为窦娥伸冤。剧本抨击了官府的黑暗统治和坏人的猖獗，是一出深受广大观众欢迎的传统戏。

0372 秦腔现代戏《黎秀芳》

作品类型：戏剧类

作　　者：杨舒棠（杨晓利）

发表时间：2010-05-12

发表载体：演出

获奖及影响：第三届"甘肃戏剧红梅奖大赛"

剧目大奖、第六届"秦腔艺术节优秀剧"目奖
简 介：这是一部生命交响曲，这是一首人生理想的壮歌，此剧截取黎秀芳生命历程中多组生动感人的生活断面，放大和渲染主人公思想的升华和闪光点，展现她崇高的人生境界和奉献精神，歌颂她对党的一片赤子之心。

0373 《摔罐》

作品类型：戏剧类
作 者：刘玉春
发表时间：2002-05-06
发表载体：演出

0374 《文化三下乡先进个人》

作品类型：戏剧类
作 者：刘福
发表时间：2003-12-22
发表载体：演出
获奖及影响：2011 年获《中国幸福家庭》奖；2003 年 12 月获中宣部，文化部，中央文明办《文化三下乡先进个人》奖；1999 年 4 月获甘肃省文联《德艺双馨》文艺奖；2006 年获省委宣传部《十大陇人骄子》奖；2009 年获定西市委市政府《文艺突出贡献》奖；2004 获定西妇联《五好文明家庭》奖。

0375 小品《金婚》

作品类型：戏剧类
作 者：冯一帆
发表时间：2014-04-11
发表载体：演出
获奖及影响：第八届"全国残疾人艺术汇演甘肃赛区"一等奖。
简 介："双簧"表演对残疾人来说极有挑战性，演出的《金婚》幽默剧中，前台表演的是聋人，听不见后台人的台词，而后台说话的是盲人，看不到前台人表演的动作，难度极大，但是这一对盲人和一对聋哑人配合的十分默契，演出滑稽、风趣、幽默，在一片赞叹声中成功挑战了残疾人的智慧、艺术和意志。

0376 豫剧现代戏《山月》

作品类型：戏剧类
作 者：导演：李维鲁、冯一帆
发表时间：2004-05-01
发表载体：演出
获奖及影响：2005 年 11 月获第九届中国戏剧节"优秀入选剧目"。
简 介：讲述了一个发生在现代的"招大养夫"的悲切故事。该剧以独特的视角和艺术手法，通过一个奇特的婚姻关系及家庭状态，为观众编织了一个既简单又复杂，既洗练又曲折的故事，山月的丈夫"井把式"李正，在辞掉徒弟天狗后不幸伤残，为摆脱家庭困境和对山月的拖累，李正做主让光棍汉天狗入赘与山月成婚，可婚后三人均套上精神枷锁，生活在双重痛苦中的李正欲成全山月与天狗选择了自杀，但却让活着的人背上了更加沉重的负担……

0377 《山玫》

作品类型：戏剧类
作 者：付胜
发表时间：2005-03-15
发表载体：演出
获奖及影响：获兰州金城文艺奖一等奖。
简 介：剧目歌颂了致富带头人山玫，带领百姓脱贫致富的英雄事迹。

0378 《锁麟囊》

作品类型：戏剧类
作 者：付胜（合作）

发表时间：2011-09-15

发表载体：演出

获奖及影响：获首届全国戏剧文化奖"改编剧目"大奖。

0379 《雪山矫子》

作品类型：戏剧类

作　　者：付胜

发表时间：1996-06-15

发表载体：演出

获奖及影响：获97年甘肃新剧目调演编剧奖。

简　　介：剧目歌颂了优秀共产党员孔繁森无私奉献的伟大精神。

0380 《三大嫂敬酒》

作品类型：戏剧类

作　　者：陈立忠

发表时间：2011-06-03

发表载体：演出

获奖及影响：2011年获全省小戏小品剧本评奖优秀奖。

0381 《百合花开》

作品类型：戏剧类

作　　者：李娟

发表时间：2001-06-12

发表载体：演出兰州

获奖及影响：2001年6月在陕西省青少年秦腔表演唱大赛中荣获"三等奖"；2010年11月在大型秦剧《百合花开》创排演出中被评为先进个人。

0382 《泛金黄土地》

作品类型：戏剧类

作　　者：姚彩霞

发表时间：2009-08-15

发表载体：演出

获奖及影响：甘肃省第一届"红演员演员梅奖"大赛荣获表演二等奖；甘肃省青年演员大奖赛荣获三等奖；在甘肃省新创剧《泛金黄土地》获个人三等奖。

简　　介：姚彩霞，女，民族汉，出生于1972年9月，省戏剧协会会员，三级演员。

0383 小品《生命树》

作品类型：戏剧类

作　　者：周芳

发表时间：2003-11-12

获奖及影响：全省小戏小品调演中获编剧一等奖。

简　　介：该剧通过描写一个身患绝症的小姑娘在生日这天种植一颗小树，代表自己生命的延续，她的行为感动了离家出走的两个孩子，使他们认识的生命才是最可贵的。

0384 小品《灯光》

作品类型：戏剧类

作　　者：周芳

发表时间：2005-08-07

发表载体：演出

获奖及影响：获全国残疾人调演一等奖

简　　介：一个母亲为了鼓励自己残疾的儿子，勇敢的面对生活，编织了一个善意的谎言，瞒着自己去世的消息，激励儿子顺利的参加高考……

0385 小品《中国精神》

作品类型：戏剧类

作　　者：周芳

发表时间：2009-11-12

获奖及影响：2009年获全国残疾人调演金奖

简　　介：通过残疾人的坐式排球艰苦的训练，最终在残奥会上夺得冠军，反应出我们中国人坚韧不拔，顽强拼搏的精神。

0386 大型多媒体音乐儿童剧《天鹅琴》

作品类型：戏剧类

作　　者：周芳

发表时间：2011-12-10

获奖及影响：第七届"全国优秀儿童剧优秀剧目展演荣获文化部"优秀演出奖，获"中国戏剧文华奖话剧金狮奖"儿童剧奖，第三届"甘肃戏剧红梅奖剧目"一等奖。

简　　介：该剧以裕固族传说为故事背景，通过主人公柯尔达在小天鹅的帮助下战胜黑天鹅，在友谊中获得成长……

0387 小品《凡人小事》

作品类型：戏剧类

作　　者：周芳

发表时间：2013-08-16

发表载体：演出

获奖及影响：第八届"全国残疾人汇演"获二等奖。

简　　介：通过一个平凡的残疾人工作专员一天的生活，反应了他们工作的苦与甜，艰辛与收获，体现了平凡中的伟大。

0388 小品《苦柚》

作品类型：戏剧类

作　　者：周芳

发表时间：2004-02-02

获奖及影响：2004年全国盲校文艺调演小品《苦柚》获全国特等奖。

简　　介：根据小学课本改编的，一个盲孩子用自己的诚信打动了海外归来的老爷爷，提倡了诚实守信的好品德。

0389 《山里红》

作品类型：戏剧类

作　　者：田小牛、袁丫丫等

发表时间：2006-08-01

获奖及影响：在2005年中国（西北五省区）秦腔艺术节上，以独特的艺术魅力，获得了该艺术节最高奖——优秀剧目奖；荣获第十四届"中国人口文化奖戏剧类"三等奖。

简　　介：《山里红》讲述的是一对青梅竹马的农村青年的爱情故事，九月的父亲为了一眼能养活全村人的井，将自己的爱女许配给邻村支书的傻儿子，九月出走三年后返回家乡，蒙冤含垢，曾经和他山盟海誓的东升在谣言四起的情况中，抛下身处绝境的九月与翠翠结了婚，在经历人生几度艰难曲折之后，有情人终成眷属。

0390 《巧儿新歌》

作品类型：戏剧类

作　　者：张民翔

发表时间：2012-07-09

发表载体：中共庆阳市委庆阳市人民政府

获奖及影响：获庆阳市第六届"李梦阳文艺奖"舞台剧类三等奖。

0391 《绿叶红花》

作品类型：戏剧类

作　　者：刘镜、畅快

发表时间：2005-10-20

发表载体：中央戏剧学院实验剧场

获奖及影响：2005年获得第八届中国"映山红"民间戏剧节金奖。

简　　介：《绿叶红花》根据甘肃省镇原县殷家城乡李园子小学一名普通的残疾教师张学成为原型创作。他为了让家乡的孩子读书成才，克服了常人难以想象的困难，在山区教坛上辛勤耕耘了30多年，被人们誉为"教坛保尔"。其感人事迹先后被《陇东报》《人民日报》《光明日报》《甘肃日报》、新华网等数十家媒体转载刊登后，镇原县艺术团党支部书记、国家二级编剧刘镜和老党员、甘肃省剧协会员畅快两位老人以张学成的事迹为线索，以地方戏陇剧为艺术手法合写的。

0392 《中心户长》

作品类型：戏剧类

作　　者：曹明

发表时间：2001-11-01

发表载体：崆峒区吴岳村剧团

获奖及影响：参加 2001 年第十一届"文化部全国群星奖演出"荣获银奖。

（四）曲艺

0393 河南坠子《赶集》

作品类别：曲艺

作　　者：徐玉兰演唱

发表时间：1981

发表载体：唱词发于《群众演唱》第4期

获奖及影响：1979年在甘肃省优秀剧目汇演中，获得优秀奖。甘肃省人民广播电台、甘肃电视台多次播放。唱词发表于1981年《群众演唱》第4期。徐玉兰在此段曲目中充分展示了作为著名曲艺表演艺术家的功力和演唱艺术独特。艺术家以精益求精的精神，细致、传神地刻画了新时期山乡农民微妙变化，明朗向上的心态。该作品可以说是甘肃曲坛的一件力作。

简　　介：20世纪70年代末甘肃率先推出河南坠子，是一部颇有影响的作品。程德明、徐玉兰、徐列创作，徐玉兰、郭元禧装腔，徐玉兰演唱，郭元禧伴奏。作品写改革开放给封闭落后的山村带来了勃勃生机，李大娘和女儿第一次出山赶集，一路上的所见所闻都感到十分新鲜。通过赶集的经历，使李大娘和女儿开阔了眼界，观念有了很大的转变，认识到只有实现改革开放才能使山村变样，使农民发家致富，是党的十一届三中全会给农村带来的好政策。娘两欢欢喜喜从集市上回到山村，决定靠自己的一双手辛勤劳动把山村建设更好，作品故事性强，语言诙谐俏皮，富有生活情趣。

0394 相声《走廊新曲》

作品类别：曲艺

作　　者：常宝霖、王天新、姬晓刚，由王庆新、姬晓婷表演，捧哏先后有王长生、张宏刚、焦兰宁等。

发表时间：2008

获奖及影响：作品曾在甘肃各地巡回演出几百场，并且出省演出。甘肃、新疆、天津等几家省市自治区广播电台播放。1981年9月参加全国曲艺优秀节目调演，获文化部颁发的创作二等奖、表演二等奖。

简　　介：甘肃省市将口技融于相声的全国始创地区之一。相声《走廊新曲》创作于1979年，作者常宝霖、王天新、姬晓刚，由王庆新、姬晓婷表演。捧哏先后有王长生、张宏刚、焦兰宁等。内容是介绍改革开放初期，河西走廊努力建设商品粮基地，兴修水利，开发旅游资源，建设国营农场。同时，多侧面地反映了河西走廊的风土人情、历史典故、名胜古迹。这个段子较早地运用了口技、方言、改编歌曲等表现手法，演出效果很好。

0395 相声《丝路原貌》

作品类别：曲艺

作　　者：王庆新、程明亮、曾广志1990年创作。

发表时间：1998

发表载体：《曲艺》第 11 期

获奖及影响：作品获 1991 年首届中国曲艺节特别入选奖，赴北京演出。1992 年获天津、甘肃两省曲艺交流邀请赛表演一等奖。1997 年获文化部"金狮奖"、全国相声比赛三等奖。

简　　介：作品描绘的是在兰新铁路河西走廊这一段丝绸之路的列车上，列车员热情为旅客服务。一位在敦煌办鸭场的老大爷，将种鸭带上火车，列车员按照相关规定妥善保管；一位去阿拉山口探望修铁路的丈夫的四川大嫂，怀有身孕，列车员细心照顾；一位从香港来的商人，打算在西部投资开发，列车员详细介绍河西走廊的状况。列车上客人与列车员进行联欢，演出精彩的节目，夸赞丝绸之路之壮美和即将通车的欧亚大陆桥的巨大作用，突然那位四川大嫂分娩，大家热情帮助，一个新的生命在火车上诞生，孩子起名叫"连欧亚"。作者将这样枝蔓繁多、人物复杂、互不关联的事件精心编织，组成了一幅热气腾腾的列车大家庭的生活场景，给人以强烈感染。

0396 快板《莫高劫难》

作品类别：曲艺

作　　者：张大成、范克峻、连晓林（执笔）

发表时间：1997

发表载体：《曲艺》

获奖及影响：1997 年在全国牡丹奖快板书大赛中获得创作二等奖、表演三等奖，并获得全国广播电视大奖赛演播二等奖。1998 年，剧本先后发表于《曲艺》《陇原文化》。

简　　介：作品叙述敦煌藏经洞历遭劫难的故事。1900 年，敦煌发现莫高窟藏经洞，消息震惊世界，对敦煌艺术早就垂涎三尺的一些外国强盗前来窥探。1907 年 5 月，匈牙利人斯坦因带着翻译蒋孝琬找到莫高窟的王道士，采用欺骗与送礼等各种手段盗走了 24 箱画卷手稿和 5 大箱子的瓷器。其后，法国人伯希和、俄国人科兹洛夫、美国人华尔纳、德国人范来考克、日本人吉川小一郎等也纷至杳来。不久，斯坦因重返敦煌，再次盗取经卷、壁画和佛像等大量的珍贵资料，使不计其数的珍贵文物流失国外。作品虽为快板体裁，却吸收了抒情诗的写作手法，入木三分，语言简练，结构紧凑，对斯坦因、王道士等人性格特征把握到位，作品吸引力强。

0397 山东快书《卖血》

作品类别：曲艺

作　　者：程明亮演

获奖及影响：获得 1995 年度甘肃电视台综艺节目评比一等奖。

简　　介：叙述了领导干部楷模孔繁森在西藏一次地震发生后，收养了灾区三个无家可归的藏族孩子。孔繁森为了抚养三个孩子，吃得是"榨菜米饭"，穿的是"内衣内裤打补丁"。后来为了给孩子交学费，他到医院去卖血，医务人员小刘见他年龄大，不易抽血，而他坚持要抽。当得知他就是阿里地委书记时，小刘十分吃惊，泪水直往下流，劝孔繁森不要卖血。孔对小刘耐心劝说并叮嘱小刘一定要替他保密，不能把卖血的事情告诉别人。小刘被孔的话深深打动，只好答应了卖血的要求。

0398 快板书《大漠英雄航天城》

作品类别：曲艺

作　　者：连晓林、连峥、苏蔚蔚共同创作。

发表时间：2000

发表载体：中国文联

获奖及影响：2000 年，剧本获第一届中国曲艺牡丹奖文学奖；2001 年 3 月在全国'红旗渠杯'快报艺术大赛中获创作一等奖，连峥获得表演三等奖；2004年5月，入选甘肃省文联成立五十周年的曲艺作品。

简　　介：作品描写了酒泉卫星发射基地的英雄们艰苦创业，为祖国的航天事业做出重要贡献的历程，语言生动，达到了思想性、艺术性、观赏性的较好结合。

0399 陇原小曲《彦贵卖水》

作品类别：曲艺类

作　　者：陶根顺、张雪琴、蒲桂英

发表时间：2014-08-14

发表载体：甘肃音像出版社

获奖及影响：弘扬民族文化。

0400 《抗震救灾一周年纪念》

作品类别：曲艺类

作　　者：崔志刚

发表时间：2009-05-21

发表载体：陇南日报

获奖及影响：陇南市委宣传部"弘扬抗震救灾精神，加快重建步伐"征文、征画优秀奖。

简　　介：曲艺是中华民族各种"说唱艺术"的统称，它是由民间口头文学和歌唱艺术经过长期发展演变形成的一种独特的艺术形式。

0401 《夸敦煌》

作品类别：曲艺类

作　　者：张涵

发表时间：1999-06-12

发表载体：录音带

获奖及影响：1999年甘肃甘肃省音像出版社出版，同被酒泉地区评为"五个一"工程优秀奖，2002年获得甘肃省"金银飞天奖"。

简　　介：张涵，敦煌曲艺家，他的曲艺作品《夸敦煌》，1999年甘肃甘肃省音像出版社出版，同被酒泉地区评为"五个一"工程优秀奖，2002年获得甘肃省"金银飞天奖"，

这部曲艺是通过张涵作为一个土生土长的敦煌人，从这个角度抒发了对敦煌的热爱和赞美。

0402 《敦煌礼赞》

作品类别：曲艺类

作　　者：张涵

发表时间：2005-08-13

获奖及影响：2005年被中宣部、国家计生委评为五好作品二等奖。

简　　介：张涵，敦煌市曲艺家，2002年被甘肃省曲艺家协会破格吸收为会员。他的事迹也在中央电视台新闻联播节目"再走河西看开发"栏目播出。1999年，张涵同志自己出资录制了个人快板专辑《夸敦煌》。是我省自编自演、自费出个人快板专辑第一人。

0403 《花儿之恋》

作品类别：曲艺类

作　　者：索丽娟

发表时间：2010-06-11

获奖及影响：获得第三届"马家窑文艺奖美术类"二等奖。

简　　介：民间文艺作品《花儿之恋》是洮岷花儿"啊呕怜"、"两怜儿"、"小调"等演唱形式原生态唱法的结合，唱法取其洮岷花儿精髓，舍取了千歌一曲的单调，赋予了洮岷花儿的音乐性更易于传唱，洮岷花儿歌词多以爱情为题材，"两怜儿"的意思就是两个相恋的人，《花儿之恋》表达了两个相互爱慕的青年男女在五月十七浪花儿会时相互表达爱意的场景，是一首岷州人民喜闻乐见的爱情花儿。此作品2011年10月获由甘肃省委宣传部等主办的甘肃省"敦煌奖原生态"唱法三等奖。

0404 《致富路上》

作品类别：曲艺类

作　者：尚德文

发表时间：2011-09-06

发表载体："中华颂"第三届小戏小品曲艺大展

获奖及影响：荣获"中华颂"第三届小戏小品曲艺大展二等奖，入选《全国小戏曲艺选集》。

简　介：歌颂党的富民政策，反映全民创业新人新事。

0405 《福到了》

作品类别：曲艺类

作　者：李彩霞

发表时间：2004-04-30

发表载体：《甘肃艺苑》发表兰州

简　介：1979 年 11 月至 1991 年 11 月在渭源县秦剧团担任演员，1991 年 11 月至今在安定区文化馆担任群众文化编导工作，2012 年 4 月加入甘肃省曲艺家协会创作并导演，演出了《福到了》，2002 年出演《正经事》《刘老汉相亲》《代价》《心连心》《莫回头》《俩亲家翻传》《错上加错》2012 年创作的小品《正经事》获得定西市人口文化艺术作品展文学类三等奖，2000 年 7 月参演的小品《开锁》获得甘肃省第二届群星艺术节优秀奖，2000 年 7 月参演的小品《我要上学》获得甘肃省第二届群星艺术节优秀奖，1992 年 1 月获得首届"全区新创作剧目调演表演"二等奖。

0406 《共青团是我的家》

作品类别：曲艺类

作　者：孙登平

发表时间：2011-10-01

发表载体：《陇原党旗红》

获奖及影响：获省委宣传部主办的庆祝建党九十周年"陇原党旗红"博文大赛优秀奖。

0407 系列相声《戏说乡音》

作品类别：曲艺类

作　者：王海

发表时间：2002-08-01

获奖及影响：2002 年至今发行出版了系列相声《戏说乡音》专集五张，累计销量突破一百万张，在各类舞台长演不衰，深受兰州观众的喜爱，参加中国曲艺节精品汇萃等大型演出，获中国西部曲艺贡献奖及"新中国有突出贡献青年曲艺家"称号，

0408 《老侯赴宴》

作品类别：曲艺类

作　者：朱熙武

发表时间：2011-04-09

获奖及影响：2011 年 7 月第七届"青春中国——甘肃省青少年才艺大赛"总决赛快板比赛中荣获二等奖。

简　介：朱熙武，男，汉族，出生于 1974 年 1 月，汉语言文学专科学历，中共党员，副高级曲艺艺术师。现为中国曲艺家协会会员，定西市曲艺家协会副主席。在"第七届全国校园才艺选拔活动"全国总决赛中荣获成人组曲艺比赛一等奖，2011 年 7 月第七届"青春中国——甘肃省青少年才艺大赛"总决赛快板比赛中荣获二等奖，2011 年 4 月在"第七届青春中国——甘肃省青少年才艺大赛"定西赛区语言类比赛中荣获一等奖，2010 年 12 月在"伊和园"杯甘肃省首届庆典司仪大赛荣获得"甘肃省十大金牌庆典司仪、最佳幽默奖"，2010 年 5 月在"定西市纪委全市廉政文学作品征集评选活动"中荣获成人组三等奖，2008 年在"甘肃省工商联系统纪念改革开放三十周年文艺会汇演"中荣获优秀表演奖，2008 年在"定西市委统战系统纪念改革开放 30 周年暨迎奥运庆祝活动"中荣获优秀节目奖，2010.12 月获"伊

和园"杯甘肃省首届庆典司仪大赛金牌庆典司仪，2011 年 10 月获全市 2011 年度先进个人。

0409 《说点实在话》

作品类别：曲艺类

作　　者：朱熙武

发表时间：2011-08-01

发表载体：第七届全国才艺北京

获奖及影响：2011 年 8 月在"第七届全国校园才艺选拔活动"全国总决赛中荣获成人组曲艺比赛一等奖。

简　　介：朱熙武，男，汉族，出生于 1974 年 1 月，汉语言文学专科学历，中共党员，副高级曲艺艺术师。现为中国曲艺家协会会员，定西市曲艺家协会副主席。

0410 《关山月》

作品类别：曲艺类

作　　者：张家川县文广局

发表时间：2011-07-08

获奖及影响：第五届"全国少数民族曲艺展演"三等奖。

简　　介：作品以"回汉团结一心、共建和谐家园"为主题，用舞台艺术再现了回族从清朝末年流落关山脚下到今天建成幸福家园的百余年发展史，全景式反映了全国民族团结进步、县张家川经济繁荣、文化发展、社会进步的和谐局面。《关山花儿会》主要表现在关山脚下，一群活泼可爱的回族少男少女，在碧绿的草原上，以舞对垒，以歌打擂，共同歌唱改革开放三十年来，张家川经济社会发展日新月异的繁荣景象，讴歌了今日张家川团结开放、跨越发展的喜人场景和张家川翻天覆地的变化。

0411 《麻婆娘绣花》《牧牛》

作品类别：曲艺类

作　　者：席喜来、柴润兰

发表时间：2014-08-14

发表载体：甘肃省音像出版社

获奖及影响：陇西民间经典秧歌。

简　　介：陇西方言演唱的经典秧歌，为陇西地区广为流传好人民喜爱的小曲之一。

0412 《研磨》《十里亭》

作品类别：曲艺类

作　　者：范世荣、张雪琴

发表时间：2014-08-14

发表载体：甘肃音像出版

简　　介：陇西方言演唱的经典秧歌，为陇西地区广为流行和人民喜爱的小曲之一。

0413 《割麦》

作品类别：曲艺类

作　　者：席喜来、王剑霞

发表时间：2014-08-14

发表载体：甘肃音像出版社

简　　介：《割麦》通过陇西方言的演唱，成为陇西地区广为流传的小曲之一。

0414 《两亲家》

作品类别：曲艺类

作　　者：张尚义、陶根顺

发表时间：2014-08-05

发表载体：甘肃音像出版社

获奖及影响：陇西乡土方言，陇西秧歌。

简　　介：本剧以诙谐幽默的表演，反应了旧时代婆尊媳卑的道德观念和不合理的婚姻状况，为陇西地区广大人民喜爱的小曲之一。

0415 《陇西道情》

作品类别：曲艺类

作　　者：李学峰、王剑霞

发表时间：2014-08-06

发表载体：甘肃音像出版社

0416　《抗震救灾一周年纪念》

作品类别：曲艺类

作　　者：崔志刚

发表时间：2009-05-12

获奖及影响：陇南市委宣传部"弘扬抗震救灾精神，加快重建步伐"征文、征画优秀奖。

0417　快板《赞陇南》

作品类别：曲艺类

作　　者：王有库

发表时间：2011-02-02

发表载体：陇南市春节文艺调演

获奖及影响：陇南市春节文艺调演优秀表演奖。

0418　《特殊党费》

作品类别：曲艺类

作　　者：尹利宝

发表时间：2013-09-02

发表载体：陇南市文化艺术节展演

获奖及影响：陇南市文化艺术节展演金奖。

0419　青少年才艺大赛定西2011.4《夸定西》

作品类别：曲艺类

作　　者：朱熙武

发表时间：2011-04-09

获奖及影响：2011年4月在"第七届青春中国——甘肃省青少年才艺大赛"定西赛区语言类比赛中荣获一等奖。

朱熙武，男，汉族，出生于1974年1月，汉语言文学专科学历，中共党员，副高级曲艺艺术师。现为中国曲艺家协会会员，定西市曲艺家协会副主席。

0420　《敦煌农民奔小康》

作品类别：曲艺类

作　　者：张涵

发表时间：2001-08-08

发表载体：全国第十一届群星奖大赛

获奖及影响：2001年获得全国第十一届"群星奖大赛"优秀奖。

简　　介："快板"这一名称出现较晚，早年叫做"数来宝"，也叫"顺口溜"、"流口辙"、"练子嘴"，是从宋代贫民演唱的"莲花落"演变发展成的，与"莲花落"一样，起初是乞丐沿街乞讨时演唱的，作为乞讨时的演唱活动，历史相当久远；作为艺术表演形式，就比较晚。张涵通过快板将敦煌跟着党的号召一步一步走向小康生活的过程和前后生活的对比，通过人们的穿着、饮食、住房、交通工具、生产机械、家具、生活方式的对比介绍了敦煌的发展。

0421　《儿多是祸不是福》

作品类别：曲艺类

作　　者：张涵

发表时间：2001-07-12

发表载体：全国第十一届群星奖大赛

获奖及影响：在2001年我省农民获得的第一个全国曲艺类大奖

简　　介：张涵，敦煌曲艺家。他的曲艺作品《儿多是祸不是福》2001年获得全国第十一届群星奖大赛金奖，我省农民获得的第一个全国曲艺类大奖。该曲艺讲述了老百姓的陈旧思想多养儿子的想法是错误的，他提出儿多是祸不是福，以讽刺和调侃的快板讲述这个道理。

0422 《少生优生好处多》

作品类别：曲艺类

作　　者：张涵

发表时间：2001-08-02

发表载体：全国第十一届群星奖大赛

获奖及影响：2001年获得全国第十一届群星奖大赛优秀奖

简　　介：张涵，敦煌市曲艺家，他的曲艺作品在2001年获得全国第十一届群星奖大赛优秀奖。本曲艺通过诙谐幽默的快板讲述了计划生育的好处，还有多生多育和少生优于的对比。

0423 《反腐倡廉"了"字歌》

作品类别：曲艺类

作　　者：朱熙武

发表时间：2010-05-15

发表载体：全市廉政文学

获奖及影响：2010年5月《快板反腐倡廉"了"字歌》在"定西市纪委全市廉政文学作品征集评选活动"中荣获成人组三等奖。

简　　介：朱熙武，男，汉族，出生于1974年1月，汉语言文学专科学历，中共党员，副高级曲艺艺术师。现为中国曲艺家协会会员，定西市曲艺家协会副主席。

0424 《党的政策暖人心》

作品类别：曲艺类

作　　者：龚成洲、张建明

发表时间：2012-12-02

发表载体：盛世欢歌中国中老年文艺汇演

简　　介：高山戏表演唱《党的政策暖人心》通过对口援建和灾后重建反映了党和政府对灾区人民的无比关怀，表现了灾区人民的感恩之心。

0425 《联村联户到我村》

作品类别：曲艺类

作　　者：王有库

发表时间：2013-09-02

发表载体：市委宣传部门比赛

获奖及影响：优秀宣传品一等奖。

0426 单口快板《走进神舟故乡》

作品类别：曲艺类

作　　者：孙志宝

发表时间：2013-08-13

发表载体：演出

获奖及影响：2013年8月13日在酒泉市精品文艺展演胡扬风采金塔县专场文艺演出中，此节目荣获优秀剧节目奖，之后在社会团体中大力推广宣传。

简　　介：此作品由金塔县孙志宝创作的《走进神舟故乡》的诗歌，经文化馆改编以快板书的曲艺式进行表演，2013年8月13日在酒泉市精品文艺展演"胡扬风采"金塔县专场文艺演出中，此节目荣获优秀剧节目奖，内容讲述了改革开放以来，金塔发生了翻天覆地的变化，在加强农业、工业发展的同时，大力发展旅游业，国家三A风景区鸳鸯池、西汉居延遗址、黑河环流、金鼎湖、金沙湖等旅游景点，在文学与快板书的完美结合下，将自然风貌表现的淋漓尽致，更加体现了憨厚朴实的金塔人民热情好客的优秀品格。

0427 《借爹》

作品类别：曲艺类

作　　者：王新平、赵春林

发表时间：2011-11-12

发表载体：演出

获奖及影响：2011年第九届文艺精品"飞天奖"二等奖。

0428 秦安小曲《报春晖》

作品类别：曲艺类

作　　者：陈广平

发表载体：演出

获奖及影响：获得第八届中国曲艺家优秀节目奖。

0429 演出秦安小区《家园好》

作品类别：曲艺类

作　　者：姚常德

发表时间：2012年5月

发表载体：演出

获奖及影响：获得第七届中国曲艺牡丹奖，入围奖。

0430 秦安小曲《绿野回春》

作品类别：曲艺类

作　　者：陈广平

发表时间：2013年2月

发表载体：演出

获奖及影响：获得第八届河南宝丰马街书会全国曲艺邀请赛二等奖。

0431 相声《鉴宝》

作品类别：曲艺类

作　　者：王海

发表时间：2009-10-01

发表载体：演出

获奖及影响：至今在部队上演，参加中央电视台节目录制，中国曲艺节展演等，获得中国曲艺最高奖"牡丹奖"，第九届全军文艺汇演二等奖，荣力三等功。

0432 相声《款兵外传》

作品类别：曲艺类

作　　者：王海

发表时间：1998-10-01

发表载体：演出

获奖及影响：演出超过500场，受到基层官兵的欢迎及好评，获全国"金狮杯"相声大赛二等奖，荣立二等功。

0433 相声《亲密伙伴》

作品类别：曲艺类

作　　者：王海

发表时间：2005-08-01

发表载体：演出

获奖及影响：至今仍然在部队上演，已成保留曲目，获全军第八届"文艺汇演"一等奖，荣立二等功。

0434 相声剧《莎莎，我爱你》

作品类别：曲艺类

作　　者：王海

发表时间：2012-10-01

发表载体：演出

获奖及影响：至今在部队火爆上演，参加中央电视台节目录制和中国曲艺家协会"送欢笑"等大型演出，获中国曲艺最高奖"牡丹奖"，荣立三等功。

0435 《五星文明颂》

作品类别：曲艺类

作　　者：孙登平

发表时间：2013-11-01

发表载体：张掖"法德进家"征文大赛

获奖及影响：获张掖市"法德进家"征文大赛曲艺类二等奖。

/ 后 记 /

在甘肃进行全面性的文化资源普查属于首次，将普查成果汇编成大型的文化资源名录在国内也属于前列。《甘肃省文化资源名录》是按照《甘肃省文化提升行动协调推进领导小组工作方案》和《甘肃省文化资源普查和分类分级评估工作实施方案》要求推出的重要成果。经过甘肃省文化资源普查和分类分级评估工作领导小组办公室组织40多名专家学者，在甘肃省文化资源普查平台数据库基础上，历时两年精心编排，终于完成书稿，这是参与全省文化资源普查的所有工作人员集体智慧的结晶。

原甘肃省委常委、省委宣传部部长连辑，甘肃省委常委、省委组织部部长梁言顺，甘肃省委常委、省委宣传部部长陈青，先后领导和部署了本名录的编辑出版工作。原省委宣传部副部长、省社科院院长范鹏研究员协调推进了本名录的编写。甘肃省社科院院长王福生研究员组织实施了本名录的策划设计、内容编排、审定并最终定稿。甘肃省社科院副院长马廷旭研究员负责了审稿、统稿和出版发行事宜。刘玉顺同志全程负责了书稿编排工作。

在《甘肃省文化资源名录》面世之际，感谢甘肃省文化提升行动协调推进领导小组各位领导的大力支持与关心，感谢参与普查工作的各市（州）县（区）、有关省直厅局的鼎力相助，感谢参与普查的专家学者和基层工作人员的辛勤付出，感谢中国书籍出版社为本名录的出版所做的努力，感谢所有关心关注本名录的人们。《甘肃省文化资源名录》是从盘清全省文化资源家底的角度入手，收录范围极其宽泛，有部分内容还存在缺项，有的资源没有资源简介，有的资源缺图片等等，给该书的出版留下了遗憾。同时，由于我们的水平有限，可能还有错讹疏漏之处，恳请读者随时批评指正，以便在将来进一步完善和修订。

甘肃省社会科学院

2017 年 7 月

甘肃省文化资源名录
总书目

甘肃省文化资源名录
总书目